〈3판〉

교육연구방법론

대표 저자 박도순

권재기 김정민 남현우 양길석 원효헌 이원석 조지민

교육과학사

거의 20년 만에 연구방법론 책을 다시 출간하는 셈이다. 고려대 재직 시절, 대학원에서 교육평가를 전공하는 제자들과 함께 공부하면서 연구방법론 안내서를 냈던 것이 1992년 6월이었다. 당시로서는 한글로 된 연구방법론 책이 흔하지 않았다. 연구의 일반론은 물론 구체적인 연구 기법들의 원리와 함께 실제 예시를 들어 책을 꾸몄다. 그로부터 약 9년 뒤인 2001년에 개정판을 내면서 내용이 좀 더 충실해졌다. 그러나 교육 연구의 현장은 과거보다 빠르게 변화하고 있어서 기존의 연구 기법들로는 충분하지 않은 것 같다. 그래서 기존 책의 틀은 유지하되 시대적 변화에 맞게 내용을 대폭 바꾸면서 새로운 연구 안내서를 출간하게 되었다.

당시에도 그랬지만 이번에도 나의 고려대 제자들(DJF)의 도움으로 이 책이 완성될 수 있었다. 이 책에 이름을 올린 제자들은 몇 안 되지만, 1990년대 초반부터 같이 공부했던 나의 모든 제자들이 사실상 같이 했다. 개인적인 사정으로 집필진에 참여하지 못한 제자들도 있고, 후배들을 위해서 집필 기회를 양보한 제자들도 있었다. 그들의 아름다운 마음에 고마움을 표한다.

본서는 크게 두 부분으로 나뉜다. 1부는 교육 연구의 기초를 다루고, 2부는 교육의 구체적인 연구 기법들을 설명하고 있다. 연구에 입문하려는 학도들은 반드시 1부의 모든 내용을 공부해야겠지만 2부의 모든 내용을 반드시 공부해야 할 필요는 없다. 각자가 관심을 두고 있는 연구 주제에 적합한 기법을 선택해서 공부하는 것으로 충분할 것이다.

일곱 개의 연구 기법들을 설명한 2부는 사실상 낱개의 연구법 안내서들이다. 그래서 각 장 별로 참고문헌도 구분해 두었다. 초보 연구자들을 위해서 구체적인 예시를 곁들이며 설명했다. 이 책은 분량의 제한 때문에 세밀한 모든 내용을 언급할 수는 없어서, 더 깊이 있는 내용을 알고 싶어 하는 독자들이 참고할 만한 책이나 논문을 적어 놓았다.

나는 비록 은퇴한 상태이지만 제자들이 앞으로 더욱 정진해서 조만간 재판이 출간될 것으로 믿는다. 공부에 게을리 하지 않고 열심히 노력하는 나의 제자들(DF)에게 고마움과 함께 격려를 보낸다. 본서의 출판을 흔쾌히 허락해주신 김동규 사장님, 저자들과 자리를 함께 하며 집필을 독려해주신 정경식 부장님, 그리고 책을 예쁘게 편집해주신 이정호 편집실장님께 특별히 감사를 드린다.

안암 동산을 그리며 분당 서재에서, 대표저자 박도순 씀

| 제1부 교육연구의 기초 |

| 제2부 교육연구의 실제 |

제 1 부

교육연구의 기초

제1장

연구의 본질

본 장에서는 연구의 본질적인 문제들을 다룬다. 연구가 우리에게 어떤 의미를 갖는 것인지, 연구가 어떤 과정을 거쳐 이루어지는지, 다양한 연구들이 어떤 식으로 분류될 수 있는지, 연구 과정에서 연구자가 지켜야 할 윤리는 무엇인지 등이 논의될 것이다.

1. 연구의 의의

연구는 앎을 추구하는 것이다. 즉 모르는 상태에서 아는 상태로 나아가는 제반 노력이다. 이미 알고 있는 사람으로부터 가르침을 받아서 알게 되는 것이라면 굳이 연구라는 말을 붙일 필요가 없다. 연구라는 말이 어울릴 수 있으려면 새로운 무엇을 알게 되는 사태가 발생해야 한다. 이미 알려져 있는 것을 가르치고 배우는 것은 교수-학습이라는 말로 충분히 표현될 수 있기 때문이다.

과연 우리는 무엇을 어떻게 알 수 있을 것일까? 이는 인식론에 관한 것으로서 실재(reality)와 방법(approach)에 관한 논의가 수반된다(성숙진, 유태균, 이선우, 이기영, 2005, pp. 4-5).

1.1 두 개의 실재

'지구가 둥글다'라는 것을 아는 것과 '계곡 물이 차갑다'라는 것을 아는 것은 인식론의 측면에서 볼 때 서로 다르다. 지구가 둥글다는 것을 현대인들은 모두 다 안다. 그러나 근세 이전의 사람들은 지구가 평평하거나 네모나다고 알았다. 지구라는 실재는 근세 이전이나 지금이나 다르지 않은데 왜 서로 다르게 인식했을까? 현대인과 중세인들이 갖는 지구라는 실재에 대한 인식이 서로 달랐기 때문이다. 중세인들도 지구가 어떻게 생겼는지 직접 관찰해보지 않았고 현대인들 역시 지구가 둥글다는 것을 직접 육안으로 본 것은 아니다. 그 시대를 사는 사람들이 합의한 것을 믿고 있는 것뿐이다. 이른바 합의적 실재론(agreement reality)에 따르면, 구성원들이 서로 납득할 수 있는 것이라면 참이 될 수 있다는 것이다.

한편 계곡 물이 차가운지 미지근한지는 직접 손을 대보거나 발을 담가봐야 안다. 계곡에 모여 있는 사람들이 어떻게 합의하느냐와 관계없이 어떤 계곡 물은 차갑고 또 어떤 것은 미지근할 수 있다. 이런 문제는 직접 경험이나 관찰을 통한 입증 과정이 필요하다. 이러한 경험적 실재(experiential reality)는 경험적 입증이 가능할 때 비로소 참이 될 수 있다.

1.2 합의적 실재와 경험적 실재

교육 연구에도 위와 유사하게 두 개의 실재, 즉 합의적 실재와 경험적 실재를 상정할 수 있다. '창의 · 융합형 인재 양성에는 통합 과목 위주의 교육과정이 효과적이다'라는 것을 아는 것과 '대입 전형 요소 중 예언 타당도가 가장 높은 것은 내신 성적이다'라는 것을 아는 것은 인식론의 측면에서 서로 다르다. 전자는 구성원들이 납득할 만한 논리적 입증이 가능할 때 비로소 존재할 수 있는 합의적 실재이다. 후자는 직접 경험이나 관찰을 통해서 경험적으로 입증할 수 있을 때에 비로소 존재하는 경험적 실재이다.

전자를 경험적으로 입증하는 것이 전혀 불가능한 것은 아니나, 입증 노력에 비해 그것의 효용 가치는 거의 없다. 유연하고 창의적인 사고력을 가진 미래 사회의 인재를 양성하기 위해 분과 위주의 교육과정을 강화할 것인지 아니면 문 · 이과 구분 없는 공통 과목 위주의 교육과정으로 변화를 꾀할 것인지는 교육 전문가의 합의에 의존할 수밖에 없다. 여기에는 교사, 학부모, 학생 등 교육에 관련된 구성원들이 납득할 만한 합의에 도달해야 하는 과제가 있다.

후자를 구성원들의 합의를 통해 알 수는 없다. 또 그렇게 해서도 안 된다. 이런 문제는 직접 경험하거나 관찰함으로써 밝힐 수 있다.

1.3 실재론과 방법론

진리를 추구하는 우리들 인간이 상정할 수 있는 실재는 하나가 아니며 각 실재는 그에 맞는 방법을 요청한다는 사실을 연구자는 잊지 말아야 한다. 또한 연구자는 여러 실재론을 두루 활용함으로써 더욱 설득력이 있는 진리를 창출할 수 있다는 것도 알아야 한다. 예를 들어, '달의 어두운 곳은 춥다'라는 사실을 밝히는 것은 두 가지 실재, 즉 합의적 실재와 경험적 실재를 모두 상정함으로써 더욱 설득력을 높일 수 있다. 열은 태양으로부터 공급받는데 어두운 곳은 태양이 비추지 않는 곳이기 때문에 달의 어두운 곳은 춥다는 결론에 이를 수 있다. 이런 식으로 합의적 실재를 상정하고 과학자들이 충분히 납득할 수 있는 문제이다. 한편 달의 어두운 부분의 온도를 측정해서 알 수도 있다. 우주인이 직접 가서 재거나 무인 우주선의 로봇을 통해 달 표면의 온도를 측정하면 될 것이다. 이런 식으로 경험적 실재를 상정하고 입증할 수 있다. 합의적 실재만을 또는 경험적 실재만을 고려할 때보다 두 가지 모두를 상정하면 더욱 설득력 있는 진리 탐구가 가능할 것이다.

1.4 패러다임

'빛은 직진한다.'라는 원리를 지지하지 않는다면 한 발짝도 더 나아갈 수 없는 학문 공동체가 있는 반면 '빛은 직진하지 않을 수도 있다.'라는 주장을 받아들이는 학자들도 있다. 물리학에서 고전 역학과 양자 역학이 동일 현상을 서로 다르게 답하는 경우가 종종 있다. 이른바 패러다임(paradigm)이 서로 다른 것이다.

패러다임이란 어떤 것에 대한 관점을 조직화시켜 주는 근본적 모형 또는 개요이다(성숙진 외, 2005). 고전 역학은 '두 점 간의 가장 가까운 거리는 직선'이라는 공리를 바탕으로 하는데, 빛은 직진하므로 빛보다 더 빠른 것은 이 세상에 없다는 결론에 이른다. 그런데 지구로부터 가장 가까운 은하계조차도 수억 광년의 거리에 있기 때문에 빛의 속도처럼 빠른 우주선을 개발한다 하더라도 살아생전에 인간이 그곳에 닿을 수는 없다. 그렇다면 우리 인간은 더 이상의 우주 개발이 불가능할 수도 있다.

우주 개발을 희망하는 물리학자들에게 새로운 패러다임이 필요했다. 시간은 절대적인 것이어서 어디에서나 누구에게도 같은 것이라는 생각, 즉 결정론적 사고를 대신할 수 있는 새로운 인식 체계를 요청하게 된 것이다. 시간은 상대적인 것이어서 6억 광년 거리에 있는 은하계를 향해 빛의 속도로 달리는 우주인은 불과 6일 만에 목적지에 닿을 수도 있다. 지구상에서 직진하는 것으로 알려져 있는 빛이 우주 공간상에서는 회절하기도 한다는 것이다. 이처럼 새로운 가능성은 패러다임의 전환을 통해서 비로소 가능하다.

1.5 사회과학 연구의 패러다임

서로 다른 패러다임 속에서 전혀 다른 진리가 생성될 수 있다는 사례는 사회과학에서도 많이 찾아볼 수 있다. 예를 들어, 비행 청소년들의 특성들, 즉 위험 요인을 밝혀서 바람직하지 않은 특성을 차단함으로써 비행을 막겠다는 생각이 주류를 이루었다(김경숙, 남현우, 2015). 이른바 교정 패러다임을 바탕으로 비행 청소년들을 상담하고 관리했으나 비행의 횟수는 물론 그 심각성이 날로 더해만 가고 있다. 그리고 이미 비행 청소년으로 분류되고 있는 젊은이들이 비행으로부터 벗어날 수 있는 가능성을 교정 패러다임 속에서 찾을 수는 더더욱 없다. 비행 청소년 문제를 전담하는 상담자 수가 태부족이라서 어쩔 수 없다는 주장만으로 현 상태를 변명할 수는 없다.

청소년 비행을 바라보는 새로운 패러다임이 요청되었다. 비행으로부터 성공적으로 벗어난 바 있는 청소년들의 자아 특성을 밝히고, 좋은 삶을 추구하는 인간의 기본 욕구를 북돋우는 방안을 장려하는 이른바 탈비행 패러다임이 그것이다. 교정 패러다임이 상담사의 치료적인 개입과 위험 요소의 진단을 강조했다면, 탈비행 패러다임은 청소년의 삶 속으로 들어가서 함께 호흡하고 좋은 삶을 향해 함께 나아가는 상담사의 노력을 강조한다.

교정 패러다임을 바탕으로 수행한 연구를 통해 우리가 얻을 수 있는 시사점은 학교 주변의 유해 업소를 없애고, 못된 아이들과 어울리지 못하도록 훈계하고, 어떤 유혹에도 견딜 수 있는 강한 자아를 갖도록 상담하고 학습하는 것 등이다. 그런데 청소년 각자 갖고 있는 스마트폰 속에 유해 요소는 이미 넘쳐나고, 사이버 속에서 사귈 수 있는 친구는 세상 모든 곳에 널려있고(ubiquitous), 개인의 도덕성으로는 견뎌낼 수 없을 만큼 매력적인 유혹들이 세상에는 너무 많다. 탈비행 패러다임과 같은 새로운 패러다임이 등장해야 할 필요성이 절실하다.

연구자가 전적으로 깨끗한 경력으로 출발하는 경우는 거의 없다. 또한 연구자가 발견할 답은 어디서 답을 찾느냐가 결정하고 만다. 비행 청소년들 속에서 해답을 찾으려는 노력은 그들이 비행을 저지르게 된 이유를 짐작케 할 수는 있을지 몰라도 비행에서 벗어날 수 있는 방안을 찾기는 어려울 것이다. 청소년 비행을 대처하는 데 한계를 느꼈다면 기존의 패러다임을 대신할 새로운 패러다임을 찾아가는 것이 우선이다. 연구자가 다양한 패러다임을 알고 있어야 하는 중요한 이유가 여기에 있다.

2. 연구의 과정

대체로 연구가 이루어지는 과정은 연구 문제를 설정하고, 관련 선행 연구들을 검토하고, 연구의 목적과 질문 또는 가설을 구체화하고, 데이터를 수집하고, 그것을 분석하고 해석하고, 결과를 보고하거나 평가하는 것들로 이루어진다(Creswell, 2008, pp. 51-53).

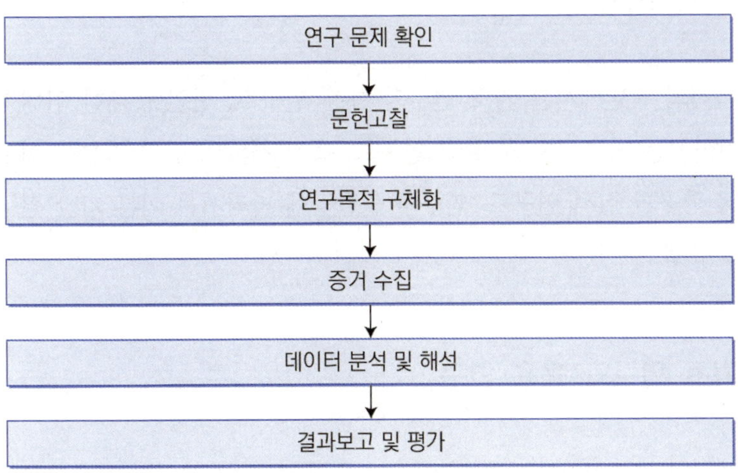

[그림 1.1] 연구의 과정

연구를 과학적 탐구와 같은 것으로 본다면, 논리적 세계와 경험적 세계 사이에서 연역, 검증, 관찰, 귀납을 순환하는 과정으로 볼 수도 있다(이종승, 2009, pp. 33-35). 경험의 세계에 있는 개별적 사실의 관찰로부터 귀납적으로 이론을 도출하고, 이것을 토대로 논리의 세계에서 연역적으로 예측하며, 그 예측된 내용은 다시 경험의 세계에서 구체적인 사실을 가지고 검증된다.

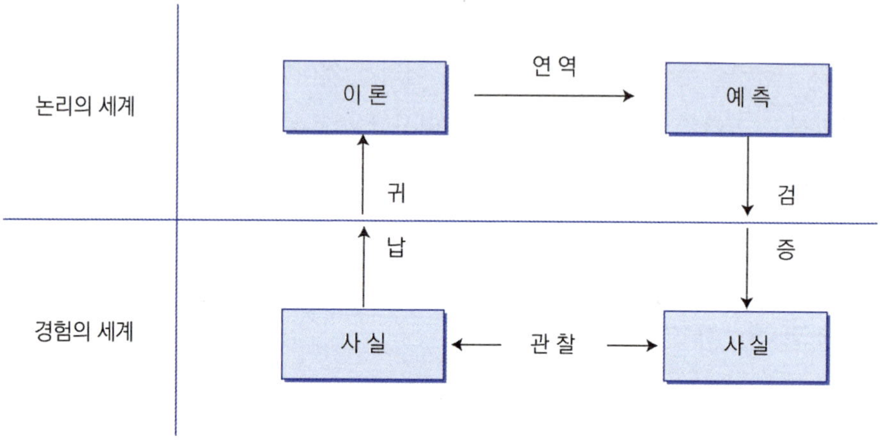

[그림 1.2] 과학 탐구의 순환 과정

3. 연구의 분류

연구 목적의 측면에서는 기초 연구와 응용 연구로, 변인에 대한 인위적인 조작 여부에 따라서는 기술 연구와 실험 연구로, 측정 결과의 양화 가능성 여부에 따라서는 양적 연구와 질적 연구로, 연구의 출발점에 따라서는 이론 기반 연구와 현장 연구로 분류될 수 있다.

3.1 기초 연구와 응용 연구

학습 부진의 원인이 무엇인지를 알아보기 위해 뇌의 생리적인 특성이나 신경망

구조를 탐색하는 것이 기초 연구라면, 학습 부진아의 성취도를 높일 수 있는 효과적인 교수-학습 방안을 찾거나 기존 프로그램들을 비교 분석하는 것은 응용 연구라 할 수 있다. 하나의 기초 연구가 수많은 응용 연구의 바탕이 될 수 있다는 측면에서 볼 때 기초 연구의 가치가 강조되어 마땅하다.

3.2 기술 연구와 실험 연구

자연스럽게 존재하는 변인들을 측정하여 현재의 상태를 서술하거나 변인들 간의 관계를 규명하려는 노력을 기술 연구라 한다면, 특정 변인을 인위적으로 조작하여 그것이 다른 변인에 어떤 영향을 미치는지를 알아보려 했다면 그것은 실험 연구에 해당한다. 학습 부진의 원인이 나쁜 학습 습관에 있을 것이라는 가설을 증명하기 위해 특정 학생들에게 나쁜 학습 습관을 갖도록 강제할 수는 없는 노릇이다. 다양한 학습 습관을 가진 학생들의 학업 성취도를 조사하여 학습 습관과 학업 성취도 간의 관계를 기술하는 연구가 가능할 뿐이다. 자기 주도적 학습이 전통적인 교사 중심의 학습보다 더 효과가 있는지를 알아보려 한다면, 학습 방법 이외의 변인들에서 차이가 없는 두 집단에 각각 자기 주도적 학습과 교사 중심의 학습을 시행한 후 그 결과를 확인해보는 것이 좋을 것이다.

3.3 양적 연구와 질적 연구, 그리고 혼합 연구

연구자가 관심을 두고 있는 변인이 양적으로 측정될 수 있는 경우라면 양적 연구가 가능하겠지만, 그렇지 않다면 질적 연구만이 가능할 것이다. 이러한 분류는 실증주의(Positivism)와 해석주의(Interpretation) 인식론의 구분(성숙진 외, 2005)에 따른 것이다. 물리학의 연구 전통을 차용하여 인간과 사회를 과학의 대상으로 볼 수 있게 한 초기 실증주의에 기초한 연구들은 양적 연구로 분류될 수 있다.

인간이 항상 합리적인 것은 아니며, 과학자가 진정으로 객관적일 수는 없다는 회의가 생기면서 질적 연구의 필요성이 자연스럽게 대두되었다. 보편적 법칙의 발견보다는 구체적인 조건에서 특정 가설이 입증되는지를 확인하려는 목적의 연구는 양적 방법에 덧붙여 질적 방법이 필요하다는 것이다. 그러나 여전히 연구자의 주관적인 인상과 개별 연구의 결론에 대해 회의적이고, 연구에 미칠 개인적인 가치관을 최소화하려는 후기 실증주의 인식론은 질적 연구를 양적 연구의 보조 역할에 한정한다.

물리적 실재와 달리 심리적 실재는 그 존재 자체가 간접적으로만 드러날 뿐 직접적으로 증명될 수는 없다. 심리적 구인은 연구자의 정의에 의해 비로소 존재한다고 가정될 뿐이기 때문이다. 이른바 구인 타당화 과정을 통해 세상 사람들을 설득할 뿐이다. 사회 과학의 대부분이 심리적 구인을 다루는 것이기 때문에 연구자의 감정이입을 통한 주관적 이해가 가능할 뿐만 아니라 오히려 장려되어야 한다는 해석주의 인식론에 맞닿는다.

해석주의 인식론에 따르면, 이론이란 일반적 보편화보다는 풍부하고 상세한 특유의 설명에 그 목적이 있다. 해석주의 전통에 따른 연구들은 기본적으로 질적 증거들을 찾는 데 초점을 두기 때문에 양적 연구보다는 질적 연구가 대종을 이룬다.

양적 연구와 질적 연구는 각자의 장점과 더불어 단점을 갖고 있다. 둘의 단점을 보완하면서 연구 자료를 수집하고 분석하거나 해석할 수 있다는 제3의 부류가 혼합 연구다. 질적 자료를 수집하고 분석하는 데 의심의 눈초리를 보내는 양적 연구 지지자들을 안심시키기 위해, 하나의 현상을 본 여러 관찰자와 해석자들의 일치도를 계산해서 그것의 타당성을 입증하려는 삼각화(triangulation)가 좋은 예이다 (Creswell, 2014, pp. 14-16).

3.4 이론 기반 연구와 현장 연구

대부분의 연구는 학자들에 의해 이루어진다. 학자들은 비록 응용 연구라 하더라도 선행 연구들을 바탕으로, 즉 이론을 기반으로 해서 연구를 수행한다. 그런데 학자들이 수행한 연구가 이론적으로 타당하고 논리적 흠결이 없다고 하더라도 교육이나 상담을 현장에서 직접 실시하는 실천가에게 도움이 된다는 보장이 없다. 현장의 실천가가 어떤 문제에 봉착하고 기존의 이론이나 연구 결과에서 이의 해결 방안을 찾지 못해 새로운 연구의 필요성을 느껴서 시작된 현장 연구(action research)가 있을 수 있다.

학교의 교사, 청소년 기관의 상담사, 복지 기관의 사회복지사, 병원의 간호사 등은 기존 이론을 바탕으로 전문성을 갖췄다 하더라도 풀리지 않는 문제를 맞닥뜨리게 되는 상황이 있을 수 있다. 이들은 비록 전문 연구자는 아니지만 지적 호기심과 더불어 현장의 전문성을 바탕으로 연구를 수행할 수 있다. 대학이나 연구소의 연구 전문가들처럼 논리적이고 체계적인 연구를 수행하기는 어렵겠지만, 그리고 연구의 타당성을 의심받을 수는 있겠지만, 연구실이나 실험실 속에서는 찾을 수 없었던 연구 문제를 끄집어내고 이의 해법을 현장 속에서 찾아낼 수 있다.

4. 연구 윤리

논문 표절을 비롯한 연구자의 비윤리적 행태가 요즘 크게 부각되고 있기는 하지만 당초 연구 윤리는 지식의 무분별한 남용을 경계할 목적으로 등장했다. 2차 세계대전 끝 무렵에 있었던 원자 폭탄의 일본 투하가 그 계기가 되었다. 상상할 수 없을 정도로 심각한 원폭 피해는 그 당시는 물론 아직도 계속되고 있다. 그런데 핵분열과 핵융합을 연구한 과학자가 무슨 죄가 있기에 이 야단들이냐며 연구 윤리가 크게 부각되지는 않았다. 원자 폭탄 투하를 결정한 당시의 군인이나 정치인들의 부도덕이 도마에 오르는 것으로 대신하며 비난이 사그라졌다.

4.1 과학자의 무사무욕과 연구 윤리

과학 연구의 윤리 문제가 전쟁 윤리에 책임을 떠넘기고 잠시 소용돌이로부터 비켜갔다. 그렇다고 학문 연구가 이 문제로부터 완전히 자유로워진 것은 아니다. 과학자의 무사무욕(無邪無慾, disinterestedness)만으로 연구 윤리의 책임감을 벗을 수는 없는 노릇이다. 인간을 직접 대상으로 하지 않고 자연이나 물질을 대상으로 연구를 수행한다고 하더라도 모든 학문은 궁극적으로 인간을 지향한다(이홍우, 1987, pp. 7-30). 물리학이 물리 현상을 연구 대상으로 하는 것은 사실이지만 궁극적으로는 인간을 이해하기 위한 것이다. 인간을 지향하지 않는 학문이 있다면 그것이 인간에게 무슨 소용이 있겠는가? 따라서 아무리 순수한 의도로 연구를 수행했다 하더라도 그것이 인간에게 불행을 자초했다면 윤리적 책임을 피할 수 없다.

연구 윤리가 쟁점으로 다시 부각된 것은 쥐나 개를 희생하면서 연구를 수행했던 행동주의 실험 심리학(김문수, 박소현, 2014, pp. 63-68)에 대한 비판이었다.

4.2 동물의 희생과 연구 윤리

유전의 영향을 통제할 수 있고, 사전 학습의 영향을 차단할 수 있다는 이유 때문에 인간의 행동을 연구하는 실험 심리학에 동물이 자주 활용된다. 그러나 인간의 행복을 위해 동물이 희생되어야 한다는 것에 모든 사람이 동의하는 것은 아니다. '쥐가 인간을 대상으로 실험할 권리가 없는 것과 똑같이 인간도 쥐를 대상으로 실험할 권리가 없다.'라는 것이다. 행동주의 심리학 연구들이 인간 우월주의 의식 속에서 이루어지고 있다는 지적은 연구 윤리 문제를 크게 부각시켰다.

그러나 행동주의 심리학자들의 반론도 만만치 않다. 인간의 공포, 우울을 비롯한 정서 장애에 관한 치료법은 거의 대부분 동물을 대상으로 한 연구에서 개발되었다. 그리고 동물이 희생된 대가로 이루어진 연구의 결과가 동물의 복지를 위해서도 긴요하게 활용되고 있다. 또 동물 훈련에 혐오 자극을 사용하는 대신에 강화, 특히 2차 강화물을 이용하여 소기의 목적을 충분히 달성할 수 있었다.

4.3 약자의 희생과 연구 윤리

줄기 세포를 이용하여 인간의 장기나 신체 일부를 복제할 수 있다는 주장이 거의 사실로 받아들여지고 있다. 생명 과학의 눈부신 발전은 장애자들이나 불의의 사고로 고통받고 있는 사람들에게 큰 희망을 주고 있다. 그런데 성체 줄기 세포를 채취하는 것이 어렵기 때문에 법으로 금지돼 있지만 상대적으로 쉬운 배아 줄기 세포 연구가 유행이다. 정자와 난자가 만나 배아가 형성되면 이미 생명체로서 이 세상에 태어나야 할 권리가 부여되었다. 그런데 본인의 의사에 반해 다른 사람의 장기나 신체의 일부가 되기 위해 희생되어야 한다는 문제가 발생한다.

줄기 세포를 복제해서 장애자의 신체 일부를 추가하거나 교체해서 온전하게 하는 것이 비난받을 만한 일은 아니다. 성체 줄기 세포를 이용한 복제라면 환호를 받을 수도 있을 것이다. 그러나 배아 줄기 세포를 이용한 복제는 한 생명체를 희생해서 다른 생명체의 욕망을 채우려는 것이기 때문에 비난을 받아 마땅하다.

4.4 연구자의 부정행위

순수하게 지적 호기심 때문에 연구를 수행하는 경우보다는 어떤 다른 목적 달성을 위한 수단으로 연구 논문을 출판하는 경우가 더 많은 것이 현실이다. 취직이나 승진, 명예를 얻기 위해서 좋은 논문을 출판해야 한다는 무언의 압력과 유혹을 받기 쉽다.

연구자가 범하기 쉬운 부정행위의 유형에는 날조(fabrication), 위조(falsification), 표절(plagiarism), 중복 출판(duplicate publication) 등이 있다(이종승, 2009, pp. 56-58).

날조는 연구를 하지 않았으면서도 마치 한 것처럼 허위의 사실로 연구 결과를 만드는 행위이다. 위조는 속일 목적으로 자료를 조작하거나 연구 결과를 임의로 변경하여 진짜처럼 꾸미는 행위이다. 연구의 위조와 날조는 재론의 여지 없이 금지되어야 할 부정한 짓이다.

표절은 다른 사람의 연구 결과나 주장을 자신의 것처럼 발표하거나, 타인의 논문이나 이미 발표한 자신의 논문의 일부 또는 전부를 베끼거나 가공하여 새로운 내용인 것처럼 발표하는 행위이다. 표절 시비에 빠지지 않는 최선의 방책은 본문 주나 각주 또는 후주를 다는 등의 인용 표기를 하는 것이다.

중복 출판은 연구 업적을 부풀릴 목적으로 이미 출판되었던 자료를 새로운 자료인 것처럼 다시 출판하는 행위이다. 업적을 부풀릴 목적이 아니더라도 중복 출판하는 경우가 있을 수 있다. 그럴 때는 이미 출판된 바 있는 내용이 포함돼 있음을 솔직히 밝히는 자세가 필요하다.

4.5 기관생명윤리위원회(IRB)

IRB는 20세기 초 미국에서 발생한 임상 피해 사례에 대한 직접적인 대응 방편으로 발족되었는데, 미국 연방 규정에 따라 인간을 대상으로 하는 연구자는 보건사회복지부(HHS) 산하 임상연구안전국(OHRP)의 규제를 받도록 하고 있다. 초기에는 건강 관련 분야에만 적용되었는데 최근에는 인류학, 심리학, 사회학 등의 사회 과학 분야에까지 확대되었다.

연구의 IRB 인증을 위한 준거로는 위험-혜택 비율의 사정, 공정한 참여자 선발, 인지된 동의서 확보, 사적인 비밀 보장 및 신의 유지, 취약 집단 보호 등이 있다(Gall, Gall, & Borg, 2003, pp. 67-74).

연구 참여자가 겪게 될 위험은 최소화하고 연구를 통해 인간이 얻게 될 혜택은 최대화해서, 이들 위험과 혜택의 비율이 적정선을 유지할 때 비로소 연구가 허락된다. 어떤 연구를 통해 향후 인간이 입게 될 혜택이 크다는 예측이 있더라도 연구 과정에 참여자들이 경험하게 될 위험 수준이 높다고 예측된다면 허락이 되지 않을 것이다.

연구 참여자를 선발하는 과정이 공정해야 한다. 평범한 사람들이 아니라 소수 집단 또는 취약 집단으로부터 참여자를 선발했다면 이들에게 특별한 관심과 배려가 있어야 한다. 또한 모집단의 모든 성원들은 선발될 가능성이 동일해야 한다. 특정인들이 우선적으로 선발되거나 또는 의도적으로 배제되었다면 공정한 선발이 이루어졌다고 볼 수 없다.

연구 과정에 어떤 일들이 일어나는지, 연구자에게 어떤 정보들이 노출되는지, 수집된 데이터들이 어떻게 사용되는지 등을 연구 참여자들에게 미리 알리고, 이 모든 것들에 대해 동의한다는 서명을 받아야 한다. 덧붙여, 연구 과정에 언제라도 연구 참여를 그만둘 수 있음도 알려야 한다.

연구자는 연구 참여자의 사적인 것들을 알려 하지 말아야 할 뿐만 아니라, 연구 과정에서 얻은 연구 참여자의 사적인 정보들에 대해 비밀을 유지해야 한다. 데이터에서 연구 참여자를 구분할 수 있는 식별자를 최소화하는 방안도 여기에 포함된다.

연구자는 취약 계층 또는 집단의 사람들이 연구에 참여할 경우에 이들의 인권과

복지가 손상될 수 있는지를 특별히 살펴야 한다. 예를 들어, 미성년자 또는 아동, 소년원생, 임신부, 정신 지체 아동, 불법체류자 또는 다문화가정 청소년, 경제 또는 교육의 혜택을 못 받은 아동 등이 여기에 해당할 수 있다.

제2장

연구문제의 설정

연구문제를 규명한다는 것은 연구자가 관심을 두는 영역에 대한 특정한 진술 혹은 질문을 만드는 것 이상을 의미한다. 그 첫 단계는 탐구하고픈 연구주제(research topic) 혹은 연구문제를 선택하는 일이다. 그러고 나서 연구주제로부터 문제(problem)의 구체적 진술이 형성된다. 그런 후 한 개 혹은 몇 개의 가설이 정해진다. 물론 질적 연구에서 연구문제는 연구할 필요성과 이론적 근거를 제시하는 데 초점을 두며, 가설 혹은 연구질문들이 연구의 진행과정 속에서 변형될 수 있는 여지를 가지고 있음에 유의해야 한다. 연구문제와 가설의 진술은 변인(variables)과 조건(conditions)들에 대한 구체적인 용어로 이루어진다. 이들 용어는 연구문제와 관련해서 의미를 지녀야 한다. 그래서 우리가 연구문제 규정의 다양한 요소들을 토론할 수 있기 위해서는 사전에 사용될 용어를 정의하는 작업이 필수적으로 요구된다.

1. 연구문제의 선정

1.1 연구문제의 탐색 활동

연구의 출발은 연구를 통하여 무엇을 밝히거나 말하고 싶은가에 대한 고민에서 시작된다. 즉 연구자는 교육에 대한 철학, 관심 분야의 지적 욕구나 호기심, 교육 실제에 대한 경험, 연구자를 둘러싼 시대·사회적 요청 등을 토대로 무언가를 탐구하고자 하는 필요성을 느끼게 되는데 이를 연구의 상황으로 의식화하는 과정이 연구문제의 발견 혹은 탐색이라 할 수 있다. 어떤 기관이나 조직 혹은 제3자가 연구문제나 주제를 부여하는 경우를 제외하고는 연구문제를 탐색하는 제1의 원천은 연구자의 관심과 흥미 혹은 호기심이라 할 수 있다. 무언가에 재미있어하고 활동에 참여하거나 관심 있게 바라보면서(관찰하면서) '왜', '어떻게', '무엇이'라는 의문을 갖게 되면 그것을 초점화하여 문제로 형성된다. 그렇기에 연구문제 형성을 위해 연구자는 기본적으로 무언가에 대해 관련 정보를 접하고 관찰하며 경험해보는 노력과 동시에 지속적으로 '왜', '어떻게', '무엇이' 등의 의문을 계속 던지는 자세를 견지해야 한다.

그런데 앞서 말한 기본적인 노력과 자세에도 불구하고, 과학적 체계성과 논리성이라는 연구의 특성을 감안할 때, 적절한 연구문제 혹은 주제를 끌어내기가 쉽지 않은 경우가 많다. 학위 과정 중 관심 분야나 영역을 정하는 것부터 시작해서 세부 연구주제를 정하는 데 어려움을 겪는 사람이 적지 않다. 앞서 말한 개인적 기본 노력과 자세 측면의 개인차에 기인하여 나타나는 현상일 수도 있으나, 연구에 대한 이해와 수행 역량을 함양하는 학습 체제 및 훈련이 미흡하여 발생하는 경우도 있다. 매우 많은 학습량을 가졌음에도 불구하고 자신이 수행해야 할 연구주제를 구체화하여 제시하지 못하는 사람을 보는 것도 그 한 사례이다.

이에 연구문제 형성을 위한 연구활동 자원(source)을 권장해볼 수 있다. 이종승(2009)은 연구문제 발견에 도움이 되는 일반적 원칙으로 '문제의식과 주의 깊은 관찰', '최신 정보와 연구동향 파악', '비판적 독서와 다양한 분석'의 세 가지를 제시한 바 있다. '문제의식과 주의 깊은 관찰'을 제외한 두 가지는 연구문제 형성에 실질적인 도움을 주기 위해 좀 더 구체화할 필요가 있다. 연구문제 혹은 연구주제를 선택할 수 있는 자원으로, 성태제와 시기자(2014)는 연구자의 관심과 흥미, 문헌연구, 공동연구의 참여, 새로운 학설이나 이론, 학술대회 참여, 사회적 경험, 전문가 혹은 지도교수 등의 일곱 가지를 제안한다. 학문이나 연구에 입문하는 사람들은 대부분 어떤 분야나 사상(事象)에 관심과 흥미를 가지고 있지만 그렇지 않은 경우도 있다. 관심과 흥미를 가지고 있다면 다른 자원들을 활용하여 연구문제를 탐색하고 선정하는 데 일보 앞서 있다고 볼 수 있다. 하지만 구체적인 관심과 흥미를 발견하지 못했다 할지라도 실망할 필요는 없다. 다른 여섯 가지 자원을 통해 자신의 관심과 흥미를 생성할 수 있기 때문이다.

여섯 가지 자원 모두 유의미하지만, 가장 바람직한 자원으로 권장하는 것은 역시 문헌연구이다. 관심 분야 혹은 자신의 전공 분야와 관련된 교재, 학위논문, 학술지,

보고서 등의 문헌을 통해 그동안 이루어졌던 연구의 경과, 범위, 동향, 방법 등을 파악함으로써 무언가의 의문이나 문제점을 추출할 수 있고 새로운 방법이나 내용으로의 확장을 꾀할 수도 있다. 각자의 상황과 특성에 맞추어 문헌연구를 수행해나가겠지만, 학술논문에 대한 학습활동이 연구문제 탐색 및 선정에 매우 효과적임을 강조하고자 한다. 학술적 지식과 방법론적 지식 및 식견을 함양함과 동시에 연구의 제한점이나 후속 연구의 제안 등을 통해 직접적으로 연구문제를 얻을 수 있기 때문이다. 학술대회 참여 또한 문헌연구의 연장선에 있는 자원이라 할 수 있다. 학술대회에서 발표하는 논문은 아직 간행되지 않은 경우가 대부분이기 때문에 새로운 내용이나 연구문제의 습득에 도움이 된다. 특히 상호 의견 교환이 이루어지기 때문에, 발표물 이외의 대화 속에서 더 개선·발전·확장할 수 있는 아이디어를 얻을 수 있다. 한편 새로운 학설이나 이론에 주의를 기울이는 것도 연구문제 선정의 주요한 자원이라 할 수 있다. 교육에 한정하지 말고 다른 인문·사회 및 과학 분야의 발전에도 폭넓은 관심을 가질 필요가 있다. 예컨대 인공지능에 대한 최근의 관심과 과학기술의 발전은 교육 분야에서도 새로운 교육적 담론을 형성하면서 다양한 탐구 과제를 촉발할 수 있다. 나아가 자신의 사회적 활동이나 경험 속에서 성찰적 사유를 통해 문제의식을 형성하고 과제를 도출할 수 있으며, 학업지도 과정이나 특정 프로젝트 지원 활동에서도 새로운 정보를 획득하고 식견을 넓혀가며 특정 관심사를 생성할 수도 있다.

1.2 연구문제 선정 시 고려 사항

적절한 연구문제를 선택한다는 것은 좋은 질문, 즉 교육적 맥락에서 적절하면서 중요한 문제들을 형성하는 것이다. 연구문제를 형성하는 상황은 매우 다양하고 특수할 수 있기에 좋은 연구문제를 규정할 수 있는 보편적인 판단 기준이나 원리를 일반화하여 제시하기는 쉽지 않다. 다만 다음에 제시하는 몇 가지 요건들을 고려해 본다면 적절하고 좋은 연구문제를 설정하는 데 도움이 될 것이다.

첫째, 탐구하고자 하는 연구문제가 **교육적 의의**를 가지고 있는가를 고려해야 한다. 무엇보다도 교육의 맥락에서 연구문제가 차지하는 위치와 기능을 확인해 보아야 한다. 연구문제는 연구자 개인뿐만 아니라 최소한 교육공동체의 일부에게도 관심거리가 되어야 하며, 이론적으로든 실제적으로든 기여를 해야 한다. 연구문제는 지식의 확장과 실제 문제의 해결로 대별되는 연구의 기능 중 어느 하나라도 담당할 수 있어야 한다. 지식의 확장은 보통 연구의 이론적 의의를 뜻하는 것으로, 어떤 새로운 이론을 창출하거나 기존 이론을 수정・보완・확장하는 등의 기능을 수행하여 해당 학문(교육학)의 발전에 기여함을 뜻한다. 실제 문제의 해결은 소위 연구의 실용적 가치로서, 교육 실제에서 당면하는 국가, 지역, 학교, 개인 등의 다양한 층위의 문제 중 관심을 가지는 어느 하나에 대해 해결책을 마련하는 데 기여할 수 있어야 함을 강조한다. 연구문제의 중요성은 그것이 실제적인 것인가 아니면 이론적인 것인가라는 관점에서 찾아볼 수 있다. 사소한 문제 — 예를 들면, 가죽신을 신은 초등학생의 비율과, 이들 신발의 선택과 학업성취도와의 관계 — 들도 체계적으로 연구될 수는 있다. 그러나 결과가 어떻든지 간에 그러한 문제는 이론적 틀이 있는 것도 아니고 중요하지도 않다. 연구문제는 현재의 지식을 확장하거나 의미 있는 방법으로 교육에 공헌할 수 있는 것이어야 한다.

둘째, **독창성 혹은 참신성**을 가져야 한다. 이론적 필요든 실제적 필요든 교육 분야에서 관심을 가질 수 있는 연구문제는 무수히 많으면서도, 관련된 연구 활동에 종사하거나 참여하는 사람 또한 매우 많다. 또한 오랜 역사를 통하여 많은 연구가 이루어져왔고 앞으로도 새로운 연구자들에 의해 지속적으로 그 지평은 심화, 확대될 수밖에 없다. 이런 상황에서 기존의 연구와 다른 독창성을 지닌 문제를 설정하여 탐구하기란 쉽지 않을 것이다. 어떤 이론의 검증이나 어떤 문제의 해결에 관심을 가지고 연구를 수행하고자 했을 때 기존 다른 사람들에 의해 먼저 진행되었던 연구를 접하여 본인의 연구가 반복연구 수준에 그침을 인지하며 낙담해 본 경험도 있었을 것이다. 그러기에 관심을 둔 연구문제와 관련한 선행연구에 대해 폭넓은 조사와 정리라는 노력을 연구자에게 계속 요청하는 것이다. 그러나 독창성 혹은 참신성에 대한 부담을 과하게 가질 필요는 없다. 완전하게 독창적인 연구아이디어는 거의 없다. 무에서 유를 창조하는 새로움을 보여주는 연구도 있겠지만, 대체로 기존 지식의 토대 위에서 수정, 보완, 변형의 형태로 새로움을 보여주는 연구가 대부분이다. 또한 교육 실제도 시대・사회적인 변화와 함께 시시각각으로 변화하며 그에 따른 다양한 문제들이 지속적으로 생성될 수 있다. 이런 상황에서 새로운 문제에 대한 탐구는 참신성을 가질 수 있다. 한편 유사한 연구문제라 하더라도 새로운 대상이나 자료의 생성을 기반으로 한 연구, 색다르거나 새로운 연구방법의 적용 연구 등도 독창성을 인정받을 수 있다.

셋째, 연구의 **수행 가능성**을 담보해야 한다. 아무리 좋은 연구문제 혹은 주제라 해도, 또 연구가 매우 독창적이라 해도, 연구자의 수준과 여건에서 실제로 연구를 수행하기 어렵다면 허사이다. 비록 문제가 연구될 만한 가치가 크다 하더라도 실제적으로 수행하는 일이 용이하지 않을 수 있다. 연구의 수행 가능성과 관련하여 연구자들이 맞닥뜨리는 주요 상황으로 먼저 자료의 수합 문제를 들 수 있다. 연구에 꼭 필요한 자료가 너무 방대하여 일정 기간과 비용으로 수합하기가 어려울 수 있으며, 아예 수집이 불가능한 경우도 있다. 필요한 시기에 적절한 실험대상을 선정하는 데 어려움을 겪을 수도 있고(예컨대 고등학교 3학년 재학생을 대상으로 하고 싶으나 입시 준비 등의 이유로 참여할 실험대상을 선정하기 어려운 경우), 타당하고 신뢰로운 검사도구나 자료수집방법이 미비하여 자료 수합이 어려울 수도 있다. 또한 연구의 윤리적인 측면(연구대상자의 신체적/정신적 상해, 사생활 침해, 사회적 책임 등) 때문에 실험이나 조사의 진행이 적절하지 않을 수도 있다. 연구를 수행하는 데 필요한 행정적 협조, 소요 인력 및 경비, 실험실 및 기자재 여건 등이 원활하지 않은 경우도 적지 않다. 이러한 조건들은 연구문제를 탐구하는 데 장애가 되는 것으로, 연구문제를 최종 선정 혹은 확정할 때 좀 더 심도 깊은 고민을 해야 한다. 한편 특정 연구문제를 탐구하는 데 필요한 전문지식과 기술 등의 개인적 역량 측면이 부족하여 연구를 수행하기 어려운 경우가 있으나, 이는 개인의 적극적인 학습 노력과 관련 전문가로부터의 적절한 도움으로 연구의 수행 가능성을 높일 수는 있다.

연구문제는 정보 혹은 경험의 맥락에서 선택된다. 연구자는 관련 이론뿐만 아니라 연구할 영역을 잘 알아야만 한다. 독창적이고 창조적인 사고를 해야 하는데, 연구자가 그에 대한 지식이 없다면 그러한 사고를 하기 어렵다. 관련 연구를 탐구하고 그 분야에 대한 실제적, 이론적인 사고에 익숙해짐으로써 연구자는 연구문제의 핵심이 될 적절한 질문을 형성할 수 있다.

2. 연구의 변인

2.1 변인의 개념

연구 주제나 문제, 가설, 결과 분석 등 연구의 설계 및 수행 상황에서 필수적으로 언급되는 용어로 '변인(변수, variable)'이 있다. 교육평가용어사전(한국교육평가학회, 2004)에서는 '연구를 통해 밝히고자 하는 사물이나 사람, 집단의 특성'이라 변인을 정의하고 있다. 그러나 수나 양을 다루는 연구 상황에서는 좀 더 의미를 구체화할 필요가 있다. 즉 연구에서 변인이란 탐구하고자 하는 사상의 개별 단위(분석대상이 되는 사람이나 사물 혹은 현상)들이 서로 달리 갖는 가치나 조건 등의 특성을 의미한다. 이는 기본적으로 연구에서 관심을 두어 파악하고자 하는 특성은 연구대상의 개개 차원에서 모두 동일한 값을 가지고 있지는 않다는 것을 전제한 의미라고 파악해야 한다. 이에 변인과 대비되는 용어인 '상수(constant)'란 연구에서 탐구대상이 되는 개별 단위들이 모두 동일하게 갖고 있는 가치나 조건 등의 특성을 뜻한다.

만약 한 연구자가 초등학교 6학년 학생들의 과학성취도에 대해 서로 다른 두 개의 교수방법 간에 나타나는 효과의 차이를 알아보고자 한다면, 학년수준은 상수가 된다. 왜냐하면 연구에 포함된 모든 학생들은 6학년이기 때문이다. 이 특성은 모두에게 같은 것이다. 따라서 이 특성은 연구의 불변적 조건으로서 연구의 상수가 된다. 이 예에서 관심을 두는 변인은 교수방법과 과학성취도 둘이다. 서로 다른 교수법이 처치된 후, 연구대상인 6학년 학생들은 과학성취도 검사를 받는다. 이 검사에서 모든 학생들이 똑같은 점수를 받으리라고는 기대되지 않는다. 실제 두 개 이상의 점수들이 산출될 것이다. 이에 과학성취도 검사의 점수는 하나의 변인이 된다. 척도상에서 다양한 값을 갖는 과학성취도와는 달리, 교수방법은 단지 두 개의 범주(유목), 즉 두 교수방법으로 구성되는 변인으로 조건변인이기도 하다. 즉 연구의 특정한 조건으로서 교수방법이 상정된 것이다. 6학년 학생들은 각기 한 개의 교수방법에 할당된다. 결국 모든 6학년 학생들이 각기 하나의 교수방법에 참여할 수 있도록 분류될 것이다.

2.2 변인의 유형

변인들을 설명하는 방식은 무수히 많다. 이러한 설명방식은 한 연구에서 변인이 갖는 의미를 정교화하기 위해 사용된다. 변인의 분류는 연구에서 변인들이 갖는 역할이나 속성에 의해 이루어진다.

2.2.1 독립변인과 종속변인

독립변인과 종속변인이란 용어는 수학에서 유래되었다. 일반적으로 종속변인의 값은 독립변인의 값에 의존한다고 말한다. 이 양자의 관계와 효과를 밝히는 것이 연구를 수행하는 일반적 목적이 된다. 그러나 연구자는 그러한 변인의 설정이 엄밀한 인과관계(causal relationships)를 생성한다고 섣불리 오인해서는 안 된다.

대부분의 조사연구에서 설정된 독립변인은 연구대상자들을 분류하는 단순한 분류변인이다. 과학성취도 연구의 예에서, 교수방법은 독립변인이 된다. 이 연구에서 6학년 학생들은 두 방법 중 어느 하나에 의해 가르쳐질 것이다. 그리고 교수방법은 독립변인의 두 개의 분류체계, 즉 두 개의 수준을 구성한다(한 변인에 대한 수준의 최저 수는 2이다). 종속변인인 과학성취도 검사점수는 어느 정도 교수방법에 의해 영향을 받을 것이다. 사실 이 연구의 목적은 교수방법의 효과가 있는지 없는지를 결정하는 것이므로 연구자는 독립변인에 비추어 종속변인을 설명하고자 할 것이다.

한편 연구 상황에서 독립변인 및 종속변인과 함께 자주 언급되는 변인으로 간섭변인(intervening variable)과 통제변인(control variable)이 있다. 간섭변인은 그 존재가 실재할 것으로 추정되는 변인, 즉 독립변인 이외에 종속변인에 영향을 주는 변인을 뜻한다. 간섭변인은 매개변인(가외변인, 잡음변인; nuisance variable) 또는 혼재변인(confounded variable)과 같은 이름으로도 사용된다. 간섭변인이 연구의 독립변인과 종속변인 관계 속에서 영향을 끼치고 있는지는 사전지식(a prior knowledge)을 통하여 추론해야 한다. 위 연구 예에서 학생의 성(性)이 과학성취도에 영향을 줄 수 있다면 이들은 간섭변인이 되며, 이는 독립변인의 효과를 해석하는 데 혼란을 일으킬 수 있는 변인이다. 따라서 교수방법이라는 독립변인의 효과를 명료히 밝히기 위해서는 간섭변인의 영향력을 통제해야 한다. 위 예에서 연구자가 두 교수방법 집단을 구성할 때 학생의 성이 동일(유사)하도록 조치를 했다면 이 경우에 성은 통제변인이 된다. 연구의 내적 타당도를 높이기 위해서는 독립변인 이외에 영향을 줄 수 있는 주요 간섭변인을 얼마나 효과적으로 통제하는가가 중요하며, 간섭변인이 특별한 효과를 끼치지 못하도록 연구 설계를 탄탄히 하거나 간섭변인의 효과를 통제해주는 통계기법을 적절히 활용하여야 한다.

2.2.2 양적변인과 질적변인

연구에서의 변인은 측정을 전제로 한다. 측정은 일정한 규칙에 따라 수나 기호를 부여하는 절차이며, 변인이 지니고 있는 속성에 따라 일정한 규칙, 즉 척도의 성질이 결정된다. 측정에서 우선적으로 관심을 두는 변인의 속성은 수량화 여부로서, 이에 따라 양적변인과 질적변인으로 구분된다.

양적변인(quantitative variable)이란 수로 표현될 수 있는 변인으로, 이는 다시 연속변인과 비연속변인으로 나뉜다. 연속변인(continuous variable)은 측정하여 산출되는 수가 어떤 값으로도 모두 표현될 수 있는 변인(무한한 소수로 표현될 수 있는 변인)을 뜻하는 것으로, 무게, 길이, 시간 등이 그 대표적인 예이다. 비연속변인(discontinuous variable)은 수로 표기는 되나 어떤 특정한 값 이외에 더 세분화될 수 없는 변인을 뜻한다. 보통 정수로 표기되며, 자동차 수, 가족 수, 학생 수, 학급 수, 학교 수 등 빈도로 산출되는 변인이 이에 해당한다. 그런데 양적변인 중 지능이나 학업성취도 점수 등의 변인들에 대해 이를 연속변인으로 볼 것인지에 대해서는 주의가 필요하다. 지수 혹은 점수 산출에 있어 채점 단위에 따라 특정한 점수만이 산출되기 때문에 실제로 얻는 값들은 비연속변인이라 할 수 있다. 그러나 지수나 점수로 산출되는 인간의 능력은 산출된 값들 사이에 얼마든지 존재할 수 있기 때문에 그 연속성을 인정하고 있으며, 이에 따라 대체로 연속변인으로 간주하여 활용하고 있다.

질적변인(qualitative variable)이란 성(남/여), 지역, 직업, 색상, 학교급, 학교 유형 등과 같이 변인이 지니고 있는 속성에 따라 몇 개의 범주로 분류될 수 있으나 수량의 성질을 갖지는 못하는 변인을 뜻한다. 물론 범주 분류 시 1, 2, … 등의 수를 표기 방식으로 사용할 수 있으나, 그 수의 의미는 명명척도와 같이 변인의 속성상 서로 다른 무언가를 지칭하는 것에 국한된다.

2.3 조작적 정의

연구에서, 특히 조사연구에서 연구의 변인과 조건은 조작적으로 정의되어야 한다. 자연과학과는 다르게 사회과학에서는 성격이 명확하지 않은 애매모호한 변인들을 다루는 경우가 많다. 만약 몸무게에 관심을 둔다면, 그 몸무게는 보통 체중계에 세팅된 일반적인 무게척도가 사용되어 측정될 것이다. 그런데 학업성취도에 관심을 둔다면 학생들이 학교교육 혹은 학업을 통하여 성취한 정도나 수준이라고 개념적 정의를 할 수는 있지만, 어떤 내용에 대해 어떤 방식을 통하여 어떤 점수 형태로 측정할 것인지는 연구 상황에 따라 매우 다양할 수 있다. 국어, 수학, 영어, 사회, 과학 등 학교교육에서 다루는 교과별 성적을 합산한 것으로 할 수도 있고 특정 교과로 국한된 성적이나 범교과적인 역량 중심의 평가 성적으로 한정할 수도 있다. 또한 학교에서 공식적으로 행해지는 평가 결과(중간/기말시험 성적 혹은 학기/학년말 교과성적)일 수도 있고 대규모 평가(국가수준 학업성취도 평가, 모의고사나 연합학력평가, 대학수학능력시험 등)의 성적일 수도 있으며 연구자가 별도로 시행한 검사의 점수일 수도 있다. '학업성취도'에 대해 합의된 개념적 정의를 사용했다 할지라도 연구 상황마다 측정된 변인의 속성이 상이할 가능성이 높기 때문에, 개별 연구의 결과 해석을 명료화하고 연구 결과의 일반화 수준을 한정(동시에 연구의 반복 수행 시 결과의 동일성 내지 유사성 담보)해주어야 한다. 이를 위해 연구에서 관심을 두는 변인들을 명료화·구체화하는 작업이 필요하다. 즉 연구의 현상 또는 변인을 측정하기 위해 사용될 절차 또는 시행과정을 포함한 정의가 필요하다. 그러한 정의를 조작적 정의(operational definition)라고 부르며, 정의되는 변인을 확인하는 데 필요한 조건 혹은 특성을 구체화한다는 의미에서 규정적이다.

3. 연구문제의 진술

3.1 연구문제 진술의 일반 원리

연구문제를 선택했다고 해서 그 연구문제가 적절히 진술될 수 있을 것이라는 믿음을 무작정 신봉할 수는 없다. 일반적으로 효과적인 연구를 추구하려면 연구문제를 적절한 형태로 재구성하는 작업이 필요하다. 연구문제의 진술은 실제적으로 연구하려는 것이 무엇인지 명확하게 알 수 있도록 구체화되어야 한다. 연구문제는 일단 광범위하게 진술된 후, 관련문헌을 분석하여 체계적이고 구체적으로 재구성되어야 한다. 문제를 협소하게 진술하고서 그것을 확장시키는 방법보다 이런 방법으로 작업을 하는 것이 연구의 효율성을 높여 준다. 연구문제는 서술적, 기술적인 형태 또는 질문 형태로 진술할 수 있다. 이 중 질문 형태는 문제의 핵심을 제시하는 데 도움을 주며, 특히 큰 연구문제 안에 하위문제들이 포함될 때 효과적이다.

문제를 진술할 때 가장 중요하게 고려하여야 할 사항은 연구의 방향과 적절한 핵심이 그 안에 포함되어 있어야 한다는 점이다. 이러한 관점에서 만족스럽지 못한 문제진술문과 만족스러운 문제진술문을 제시하여 이해를 돕고자 한다. '초등학교 교육과정'과 같은 진술문은 너무 광범위하기 때문에 문제진술문으로서 기능을 할 수 없다. 사실 이 진술문은 어떠한 문제도 포함하고 있지 않다. 이를 좀 더 구체적인 진술문으로 바꾸어 보면, 'A 도시에 있는 4학년 학생들의 읽기성취도에 미치는 초등학교 교육과정 운영의 효과' 혹은 '초등학교 교육과정이 A 도시 4학년 학생들의 읽기성취도에 미치는 영향' 정도가 될 것이다. 이를 다시 질문 형태로 제시하면, 'A 도시에 있는 4학년 학생들의 읽기성취도에 미치는 초등학교 교육과정 운영의 효과는 어느 정도인가?'가 될 것이다.

다음에는 최초의 진술문과 그것을 보다 조작 가능하게 고친 재진술문 및 질문 형태의 예들이 제시되어 있다.

원진술문: 초등학교 학생들의 창의성
재진술문: 4, 5, 6학년 학생들의 특정 특성과 확산적 사고 사이의 관계성
질문 형태: 4, 5, 6학년 학생들의 확산적 사고 검사점수와 ① IQ점수, ② 읽기성취도 검사점수, ③ 읽기태도 검사점수 사이에 관계가 있는가?
(①, ②, ③을 나누어 세 개의 질문 형태로 진술할 수도 있음)

원진술문: 성취도와 교수기법
재진술문: 세 가지 교수기법이 중학생들의 과학성취도에 미친 효과
질문 형태: 서로 다른 세 가지 교수기법들이 중학생들의 과학성취도 점수에 서로 다른 영향을 미치는가?

원진술문: 고등학교 상담교사의 역할
재진술문: 고등학교 상담교사의 활동조사
질문 형태: 다음과 같이 여러 개의 질문을 설정할 수 있다.

- 상담교사의 일과 중 상담지도/비상담지도 활동의 비율은 어느 정도인가?
- 상담교사의 상담지도 활동의 주된 내용은 무엇인가?
(상담교사의 상담지도 활동의 내용별 비율은 어떠한가?)
- 상담교사의 활동 중 학생들에 의해 주된 장점/단점으로 인식되는 것은 무엇인가?

연구문제의 진술문은 프로젝트의 추진방향을 연구자에게 제시해 주어야 한다. 그리고 그 진술문은 연구프로젝트의 핵심요소를 규정해야 한다. 위에 제시된 진술문 중 첫 번째의 경우, 관계성이란 단어는 특정의 절차를 의미하고, 세 개의 학년수준은 연구의 전집을 제한하고 규정한다. 그리고 확산적 사고란 용어는 확실히 원진술문에 제시된 창조성이란 단어보다 더 구체적이다. 또한 확산적 사고는 구체적인 확산적 사고 검사점수와 같은 보다 조작적인 정의를 요한다.

문제의 재진술문에서 용어를 정의하는 일은 필수적이다. 첫 번째 예에서 확산적 사고, IQ, 읽기성취도, 운동기능 등의 선택된 요소에 대한 규정 및 정의를 내려 주어야 한다. 그리고 두 번째 예에서 세 가지 교수기법과 관련하여 그것이 실행되는 구체적 상황을 정의해 주어야 한다. 그러한 문제의 진술에는 정의가 수반되어야

한다. 그러나 그 정의들은 진술문을 너무 장황하고 어색하게 만들기 때문에 보통 진술문에는 포함되지 않으며, 대신 보고서 내의 적절한 장면에 따로 제시하는 것이 일반적이다. 연구문제의 진술문에 적절한 정의가 수반된다면 조사될 것이 무엇인지에 관한 모호성은 줄어들 것이다.

연구문제를 질문 형태로 진술할지의 여부는 연구자의 판단에 달려 있다. 만약 의문문 형태가 유용한 것으로 연구자가 판단한다면, 그것이 사용될 것이다. 실제적으로 어떤 유형으로 연구문제를 진술하느냐의 문제는 비교적 덜 중요하다. 그보다 더 중요한 것은 그 진술문이 정확하고 구체적이어서 연구문제에 대한 혼란이 없어야 한다는 점이다.

3.2 연구문제와 가설

3.2.1 가설의 개념

연구문제에 대한 진술 그 자체는 보통 연구의 일반적 방향만을 제공하므로, 그 안에 모든 세부적 정보를 포함하고 있지는 않다. 왜냐하면 연구문제 진술문이 모든 정보를 포함한다면 오히려 연구보고서 작성 과정에서 장황스러워질 가능성이 높기 때문이다. 따라서 구체성과 방향성을 보다 더 높게 하기 위해서는 가설을 개발하여야 한다. 가설은 문제의 진술문으로부터 직접적으로 얻거나 또는 연구문헌에 근거하여 얻을 수도 있으며, 문화인류학적 연구일 경우에는 자료의 수집과 분석을 통하여 생성될 수도 있다. 가설에는 다양한 형태와 종류가 있는데 넓은 의미로 볼 때, 하나의 가설은 문제의 해결 또는 상황의 상태에 대한 추측, 또는 추정이라고 이해할 수 있다. 가설들은 연구문제의 진술문보다 더 조작적이어서 가설은 연구에 대한 구체적 구조를 제공하여 준다.

일반적으로 가설은 이론의 구성요소로서 연구대상의 부분적 특성을 구체적으로 나타낸다. 그리하여 하나의 이론은 몇 개의 가설을 포함하기도 한다. 그리고 연구는 가설이 논리적으로 입증될 수 있도록 진행되어야 한다. 이것을 가설검증이라 하며 그러한 검증의 결과로 가설을 지지하거나 기각한다.

Borg & Gall(1989)은 가설이 갖추어야 할 네 개의 기준을 다음과 같이 제시하였다.

1. 가설은 두 개 혹은 그 이상의 변인들 사이에 기대되는 관계성을 진술하여야 한다.
2. 연구자는 가설이 검증할 만한 가치가 있는 것인가에 대하여 이론 또는 증거에 기초한 명확한 이유를 제시할 수 있어야 한다.
3. 가설은 검증 가능해야 한다.
4. 가설은 가능한 한 간략하고 명료해야 한다.

일반적으로 가설은 매우 구체적이고 그 범위가 좁게 제시되어야 한다. 만약 가설이 지나치게 광범위하면 연구하고자 하는 문제를 정확하게 적시할 수 없게 된다. 예를 들면 '영리한 학생들은 학교에 대한 좋은 태도를 가지고 있을 것이다'와 같은 진술문의 경우, '영리한', '좋은 태도' 등의 용어는 광범위하면서 규정할 수 없는 일반성을 표상한다. 영리함과 좋은 태도 간에 막연한 몇 가지 유형의 상관이 있다 하더라도 연구에 대한 방향을 제공해 주지는 못한다. 이 진술문을 수용 가능한 가설로 전환시키고자 한다면 다음과 같이 변형할 수 있다.

"표준화된 IQ검사에서 학급 내의 상위 25%에 해당하는 9~11세의 학생들이, '학교에 대한 태도척도' 점수에서, 하위 25%에 해당하는 학생들보다 높은 평균점수를 받을 것이다."

이 진술문은 구체성을 갖고 있으며 기대하는 관계성을 내포하고 있다(IQ검사에서 상위 25%에 해당하는 학생들이 하위 25%의 학생들보다 태도점수에서 높은 평균을 보일 것이다). 측정이 가능하다면 그 가설은 입증될 수 있다.

이를 다른 말로 바꾸어 보면 다음과 같다.

9~11세 학생들의 IQ점수와 태도척도 점수 사이에는 정적 상관이 있을 것이다.

이러한 가설의 진술문은 처음의 진술문보다 간결하다. 그리고 기대하는 관계성도 포함하고 있으며 나아가 검증 가능하다.

위 예에서 가설은 영리함과 학교에 대한 태도라는 변인에 대한 조작적 정의를 포함하고 있다. 이러한 변인들은 특정한 검사와 태도척도점수로서 정의된다. 만약 조작적 정의들이 가설의 진술문을 너무 장황하게 만든다면, 차라리 몇 개의 분리된 진술문 혹은 분리된 영역으로 제시하는 것이 효과적이다. 그러나 기대하는 관계성이 분명하도록 변인을 명확히 정의하여야 한다. 즉 정적 상관이 있을 것이다, 또는 특정 집단의 평균이 다른 집단의 평균보다 높을 것이다 등의 가설은 검증 가능하다.

3.2.2 가설의 종류와 형식

넓은 의미에서 볼 때, 연구자는 두 종류의 가설, 즉 연구가설과 통계적 가설을 사용한다. 실제적 가설(substantive)이라고도 일컫는 연구가설은 보통 추측형식을 취한다. 과학교육에 관한 연구를 예로 든다면 '실험실 수업은 강의나 토의 그리고 이론적 문제해결에만 의존하는 수업방식에 비해 과학적 과정에 대한 학생의 이해력을 더 증진시킬 것이다'라는 가설을 세울 수 있다.

통계적 가설은 통계적 용어로 기술된다. 통계적 가설은 추리통계와 관련하여 연구대상이 되는 전집 측정치인 하나 이상의 모수치에 대한 진술로 이루어진다. 통계적 가설은 흔히 양적인 용어를 사용한다. 예컨대 'A 방법으로 가르친 3학년 학생 전집의 평균 읽기성취는 B 방법으로 가르친 전집의 평균 읽기성취와 같다'라고 가설을 세울 수가 있다. 이 통계적 가설은 영가설 형식으로 진술된 가설, 즉 두 평균 간 차이가 없다는 가설의 예이다. 영가설은 때때로 어떠한 차이나 관계가 없다는 가설로 기술된다. 다시 말해 영가설은 둘 또는 그 이상의 모수치 간에 "차이가 없다" 혹은 "관계가 없다"라고 진술한 가설 형태를 말한다. 그러나 일반적으로 연구자는 영가설보다는 대립가설의 형태로 가설을 진술하는 경향이 있다. 대립가설은 영가설의 진술 형태와 대립되는 가설로서 둘 또는 그 이상의 모수치 간에 "차이가 있다" 혹은 "관계가 있다"라고 진술되며 연구자가 예측하고 긍정해 보이려는 연구의 결과를 보여 준다. 읽기성취의 예에서 대립가설은 'A 방법과 B 방법으로 가르친 3학년 학생 전집의 평균 읽기성취는 같지 않다'가 될 것이다. 3학년 쓰기지도를 위해 새로운 교수법을 실험하고 있는 교사가, 새 방법으로 가르친 학생의 쓰기성취도는 전통적 방법으로 가르친 학생의 쓰기성취도보다 우수할 것이라고 가설을 세웠다고 가정해 보자. 그 가설은 이러할 것이다.

> 새로운 방법으로 가르친 3학년 학생이 쓰기검사에서 받은 평균점수는 전통적 방법으로 가르친 학생의 평균점수보다 높을 것이다.

이것은 새로운 방법으로 가르친 학생의 높은 성취(높은 평균점수)라고 하는 결과의 방향이 내포된 가설이다. 그 밖의 대립가설의 예를 들면 다음과 같다.

1. 도시 지역 고등학교의 수학성취도가 읍·면 지역 고등학교의 수학성취도보다 높다.
2. 초등학교 1학년 여학생의 읽기수준은 1학년 남학생보다 높다.
3. 학업적성 점수와 사회적응검사 점수 간에는 정적 관계가 있다.
4. 교사의 봉급이 증가할수록 학교의 행정직원에 대한 교사의 의견은 더욱 호의적이 된다.

위에 열거한 대립가설에 대응하는 영가설은 다음과 같다.

1. 도시 지역 고등학교와 읍·면 지역 고등학교의 수학성취도 간에 차이가 없다.
2. 초등학교 1학년 여학생의 읽기수준은 1학년 남학생의 읽기수준과 같다.
3. 학업적성검사 점수와 사회적응검사 점수 간에는 아무런 관계가 없다.
4. 학교 행정직원에 대한 교사의 의견은 교사의 봉급과 무관하다.

3.2.3 연구문제와 가설 및 조작적 정의의 연계

연구문제의 진술 속에는 연구문제와 관련된 하나 또는 그 이상(보통 여러 개)의 가설이 있다. 가설은 연구문제의 진술로부터 형성된다. 아래에는 문제 진술에 따라 연구자가 설정한 가설, 변인이나 조건에 대한 조작적 정의 등을 예시해보았다. 가설, 조작적 정의, 변인들을 연계하여 명료하게 제시함으로써 문제 진술 후의 다음 단계 연구과정, 즉 연구의 설계를 구체화하는 기제 역할을 하게 된다.

[예 1.1]

문제진술:

대학교 강의평가 점수의 경향은 어떠한가?

가설:

1. 전임교원의 강의평가 점수 평균이 비전임교원의 강의평가 점수 평균보다 높다.
2. 전공과목의 강의평가 점수 평균이 교양과목 강의평가 점수 평균보다 높다.
3. 강의규모와 강의평가 점수 간에는 부적 상관이 있다.
4. 학생들의 성적과 강의평가 점수 간에는 정적 상관이 있다.
5. 고학년의 강의평가 점수 평균이 저학년의 강의평가 점수 평균보다 높다.

조작적 정의:

- 대학교: Y 지역에 위치한 4년제 A 대학교
- 강의평가 점수: A 대학의 2019학년도 1, 2학기 모든 강의에 대한 평정점수
- 교원: 2019학년도 A 대학교 강의를 담당한 전임강사 이상의 전임교원과 그 이외의 비전임교원
- 강의규모: 강좌당 학생 수
- 학생들의 성적: 수강 과목(강의평가 과목)에서 획득한 성적
- 학년 집단: 고학년 3~4학년, 저학년 1~2학년

<u>독립변인</u>	<u>종속변인</u>
교원신분(전임/비전임)	강의평가 점수
과목구분(전공/교양)	
강의규모, 학생들의 성적, 학생들의 학년	

[예 1.2]

문제진술:

두 가지 읽기프로그램(A와 B)이 C 학교 3학년 학생의 읽기성취에 미치는 효과

가설:

1. A 프로그램을 적용한 학생 집단과 B 프로그램을 적용한 학생 집단 간 읽기성취

평균점수는 차이가 없을 것이다.

2. 사전 읽기성취도에서 하위 30%에 해당하는 학생들의 경우 A 프로그램으로 가르친 학생들이 B 프로그램으로 가르친 학생들보다 읽기성취 평균점수가 더 높을 것이다.
3. 사전 읽기성취도에서 상위 30%에 해당하는 학생들의 경우 B 프로그램으로 가르친 학생들이 A 프로그램으로 가르친 학생들보다 읽기성취 평균점수가 더 높을 것이다.
4. 사전 읽기성취도에서 중간 40%에 해당하는 능력을 가진 학생들의 경우 A 프로그램으로 가르친 학생들과 B 프로그램으로 가르친 학생들의 읽기성취 평균점수는 차이가 없을 것이다.

조작적 정의 :

- 연구에 포함된 학생 : C 학교 3학년 학생 전체
- A프로그램 : X 출판사에서 구입한 읽기자료세트 및 그와 관련된 활동
- B프로그램 : Y 출판사에서 구입한 읽기자료 및 그와 관련된 활동
- 읽기성취 : 표준화 읽기성취도 검사에서의 획득점수(사후-사전점수)

독립변인	종속변인
읽기프로그램	표준화 읽기성취도 검사의 획득점수

[예 1.1]의 가설들은 방향이 있는 형태로 진술된다. [예 1.2]는 두 형태의 가설이 모두 사용된다. 일관성이라는 면에서 볼 때 단일의 형태가 더 선호되긴 하지만, 두 형태 모두 사용될 수도 있다.

연구문제를 구성하는 요소들은 서로 연결되어 있다([그림 2.1] 참조). 가설을 세우는 과정은 문제를 보다 상세히 정의하는 것만이 아니라 연구문제를 효과적으로 제한하기도 한다. 가설들은 변인, 조작적 정의, 조건들과 관련해 진술된다. 이것들은 모두 관련 이론과 기존 지식의 토대 위에서 행해진다. 연구문제는 정보의 진공 상태에서 찾아지거나 추구되는 것이 아니다. 연구문제들은 이론적으로나 실제적으로 또는 이론적이면서 실제적으로 교육세계 안에서 존재한다.

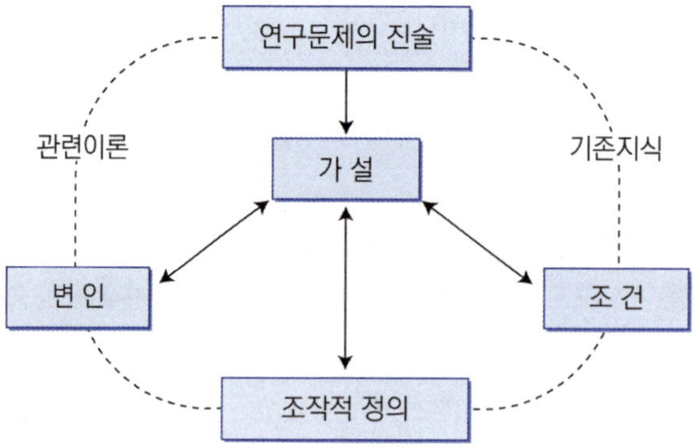

[그림 2.1] 연구문제 발견을 위한 요소들 간의 관계

가설은 그 자체가 목적이 아니다. 연구과정에서 가설은 보조물이다. 가설을 진술하는 것이 일반적인 합의사항이기는 하나, 가설이 없는 연구 프로젝트도 있다. 이 경우 아마도 연구자는 거의 배경적 정보가 없는 분야의 연구를 했거나, 아니면 아마 스스로 상당한 수준의 이론을 개발하였을 것이다. 예컨대 문화기술학적 연구에서 초기의 가설들은 흔히 일반적인 수준의 것일 뿐만 아니라 수에 있어서 제한을 받는다. 그러나 연구가 진행됨에 따라 새로운 가설이 생성되고 이전 가설은 바뀌거나 유보되거나 아니면 버리게 된다. 가능성이 있는 가설들은 정교하게 진술되어 연구를 위한 틀로 사용된다.

제3장

문헌고찰

연구과정의 초기 활동 중 하나는 연구문헌을 고찰하여, 연구문제와 관련된 정보를 탐색하는 것이다. 연구문제를 발견하면 그에 관련된 정보를 찾아 효율적으로 연구가 진행될 수 있도록 해야 한다. 문헌고찰을 통해 정보를 수집하려면, 세심한 주의와 더불어 체계적으로 정보를 선택할 수 있도록 많은 노력을 기울여야 한다.

1. 문헌고찰의 목적

연구영역이 정해지면 일반적으로 관련된 연구나 자료를 찾게 된다. 이런 과정을 문헌고찰이라 한다. 연구과정의 초기 활동 중 하나는 연구문헌을 고찰하여 연구문제와 관련된 정보를 탐색하는 것이다. 연구문제를 발견하면 그에 관련된 정보를 찾아 효율적으로 연구가 진행될 수 있도록 해야 한다.

유용한 정보는 다양한 출처에서 나오기 때문에 문헌을 고찰하는 일은 그 폭이 매우 넓어야 한다. 문헌고찰을 통해 정보를 수집하려면, 세심한 주의와 더불어 체계적으로 정보를 선택할 수 있도록 많은 노력을 기울여야 한다. 문헌을 고찰할 때 연구자들이 주로 염두에 두어야 할 일은 비슷한 연구문제와 본인이 하고자 하는 연구와는 무엇이 다른지, 연구문제와 직접적으로 관련된 정보는 어떻게 수집해야 하는지를 알아보는 것이다. 이 과정은 다음의 세 가지 문제와 관련된다.

1. 정보를 어디에서 찾을 것인가?
2. 수집한 정보로 무엇을 어떻게 할 것인가?
3. 정보를 구성하고 있는 것은 무엇인가?

첫 번째 질문은 구체적인 자료의 출처를 찾는 것으로서 대부분의 경우 인터넷 전자도서관에서 자료를 찾는다.

두 번째 질문은 정보를 수집하고 요약하는 일로서, 어떤 보고서의 내용이 연구문제와 관련이 있다면 그 정보를 유용하게 활용할 수 있도록 주요 내용을 정리해야 할 것이다.

세 번째 질문은 처음의 두 가지보다 다소 추상적인 일이다. 앞의 두 가지 문제를 해결하려면 연구자들은 정보를 찾고 그것을 정리하면 되지만, 세 번째 문제에 답하려면 연구에 필요한 정보가 무엇인지를 판단해야 한다. 따라서 세 번째 문제에 답하기 위해서는 검토하고 있는 정보에 대한 비판적인 분석이 필요하다.

문헌고찰은 연구문제에 관련된 맥락을 찾는다는 점 외에도 다음과 같은 면에서 유용하다.

1. 연구문제와 가설을 보다 구체적으로 제한하고 확인시켜 준다.
2. 연구자에게 그 영역에서 이미 어떤 연구가 수행되었는지에 대한 정보를 제공한다.
3. 연구에 사용할 수 있는 연구설계와 방법론적인 절차를 안내한다.
4. 예상치 않은 어려움을 피하기 위해 연구설계의 수정을 가능케 해준다.
5. 연구에서 나올 수 있는 결함을 확인할 수 있다.
6. 연구문제의 결과를 해석하는 배경을 제공한다.

2. 문헌의 유형

문헌고찰의 대상은 자료의 출처 유형을 기준으로 크게 다음의 세 가지로 나눌 수 있다.

2.1 정기간행물

정기간행물은 연구정보를 하나의 큰 책(volume)으로 묶어 정기적으로 시중에 제공되는 학술지나 기타 잡지를 말한다. 특히 학술지 논문은 매우 중요한 연구정보로서의 기능을 한다. 인쇄된 책자를 도서관에서 볼 수도 있으며 원문 파일을 전자도서관에서 볼 수도 있다. 정기간행물 중 어떤 것은 학문적인 것이고, 어떤 것들은 전문적인 견해에 대한 것이다. 정기간행물들은 논문의 초록을 함께 싣고 있다. 논문 초록은 논문을 요약한 것으로서 이를 이용하여 주요 내용을 빠르게 확인할 수 있다.

교육 분야에는 많은 정기간행물들이 있다. 먼저, 해외 학술 원문은 Education Source라는 DB를 통해 상당수 볼 수 있다. 이 DB는 교육 분야의 학생, 교수 및 정책 입안자들의 요구를 충족하기 위해 만들어졌다. 컬렉션에는 2,850개 이상이 학술 정기출판물에 대한 색인 및 초록, 1,800개 이상의 저널에 대한 전문(Full Text)과 550개의 도서 및 단행본, 교육 관련 회의 자료, 서평을 포함한 400만 개 이상의 기사 인용, 100,000개 이상의 대조 및 상호 참조된 교육 테스트 이름이 포함되어 있다. Education Source에서 다루는 주제는 초기 아동 교육에서 고등 교육에 이르는 모든 수준을 포괄하며 다국어 교육, 건강 교육 및 테스트 등의 교육 전문 분야도 포함한다. 국내 학술 논문은 한국연구재단이 게시하는 등재학술지의 논문들이 대표적이다.

2.2 학위논문

대학도서관은 그 학교의 학위논문을 보관하고 있으므로 책자와 원문을 도서관과 전자도서관에서 확인할 수 있다. 다른 대학에서 나온 논문은 학술논문과 관련된 다양한 DB에서 검색할 수 있다.

2.3 단행본

단행본은 정기적으로 발간되는 것이 아닌 책자를 가리킨다. 연구를 다룬 수많은 책들은 그 자체가 관련 연구에서 의미 있는 정보가 되며 때에 따라서는 참고문헌이나 인터넷 검색 주소 등이 주요 정보가 되기도 한다. 단행본도 eBook 형태로 출판되기도 하는데 그럴 경우에는 다양한 전자도서관을 통해 열람이 가능할 수도 있다.

3. 문헌의 검색

문헌을 검색할 때 대개는 전자도서관을 활용하여 연구와 관련된 주요 개념(또는 단어)을 중심으로 관련문헌을 찾거나 저자를 중심으로 찾는다. 검색한 문서 목록을 보고 관련 있는 문헌의 초록을 읽어본 후 자신이 찾는 정보가 있다고 판단되면 더 자세한 내용을 확인하기 위해 원문 파일을 열어서 읽어본다.

학술정보를 검색하는 방법에는 각 대학의 도서관 검색, 분야별 데이터베이스 검색, 데이터베이스를 연결해 놓은 상업용 서비스망을 활용하는 방법이 있다. 찾으려는 주제에 대해 아무런 정보도 없을 경우에는 서치엔진을 통하여 관심영역의 학회나 데이터베이스가 있는지를 찾아보는 방법이 있고, 관련 분야에서 유명한 대학의 학과 홈페이지를 방문하면 상세한 안내를 하는 경우도 있다. 또한 각 서치엔진에서 관심 있는 주제나 주요 단어를 입력하면 관련된 자료를 모두 볼 수 있으나, 정확하지 않거나 필요 없는 자료도 많으므로 시간이 오래 걸리는 단점이 있다.

요즘은 문헌 검색을 위해 주로 전자도서관을 이용한다. 전자도서관 사이트를 통하여 원문을 검색할 수 있으면 굳이 도서관에 찾아가거나 연락할 필요가 없다. 교육연구에서 사용할 수 있는 주요 전자도서관은 국가전자도서관, 국회도서관, 국립중앙도서관, 한국학술연구정보서비스, 행정안전부의 온나라정책연구 PRISM 등과 각 대학의 전자도서관 등이다.

3.1 국가전자도서관(www.dlibrary.go.kr)

국립중앙도서관이 국립중앙도서관, 국회도서관, 한국교육학술정보원을 비롯한 8개 기관의 도서관 자료를 통합검색할 수 있도록 만든 시스템이다. 국가전자도서관을 이용하거나 각 기관 사이트를 이용할 수 있다. 국내 자료만 검색이 가능하다.

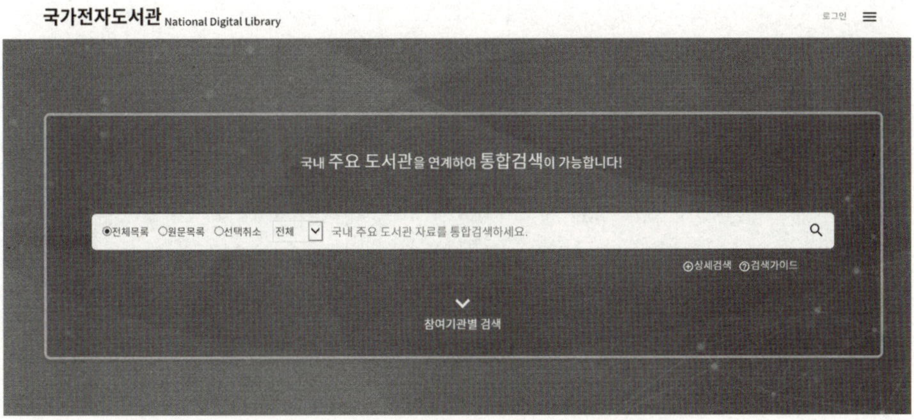

[그림 3.1] 국가전자도서관 검색 화면

3.2 국회전자도서관(dl.nanet.go.kr)

국회도서관은 교육사회학, 교육행정학, 교육법 등의 다양한 자료와 국내외의 저널을 보관하고 있는데, 인터넷을 통해 검색할 수 있다. 국내 자료와 타 기관 자료, Web DB 국내외 자료 모두 검색이 가능하다. 특히 국회도서관, 국회법률도서관, 국회의원 정책자료, 국회·지방의회 의정정보, 국회기록 보존소 자료 등을 검색할 수 있다. 다양한 국내외 Web DB를 활용하여 검색할 수 있는데 해외의 유용한 논문들은 주로 JSTOR, ProQuest Central, Science Direct 등에서 검색된다. JSTOR는 주요 1,700여 종의 인문사회학 분야의 학술저널 아카이브를 17세기 자료까지 제공한다. 정기간행물, 논문 외에도 도서관, 학회, 박물관의 팸플릿, 이미지, 원고 등을 제공한다. ProQuest Central은 전 세계 전 분야의 원문 데이터베이스 및 세계 신문을 제공하고, Science Direct는 물리, 공학, 생활과학, 건강과학, 사회과학, 인문학 등 전 분야의 원문 자료를 제공한다.

[그림 3.2] 국회전자도서관 검색 화면

3.3 국립중앙도서관(nl.go.kr)

국립중앙도서관은 국내 학술자료 화상정보서비스를 통하여 국내에서 나온 모든 논문의 검색이 가능하고, 학술지와 소장도서에 대한 목록 정보를 서명, 저자명, 주제로 분류하여 검색할 수 있으며 화상정보서비스를 제공하고 있다. 홈페이지에서 첫 화면 중앙의 소장자료 검색이나 자료검색 메뉴를 이용하여 국내외 문헌을 검색할 수 있다.

[그림 3.3] 국립중앙도서관 홈페이지

도서관 정기이용증을 발급받은 정기이용자는 Web DB인 ProQuest Education Journals(교육학 분야 전문 데이터베이스)나 JSTOR 등 해외 DB를 이용할 수 있다. ProQuest Education Journals는 교육이론과 현실에 관한 1,000개 이상의 저널과 18,000개 이상의 학위논문을 포함하고 특히 ERIC(Educational Resources Information Center) 자료도 검색할 수 있다. ERIC은 세계에서 가장 널리 활용되는 교육 관련문헌 색인 데이터베이스로서 150만 개 이상의 학술 논문 기록, 연구 보고서, 교육과정과 교수 안내서, 콘퍼런스 자료, 학위논문과 책을 망라하고 있는데, 1966년에 미국에서 만들어졌고 미국 국가 교육도서관에서 관리된다.

3.4 학술연구정보서비스(www.riss.kr)

한국교육학술정보원(KERIS)에서 운영하는 DB로서, RISS의 자료 유형은 석·박사 학위논문, 학술지에 투고된 학술논문, 학술논문을 게재한 학술지, 단행본, 연구보고서, 해외전자자료 Data Base, 해외전자자료에서 검색된 해외학술지로 구분되어 있다. 국내 학술논문 DB로는 공공기관 DB 중에서는 한국연구재단의 KCI, 한국과학기술정보연구원의 NDSL를 연계하고 KERIS 자체 DB인 RISS를 활용하고 있다.

또한 민간학술DB 중에서는 교보문고(KYOBO, http://scholar.dkyobobook.co.kr), 누리미디어(DBPIA, http://www.dbpia.co.kr), 코리아스칼라(KOREASCHOLAR, http://db.koreascholar.com), 학술교육원(e-Article, http://www.earticle.net/), 학지사(Newnonmun, http://newnonmun.com), 한국학술정보(KISS, http://kiss.kstudy.com)와 연계되어 있다. 해외전자자료는 다음의 DB와 연결되어 있어 분야나 종류에 따라 골라서 활용할 수도 있고 통합검색을 할 수도 있다.

[그림 3.4] RISS의 해외전자자료 통합검색 DB

3.5 온-나라 정책연구 PRISM(www.prism.go.kr)

학술지 논문 외에 중앙 부처와 지방자치단체에서 이루어지는 정책연구물은 일반 학술논문 검색사이트를 통해서는 찾기 어렵다. 이러한 정책연구물은 행정안전부에서 운영하는 온-나라 정책연구 프리즘을 통해 확인할 수 있다. 프리즘은 정부의 정책연구과제를 효율적으로 관리하고 정책연구보고서를 공유하는 시스템이다. 그러나 연구물의 보안등급에 따라 원문이 제공되거나 제공되지 않는 경우가 있다. 정부출연연구소의 연구보고서는 해당 기관 홈페이지에서 확인할 수 있다.

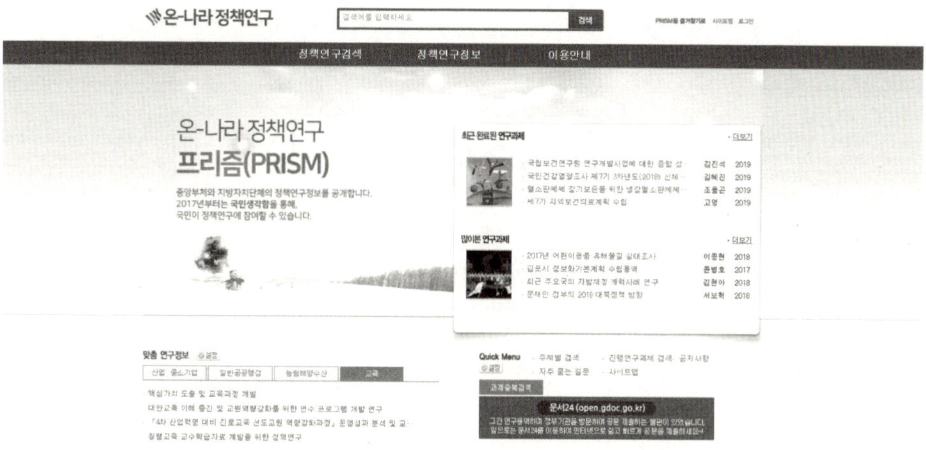

[그림 3.5] PRISM 검색 화면

이 밖에, 국내 학술지 논문 검색은 해당 학회 홈페이지 또는 민간학술 DB를 활용하는 것이 편리하다. 검색 DB들은 국내 학회들과의 협약을 통하여 다양한 학술논문의 원문을 제공하고 있다. 특정 주제의 논문을 검색할 때에는 통합검색란에 주제어나 제목, 저자 등을 입력하거나 주제분류를 통해 해당 분야의 학회지를 찾아볼 수도 있다. 특정 학술지에 실린 논문들을 보고자 할 때에는 간행물 또는 발행기관에 해당 학술지 발간 학회명을 입력하면 된다. 학술지는 (우수)등재학술지와 등재후보학술지, 그 외 학술지로 분류되며 한국연구재단의 학술지평가에 따라 선정된다. (우수)등재 및 등재후보 학술지 목록은 한국연구재단 홈페이지에 공지된다.

4. 문헌고찰의 절차

문헌고찰은 대체로 다음의 절차로 이루어지는데, 정보수집과 요약, 정보해석과 활용으로 크게 나눌 수 있다.

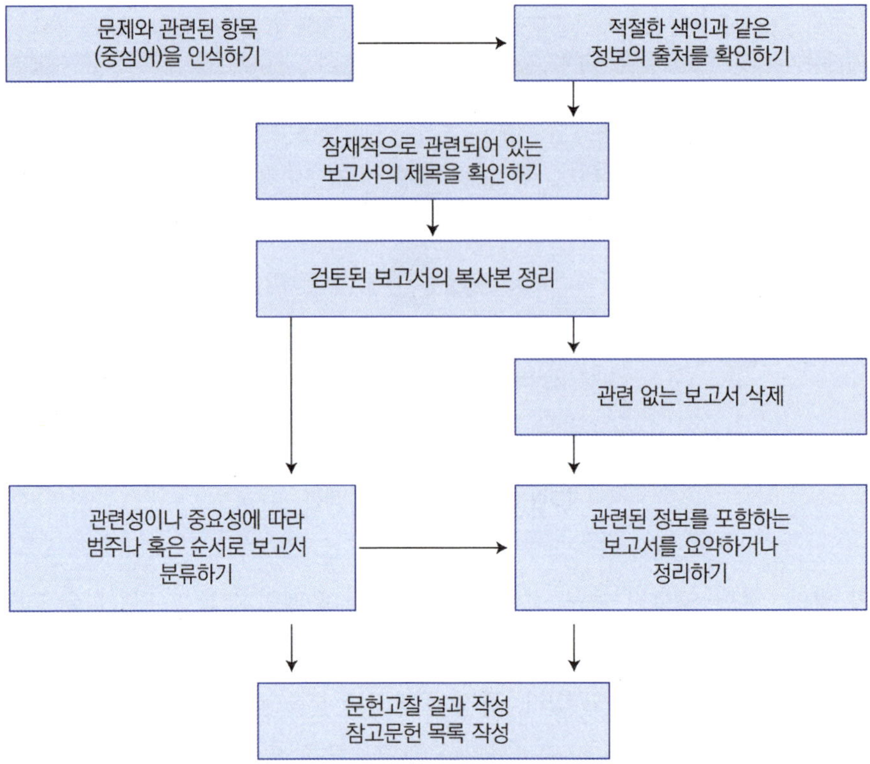

[그림 3.6] 문헌고찰활동의 흐름도

4.1 정보수집과 요약

문헌조사를 통해 관련문헌을 찾고 검토한 후 연구자는 그 정보를 가지고 무엇을 해야 하는가? 첫 번째는 논문의 내용이 현재 연구 중인 조사문제에 적절한지 판단하는 일이다. 만약 적절하지 않다면 삭제하고, 적절하다면 그 정보를 요약하거나 기타 이용할 수 있는 형태로 변형시켜 연구자가 필요할 때 활용할 수 있도록 관리한다. [그림 3.6]에서 보듯이 중요성의 순서에 따라 논문을 분리하는 것은 선택적 행위이다. 중요성을 구별하는 기준이 불분명할 경우에는 이와 같은 분류가 힘들어진다. 따라서 이 과정은 배제될 수도 있고, 아니면 초록이 준비된 후로 미루어 진행할 수도 있다.

연구논문에서 얻은 정보를 저장하는 절차와 형태는 다양하다. 연구자들은 가급적 자신만의 체계를 개발할 필요가 있다. 그러나 어떤 방법을 사용하든 체계적인 접근법을 이용하여 정보가 일관성 있게 기록되고 중요한 요소들이 배제되지 않도록 하는 것이 가장 중요하다. 다음은 연구자가 이용할 만한 기법을 소개한다.

4.1.1 관련문헌 기재

연구자는 입수한 연구논문을 꼼꼼히 검토하여 그 주요 특성을 따로 기록해놓아야 한다. 일종의 초록을 연구자가 직접 작성한다고 생각해도 좋다. 아니면 3×5 정도 크기의 기록카드를 만든 후, 이 카드에 논문의 주요 특성을 기록한다. 카드는 저자의 姓에 따라 가나다(또는 알파벳)순으로 기재한다.

카드에는 저자의 이름, 보고서(논문, 책 등)의 제목, 발행일, 출판사, 발행지역, 그리고 정기간행물에 실린 논문일 경우에는 간행물의 권, 호, 쪽 번호까지 기록한다. 책, 논문, 정기간행물의 제목에는 밑줄을 긋는다.

처음부터 완전하고 정확하게 문헌의 특징을 기록해 두면, 연구과정에서 많은 시간을 절약할 수 있으며, 또한 여러 가지 혼란을 방지할 수 있다.

4.1.2. 초록 혹은 요약

문헌을 조사한 연구자는 관련된 논문에서 정보를 추출한 후 이를 요약하여 다시 정리해야 한다. 연구결과를 효과적으로 이용하려면, 연구과정에서 요약된 정보를 적절히 활용할 수 있도록 해야 한다. 연구자가 참고한 논문을 적절히 이용하려면, 논문 내의 결론이 얻어지는 상황에 대해 이해할 수 있어야 한다. 그리고 이를 자신의 연구문제와 적절히 연결 지을 수 있어야 한다. 연구를 효율적으로 하려면 연구논문 원본보다는 요약된 내용을 이용하는 것이 더 낫다.

참고논문의 요약 또는 초록은 원본의 내용과 일치할 수 있어야 한다. 따라서 연구자는 타인의 글을 꼼꼼히 숙독하면서 결과를 정리해야 할 것이다. 요약 또는 초록을 구성할 때는 일반적으로 다음의 것을 따른다.

- 관련문헌 기재: 정확하고 완벽한 관련문헌 기재를 초록의 머리에 둔다.
- 문 제: 연구문제와 가설을 기록한다.
- 피 험 자: 연구를 위해 표집된 사람들의 특성을 기록한다.
- 절 차: 연구가 진행되는 절차나 연구방법을 기록한다.
- 결과와 결론: 연구결과와 결론을 기록한다. 결과란 통계치 등을 사용하여 실험 또는 조사된 내용을 해석한 것이고, 결론은 연구내용 전반에 대한 결과를 기록한 것이다.

초록은 연구논문으로부터의 관련 정보를 구체화된 범주에 따라 요약한 것이다.

초록의 길이는 연구논문의 내용을 전반적으로 담을 수 있을 정도의 분량이 되어야 한다. 정기간행물이나 학술지에 실린 초록은 매우 짧은 편이다. 대개의 경우 정기간행물이나 학술지의 초록은 그 분량이 한정되어 있기 때문에 이것만 보아서는 연구개요를 파악하기 힘들다. 따라서 연구자 스스로 나름의 초록을 준비해야 자신의 연구에 도움이 될 것이다.

타인의 연구를 요약할 때 연구자는 필요한 부분을 모두 포함시키면서 가급적 짧게 관련 정보를 압축해야 한다. 초록은 짧은 것이 좋지만, 필요한 정보를 모두 담고 있어야 번거롭게 원본을 다시 검토하지 않을 수 있을 것이다. 논문의 길이, 연구의 복잡성, 발견내용의 범위 등이 모두 초록의 길이에 영향을 미친다. 어떤 학자들은 초록을 5×8 크기의 카드 한 면에 적을 것을 제안하기도 하는데, 굳이 이런 제안에 얽매일 이유는 없다. 연구자가 연구의 효율성을 생각하면서 초록의 길이를 스스로 정하면 된다.

4.2 정보해석과 활용

다른 정보를 이용할 때는 처음부터 구체적인 것에 너무 관심 두지 말고 개요를 보는 것이 좋다. 논문의 개요는 연구의 전반적인 방향을 보여 주기 때문에 자신의 연구와 어느 정도 관련 있는지를 파악할 수 있게 해준다. 연구와 관련이 있다고 판단되면 그때부터 구체적인 부분에 초점을 맞추어 요약할 수 있을 것이다.

4.2.1 비판적 검토

교육연구논문의 질과 포괄성은 상당히 다양하다. 따라서 연구자가 논문을 읽을 때에는 다소 비판적 시각을 갖는 것이 필요하다. 그러면 어떻게 비판적인 시각 속에서 논문을 읽을 것인가? 제대로 된 연구논문에는 연구자가 꼭 필요로 하는 정보가 있기 마련이다. 만약 중요시할 만한 정보가 없다면 그 논문은 가치가 없다. 그러나 때로는 연구논문을 읽는 사람이 정보의 중요성을 이해하지 못하는 경우도 있다. 논문의 내용을 잘 전달하는 것은 저자의 역할이지만, 독자도 그 분야에 대한 내용과 연구절차를 이해할 능력을 갖추고 있어야 한다. 타인의 연구를 이해하려면 전공분야의 지식과 연구방법을 필수적으로 체득하고 있어야 한다.

연구논문을 검토할 때는 체크리스트를 만들어 다방면에서 평가할 수 있도록 해야 한다. 다음의 예에서 보듯이 체크리스트의 왼쪽은 '적절, 불완전, 혼란, 빠짐' 등의 판단결과이며, 오른쪽은 판단내용을 구체적으로 적어 놓은 것이다.

적 절: 그 요소가 명확하게 이해할 수 있도록 언급되었다.
불완전: 그 요소가 명확하게 언급되었으나 하나 또는 그 이상의 구성요소가 빠졌다.
혼 란: 그 요소가 언급되었으나 애매하고 이해할 수 없는 방법으로 이루어졌고, 그래서 그 논의가 완전한지 어떤지를 말하기 어렵다.
빠 짐: 그 요소는 언급되지 않았다.

검토결과를 적은 체크리스트를 초록에 부착하면, 자료로서의 실용성이 있는지 없는지 손쉽게 판단할 수 있을 것이다.

> 논문을 검토할 때 체크리스트를 활용하면 논문 가치평가에 많은 도움을 얻을 수 있다.

4.2.2 검토결과의 정리

논문을 검토하여 얻은 정보는 종합적으로 정리한다. 그리고 나서 그 정보로 무엇을 할 것인가를 결정한다. 연구자가 정리한 논문 초록은 연구문제와 직접적으로 관련된 정보의 양, 그 결과와 관련된 문제에 따라 정리하거나 혹은 연대순의 검토라면 발행연도에 따라 조직한다.

검토의 결과는 연구논문의 유형에 따라 다양할 것이다. 전문잡지에 실린 논문일 경우에 검토결과는 1쪽 정도가 적당할 것이다. 박사학위 논문 같은 광범위한 연구를 검토할 경우에는 수십 개의 검토결과가 산출될 수 있을 것이다. 검토결과 그 자체는 보통 작은 표제를 붙일 수 있을 것이며, 표제마다 조직된 정보가 다를 것이다.

검토결과는 그 양에 관계없이 가능한 한 최근의 정보를 보여 주는 것이어야 한다. 이 말은 오래된 정보가 적절하지 않다는 것이 아니고 최신 정보일수록 과거의 연구결과가 집약되어 있을 뿐 아니라 발전된 결과까지 포함하고 있을 것이라는 믿음 때문이다.

4.2.3 주(footnote) 달기

원자료에서 정보를 취재할 경우에는 반드시 출처를 밝히는 관련문헌을 기록해야 한다. 참고한 문헌을 밝히는 방법은 매우 다양한데, 그중 하나가 그 페이지의 아래에 각주를 다는 것이다. 예를 들어 Yager와 Bonnstetter의 논문에서 학생 관련 정보를 발췌하면 다음과 같이 각주를 단다.

1) Yager, R. E. and R. J. Bonnstetter(1984), Student perceptions of science teacher, classes and course content, *School Science and Mathematics*, 84, No. 5, p. 409.

만약 저자가 셋 이상일 때는 모든 저자를 쓰는 대신 첫 번째 저자 뒤에 '외(et al.)'를 쓴다. 쪽 아래에 각주를 다는 방법 이외에 더 짧은 형태로 주를 달 수도 있다. 즉 인용문이 시작되는 지점에서 저자의 이름을 강조하는 의미를 가지면서

특정 정보를 인용하고자 하면,

Yager & Bonnstetter(1984)는 —

이라는 형태로 인용원문의 출처를 밝히며, 만약 저자의 이름을 강조할 필요가 없다면,

다른 연구자들(Yager & Bonnstetter, 1984)은 —

이라는 형태로 글을 이어나갈 수 있다. 만약 저자는 동일하지만 논문이 다를 경우 Yager & Bonnstetter(1984b)와 같이 a, b, c를 표기하여 구분한다. 만약 쪽 번호를 쓰고 싶다면 연도 뒤에 콤마를 찍고 쪽 번호를 쓴다. 이를 각주 달기의 저자-연도법이라고 부르기도 한다.

이외에 저자-번호법이 있다. 이 방법을 쓰려면, 논문 맨 뒤의 관련문헌 목록에서 각 문헌마다 고유의 번호를 매겨야 한다. 그리고 이 번호가 발간연도 대신 사용되며, 페이지 번호는 그 뒤에 쓴다. 예를 들면,

Yager & Bonnstetter(30 : 409)는 —

또는

다른 연구자들(Yager & Bonnstetter, 30 : 409)은 —

등의 형태가 있을 수 있다.

일반적으로 저자-연도 형태가 저자-번호 형태보다 선호된다. 저자-번호의 형태는 관련문헌이 하나 추가되거나 삭제될 때마다 새롭게 번호를 매겨야 하는 번거로움이 있기 때문이다.

> 주를 다는 방법에는 각주 달기, 저자-연도 또는 저자-번호 형태를 사용하는 방법이 있다.

4.2.4 참고문헌 목록 작성

보통 논문검토의 마지막 단계는 관련문헌을 묶는 작업이다. 어떤 잡지는 참고문헌 목록(reference list)과 관련문헌(bibliography)을 구별하는데, 참고문헌 목록은 논문에 언급된 것만을 말하며, 관련문헌은 그뿐 아니라 앞으로 읽어야 할 문헌도 포함하고 있다. 미국 심리학회(APA)는 이들을 구분해 사용한다.

참고문헌 목록은 맨 앞부분은 저자의 성으로 시작하며, 논문이나 장의 제목, 책의 제목, 정기간행물의 이름, 출판사 이름, 도시명, 그리고 출판날짜도 기록한다. 논문은 시작 페이지와 끝 페이지를 기입한다. 참고문헌을 작성하는 양식은 학술지마다 다소 차이가 있을 수 있으므로 논문을 투고하고자 하는 학술지의 편집 규정을 확인하고 따라야 한다.

제4장

표집

연구를 설계할 때 연구의 대상을 어떻게 선정할 것인가를 계획하게 되고 그에 따라 실제 연구수행 시 연구대상을 표집하게 된다. 연구의 대상은 사람, 사건, 사물 등 여러 가지가 될 수 있다. 연구결과의 타당성 및 일반화 가능성 측면에서 보면 연구의 관심이 되는 대상 전체를 파악·조사하여 그 결과를 분석하는 것이 가장 바람직하다. 그러나 대부분의 연구에 있어서 관심을 두고 있는 연구대상 전체로부터 자료를 수합하는 것은 결코 쉬운 일이 아니다. 이에 대부분의 연구는 연구대상 전체 중 일부만 뽑아서 실험, 조사, 관찰 등의 연구를 수행하게 되며 그 결과를 토대로 연구대상 전체의 특성을 밝히게 된다. 이와 같이 연구대상 전체에서 일부만을 대상으로 연구를 수행할 때 표집의 문제가 대두된다. 즉 연구대상 전체를 대표할 수 있도록 전체의 일부를 어떻게 얼마나 뽑느냐의 문제가 매우 중요하다. 연구대상 전체를 대표할 수 있도록 표집을 잘 한다면 연구결과는 매우 타당한 결과를 산출하게 되며 또한 그 결과의 일반화 가능성을 높일 수 있게 된다. 그러나 전체의 일부만을 뽑아서 연구를 수행하기 때문에 한 치의 오류도 없이 전체의 특성을 나타낼 수 있는 결과를 얻기란 거의 불가능하다. 다만 표집으로 인한 오류를 최소화하는 것이 최선의 방법이라 할 수 있다. 따라서 연구자는 표집의 방법과 절차, 표집의 규모결정에 관련된 사항들을 숙지할 필요가 있다. 한편 연구 결과의 일반화를 추구하는 양적 연구와는 달리, 질적 연구에서는 관심을 두는 특정 사상(事象)에 대한 충실한 이해를 목적으로 하기 때문에 표본 선정의 강조점과 방식이 다를 수 있음에 유의해야 한다.

1. 표집의 기초 개념

1.1 모집단, 표본, 표집

연구의 목적과 성격에 따라 연구자는 관심을 두는 집단 전체를 대상으로 하여 연구를 수행할 수도 있고, 혹은 관심 집단 중 일부를 뽑아 자료를 수집·분석할 수도 있다. 조사연구에서는 전자의 경우를 '전수조사'라 하며 후자의 경우를 '표본조사'라 한다. 연구에서 의도하는 제한된 기간 내에 전체 자료를 수합할 수만 있다면 전수조사는 가장 이상적인 조사 방식이라 할 수 있다. 전수조사의 대표적인 예로 인구조사 혹은 국세조사 등이 있다. 그러나 전수조사를 꼭 해야만 하는, 할 수 있는 연구 상황이 그리 많지는 않다. 연구의 수행 기간, 비용, 인력 등의 측면에서 전수조사를 시행하기 어렵거나 전수조사의 효용성이 낮은 연구 상황이 많다. 이에 대부분의 경험과학 연구에서는 후자의 경우, 즉 관심 집단 전체에서 일부분을 뽑아 연구를 수행하는 '표본조사' 방식을 주로 취한다. 이때 전체 집단을 대표하는 일부를 어떻게 뽑아내는가라는 '표집'의 문제가 부각된다.

'표집(sampling)'이란 관심을 둔 전체 집단에서 일부의 연구 대상을 선정·추출하는 과정이나 절차를 뜻하며, 표집을 통하여 추출된 일부 집단을 '표본(sample)'이라 한다. 그리고 연구자가 관심을 두고 있는 집단 구성원 전체, 즉 연구 결과를 일반화시키고자 하는 대상(사람, 사건, 사물 등)의 집합 전체를 '모집단(population)' 혹은 '전집'이라 한다.

한편 표집과 관련한 주요 용어로 표집단위, 표집목록, 표본크기, 표집비율, 표집오차, 표집분포 등이 있다. 표집단위(sampling unit)란 모집단에서 추출하는 표본의 단위를 뜻하는 것으로서, 개인이나 개별 사상 혹은 사물일 수도 있고 그것들이 묶여 있는 집단(학급, 학교, 기관, 지역단위 등)일 수도 있다. 예컨대 우리나라 학생들의 학업성취도를 조사하기 위하여 표집을 할 때 학생 개개인을 표본의 단위로 할 수도 있고, 특정 학교 혹은 학급을 표본의 단위로 할 수도 있다. 표집목록(sampling frame; 표집틀)이란 표집단위가 모두 수록·기재되어 있는 목록 혹은 정보원을 의미하며, 그 예로 학생명부, 회원명부, 전화번호부, 학교명부 등이 있다.

최근에는 과학·정보 기술의 발달에 따라 전산 데이터베이스로 구축되어 있는 경우가 많다. 표본크기(sample size)란 표본의 사례 수를 뜻하며, 표집비율(sample fraction)은 그 표본크기가 모집단에서 차지하는 비율을 의미한다. 표집오차(sampling error)란 표집 과정에서 발생하는 오차를, 표집분포(sampling distribution)는 표본크기가 n인 표본을 무한 번 반복 추출했을 때 나타날 수 있는 이론적, 가정적 분포를 일컫는 것으로 다음 절에서 그 의미를 좀 더 살필 것이다.

1.2 모집단분포, 표본분포, 표집분포

연구에서 관심을 두는 대상의 전체 집단, 즉 모집단으로부터 모든 구성원의 자료를 수집했을 때 얻어진 측정치가 나타내는 분포를 모집단분포(population distribution) 혹은 전집분포라 한다. 모집단분포는 평균이 μ(뮤)이고 표준편차가 σ(시그마)인 분포로 그려지며, 일반적으로 정규분포의 형태를 띤다. 여기서 μ와 σ와 같이 모집단으로부터 얻어진 통계치를 모수치(parameters) 혹은 전집치라 한다. 그런데 실제로 모집단의 모수치를 얻기가 쉽지 않기 때문에, 표본을 무한 번 반복추출한 경우를 가정하여 이론적으로 만들어진 표집분포를 토대로 추리통계 분석을 실시하게 된다.

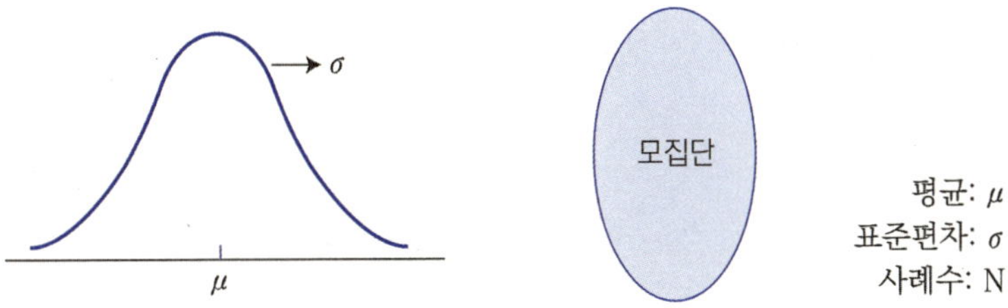

[그림 4.1] 모집단분포

전수조사를 하기 어려운 대부분의 연구에서는 표본을 추출하여 자료 분석을 실시한다. 모집단으로부터 일부 추출된 일정 크기의 표본에서 얻어진 측정치의 분포를 표본분포(sample distribution)라 하며, 평균이 $\overline{X}$, 표준편차가 s인 분포로 그려진다. 표본 분포는 정규분포를 나타낼 수 있지만, 표본의 크기가 작을수록 정규분포가 될 가능성은 작아진다. 여기서 $\overline{X}$, s와 같이 표본으로부터 얻어진 측정치를 통계치(statistics)라 부른다.

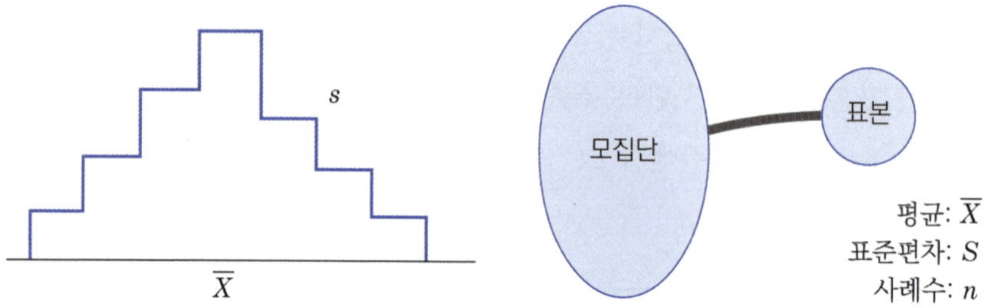

[그림 4.2] 표본분포

어떤 연구 결과를 일반화하기 위해서는 표본으로부터 획득한 통계치들 혹은 어떤 결과가 모집단의 측정치 혹은 결과와 비교할 때 같거나 유사해야 한다. 그런데 모집단의 측정치를 실제로 얻을 수 없는 경우가 대부분이기에 모집단에 준하는 분포로서 표집분포를 상정하고 이를 토대로 확률적 추론, 즉 추리통계를 실시하게 된다. 표집분포(sampling distribution)란 추리통계의 의사결정을 위한 이론적이고 가상적인 분포로서, 일정 크기의 표본을 무한히 반복추출한 후 무한 개의 표본들의 평균들을 가지고 그려낸 이론상의 분포를 뜻한다. 즉 무한 개의 표본에서 산출되는 평균들($\overline{X}_1$, $\overline{X}_2$, …, $\overline{X}_k$)의 평균 $\overline{X}_{\overline{X}}$와 표준편차 $\sigma_{\overline{X}}$로 이루어진 분포이다. 추정치의 분포라고도 하며, 모집단의 분포 모양에 관계없이 항상 정규분포의 형태를 나타낸다.

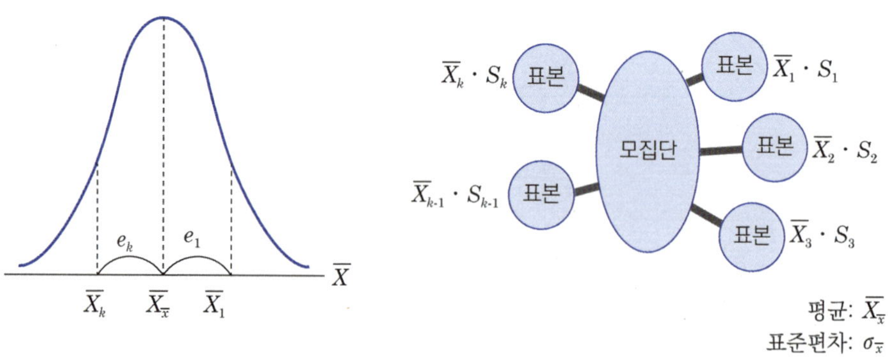

[그림 4.3] 표집분포

참고로 표집분포의 평균과 표준편차를 계산하는 공식은 다음과 같다.

• **표집분포의 평균**

$$\overline{X}_{\overline{X}} = \frac{\overline{X}_1 + \overline{X}_2 + \overline{X}_3 + \cdots + \overline{X}_k}{k} = \frac{\sum \overline{X}_k}{k}$$

• **표집분포의 표준편차**

$$\sigma_{\overline{X}} = \sqrt{\frac{(\overline{X}_1 - \mu_X)^2 + (\overline{X}_2 - \mu_X)^2 + (\overline{X}_3 - \mu_X)^2 + \cdots + (\overline{X}_k - \mu_X)^2}{k}}$$

$$= \sqrt{\frac{\sum (\overline{X}_k - \mu_X)^2}{k}}$$

1.3 표준오차와 중심극한정리

표집 과정에서 발생하는 오차를 뜻하는 표집오차는 표본에서 산출된 평균($\overline{X}$)과 모집단 평균(μ) 간의 차이($\overline{X} - \mu$)로 정의되며, e로 표기된다. 어떤 하나의 표본을 추출했을 때 그 표본이 모집단의 특성을 똑같이 대표하도록 완벽히 표집되었다면 표본의 평균과 모집단 평균 간의 차이는 0이 될 것이다. 그러나 실제 한 치의 오차도 없이 완벽하게 모집단을 대표하는 표본을 표집하는 것은 거의 불가능하다. 따라서 표집의 과정에서는 오차가 발생할 수밖에 없음을 상정해야 하며, 그 오차를 얼마나 적게 하는가에 집중할 수밖에 없다.

표집분포 [그림 4.3]에서 일정 표본을 k번 추출한 경우 e_1, e_2, e_3, $\cdots$, e_k의 표집오차가 발생한다. 이러한 표집오차들의 평균은 $\overline{e}$로 표기되며, 무한 번 반복했을 시 그 평균들은 0이 된다. 그리고 표집오차들의 표준편차 σ_e는 다음과 같이 계산된다.

• **표집오차들의 표준편차**

$$\sigma_e = \sqrt{\frac{(e_1 - \overline{e})^2 + (e_2 - \overline{e})^2 + (e_3 - \overline{e})^2 + \cdots + (e_k - \overline{e})^2}{k}}$$

$$= \sqrt{\frac{\Sigma(e_k - \overline{e})^2}{k}}$$

$$= \sqrt{\frac{\Sigma(e_k)^2}{k}} \qquad \because \overline{e} = 0$$

$$= \sqrt{\frac{\Sigma(\overline{X}_k - \mu_X)^2}{k}} \qquad \because e_k = \overline{X}_k - \mu_X$$

$= \sigma_{\overline{X}}$ (표집분포의 표준편차 = 표준오차)

위 식에 나타나듯이, 표집오차들의 표준편차는 표집분포의 표준편차와 같음을 확인할 수 있다. 이에 표집분포의 표준편차를 표준오차(standard error)라 한다.

앞서 언급했듯이 표집분포는 무한 개의 표본을 추출했다는 것을 가정적으로 전제한 이론적 분포로서, 가설 검증을 위한 기각역과 채택역을 제공하기 위해서는 표집분포의 평균과 표준편차(=표준오차)가 있어야 한다. 그러나 실제 상황에서 무한 개의 표본 추출은 불가능하다. 이에 실제 구할 수 있는 표본의 측정치를 가지고 논리적, 수리적으로 표집분포의 평균과 표준편차를 추정할 수밖에 없다. 이러한 추정 절차의 기초가 되는 것이 바로 중심극한정리(central limit theorem)이다.

이는 "어떤 한 모집단의 평균이 μ이고 분산이 σ^2일 때, 표집분포의 평균($\overline{X}_{\overline{X}}$)은 모집단의 평균($\mu$)과 같고 분산($\sigma^2_{\overline{X}}$)은 모집단의 분산($\sigma^2$)을 표본의 크기($n$)로 나눈 것과 같으며, 표본의 크기가 충분히 클 때($n > 30$) 모집단의 분포와 상관없이 정규분포가 된다"라는 수리적 정리를 뜻한다. 수식으로 표현하면 다음과 같다.

$$\overline{X}_{\overline{X}} = \mu$$

$$\sigma^2_{\overline{X}} = \frac{\sigma^2}{n} \qquad \left(\rightarrow \sigma_{\overline{X}} = \frac{\sigma}{\sqrt{n}} \right)$$

그런데 실제 연구 상황에서는 모집단의 평균과 표준편차를 알 수 없는 경우가 대부분이기에, 표본의 통계치에 의존하여 표본의 결과가 모집단에서도 나타날 것인가를 확률적으로 추론하는 절차를 취할 수밖에 없다. 그리고 표본 통계치 중 표본 분산의 기댓값은 모집단의 분산을 과소 추정하는 편파추정치(biased estimates)이기 때문에, 표준편차 계산 시 분모 n 대신에 (n-1)로 만든 불편파추정치(unbiased estimates)를 추리통계에 활용한다.[1)]

2. 표집방법

표집의 최우선 과제는 경제성과 효율성을 높이면서 모집단을 가장 잘 대표하는 표본을 선정하는 것이라 할 수 있다. 모집단 전체를 대상으로 연구를 수행할 수 있는 상황을 제외한다면, 연구에 대한 기본 관점(접근방식), 연구 목적, 연구 문제, 연구 수행 여건 등 다양한 요소를 모두 고려하여 최적화할 수 있는 단 하나의 표집방법이란 존재하기 어렵다. 즉 연구 상황에 따라 최적의 표집방법은 다양할 수밖에 없다. 그 다양한 표집방법은 일반적으로 확률적 표집방법과 비확률적 표집방법으로 대별된다.

2.1 확률적 표집방법

확률적 표집방법(probability sampling)이란 “모집단에 속하는 모든 사례들이 각기 표본으로 뽑힐 수 있는 어떤 확률(0은 아님)을 갖고 있는 동시에, 특정한 사례들을 표본으로 추출할 때 그 확률을 명백히 객관적으로 알 수 있도록 설계된 표집방법”을 말한다. 일반적으로 추리통계는 확률적 표집을 전제로 하고 있으며, 단순무선표집, 체계적 표집, 유층표집, 군집표집 등이 확률적 표집방법에 해당된다.

1) 중심극한정리의 수리적 증명, 분산 및 표준편차의 편파추정치와 불편파추정치의 개념과 수리적 증명 등은 성태제(2014)의 ≪현대 기초통계학의 이해와 적용≫(7판)을 참조하기 바람.

2.1.1 단순무선표집

단순무선표집(simple random sampling)이란 '모집단에 속한 사례들이 표본으로 뽑힐 확률이 모두 같고, 하나의 사례가 표본으로 뽑히는 사건이 다른 사례가 표본으로 뽑히는 데 영향을 주지 않는 독립사건의 표집방법'을 말한다. '단순'이란 표현은 표본을 뽑는 어떤 조건이나 기준이 전혀 없는 상태를 뜻하며, 말 그대로 아무런 의도적인 조작이 없이 표본을 무작위로 추출하는 방법이다. 그런데 아무런 의도적인 조작이 없이 표본을 추출한다 하더라도 무선표집(무작위표집)이라 칭하기 위해서는 다음 조건이 필히 충족되어야 한다. 첫째, 모집단에 속한 모든 사례가 표본으로 표집될 수 있는 가능성, 즉 표본으로 추출될 확률이 동등해야 한다. 둘째, 모집단에서 한 사례를 표본으로 뽑을 때 그 사건이 다른 사례가 표본으로 뽑힐 수 있는 확률에 아무런 영향을 주지 않아야 한다. 셋째, 표집을 하는 도중에 모집단에 변화가 없어야 한다.

이러한 조건을 충족하기 위한 단순무선표집은 보통 복원추출(sampling with replacement)을 전제로 한다. 즉 모집단에서 표본을 추출할 때 한 번 뽑힌 표본을 다시 모집단에 포함시켜 모든 표본이 동일한 확률하에서 추출될 기회를 갖도록 해야 한다. 특히 모집단의 크기가 작을 때에는 한 번 뽑혔던 표본을 다시 모집단으로 복원시켜야 한다. 그렇지 않을 경우, 즉 한 번 뽑힌 표본을 모집단에 다시 포함시키지 않고 나머지 모집단에서 표본을 계속 추출하는 경우를 비복원추출(sampling without replacement)이라 하는데, 모집단의 크기가 작을 경우에는 복원추출과 비복원추출에 따른 결과가 상이할 가능성이 있기 때문이다. 하지만 복원추출과 비복원추출에 의한 결과가 차이를 보일 가능성이 거의 없을 정도로 모집단의 규모가 매우 클 경우에는 비복원추출을 사용하는 경우도 있기는 하다.

단순무선표집은 확률적 표집방법 중에서 가장 보편적으로 쓰이고 있으며, 또한 체계적 표집, 유층표집, 군집표집 등의 기초가 된다. 대표적인 예로 주택복권추첨, 제비뽑기 등을 들 수 있다. 단순무선표집은 번호가 매겨진 카드나 구슬을 주머니에 섞어 넣고 제비를 뽑는 방식이나 혹은 주택복권 추첨에서 원판돌리기에 의한 번호 추첨 방식으로 이루어질 수 있다. 그러나 이러한 절차는 실제 연구에 활용하기가 불편한 점이 많으며, 특히 사례수가 많은 연구를 수행할 때에는 시간적, 경제적 비용이 많이 들 수 있다. 이에 데이터로 정리된 전집 목록을 가지고 있는 경우 간편하게 무선표집을 할 수 있는 통계 프로그램을 사용하면 좋다. 가장 쉽게 접할 수 있는 통계 프로그램인 SPSS의 경우, 데이터 창에서 **데이터 → 케이스 선택 → 케이스의 무작위 표본 추출 → 표본**의 메뉴를 순차적으로 클릭한 후 '**대략**(A) □ **모든 케이스의** %' 혹은 '**정확하게**(E) □ **개의 케이스**' 중 택일하여 클릭하고 □ 안에 원하는 수를 기입하면 자동적으로 무선표집된 케이스가 산출된다([그림 4.4] 참조).

① 데이터 클릭 → 케이스 선택 클릭

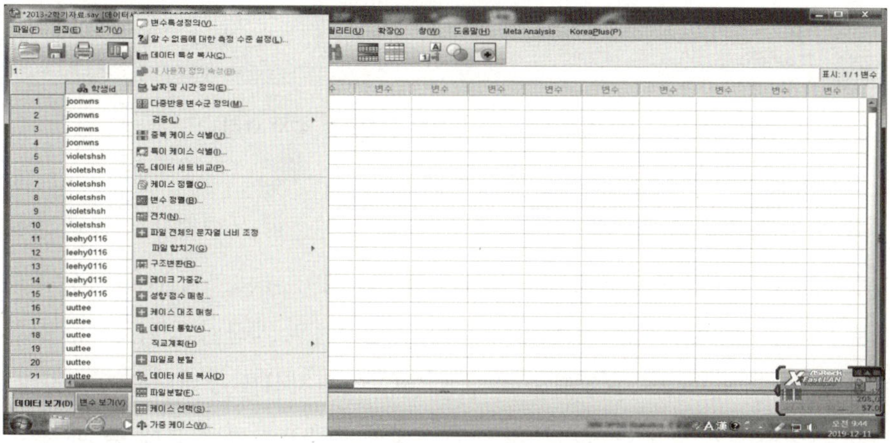

② 케이스의 무작위 표본 추출 클릭 → 표본 클릭

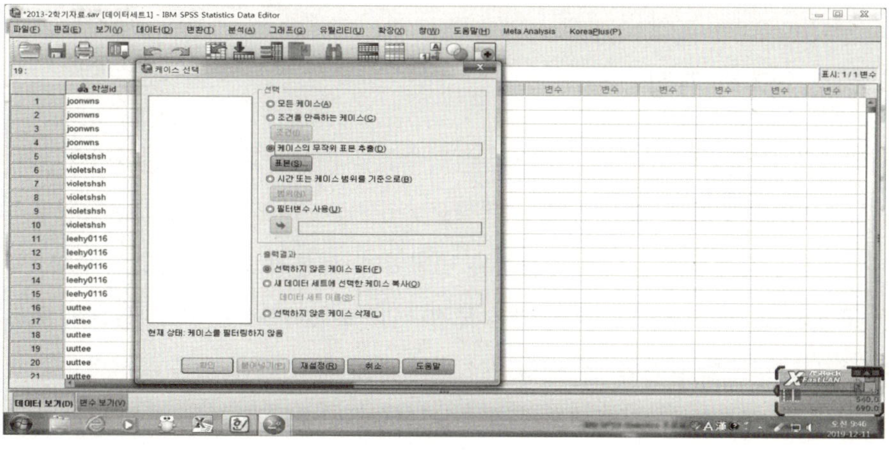

③ '대략 □ 모든 케이스의 %' 혹은 '정확하게 □ 개의 케이스' 중 택일 클릭

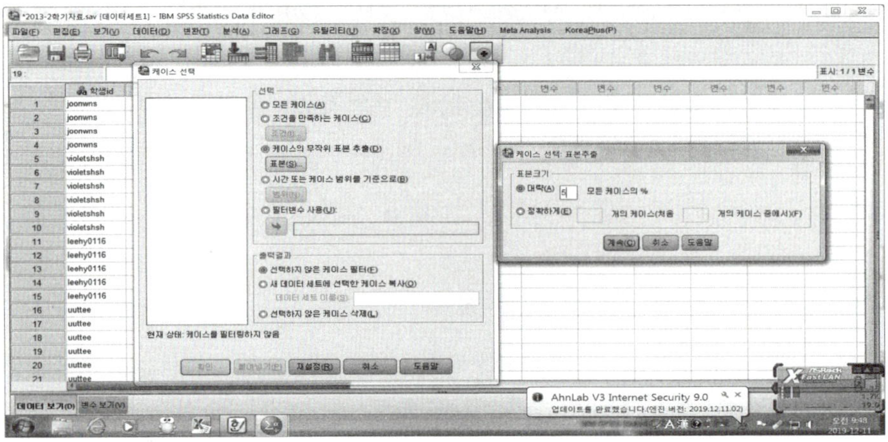

[그림 4.4] SPSS를 이용한 무선표집 절차 예시

단순무선표집은 모집단을 구성하고 있는 각 사례들이 독립적으로 뽑힐 확률을 동일하게 갖기 때문에 대표적 표본을 표집할 가능성이 높고, 모집단의 특성에 대해 특별한 사전지식을 구비하지 않아도 되며, 표집오차의 계산이 용이하다는 장점을 지닌다. 반면 연구자가 모집단의 특성에 대한 사전지식을 구비하고 있더라도 그 지식을 충분히 활용할 수 없고, 다음에 설명할 유층표집과 비교해 볼 때 표본의 크기가 동일할 경우 단순무선표집에서 표집으로 인한 오차가 더 크게 산출되며, 연구 실제에 있어서 모집단의 목록표 작성이 어렵다는 단점을 지닌다.

2.1.2 체계적 표집

체계적 표집(systematic sampling)은 난수표를 사용하지 않고 전화번호부와 주민등록번호대장 등과 같은 모집단 목록표(a list of target population)를 활용하여 매 k번째의 사례를 표본으로 추출하는 방법이며, 계통적 표집이라고도 한다. 체계적 표집의 절차는 다음과 같다. 먼저 모집단의 크기(N)를 확인하고 필요한 표본의 수(표본크기, n)를 결정한 후, 출발점이 되는 맨 처음의 사례(X)를 무선적으로 결정한다. 이때 최초의 사례 결정은 난수표를 이용하여 이루어지는 것이 바람직하다. 최초의 사례가 결정되면 그로부터 표집간격(k : "모집단의 크기 N / 표본의 크기

n")에 따라 매 k번째에 해당하는 사례(X+1k, X+2k, ……, X+(n-1)k)를 하나씩 뽑는다.

예를 들어 모집단의 크기(N)를 60이라 하고, 필요한 표본수(n)를 10이라고 하면 추출간격(k)은 60÷10=6이 된다. 모집단의 일련번호 01~60 중 무선적으로 뽑힌 맨 처음의 사례가 3이었다면, 추출된 번호는 3, 9(=3+6), 15(=3+2×6), 21(=3+3×6), ……, 57(=3+9×6) 등 도합 10개가 된다.

모집단에 대한 목록표가 준비되어 있는 경우 체계적 표집은 단순무선표집보다 훨씬 용이하게 표집을 할 수 있다는 장점을 지닌다. 무선적 표본추출이 한 번만 있으면 되며, 그 이후로는 표집간격에 따라 기계적으로 표본이 설정되기 때문이다. 그리고 일반적으로 표집오차가 단순무선표집보다 작다는 점도 하나의 장점이다.

그러나 전체 목록에 어떤 특정 경향이 있는 요소들을 고려해야 하는 경우, 첫 번째 선택 표본이 어떠한가에 따라 모집단을 대표하기 어려운 결과가 산출될 수 있다는 문제점도 있다. 예컨대 50명으로 구성된 어떤 학급에서 10명의 학생을 추출하여 학업성취도를 조사한다고 상정해보자. 그 학급의 좌석 배치는 5행 10열로 되어 있고, 각 행의 첫 번째 열이 1번, 11번, 21번 등 1행 1열의 학생이 1번, 1행 10열의 학생이 10번, 2행 1열의 학생이 11번, 2행 10열의 학생이 20번, ……, 5행 1열 41번, 5행 10열 50번 등과 같이 학급 내 학생 번호가 부여되어 있으며, 각 행의 앞 좌석(1열)에는 이전 학년에서 아래로부터 성취도가 낮은 5명의 학생들로 배치되었다. 이 경우 첫 번째 학생이 어떤 번호로 선정되느냐에 따라 추출된 10명의 표본들의 결과는 매우 상이할 가능성이 높으며, 모집단을 대표할 가능성도 매우 떨어진다. 첫 번째 학생이 1열(1번, 11번, 21번, 31번, 41번 중 하나)이나 6열(6번, 16번, 26번, 36번, 46번 중 하나)에서 선정이 되었다면, 표집간격(k=5)에 따라 추출된 표본 10명 중에는 성취도가 낮은 학생이 절반을 구성하게 됨으로써 그 학급 전체의 성취도를 과소추정하게 된다. 반대로 1열이나 6열이 아닌 다른 열에서 첫 번째 사례가 선정되었을 경우에는 1열 학생들이 배제되어 표본이 구성되고 그에 따라 그 학급 전체의 성취도를 과대추정할 위험성이 있다. 이러한 편파적 표집을 피하기 위해서는 어떤 특정한 순서로 배열되어 있는 목록표를 무작위로 뒤섞어서 사용하는 방법 등을 고안하여야 한다.

2.1.3 유층표집

유층표집(stratified sampling)은 모집단을 구성하고 있는 하위집단들의 어떤 속성을 알 수 있을 때, 그 속성에 따라 하위집단들을 구분(층화)한 후 각 하위집단별로 표본을 추출하는 방법이다. 하위집단(층)에 따라 최종 표본을 추출하는 단계에서는 보통 단순무선표집방법이 적용된다. 유층표집은 연구자가 사전에 알고 있는 어떤 특성에 의하여 모집단이 확연히 구별될 때, 그 특성을 고려하여 골고루 표집함으로써 표본이 모집단을 적절히 대표할 수 있도록 하는 데 장점을 지니며, '층화표집'이라고도 한다. 모집단의 특성을 상세화하여 2개 이상의 층을 설정할 수도 있다. 만일 중학교 3학년 국가수준 학업성취도 평가를 표본으로 실시하고자 할 경우, 전국이라는 모집단을 구성하는 시・도별 학생 수와 같은 특성을 안다면 시・도를 층으로 나누어 (대체로 전국 학생 수에서 차지하는 시・도별 학생 수 비율을 고려하여) 학생을 추출하는 것이 1차적인 유층표집이다. 그런데 시・도라는 유층 내에서 또 하나의 특성으로 시・도별 성별 비율을 알고 있다면 각 시・도별 추출할 학생 수(표본 수)에서 다시 시・도별 성별 비율에 따라 표본을 추출하는 방식을 취할 수 있다. 이런 경우 2단계 유층표집이 된다. 모집단을 구성하고 있는 유층의 정확한 정보를 알고 있고 이러한 유층들을 여러 개 반영하여 표본을 추출할수록 모집단을 대표할 가능성은 커진다. 그러나 무한정 유층을 많이 설정하는 것이 능사는 아니다. 표본 수가 한정되어 있을수록 여러 개의 유층에 따른 세부 하위집단별로 추출될 표본을 확보하기가 쉽지 않을 수 있기 때문이다. 유층을 설정할 때에는 모집단을 구성하고 있는 속성이면서 동시에 연구(조사)하고자 하는 변인에 중요한 것들이어야 한다. 그리고 유층별로 표본이 적절히 추출될 수 있는지 표본의 크기도 고려해야 한다.

유층표집은 모집단의 구성비율을 표본에 반영할 수 있도록 표집하느냐의 여부에 따라 '비례유층표집'과 '비비례유층표집'으로 구분된다. 비례유층표집(비율유층표집; proportional stratified sampling)은 연구에서 중요하다고 판단되는 어떤 특성을 기준으로 표본을 구성하고 있는 하위집단의 구성 비율이 모집단의 하위집단별 구성비율과 동일하도록 표집하는 방법이다. 예컨대 모집단 구성원 10,000명 중에 남학생이 7,000명이고 여학생이 3,000명이며 그중 100명을 표집한다고 할 때, 표본의 구성비율이 모집단의 구성비율인 7 : 3을 대표할 수 있도록 남학생집단에서 표본크기의 70%(70명), 여학생집단에서 30%(30명)를 무선적으로 표집하는 절차라 할 수 있다.

비비례유층표집(비비율유층표집; nonproportional stratified sampling)은 모집단을 구성하고 있는 하위집단의 구성비율에 따라 표집을 하는 것이 아니라 필요한 만큼 각 하위집단에서 동일하게 표집을 하는 방법이다. 예컨대 모집단을 구성하고 있는 남녀의 비율이 7 : 3이라 할지라도, 100명을 표집할 때 남학생 50명, 여학생 50명을 무선적으로 표집하는 절차라 할 수 있다. 비비례유층표집은, 모집단을 구성하고 있는 어떤 특정한 하위집단의 구성 비율이 매우 작아서, 비례유층표집처럼 하위집단별 크기에 비례해서 표집을 하게 되면 어떤 하위집단의 표본 크기는 너무 작게 되고 다른 어떤 하위집단의 표본크기는 너무 커지게 되어 하위집단 간 비교가 어렵게 되는 경우에 주로 사용된다. 다른 예로, 기업체 남녀 중견사원의 직무성향을 비교하는 연구를 수행한다고 할 때, 모집단인 중견사원 전체에서 남녀의 비율이 25 : 1이라고 하면 구성 비율에 따라 500명을 추출하는 경우 표본은 남자 480명, 여자 20명으로 구성된다. 이러한 경우 남자 중견사원과 여자 중견사원의 직무성향을 비교하는 데 여자가 너무 적어서 의미 있게 비교하는 데 무리가 따른다. 이처럼 비교하는 한 집단의 표본수가 매우 작은 경우에는 두 집단에서 필요한 수만큼 적당히 표집하는 비비례유층표집을 사용하는 것이 좋을 것이다.

유층표집은 모집단의 중요 특성을 사전에 고려하여 표집하기 때문에 대표적인 표본을 추출할 가능성이 높고, 단순무선표집과 비교해 볼 때 동일한 크기의 표본을 추출하는 경우 유층표집의 표집오차가 단순무선표집에 의한 표집오차보다 작으며, 하위집단들의 특성을 파악하고 또 이것을 상호비교할 수 있다는 장점을 지닌다. 반면 유층표집을 이용하려면 모집단의 중요 특성과 하위집단의 구성비율에 관한 지식을 사전에 명확히 알고 있어야 하고, 여러 가지 특성에 따라 모집단을 하위집단으로 나눌 때에 자칫 분류상의 오류를 범할 수 있다는 단점을 지닌다.

2.1.4 군집표집

군집표집(cluster sampling)은 모집단에서 자연스럽게 형성되어 있는 집단(a

naturally occurring group), 즉 군집(cluster)을 단위로 하여 표집을 하는 방법이다. 여기서 군집은 시·군·구 등의 지역이나 학교·학년·학급·학과 등의 집단이 될 수 있다. 성북구에 소재한 중학교 1학년 학생을 대상으로 한 조사연구를 상정해 보자. 모집단인 성북구 소재 중학교 1학년 전체학생수가 4,000명(총 학급수 100개, 학급당 평균학생수 40명)이며, 그중 800명을 표집하고자 한다. 만약 난수표를 활용한 단순무선표집이나 혹은 전체학생 명부를 활용한 체계적 표집을 수행한다면, 최소한 800개의 고유번호를 찾아내야 한다. 하지만 학급수를 활용한 군집표집을 한다면, 총 학급수 100개에 대해 일련번호를 주고서 난수표를 활용하여 20개의 학급을 추출하면, 800명(20학급×40명)의 학생을 매우 효율적으로 표집할 수 있다.

유층표집이 모집단을 여러 개의 유층으로 분류하고 각 유층으로부터 무선적으로 표본을 추출하는 방법이라 한다면, 군집표집은 자연스럽게 형성되어 있는 여러 개의 집단을 분류하고 그 집단들 가운데서 표집의 대상이 될 집단을 먼저 추출한 다음에, 추출한 집단에 한정하여 표본을 선정하는 방법이라 할 수 있다. 유층표집에서는 모집단을 구성하고 있는 모든 유층으로부터 표본을 추출하기 때문에 각 유층은 일정한 사례를 통해 모두 대표되지만, 군집표집에서는 처음 집단을 뽑는 과정에서 제외된 집단에 속했던 사례들은 최종표본으로 뽑힐 가능성을 사전에 박탈당한다는 점에서 유층표집과 차이가 있다. 또한 유층표집에서 연구자가 상정하는 유층은 각각 내적으로 동질적인 집단이기를 원하지만(학업성취도 수준에 따라 상·중·하 집단으로 유층을 나누는 경우 각 유층에 속하는 구성요소들 간에는 동질적이기를 원함), 군집표집은 각 군집을 구성하는 요소들 간에 가능한 이질적이기를 원한다(학급을 군집으로 하여 표집할 때 한 학급 내에 학업성취도 수준이 고르게 분포되어 있을수록 좋음).

군집표집을 변형시킨 표집방법으로 단계적 군집표집(multistage cluster sampling)이 있다. 이 방법은 먼저 군집을 추출한 후, 뽑힌 군집들의 구성원을 모두 표본으로 선정(군집표집)하지 않고 각 군집 내에서 일부만을 무선적으로 표집하여 표본으로 선정한다. 앞에 제시한 예에서 중학교 1학년 800명을 군집표집하여 설문지조사를 수행할 수 있었지만, 만약 설문지조사를 보충하기 위해 면접 및 관찰을 수행해야 하는 경우에는 800명 모두를 연구대상으로 삼기에는 시간적·경제적인 제약이 뒤 따른다. 이런 경우, 1차적으로 추출된 20개의 학급에서 각각 5명씩 무선적으로 표집(표본수 100명)하는 절차를 취할 수 있다. 이 절차가 바로 단계적 군집표집이다. 단계적 군집표집의 또 다른 예로 중학교 3학년 국가수준 학업성취도의 표본평가를 위해 학교를 추출한 다음, 각 학교에서 다시 학급을 무선적으로 추출하는 것을 들 수 있다. 당연히 최종 표집 단위인 학급이 선정된다면 그 학급의 모든 학생은 평가에 응하게 된다.

한편 시·도라는 층을 두어, 즉 시·도별 학생 수를 고려하여 학교 수를 정한 다음 학교를 추출한다면 '유층군집표집(stratified cluster sampling)'이라 하는데, 이처럼 대규모 조사 혹은 평가 체계하에서는 유층표집과 군집표집을 혼합하여 사용하는 경우가 많다. 단 유층(계층)의 정보가 정확하지 않으면 표집오차가 커지며, 유층이 생성되는 만큼 그에 따른 시간과 경비가 늘어난다는 점을 고려해야 한다.

군집표집은 자료수집의 비용과 노력을 절감시킬 수 있는 표집방법으로서, 사회조사연구에서 널리 활용된다. 표집단위를 개인으로 하는 경우에 비해 표집목록 생성·획득 및 활용이 용이하기 때문이다. 그러나 군집의 수가 적을수록 표집오차가 커져 표본이 모집단을 잘 대표하기가 어려우며, 각 사례가 독립적으로 표집될 것을 기본전제로 하고 있는 전통적 추리통계를 적용하기 어렵다는 단점을 지닌다.

2.2 비확률적 표집방법

비확률적 표집(nonprobability sampling)은 "모집단에 속하는 사례들이 표본으로 뽑힐 수 있는 확률을 고려하지 않고 단지 연구자의 주관적 판단에 의해서 임의대로 표집하는 방법"을 말한다. 보통 표집목록이나 모집단의 특성 관련 정보 등을 구할 수 없어 확률의 법칙을 적용할 수 없는 상황 혹은 모집단을 대표하는 정확한 정보를 얻기보다는 대략적인 정보만을 얻고자 하는 경우에 주로 활용된다(이종승, 2009). 그리고 연구 결과의 일반화보다는 특수 상황의 이해를 목적으로 하는 질적 연구는 양적 연구에 비해 표집방법 측면에서 더 유연하며, 확률적 표집방법보다는 비확률적 표집방법을 적용하는 경우가 많다. 자료 수집 방법(론)을 연구 진행 과정 중에서 수정할 수 있도록 허용되는 질적 연구의 확산적(추수적, emergent) 특성에 기인하기 때문이다.

비확률적 표집은 확률적 표집에 비하여 사용하기 간편하다는 장점을 가진 반면 모집단을 대표할 수 있는 가능성이 낮고 표본 통계치로 모수치를 추정하는 데 한계가 많다는 단점을 가진다. 비확률적 표집방법을 통한 표본에 근거해서는 표집오차를 명확하게 추정해 낼 수 없기 때문에 원칙적으로는 무선표집을 기본논리로 전제하는 추리통계를 적용하기가 어렵다. 그런데 실제 많은 연구에서는 연구자의 주관적 판단에 근거해서 혹은 연구수행의 많은 제약들로 말미암아 부득이 표본선정 및 자료수집의 편의성을 도모하기 위해서 비확률적 표집방법을 사용하고, 그 표본으로부터 구해진 자료를 분석하는 데 추리통계를 적용하고 있다. 연구자들은 이러한 문제에 대해 두 가지 입장을 취한다. 어떤 연구자들은 비확률적 표집을 사용한 조사자료는 추리통계의 기본전제를 충족시키고 있지 않기 때문에 이 자료에 적용된 추리통계는 의미 있게 해석될 수 없다고 주장한다. 반면 어떤 연구자들은 비확률적 표집에 의한 표본이 있을 때 그 표본이 대표하는 모집단을 개념화할 수 있으며, 그러한 경우 그 표본은 개념화된 모집단으로부터 무선적으로 표집된 것과 동일하기 때문에 추리통계를 적용할 수 있다고 주장한다(Gall, Borg, & Gall, 1996). 만일 목적표집이나 할당표집과 같은 비확률적 표집방법을 사용하여 표본을 추출할 때, 그 표본이 어떤 특정한 모집단을 대표할 수 있도록 조작적으로 잘 개념화될 수 있다면, 표본으로부터 얻어진 자료에 추리통계를 적용할 수 있다고 사료된다. 단 연구자는 비확률적 표집에 의한 표본이 대표하는 모집단을 정확하게 규정하고, 연구결과를 일반화시키는 범위를 명확히 한정시키는 노력을 기울여야 할 것이다.

비확률적 표집에는 의도적 표집, 편의표집, 할당표집, 스노볼표집 등이 있다.

2.2.1 의도적 표집

의도적 표집(purposive sampling)이란 연구자의 사전지식과 경험, 전문적 식견에 바탕을 둔 주관적 판단에 의해서 모집단을 잘 대표하리라고 믿는 사례들을 의도적으로 표집하는 방법을 말하며, 목적표집 혹은 주관적 판단표집(judgement sampling)이라고도 한다. 이 방법의 기본 가정은 연구자의 건전한 판단과 적절한 전략에 따라 대표적인 사례만을 의도적으로 표집함으로써 단순히 무선적으로 뽑는 방법보다 오히려 모집단 전체를 잘 대표하는 표본을 추출할 수 있다고 믿는 것이다. 예컨대 전국여론조사를 수행하는 경우, 연구자가 과거 축적된 조사결과나 혹은 인구구성비율과 특성에 근거하여 전국여론을 대표할 수 있다고 판단한 특정 지역들만을 대상으로 조사하는 방법이다.

한편 Patton은 질적 연구의 목적에 비추어 풍부하고 충실한 정보를 제공해줄 것 같은 사례의 선정 절차(실제)에 대해 '의도적 표집'이란 용어를 사용하면서, 다음에 소개하는 비확률적 표집방법들을 모두 포괄한 것으로 규정하기도 한다(Gall, Gall, & Borg, 2003). 질적 연구는 특수한 상황에서 나타난 현상을 충실히 이해할 수 있도록 하는 데 주목적을 두기 때문에, 특수 상황에서 연구의 목적을 달성하거나 연구 문제를 밝히는 데 필요한 정보 및 자료 수합이 가능하도록 최적화된 표본을 선정하는 것을 중시하며, 이러한 대부분의 표집방법을 의도적 표집이라 일컫는 것이다.

2.2.2 편의표집

편의표집(convenience sampling)이란 연구 수행의 편리함을 강조하는 표집방법으로서, 지원자 표집과 우연적 표집 등이 이에 해당한다(성태제, 시기자, 2014).

지원자 표집(volunteer sampling)이란 연구 목적과 연구 수행 과정에 대해 동의한 대상들을 표본으로 설정하는 방법을 뜻한다. 일반 대상들이 연구 참여를 꺼려할 가능성이 높은 상황이나 법적·윤리적 문제로 인해 연구 대상의 동의와 적극적인 참여 의지가 필요한 연구 분야, 즉 의학, 생리학, 약학, 체육학 등에서 주로 활용된다. 지원자 표집에 따른 결과는 일반적인 모든 연구 대상에게 일반화하기 어렵다는 문제를 지닌다. 이에 표집오차를 줄여 일반화의 가능성을 높이기 위해서는 가급적 지원자 표본 수를 늘리는 노력이 수반된다.

우연적 표집(accidental sampling)이란 어떤 특별한 표집계획이나 의도도 없이 조사자가 임의대로 손쉽게 구할 수 있는 대상들 중에서 표집하는 방법을 말한다. 예컨대 지나가는 행인이나 혹은 모여 있는 대중들 속에서 아무나 선정하여 조사하는 방식이다. 그러나 이 방법은 모집단에 대한 대표성을 전혀 고려할 수 없는 것으로서, 연구에서는 잘 활용되지 않는다.

2.2.3 할당표집

할당표집(quota sampling)이란 모집단의 어떤 특성을 대표할 수 있도록 하위집단을 몇 개로 나누고, 각 집단에 알맞은 표본수를 할당하여 임의로 표집하는 방법을 말한다. 대부분의 절차는 유층표집과 비슷하지만, 각 하위집단에서 사례를 추출하는 방식이 확률적으로 이루어지는 것이 아니라 임의적으로 이루어진다는 점에서 차이가 있다. 예컨대 어떤 지역에서 연령층에 따라 연구자가 임의적으로 남녀 각각 100명씩을 할당하여 적당한 대상을 임의적으로 선정하여 조사하는 방법이다. 연령층별 모집단 비율을 알고 층별로 적정 인원을 무선표집하는 방식인 유층표집과는 차이가 있다. 모집단에 대한 정보가 없는 상황에서 층별로 할당하는 표본 수가 크다면 편의표집이나 목적표집에 비해 모집단의 대표성은 양호할 수 있다. 하지만 최종적인 연구 대상 선정이 임의로 이루어지기 때문에, 무선적으로 이루어지는 유층표집에 비해서는 모집단 대표성이 낮게 나타날 가능성이 높다.

2.2.4 스노볼표집

스노볼표집(snowball sampling)은 한 줌의 눈덩이를 계속 굴려 원하는 형태나 크기의 눈사람이나 커다란 눈덩이를 만드는 것에 비유한 표집방법을 뜻한다. 즉 연구자가 연구에 적합하다고 설정한 조건을 갖춘 소수의 연구 대상을 선정하여 필요한 정보나 자료를 수집함과 동시에, 이들의 소개나 추천 등을 통해 표본을 늘려나가는 방법이다. 연구에 필요한 표본 수를 확보할 때까지 혹은 연구에서 설정한 일정 기간까지 최초의 대상과 추가적으로 포함된 대상들로부터 지속적으로 소개나 추천 등을 통해 표본을 확대하는 과정을 거친다. 이에 연쇄표집, 누증표집, 눈덩이표집 등의 용어로 불리기도 한다. 스노볼표집은 성폭력 피해자, 동성애자, 약물(마약 등) 중독자, 희귀병 환자, 북한이탈주민, 학교 자퇴자, 비행 청소년 등과 같이 연구자가 접근하기 어려운 대상을 중심으로 수행하는 연구에서 주로 활용된다. 특수 상황적 연구 목적을 달성하는 데 필요한 방법이기는 하나, 초기의 접촉 표본이 누구인가 그리고 그들이 소개하거나 추천하는 기준이 무엇인가에 따라 최종 표본이 편파성을 띨 가능성이 높다는 문제점을 내포하고 있다.

3. 표본의 크기

연구에서 표집과 관련된 가장 중요한 문제는 대표성(representativeness)이라 할 수 있지만 또 하나의 문제는 표본의 적절성(adequacy), 즉 표본의 크기를 결정하는 문제라 할 수 있다. 일반적으로 표집을 해야 하는 연구에서는 표본의 크기를 가능한 한 크게 하는 것이 좋다고 생각한다. 원칙적으로 표본의 크기가 클수록 표집으로 인한 오차는 점점 작아지고 측정치가 모수치를 대표할 가능성은 커지게 된다. 또한 표본의 크기가 클수록 통계적 검증력(statistical power), 즉 영가설이 거짓일 때 영가설을 기각할 수 있는 검증력이 커진다. 그러나 실제 연구상황에서는 시간적, 재정적 문제로 인하여 표본의 크기를 제한할 수밖에 없다. 따라서 연구자는 연구의 목적과 방법 등을 고려하여 적정한 표본의 크기를 결정할 수 있는 규칙을 습득하고 있어야 한다.

전통적으로 상관연구는 최소 30명 이상의 표본을 필요로 하고, 인과-비교 연구와 실험연구는 각 비교집단에 최소 15명 이상의 표본을 필요로 한다. 그리고 조사연구는 각 주요집단별로 최소 100명 이상의 피험자를 갖추어야 하고, 분석단위가 되는 하위집단별로 최소 20~50명 이상의 피험자를 구비하여야 한다(Sudman, 1976; Gall, Borg, & Gall, 1996). 그러나 이러한 기준은 대략적인 기준일 뿐이며, 실제표본의 크기를 결정할 때는 연구의 문제, 모집단의 크기, 연구수행 여건(비용, 시간, 인력 등), 통계적 요인(자료분석 방법, 수용오차의 범위, 모집단의 변산도 등) 등을 모두 고려해야 할 것이다.

일반적으로 최소의 표집으로 최대한의 타당하고 신뢰로운 연구효과를 얻도록 하는 것이 경제적이고 효율적이지만, 다음과 같은 경우에는 대표본(large sample)이 요구된다.

첫째, 연구결과에 영향을 미칠 수 있는 주요변인들을 통제하지 못할 경우에 대표본이 필요하다. 이 대표본을 이용하면 통제하지 못한 변인들이 연구결과에 체계적으로 영향을 미치지 못하고 무선적으로 작용하여 그 영향을 상쇄시킬 수 있기 때문이다. 예컨대, 새로운 교수방법과 전통적 교수방법을 비교하는 연구에서 교사의 능력 차이는 연구자가 통제할 수 없을 뿐만 아니라 연구결과에 상당한 영향을 미칠 수 있다. 이 경우 많은 수의 교사를 표집하여 새로운 교수방법과 전통적 교수방법에 무선적으로 배치시키게 되면, 교사 간 능력 차이는 무선적으로 작용할 것이고 따라서 그 연구결과는 교수방법 간 차이에 의한 것이라고 말할 수 있는 여지가 커진다.

둘째, 효과크기(effect size)가 작을 것으로 예상되지만 가급적 그 효과를 검증하고자 할 경우, 그리고 높은 통계적 검증력을 원하는 연구를 수행할 경우에는 대표본이 요구된다. 이는 통계적 유의도 검증 시 표본의 크기가 커질수록 통계적 검증력이 비례하여 커지기 때문이다.

셋째, 연구대상집단을 여러 개의 하위집단으로 분류하여 서로 비교하고자 할 경우, 분석단위가 되는 하위집단의 사례수가 너무 적지 않도록 하기 위해 대표본이 요구된다.

넷째, 연구하려는 어떤 변인과 관련하여 모집단 구성원들이 매우 이질적일 때 대표본이 요구된다. 예컨대 연구의 주요변인이 '사회경제적 지위'라고 할 때, 모집단 구성원들의 사회경제적 지위가 매우 동질적이라면 소수의 사례만으로도 모집단을 대표할 수 있으나, 매우 이질적이라면 보다 많은 사례를 표집하여야 모집단을 잘 대표할 수 있을 것이다.

다섯째, 연구수행 중 피험자 혹은 연구대상의 중도탈락률이 높을 것으로 예상되는 경우에 대표본이 요구된다. 대체로 연구기간이 길수록 연구대상이 중간에 탈락할 가능성이 높으며, 이런 경우 표집설계 시 미리 표본의 크기를 여유 있게 설정하여 최종분석에 필요한 표본수를 확보할 수 있어야 한다.

여섯째, 측정도구의 신뢰도가 낮을 경우에 대표본이 요구된다. 측정의 신뢰도가 낮으면 측정오차가 커지고, 결국 표준오차를 크게 한다. 나아가 표준오차가 커지면 통계적 검증력이 낮아져, 실제 유의한 차이를 밝혀내지 못할 수도 있다. 따라서 표본의 크기를 늘려 통계적 검증력을 높이자는 것이다. 그러나 연구자는 측정도구의 신뢰도가 낮은 경우 연구상의 통계적 검증력을 높이기 위해 표본수를 늘리는 것에 주안점을 두어서는 안 되며, 무엇보다도 측정도구의 신뢰도와 타당도를 높이는 데 보다 각별한 노력과 주의를 기울여야 할 것이다.

한편 통계적으로 표본크기를 결정하는 것은 여러 가지 통계적 분석방법에서 다르게 계산되는 표준오차, 연구자가 설정한 통계적 유의수준 및 검증방향에 따른 수용오차, 측정도구의 신뢰도 등을 고려하여야 하는바, 이때 오차의 허용범위(최대허용오차)와 단순무선표본 크기와의 관계는 대략 〈표 4.1〉과 같다(Backstrom & Hursh, 1963). 예컨대 오차의 허용범위를 3%로 잡을 경우 95%의 신뢰수준에서는 1,067명의 표본이, 99%의 수준에서는 1,843명의 표본이 필요하게 된다. 이 표를 사용하여 표본의 크기를 결정할 때 주의할 점은 어디까지나 단순무선 표집방법을 사용할 경우에 한해서 쓸 수 있다는 점이다.

〈표 4.1〉 오차의 허용범위와 단순무선표본 크기와의 관계

오차의 허용범위	신뢰수준	
	95%	99%
±1%	9,604	16,587
±2%	2,401	4,147
±3%	1,067	1,843
±4%	600	1,037
±5%	384	663
±6%	267	461
±7%	196	339
±8%	150	259
±9%	119	205
±10%	96	166

표본의 크기를 결정하는 보다 일반적인 방법은 다음과 같이 두 가지로 나누어 생각할 수 있다.

① 모집단(전집)의 크기가 제한되어 있거나 비복원적인 표집인 경우

모집단의 크기와 표준편차(이전 모집단의 표준편차 혹은 표준화된 검사의 표준편차)를 알 수 있을 때, 연구자가 신뢰수준과 오차의 허용범위(최대허용오차)를

설정하여 다음 공식에 따라 표본의 크기를 결정할 수 있다.

$$n = \frac{N}{\frac{d^2}{z^2} \cdot \frac{N-1}{\sigma^2} + 1}$$

n : 표본의 크기
N : 모집단의 크기
d : 오차의 허용범위
z : 신뢰한계
σ : 모집단의 표준편차

(계산 예)

A 학교 전체 학생 1,000명의 창의력을 알아보기 위해 표본평가를 실시하고자 한다. 표본을 얼마로 해야 하겠는가? (단 전년도 창의력 검사의 표준편차는 15였으며, 연구자는 신뢰한계 95%, 오차의 허용범위 3%로 설정함).

☞ 신뢰한계 95%에 해당하는 z점수 1.96, 그 밖에 해당되는 각 수치를 공식에 대입하여 계산하면 다음과 같다.

$$n = \frac{1,000}{\frac{3^2}{1.96^2} \cdot \frac{1,000-1}{15^2} + 1} = 87.7(\text{명}) \simeq 88(\text{명})$$

② 모집단의 크기가 무한히 큰 경우

모집단의 규모가 매우 크고 이에 대해 알지 못할 때 다음의 공식에 의해 표본 크기를 결정할 수 있다.

$$n = \left(\frac{z\sigma}{d}\right)^2$$

앞의 공식에서 오차의 허용범위(d)와 신뢰수준에 따른 z값은 연구자가 연구 성격에 따라 일반적으로 용인될 수 있는 수준에서 설정하게 된다. 오차의 허용범위는 모수치에 대한 추정값(측정값의 크기)이 클 경우에는 다소 크게 정해도 되나 작을 경우에는 작게 정해야 한다. 신뢰수준에 따른 z값은 99% 신뢰수준 시 ±2.58, 95% 신뢰수준 시 ±1.96의 값을 가지며, 교육학 등의 사회과학에서는 일반적으로 95%의 신뢰수준에 따른 z값을 주로 사용한다. 오차의 허용범위와 신뢰수준에 따른 z값을 결정하였다면, 다음으로 모집단의 표준편차(σ)를 알아야 한다. 그런데 실제적으로 이를 직접적으로 산출할 수는 없다. 이에 유사한 선행연구의 결과나 사례 수 30 이상의 예비조사에서 얻은 표준편차를 기초로 추정하는 방법, 오차의 허용범위(d)를 $\frac{1}{3}\sigma$, $\frac{1}{5}\sigma$, $\frac{1}{10}\sigma$ 등으로 설정하여 추정하는 방법 등을 적용하여 표본 크기를 결정할 수 있다(성태제, 시기자, 2014; 이종승, 2009). 연구자가 95%의 신뢰수준에서 $d = \frac{1}{5}\sigma$로 설정하였을 경우, 앞의 공식을 적용하여 $n = (\frac{z\sigma}{\sigma/5})^2 = (5z)^2 = (5\times1.96)^2 = 96.04 \simeq 97$명으로 표본 크기를 계산할 수 있다.

제5장

자료수집

연구의 출발점인 연구 문제를 선정하는 단계에서 연구의 수행가능성 여부로 필요하고 적절한 자료수집의 가능성은 매우 중요하다. 연구 수행과 직접적으로 관련하여 필요하고 적절한 자료를 수집할 수 있는 다양한 방법 중에 본 장에서는 설문지법, 면접법 및 관찰법을 개괄적으로 살펴보고자 한다. 이어 연구 목적에 맞게 자료를 수집하려는 평가도구가 반드시 갖추어야 하는 여러 가지 질적인 요건이 매우 중요하다. 왜냐하면 자료를 수집하는 도구 및 방법이 연구에서 밝히고자 하는 내용을 정말로 타당하고 신뢰롭게 측정하느냐가 연구결과의 일반화에 매우 중요한 사항이기 때문이다.

1. 설문지법

사회과학분야에서 널리 사용되고 있는 것 조사연구(survey research)에서 설문지를 이용한 자료 수집 방법은 미리 작성된 설문지를 연구 대상에서 주고 이를 받은 응답자가 주어진 질문에 답을 하게 하는 가장 많이 사용되는 조사연구의 한 방법이다.

1.1 설문지 작성

조사 설문지는 두 가지의 기본목적을 갖고 있는데, 첫째는 연구목적에 관련된 정보를 얻는 데 있으며, 둘째는 그러한 정보가 최대의 신뢰도와 타당도를 갖도록 수집하는 데 있다.

설문지를 작성하기 전에 우선 결정해야 할 사항은 조사의 내용과 범위 그리고 어떤 대상에게 실시할 것인가를 명백히 하여야 하며, 설문지형식은 그 다음에 결정하는 것이 좋다.

조사질문은 크게 면접설문지와 자기보고 설문지로 나눌 수 있다. 면접설문지는 면접조사자의 구두질문에 따른 피면접자의 응답내용을 설문지에 기입하는 것이고, 자기보고 설문지는 인쇄된 설문지에 응답자 스스로 기입하도록 하는 것을 말한다.

1.1.1 설문의 종류

설문은 대체로 다음과 같은 세 가지 기본형태로 구분할 수 있다(Backstrom & Hursh, 1963).

가. 사실(fact)에 관한 질문: 응답자의 사회적 또는 개인적 속성에 관한 정보를 얻기 위한 인구학적 질문(demographic question)을 말한다. 예컨대 응답자의 연령, 성, 수입, 학력, 결혼상태, 직업, 종교, 주택소유 여부, 정당가입 여부, 거주지역 등에 관한 질문을 말한다. 이와 같은 질문의 목적은 응답자의 속성을 전집의 특성과 비교해 봄으로써 표본의 대표성을 검토하기 위한 것이다.

나. 의견 및 태도(opinion and attitude)에 관한 설문: 의견을 묻는 질문은 응답자가 특정한 시점에서 특정한 주제에 대하여 어떻게 생각하고 느끼는가를 알아보기 위한 질문을 말한다. 태도를 측정하기 위한 질문은 응답자들의 오랜 경험과 학습을 통하여 형성된 인간의 기본적 성향을 이해하기 위한 질문으로서 이들은 의견의 밑바탕이 된다.

다. 정보(information)에 관한 설문: 조사하고자 하는 주제와 사건에 대하여 응답자들이 갖고 있는 지적 수준을 알기 위한 질문을 말한다.

라. 행동(behavior)에 관한 설문: 응답자로 하여금 자신의 행동에 대하여 설명하도록 하는 질문을 말한다.

1.1.2 설문지의 유형

설문지는 응답형식에 따라서 구조화된 설문지(structured questionaire) 또는 폐쇄형, 그리고 비구조화된 설문지(unstructured questionaire) 또는 개방형으로 분류한다.

① 개방형 질문

자유응답식(free-respond) 설문이라고도 하며 응답자로 하여금 자유롭게 응답하도록 하는 것이다. 개방형(open-ended) 설문은 상황에 따라 얼마든지 자세히 물어볼 수 있으므로 응답자의 의견뿐 아니라 동기, 태도 등에 대하여 보다 확실한 답을 끌어낼 수 있다. 또 설문 자체에 융통성이 있어 새로운 사실을 발견할 수 있는 가능성이 있다. 따라서 이러한 설문은 예비조사나 탐색적 조사 등 문제의 핵심을 알려고 할 때 흔히 쓰이며 대규모의 조사보다는 소규모의 조사에 더 적합하다고 할 수 있다.

(예) 학교운영을 저해하는 요인은 무엇이라고 생각하십니까?

가) 학교자체의 요인	1. (　　　　　　)
	2. (　　　　　　)
	3. (　　　　　　)
나) 행정당국의 요인	1. (　　　　　　)
	2. (　　　　　　)
	3. (　　　　　　)

개방형 질문의 단점은 응답의 해석에 편견이 개입될 소지가 많고 응답에 많은 심적 부담을 준다는 것이다. 또 다음에 설명하는 폐쇄형 질문보다 시간이 많이 걸리고 표현능력이 부족한 응답자에게 적용하는 데에는 애로점이 있다는 것이다.

② 폐쇄형(closed) 설문

고정-응답(fixed-respond) 설문이라고도 하며 응답자가 선택할 수 있는 응답의 내용이 미리 몇 개로 한정되어 그 중 하나를 선택하도록 하는 설문을 말한다. 이러한 설문형식은 다시 여러가지 유형으로 나누어진다.

㉠ 선택형

응답자가 응답할 것이라고 예상하는 여러가지의 응답지를 열거하여 주고 응답자로 하여금 선택하도록 하는 방법이다. 질문의 각 항목은 망라적이어야 하며 항목간 상호배타성이 있어야 한다. 이러한 형식의 설문지를 만들 때 유의할 점은, 주어진 질문에 어떤 응답이 나올 수 있는지를 사전에 충분히 조사하여 될 수 있는 한 여러가지 가능한 응답의 내용을 선택지에 모두 포함시켜야 한다는 것이다.

(예) 선생님께서 속해 있는 조직의 풍토를 개선하기 위해서는 어떤 방안이 가장 시급하다고 생각하십니까?

1. ( ) 민주적 지도성을 높이는 것.
2. ( ) 의사결정 과정을 개방하는 것.
3. ( ) 하의상달의 의사소통 체계를 확립하는 것.
4. ( ) 구성원의 책임의식을 높이는 것.
5. ( ) 기타.

㉡ 체크리스트형

체크리스트란 어떤 행동이나 특성을 목록화한 것이다. 즉 관찰하려는 행동특성이 나타났을 때 관찰자가 이를 표시할 수 있도록 행동단위를 자세히 분류하여 열거해 놓은 것이 체크리스트이다. 이 방법은 어떤 행동특성이나 사건의 발생 여부에 특히 관심이 있을 때 한하여 사용하는 것이 좋다.

(예) 다음의 문장을 읽고 본인의 생각과 같은 것에는 '그렇다'에, 본인의 생각과 다르면 '아니다'에 ✔표 하시오

	그렇다	아니다
1. 졸업 후 진학을 해야 할지 취직을 해야 할지 걱정이다.	_____	_____
2. 어떤 종류의 직업이 나에게 알맞는지 걱정이다.	_____	_____
3. 어떤 직업에 어떤 교육이 알맞는지 걱정이다.	_____	_____
4. 졸업 후 무엇을 해야 할지 걱정이다.	_____	_____

㉢ 평정척도형

응답자에게 미리 정하여 척도에 반응하도록 만든 설문지의 형식을 평정척도(rating scale)라고 한다. 평정척도는 체크리스트와는 달리 어떤 특성의 유무에 관한 평가를 넘어서 그러한 특성의 정도나 질적 수준을 평가하고자 할 때 사용할 수 있다.

이상에서 살펴본 바와 같이 폐쇄형 설문의 장점은 응답의 처리가 용이하고 계측에 통일성을 기할 수 있어 신뢰성을 높일 수 있으며, 또 응답의 해석이 쉽고 코딩이 쉽다는 점이다. 단점으로는 응답자의 의견이 충분하게 반영되기가 어렵다는 점을 들 수 있다(김해동, 1983).

1.2 설문지 작성법의 유의점

1.2.1 설문지 작성 전 유의점

① 설문지 작성의 목적, 조사내용, 범위, 실시대상을 미리 규명한다.
② 설문지 형식을 사전에 결정한다. 이 때 연구목적, 응답자의 특성, 그리고 결과분석 방법을 고려한다.
③ 설문지 실시방법(연구자 직접 실시, 우송법, 제3자 의뢰법), 응답의 익명 여부를 미리 결정한다. 이 문제는 회수율, 응답의 신뢰성에 영향을 주기 때문에, 조사내용과 응답자수준을 고려하여 결정한다.

1.2.2 설문지 작성시의 유의점

설문지 작성상의 유의점은 다음과 같이 정리된다(Gall, Borg, & Gall, 1996 ; 김종서, 1997 ; 김병서, 1996)

① 설문은 연구자의 연구문제가 정확하게 반영되도록 한다.
② 설문은 명료하게 그리고 한 문장에 한 질문만 간결하게 한다.
③ 설문용어 사용시에 응답자가 이해할 수 없는 복잡하고 기술적인 용어를

피한다.

④ 설문내용은 응답자의 마음을 상하게 하거나 책임추궁식의 질문을 가능한 한 피하고 흥미를 갖고 편한 마음으로 응답할 수 있는 것으로 구성한다.

⑤ 설문은 논리적인 순서로 조직한다. 만일 새로운 주제로 전환할 때는 응답자가 사고의 연속을 멈추도록 전환시키는 문장을 포함한다.

⑥ 응답자가 연구의 적절성을 이해하도록 문항에 이론적 근거를 제공한다.

⑦ 이해하기 어렵거나 혼란스런 문항에는 응답하는 방법의 예를 포함시킨다.

⑧ 정확한 의미가 없는 용어(여러 개, 대다수, 보통 등)는 피한다.

⑨ 부정적으로 진술된 문장은 응답자가 오판할 수 있기 때문에 피한다. 부정적 단어는 응답자가 못 보고 지나칠 수 있으며, 또한 자신이 실제로 답할 의견과 반대되는 답을 하는 실수를 할 수 있다.

⑩ 일반적인 설문과 구체적인 설문이 함께 설문되어 질 때는, 우선 일반적인 질문을 먼저 하는 것이 좋다. 만일 구체적인 질문을 먼저 제시하면 응답자는 뒤에 오는 일반적 질문에는 집중을 적게 하기 때문이다.

⑪ 편향적이며 답을 유도하는 문항은 피한다. 만일 설문지에 선호하는 답에 힌트가 주어진다면 응답자는 그 응답을 할 경향이 있다.

⑫ 응답양식의 선택은 자료분석 방법을 고려하여 결정한다. 따라서 괄호 넣는 양식은 코드화하거나 점수화 하기 어려운 점을 고려한다. 그러나 괄호 넣기는 응답의 융통성이 많고 진위형은 융통성이 없다는 점도 고려하여 응답양식을 선택한다.

⑬ 문항수는 최소로 한다. 설문수가 많으면 응답자가 힘이 들고 자료분석의 시간과 경비가 많이 든다.

⑭ 문항을 배치할 때, 앞에는 간단하고 흥미있는 문항을 끝부분에는 어렵거나 복잡한 문항을 제시한다.

⑮ 설문지 끝부분에는 중요한 문항을 넣지 않는다.

⑯ 지시문(instruction)은 간결하고 명확하게 하며 다른 형태의 문자로 인쇄한다.

⑰ 설문지 앞부분에 표제(연구목적, 결과의 사용범위, 비밀보장, 협조에 대한 사의)를 제시한다.

⑱ 디자인은 아름답고 선명하게 한다. 특히 출력할 때는 칼라잉크나 종이로 그리고 레이저로 출력하여 설문지가 매력적으로 보이게 한다.

⑲ 설문지는 예비검증을 통해 조정한다. 특히, 폐쇄형 질문은 개방형 설문지로 사전조사를 한 후 작성한다. 폐쇄형 질문은 구체적이고 제한된 선택을 주므로 결과처리는 쉽지만 선택할 수 있는 응답의 내용은 연구자의 주관적 영역으로 한정된다. 따라서 선택지는 응답자에게 전혀 해당되지 않는 선택내용으로 구성될 가능성이 있다. 또한 선택지의 완전성, 포괄성, 상호배타성의 문제점도 있다. 그러므로 폐쇄형 설문지 작성은 우선 질문에 대한 정의를 구체적이며 명확하게 표현한 개방형 설문지로 사전조사를 하고, 그 결과를 기초로 한 후 응답자가 이해 못하는 용어, 부적절한 표현을 조절하여 폐쇄형 설문지를 작성하는 것이 적절하다.

⑳ 응답의 타당성, 신뢰성을 검증한다. 설문지에 응답한 응답자 중 소수를 표집하여 설문지 내용에 대하여 면접을 실시한다. 면접의 결과를 먼저 정리한 후 전체자료를 처리하여 분석한다. 전체자료처리의 결과가 면접결과의 양상과 비슷하면 신뢰도와 타당도가 높다고 할 수 있다.

2. 관찰법

관찰법은 관찰을 통하여 일련의 정보를 수집하는 측정방법으로서 인간의 일상생활과 함께 해온 가장 오래된 방법인 동시에 연구의 기본수단이라고 할 수 있다. 관찰법을 사용하는 이유로(황정규, 1984) 첫째, 다른 측정방법으로서는 사회적 상호작용의 과정을 방해할 위험이 있을 경우와 둘째, 행위자 자신이 직접적인 정보원으로서는 부적당한 경우를 들수 있다. 우리가 인간의 행동을 연구하는 기본적인 방법은 두 가지라고 할 수 있다. 즉 사람을 관찰하느냐, 그 사람에게 묻느냐는 것이다. 물론 질문에도 여러가지 교묘한 방법이 있을 수 있다. 그러나 아무리 교묘한 질문이라고 해도 개인적인 반응에서는 평가자가 원하는 내용을 얻지 못할 경우가 있다. 예컨대 상호작용의 속도, 계속적인 변화의 연속적 현상, 감수성이나 언어

표현이 부족한 피험자의 행동 등은 질문에 의해서 파악하기 힘들기 때문에, 이와 같은 경우 관찰에 의존할 수밖에 없다.

2.1 관찰법의 유형

관찰법의 유형은 그 분류하는 기초에 따라 여러가지로 나뉘어질 수 있다. 황정규(1984)에 따르면, 관찰은 관찰하려는 행동장면을 인위적으로 통제해서 조작하느냐 않느냐에 따라 통제적 관찰과 비통제적 관찰로 구분되며, 관찰을 어느 정도 조직적으로 하느냐에 따라 우발적 관찰(자연적 관찰)과 조직적 관찰로 구분된다. 그리고 후자의 분류기초에 따라 관찰법을 자연적 관찰법, 전기적 관찰법, 행동요약법, 시간표본법, 장면표본법, 참여관찰법, 실험적 관찰법으로 세분한다. 이들 관찰법 중 자연적 관찰법을 제외하고는 모두 조직적 관찰에 포함된다.

한편 Bailey(1982)는 '관찰상황의 구조화 정도(the degree of structure of the environment)'와 '관찰수행의 구조화 정도(degree of structure imposed upon the observational environment by researcher)'에 따라 관찰연구의 유형을 네 가지로 분류하고 있다. '관찰 상황의 구조화 정도'는 관찰하려는 행동장면이 자연적 장면에 가까운지 아니면 인위적 장면에 가까운지의 정도를 뜻하며, 그에 따라 자연적 장면과 인위적 실험실로 구분된다. '관찰수행의 구조화 정도'는 어떤 행동이 일어나는 빈도 혹은 어떤 내용이 말해지는가에 대한 빈도들을 체크할 수 있느냐 없느냐와 같은 관찰수행상의 조직화 정도를 뜻하며, 그에 따라 구조화된 관찰과 비구조화된 관찰로 나뉜다(〈표 5.1〉 참조). 각 유형에 대해 좀 더 설명하면 다음과 같다.

〈표 5.1〉 관찰연구의 유형

		관찰장면의 구조화 정도	
		자연적 장면	인위적 실험실
관찰수행의 구조화 정도	비구조화	【유형 1】 완전 비구조화된 현장연구 (참여관찰)	【유형 3】 비구조화된 실험실 연구 (비참여관찰)
	구조화	【유형 2】 구조화된 현장연구 (비참여관찰)	【유형 4】 완전 구조화된 실험실 연구 (비참여관찰)

【유형 1】 완전 비구조화된 현장연구

이 연구는 대부분의 경우 자연적 장면에서 이루어지며 또한 참여관찰로 이루어진다. 따라서 이 '현장연구'는 거의 '문화기술학적 연구(ethnographic study)'라는 용어로 동시에 사용되기도 한다. 이 연구방법의 목적은 단순히 특정의 관찰 상황을 기술하는 것이기 때문에, 참여관찰자는 어떤 구조화된 질문이나 가설을 전제하지 않는다. 즉 어떤 특정의 가설을 검증하기보다는 관찰하고자 하는 행동 및 상황적 맥락을 아주 상세히 설명하는 것을 주요목적으로 한다. 비구조화된 현장연구는 관찰자가 일상생활에서 일어나는 것을 기록하거나 사생활에 대한 인상을 기록하는 연구이며, 이는 관찰자가 구성원과 더불어 생활하여야 가능한 연구이기 때문에 참여관찰을 하여야만 한다.

【유형 2】 구조화된 현장연구

이 연구는 자연적 장면에서 관찰자가 구조화된 도구를 가지고 연구하고자 하는 내용(행동)을 관찰, 기록하는 방식으로 이루어진다. 따라서 행동에 대한 수량화가 가능하게 기록할 수 있으며, 관찰은 비참여적으로 수행된다. 즉 자연적인 상황에서 구조화된 관찰연구는 행동의 빈도와 같은 수량화가 가능한 연구이며, 객관적인 입장에서 기술하기 위해 대체로 비참여적인 관찰을 수행한다.

【유형 3】 비구조화된 실험실 연구

자연적인 상황에서 이루어진 연구와 달리 인위적 환경을 설정한 실험실 연구는 피관찰자가 감지하지 못할 정도로 비참여적인 관찰로 이루어진다. 예컨대 실험실에 있는 피관찰자의 행동을 일방경(one-way mirror), 비디오테이프, 녹음기 등의 매개체를 통해 관찰하는 것이다. 이러한 연구상황에서의 관찰은 어떤 구조화된 관찰도구를 사용하여 피관찰자의 행동을 수량화하는 것보다는 피관찰자의 주관적 상태를 파악하기 위해 행동을 상세히 기술하고 그것을 분석하고 해석하는 데 초점을 두기 때문에 비구조화된 관찰방식으로 이루어진다.

【유형 4】 완전 구조화된 실험실 연구

비구조화된 실험실 연구와 마찬가지로 비참여관찰로 이루어지나, 그 관찰자료를 수량화할 수 있다는 면에서 완전히 구조화된 연구라고 할 수 있다.

2.2 관찰법의 절차

다양한 상황에서 정보를 수집하는 하나의 방법으로서 관찰법도 그 목적, 구성요소, 기록방법 등에 있어서 각각의 독특성을 지니며, 관찰법의 절차 또한 연구상황에 따라 서로 다를 수 있다. 하지만, 대부분의 관찰법 혹은 관찰연구의 절차는 Bailey(1982)가 제시한 일반적인 절차를 크게 어긋나고 있지 않다고 볼 수 있다. 그가 제시한 관찰법의 일반적인 절차를 다음 다섯 가지 국면으로 대별해 설명코자 한다.

2.2.1 연구목적의 설정

관찰의 절차에서 가장 먼저 해야 할 단계는 목적을 설정하는 것이다. 이 때 관찰의 목적은 관찰자의 결정에 따라 다양하게 나타난다. 만약 관찰자가 교사라면, 수업에 대한 의사결정이 그 목적이 되며, 관찰자가 어떤 연구자라면 탐구하려는 연구의 주제가 곧 목적이 된다.

연구의 목적은 정확하고 명료하게 설정되어야 하며, 관찰자는 관찰을 수행하기 전에 그 기초가 되는 목적에 대하여 철저히 알고 있어야 한다. 왜냐하면 연구목적의 설정에 따라 다음과 같은 후속 절차가 영향을 받기 때문이다.

- 누가 관찰을 할 것인가(관찰자 선정)
- 누구를 혹은 무엇을 관찰할 것인가(관찰대상 선정)
- 어떤 상황에서 관찰할 것인가(관찰상황 설정)
- 언제 관찰할 것인가(관찰시간 설정)
- 관찰을 어떻게 기록할 것인가(기록방법 결정)

2.2.2 관찰자의 선정 및 훈련

관찰의 목적에 따라 영향을 받는 후속절차들 중에서 관찰자를 선정하고 훈련하는 문제가 있다. 아주 세밀하게 계획된 관찰이라도 부주의하거나 또는 타의적인 관찰자에 의해 관찰이 수행된다면 그 관찰이 제대로 이루어지기가 쉽지 않다. 따라서 관찰을 수행할 관찰자를 선정하고 훈련시키는 문제는 매우 중요한 사항이 된다.

관찰자 선정은 관찰목적 및 관찰상황에 따라 그에 적합한 방식으로 이루어져야 하는데, 특히 관찰에 있어서 기초적인 정보가 매우 부족한 사람과 관찰에 대한 참여동기가 매우 낮은 사람은 관찰자 선정에서 제외시켜야 한다. 연구자, 교사, 행정가, 학부모, 대학생 등 다양한 인적 자원 중 관찰의 목적에 따라 적합한 관찰자를 선정할 수 있으나, 그 기준을 명확히 제시할 수는 없다.

한편 관찰자를 선정하고 관찰의 형태가 결정되면, 관찰의 타당성과 신뢰성을 보장하기 위하여 관찰을 수행할 개개인을 훈련시켜야 한다. 그 훈련의 첫 단계는 훈련생들 상호간에 관찰유형(observation form)을 논의하도록 하는 단계이다. 이 단계에서, 훈련생들은 관찰해야 할 내용과 기록방법에 대해 충분히 이해할 수 있도록 개개의 관찰항목을 살피고 논의해야 한다. 관찰될 행동을 간결하고 분명하게 정의하여 관찰지에 수록하였다 할지라도, 그 정의 및 관찰유형에 대한 관찰자의 정확한 이해가 전제되지 않는다면 관찰이 타당하게 수행될 수 없기 때문이다. 둘째 단계에서는, 훈련생들을 평가하여 관찰에 대한 기초적인 정보가 부족하거나 자발적 참여동기가 부족한 사람을 제외시킨다. 셋째 단계에서는 관찰되어질 상황과 유사한 관찰기록(보통 비디오테이프를 통한 기록)을 통해 개개의 행동관찰을 수행하도록 하고(예행연습), 훈련생 각자가 수행한 관찰·기록 과정 및 결과를 상호간에 논의하도록 한다.

관찰자 훈련에서는 관찰자간 일치도를 높이는 작업이 주된 목적이 된다. 관찰해야 할 내용과 기록방법에 대해 충분히 이해할 수 있도록 다양한 예행연습과 더불어 훈련생 상호간에 개개의 관찰항목을 면밀히 살피고 논의하는 과정을 제공해 주어야 한다.

2.2.3 관찰기록 유형의 결정 및 기록지 제작

관찰기록 유형의 결정은 관찰자료를 바탕으로 이루어질 의사결정 혹은 관찰의 목적에 근거하여 행해져야 한다. 다양한 기록방법은 각기 서로 다른 특징을 지니고 있기 때문에, 특정 기록유형이 어떤 수업의 의사결정(혹은 목적)에 적합하고 다른 의사결정에 대해서는 적합하지 않을 수 있다. 그리고 어떤 기록유형들은 다른 기록유형보다 사용하기 쉽고 보다 객관적이고 신뢰로운 정보를 제시해 줄 수 있다. 그러나 최종분석에서, 만약 선택된 기록유형이 관찰목적에 적합하지 않다면, 선택된 기록유형이 아무리 객관적이고 사용하기 쉽다 하더라도 그것은 부적절한 것이 된다. 예컨대 체크리스트는 보다 사용하기 쉽고 객관적인 특성을 지녔다 하더라도 임의적이고 예측하지 못하는 행동까지 관찰해야 하는 상황에서는 부적절하다.

한편 기록지를 준비하고 사용할 때, 일반적으로 다음과 같은 사항을 고려해야 한다.

첫째, 관찰기록지를 개발하여 사용하는 데는 상당한 시간과 노력이 요구된다는 사실을 염두에 두어야 한다. 일반적으로 기록지를 쉽게 제작하는 경우에는(시간과 노력이 적게 투자된 경우) 실제로 그 기록내용을 해석하고 정보를 수집하는 데 상당한 시간을 요한다. 반대로 기록지를 제작하는 데 시간과 노력을 많이 투자하는 경우에는 실제로 기록지를 사용하거나 수집된 자료를 분석하고 요약·해석하는 작업이 비교적 쉽게 수행된다. 따라서 쉽게 기록지를 제작한다 하더라도 결국 기록지의 사용과 그 해석의 과정에서 많은 시간과 노력이 필요하게 된다는 사실을 인식해야 하며, 나아가 기록지를 제작하는 과정에 시간과 노력을 절감하려고만 해서는 안될 것이다.

둘째, 관찰기록지를 개발하는 과정에서 그 궁극적인 목적은 바로 우리로 하여금 객관적으로 정보를 수집할 수 있도록 고안하는 것이다. 따라서 기록지를 고안하는 사람은 계속해서 '같은 관찰내용을 여러 관찰자들이 개별적으로 기록할 때, 그 결과들이 매우 비슷한가 혹은 높은 상관이 있는가'라는 신뢰도의 문제에 대해 꾸준히 고려해야 하고, 그 관찰기록지의 수정과 검토작업을 계속적으로 수행해야 한다.

셋째, 연구의 관심이 되는 행동 혹은 사상(events)을 관찰할 수 있는 충분한 기회가 주어지도록 기록지를 작성해야 한다. 즉, 관찰하고자 하는 행동을 되도록 충분히 포함시킬 수 있도록 작성해야 한다.

관찰자가 사용할 수 있는 기초적인 기록유형으로는 일화기록법, 행동기록, 체크리스트, 평정척도, 기계에 의한 기록 등이 있다. 여기에서는 이러한 관찰기록 유형과 그 제작시 유의사항을 간단히 설명하고자 한다.

① 일화기록법

일화기록법은 일화를 기록하는 것, 즉 발생하는 사건, 행동, 혹은 현상에 대하여 '언어적으로 묘사하는' 방법(word picture)이다. 따라서 관찰되어 지는 사건을 사실적으로 기술하는 것(factual description)이 매우 강조된다.

일화기록법에 대하여 Traxler는 "학생생활의 의미있는 에피소드의 기록"이라고 하였으며, Remmers 등은 "학생생활 속에서 그의 정서적 적응 및 사회적 적응에 의미있다고 판단되는 사건의 간략한 보고"라고 하였다(황정규, 1984).

이 기록법은 대체로 예기치 않은 행동, 사건, 혹은 사상을 관찰하여 기록하고자 할 때 사용된다. 즉 예기치 못한 행동이 발생할 때, 미리 관찰할 행동이 기입되어 있는 탤리나 체크리스트 등과 같은 기록법은 이를 처리하기가 어려운 데 비하여, 일화기록법은 발생하는 그 행동내용을 간략히 기술하는 것이기에 유용하게 사용될 수 있다는 것이다. 따라서 이미 예견한 행동의 발생을 기록하고자 할 때는 이 기록법은 별 의미가 없다. 그리고 일화기록에 나타난 내용이 우연적인 것이라 하여 소홀히 여겨서는 안된다는 사실을 명심해야 한다. 왜냐하면 일화기록법이 없다면, 다른 방법에 의해 체크할 수 없는 행동 혹은 사상들에 대한 정보가 사라지기 때문이다. 황정규(1984)는 이러한 일화기록법의 성격을 다음과 같이 설명하고 있다.

> "일화기록은 평정척도와 같이 상대적 비교를 하는 것이 아니요, 표준화검사처럼 수량적으로 기록하는 것도 아니요, 실험과 같이 어떤 특정한 조건 밑에서 일어나는 행동에 국한시켜 기록하는 것도 아니다. 한 개인을 그 사람의 개성적인 입장에서서 구체적인 사상 혹은 사건을 관찰함으로써 절대적, 개성적, 질적으로 기술하려는 것이 이 방법의 특징이다. 이것을 누적해가면 사례 연구에 가까워지나 과거의 기록, 발달사, 가족관계를 기록하지 않는 점에서 사례 연구와는 다르다."(p. 556)

일반적으로 사용하는 일화기록지의 견본은 (예 1)과 같다.

(예 1) 일화 기록지

관찰대상 : ______________ 요 일 : ______________
관 찰 자 : ______________ 관찰시간 : ______________
관찰장소 : ______________

사 건 :

관련된 일화기록표가 있습니까? 예 ___________ 아니오 ___________
있다면 카드번호가 몇 번입니까? ___________

번 호 ___________

일화기록표는 대체로 관찰할 대상에 따라 각각 독립된 수만큼 준비해야한다. 관찰할 대상이 다섯 명이라면 그에 따른 개개의 관찰기록표가 필요하다. 그런데 하나의 사건에 둘 이상의 관찰대상이 동시적으로 포함될 때 하나의 관찰기록표에 둘 이상의 관찰대상을 기록하게 되는 경우가 있다. 이러한 경우에는 후에 개개별로 관찰기록표에 기입하거나 혹은 자료를 정리할 때 두 명에 대해 각각의 사례로 규정하여 분석할 수 있다. 일화기록표는 관찰상황에 따라 그 규모, 형식에 변형을 가하여 나름대로 쉽게 사용할 수도 있다.

일화기록에서 주의해야 할 점은 다음과 같다(황정규, 1984).

첫째, 사건 자체와 그에 관한 해석·주석의 두 가지 내용은 엄격히 구별되어야 하며, 동시에 이 두 가지 요소는 함께 구비되어 있어야 한다. 이 내용이 뒤범벅이 되면 객관성을 잃을 뿐 아니라 해석이나 진단도 곤란하고 사람에 따라 달리 해석할 가능성을 준다.

둘째, 구체적이고 특수한 사건을 기록해야 하며 일반화된 서술이나 평가적인 서술은 피해야 한다. 즉, 일화기록의 주된 가치는 사건을 구체적으로 또 사실적으로 기록하는 데 있다. 예를 들어 '갑순이는 미술에 흥미가 있다', '을순이는 대단히 감상적이다'라는 식으로 기록할 것이 아니라, '갑순이는 서양화를 네 시간이나 그렸다', '을순이는 6.25전쟁 기록사진을 본 후 한 시간 동안이나 울었다'라는 식으로 기록해야 한다.

② 관찰행동 목록에 기초한 기록

㉠ 행동기록(behavior tally)

어떤 행동이 발생할 때 관찰자가 그 행동을 기록하는 가장 손쉬운 방법 중의 하나는 바로 그 행동이 일어날 때마다 기록하는 것이다. 기록지에 수록될 행동은 관찰가능한 용어로 정의되어야 한다. 이 기록법은 특히 분절된 단위(discrete units)로서 다른 행동과는 분리된 독특한 행동단위(예 ; 코를 만진다, 볼을 찬다, 손을 든다, 책을 선반 위에 놓는다 등)를 관찰·기록할 때 유용하게 사용된다. 그러나 분절적인 행동단위로 정의하기 어려운 경우(예 ; 울고 있다, 교실을 돌아다닌다, 점심을 먹는다, 마루에 앉아 있다, 음악을 듣는다, 창밖을 바라본다 등)가 있을 수 있다. 이 때에는 빈도기록보다는 행동지속시간(duration of behavior)을 기록하는 방법을 활용할 수 있다. 따라서 행동기록지의 유형은 관찰할 행동단위에 따라 두 가지로 나누어진다. 분절적인 행동단위인 경우에는 행동의 발생빈도를 기입하는 기록지 형태(예 2)를, 행동이 분절적이지 않은 경우에는 행동의 지속시간을 측정・기입하는 기록지 형태(예 3)를 사용한다.

(예 2) 행동빈도의 기록지

관찰대상 : ____________ 관찰시간 : ____________
관 찰 자 : ____________
행동의 기술 : ______________________________
(관찰행동) ______________________________

요일(시간)	탤 리	합 계
1	________	________
2	________	________
3	________	________
4	________	________
5	________	________

평균빈도 = ____________

(예 3) 행동지속시간의 기록지

관찰대상 : ____________ 관찰시간 : ____________
관 찰 자 : ____________
행동의 기술 : ______________________________
(관찰행동) ______________________________

요일	지속시간 부터 까지	분
1	________	________
2	________	________
3	________	________
4	________	________
5	________	________

평균빈도 = ____________

행동기록은 일종의 체크리스트 기록유형에 포함되는 것이라 할 수 있으나, 예상되는 여러가지 관찰행동 목록으로 제시되는 일반적인 체크리스트와는 달리, 대체로 특정 행동단위에 한정하여 그 빈도나 지속시간을 체크하는 데 용이한 기록유형이라는 점에서 약간의 차이가 있기도 하다.

㉡ 체크리스트

이 기록유형은 기대되는 행동목록이 준비되어 있어, 특정 관찰시간 단위에 행동이 일어날 때 관찰자가 적절한 범주에 그 행동을 표시하는 것이다. 특히 관찰상황에서 특정행동의 발생유무를 기록하는 효율적인 기록지로서, 행해지리라고 기대되는 행동에 대한 일련의 진술문목록으로 구성된다. 따라서 발생될 행동을 예견할 수 있는 경우에는 체크리스트 기록지를 사용하는 것이 적절하며, 반면 미리 어떤 행동을 예측할 가능성이 없는 경우에는 일화기록법을 사용하는 것이 더 적절하다.

기록지를 개발할 때는 관찰의 목적을 고려하여 관련되는 행동을 상세하고 구체적으로 정의하여 항목을 작성하는 작업이 가장 중요하다. 즉 관찰하고자 하는 행동단위의 분류가 구체적으로 이루어져야 하는 바, 분류의 기초가 단일해야(univocal)하고, 분류범주간 서로 배타적(exclusive)이어야 하며, 관찰하려는 행동이 모두 포함되도록(exhaustive) 하여야 한다. 특히 각 행동의 범주에 따른 항목들은 각각 하나의 행동단위만을 나타내야 한다. 만약 어떤 항목이 동시에 세 개의 행동단위를 포함한다면 그것은 단일 행동단위만을 나타내도록 수정되어야 한다. 예를 들면 산수시간에 '10원짜리 동전, 50원짜리 동전, 100원짜리 동전을 가리킨다'라는 항목은 세 개의 행동단위를 포함하고 있는 것이다. 따라서 이는 '10원짜리 동전을 가리킨다', '50원짜리 동전을 가리킨다', '100원짜리 동전을 가리킨다'라는 세 개의 항목으로 수정되어야 한다.

한편 행동목록이 결정되면, 그것을 제시할 때 계열성(sequence)을 고려해야 한다. 예컨대 행동목록 내지 사상목록을 제시할 때, 알파벳 순서에 따라 제시한다거나 예상되는 행동의 순서에 따라 제시할 수 있다. 관찰할 행동목록을 논리적, 시간적 계열성에 따라 제시할 때 관찰수행이 효율적으로 이루어질 수 있다.

체크리스트 기록방법은 체크될 유목(categories)이 명확하고 조작적 정의가 분명하다면 그 기록이 능률적이고 양적인 처리가 용이하다는 장점을 지닌다. 반면, 기록지에 수록된 사건들의 수가 제한된 경우에는 관찰한 행동을 기입할 수 없는 상황이 발생할 수 있고, 기록지에 수록된 사건들의 수가 너무 많은 경우에는 그 리스트가 길어지기 때문에 관찰한 행동에 맞는 항목을 찾아 기입하기가 불편해지며, 또한 그 자료는 상호작용, 계속적인 행동, 사건의 특성 등에 관한 정보를 제공하기가 힘들다는 단점을 지니기도 한다.

체크리스트 기록지는 연구목적, 관찰수행의 용이성에 따라 다양하게 구성될 수 있다. 체크리스트 기록지 유형의 몇 가지 예를 제시하면 다음과 같다.

(예 4) '예', '아니오'형 체크리스트

이 름 : ____________　　　　요 일 : ____________

관 찰 자 : ____________

요 령 : 해당 행동이 관찰되면 '예'에 ✔표 하시오.
해당 행동이 관찰되지 않으면 '아니오'에 ✔표 하시오.

	예	아니오
1. ____________	______	______
2. ____________	______	______
3. ____________	______	______
4. ____________	______	______
5. ____________	______	______
6. ____________	______	______
7. ____________	______	______
8. ____________	______	______
9. ____________	______	______
10. ____________	______	______

(예 5) 사물에 대한 체계적 체크리스트

초등교육 프로그램에서 학생들이 자유롭게 사용할 수 있는 자료들이 다음과 같이 가, 나, 다, … 순으로 제시되어 있다. 교실에 학생들이 자유롭게 활용할 수 있는 교재들이 있다면 ✔표를 하시오. 그리고 없다면 공란으로 두시오.

학　교 : ________________　　　　요 일 : ________________

관 찰 자 : ________________

□ 공	□ 인형
□ 구슬	□ 종이
□ 블록	□ 종이상자
□ 색연필	□ 찰흙
□ 악기	□ 책
□ 옷감조각	□ 피아노

(예 6) 시간적 순서에 따른 체크리스트(과학실험)

이　름 : ________________　　　　요 일 : ________________

실　험 : 용액의 부피를 측정

관 찰 자 : ________________

기록요령 : 아래의 목록에는 실험을 실시할 때 수행되어 지리라고 기대되는 순서에 따라 항목들이 배열되어 있다. 학생이 수행하는 순서에 따라 그 번호를 기입하시오. 만약 수행하지 않는 항목이 있으면 공란으로 두시오.

순　서 :

________ 가. 연구문제를 읽는다.
________ 나. 재료와 장비를 모은다.
________ 다. 실험매뉴얼에 따라 용액을 여러 개의 실린더에 붓는다.
________ 라. 서로 다른 세 개의 실린더에 있는 용액의 양을 알아본다.
________ 마. 동료들 여럿이서 반복하여 측정한다.
________ 바. 매뉴얼의 지시에 따라 부피를 추정해 본다.
________ 사. 측정하여 얻어진 추정치를 체크한다.
________ 아. 각각에 똑같은 양의 용액을 한 방울씩 더한다.
________ 자. 실험보고서를 준비하여 교사에게 제출한다.
________ 차. 교사가 재실험을 요구하면 실험을 반복한다.

(예 7) 상호작용 분석표(Flanders의 상호작용분석 예)

<table>
<tr><td>
교사의 행동 :
반 응
(a) 느낌을 받는다.
(b) 칭찬하거나 격려한다.
(c) 학생의 생각을 받아들인다.
(d) 질문을 한다.
주 도
(e) 강의한다.
(f) 지시를 한다.
(g) 권위를 정당화하거나 비판한다

학생의 행동 :
반 응
(h) 응답한다.
주 도
(i) 대화를 한다.
다른 학생
(j) 침묵을 지키거나 떠든다
</td>
<td>
만약
교사(d)→학생(h)→교사(b)
라고 표기하면,
교사가 질문한다
↓
학생이 응답한다
↓
교사가 칭찬한다

라고 분석될 수 있다.

* 기록된 총빈도수가
총상호작용의 비율로
전환될 수 있음.
</td></tr>
</table>

㉢ 참여차트

참여차트(participation chart)는 어떤 상황에 참여하는 학습자의 이름을 목록화하고 각 학생의 참여를 기록할 공간을 마련하여 그 참여행동을 기록하는 기록지이다. 대체로 참여차트는 행(rows)과 열(columns)로 구성되는데, 각 행에 학습자의 이름을 나열하고 각 열에 해당 학생이 참여한 행동의 빈도를 기록하는 형태를 취한다(예 8). 관찰수행 후 각각에 표시된 기록기호의 숫자들은 개개인의 참여행동 횟수를 결정하게 한다.

(예 8) 참여차트

관찰행동 : ______________ 요일 : ______________

관 찰 자 : ______________

이 름	참여여부	총 빈 도
강 성 민	____________________	____________
김 동 수	____________________	____________
남 현 정	____________________	____________
민 혜 정	____________________	____________
박 진 석	____________________	____________
백 청 미	____________________	____________
서 정 원	____________________	____________
장 우 영	____________________	____________
최 문 석	____________________	____________
현 정 식	____________________	____________

그러나 이러한 참여차트는 단순히 횟수를 기록하기 때문에 그 참여의 질(quality)에 대해서는 정보를 주지 못한다. 따라서 기입하는 기호의 형태를 그 질에 따라 달리 기입함으로써 행동의 빈도뿐만 아니라 그 행동의 질을 결정하는 데 도움을 주는 형태로 변형시킬 수도 있다. 예를 들어 매우 관련있는 행동을 나타내는 경우에는 (/)표시로, 중립성을 지키는 참여행동에는 (−)표시로, 전혀 무관한 내용의 참여행동에는 (○)표시로 기입하도록 한 다음, 각각에 가중치를 주어 판정한다. 이러한 참여차트는 체크리스트에 평정척도의 특성을 혼합시킨 기록지라고 할 수 있으며, 보통 그룹토의, 그룹활동 등의 상황에서 유용하게 사용된다(예 9).

(예 9) 변형된 참여차트

관찰행동 : 농촌문제에 대한 그룹토의 요 일 : ___________
관 찰 자 : 홍 길 동(사회과 교사)

이 름										총참여횟수	관련참여횟수
강성민	/	/	/	-						4	3
김동수										0	0
남현정	-	-	/	-						4	1
민혜정	/	/	/	/	/	○	/	-		8	6
박진석	○	/								2	1
백청미	/	/	/	/						4	4
서정원	-	/	/	-						4	2
장우영	/	/	/	/	/	/				6	6
최문석	○	○	○							3	0
현정식	-	-	/	-						4	1

㉣ 평정척도에 의한 기록

평정척도란 관찰자나 평정자에게 관찰지에 수록된 유목이나 연속선상에 평가한 대상을 수치로 할당하도록 하는 측정도구이다. 일반적으로 전형적인 평정척도에는 행동목록과 평정할 척도로 구성된다. 이 기록법은 관찰자가 단순히 행동의 유무만을 표시하는 것이 아니라 그 행동의 빈도 혹은 질에 대한 판단을 표시한다는 점에서 체크리스트와 구별된다.

㉤ 기계에 의한 기록

녹음기, 사진기, 영사기, 비디오, 컴퓨터 등 여러 가지 기계를 동원해서 간편,

정확, 신속하게 관찰의 결과를 기록 보존해 두는 방법이다. 다른 기록방법에 비해 관찰자의 주관적 판단에 따른 기록가능성이 거의 없다는 장점을 가지고 있기 때문에, 관찰의 신뢰성을 증진시키기 위한 방편으로 다른 기록유형과 동시에 사용되는 경우가 많다.

2.2.4 관찰의 실제 수행

관찰의 목적, 관찰자, 관찰대상, 관찰시간, 관찰기록방법 등이 정해지면 그 다음 단계에서는 실제로 관찰을 수행하게 된다. 즉 관찰자는 관찰시간에 관찰장소에 가서 관련행동을 관찰하여 기록하는 활동을 한다.

일반적으로 인간의 기억은 신뢰로운 것이라고 할 수 없기에, 연구에서 관심있는 행동 혹은 사상이 실제로 발생할 때 곧바로 기록을 하는 것이 바람직하다. 그러나 관찰자는 일상적인 관찰환경에 영향을 주어서는 안 된다. 즉 관찰수행 때문에, 피관찰자들이 그 사실을 의식하게 된다면 평상시와는 다른 행동 내지 태도를 보이게 될 위험이 있다. 따라서 관찰자는 피관찰자에게 영향을 주지 않도록 주의해야 한다. 즉 의도적으로 관찰환경을 조작하려고 해서는 안 되며, 또한 관찰이 학생들에게 일상적이지 않은 것으로 받아들여져서도 안 된다.

한편 참여관찰의 경우 관찰대상 집단에 들어갈 수 있는 허락을 얻는 일이 무엇보다도 선행되어야 하며, 연구대상인 피험자와 친화감을 유지하는 것이 매우 중요함을 인식해야 한다. 참여관찰의 경우 연구허가를 얻는 일은 매우 어려운 일이다. 연구자 한 명 이상이 연구현장에 장기간 머무르면서 참여자와 관찰자의 역할을 하는 것은 연구자가 장기간에 걸쳐 주변에 맴돌면서 질문하고, 대화를 나누고, 여러가지 활동에 같이 참여하고, 연구현장에 있는 사람들을 관찰하는 것을 허락받는다는 것을 의미한다. 따라서 이 연구에 관찰자가 해당집단에 참여하기를 원치 않을 사람이 충분히 있을 수 있음을 인식하고 이에 대비해야 한다. 필요한 숫자보다 많은 연구현장 후보를 선정해 놓고 이 중에서 연구허가를 얻을 수 있는 곳에서 연구를 수행하는 방안도 있을 것이다. 또한 참여관찰연구의 허가를 얻을 때에는 제보자가 될 사람들에게 미리 연구의 성격을 충분히 이해시키고 그들의 적극적인 협조를 얻어야 한다. 만약 제보자들이 연구가 시작된 이후에 연구의 성격을 알게 되면 연구진행에 여러 가지 어려움이 있을 뿐 아니라 극단적인 경우에는 연구가 중단될 가능성도 있다. 그리고 참여관찰자는 제보자들에게 피해를 주지 않도록 최대한 노력해야 하는 바, 제보자들이 원하지 않는 한 연구보고서에 제보자들의 이름을 써서는 안되며, 가명을 쓰더라도 제보자에게 피해를 줄 것이 예상되는 연구결과는 기록하지 않아야 한다(이용숙, 1986).

일반적으로 관찰기간이 길면 길수록, 자료를 많이 모을수록 그 정보는 보다 신뢰롭다. 즉, 한순간이 아니라 주기적으로 그 상황을 자주 관찰함으로써 주요한 행동의 유형 및 보다 신뢰로운 측정치를 얻을 수 있다. 그리고 보다 많은 자료를 수집하는 것은 후에 해석을 할 때에 보다 종합적으로 주요행동을 진단, 해석하는 데 도움을 줄 수 있다.

끝으로 관찰자는 관찰의 기록방법을 이해하고, 행동을 기록할 때 주의하여 정확히 해당항목에 기입할 수 있어야 한다. 왜냐하면 하나의 행동이 다른 항목에 기입된다면 그 자료의 분석 및 해석에서 전혀 다른 결과가 나올 수 있기 때문이다.

2.2.5 분석 및 정보 요약

관찰을 수행하여 관련정보 및 자료를 수집하면, 그 다음 단계로 그 정보들을 분석하여 정리·요약하는 작업이 필요하다.

관찰법을 사용할 때, 관찰자는 특정기간에 발생하는 행동 모두를 기록할 수는 없지만, 주된 관심이 되는 학생들에 대한 다량의 정보를 기록할 수는 있다. 특정목적을 위해(의사결정을 하기 위해) 수집된 다량의 정보를 필요한 형태로 요약·정리하는 방법은 다양하다. 일반적으로 관찰에 의하여 기록된 자료들은 그래프 및 빈도, 시간, 평정점수의 평균 등의 기술통계치로 분석된다. 그런데 일화기록의 경우에는 기록된 자료를 정리된 진술문으로 요약하여 관찰자의 전문적 판단에 의해 연구목적에 필요한 조언을 하는 형식으로 이루어진다. 물론 일화기록 내용을 별도로 준비된 일정 유목에 할당한 다음 빈도 및 평정치로 환산하여 분석하는 경우도 있을 수 있다.

3. 면접법

면접에 관해 전반적인 계획을 세우고 질문할 구체적 문항의 구조, 내용, 순서를 결정하는 일은 면접에 있어 매우 중요한 부분이다. 면접의 구조화란 면접에 관한 계획이나 문항이 사전에 결정되는 정도를 말하는데, 이 구조화의 정도에 따라 세 가지로 구분할 수 있다. 그 밖에 반구조화된 면접의 일종으로 초점면접(focus interview)과 초점집단(focus groups)이 있고, 그외 최근에 많이 쓰이는 면접으로 전화면접, 컴퓨터이용 전화면접(CATI: Computer Assisted Telephone Interviewing) 등이 있다.

3.1 면접법의 유형

3.1.1 구조화된 면접

구조화된 면접(structured interview)은 미리 준비된 설문지에 따라 질문의 내용과 순서를 지키면서 진행되는 면접이다. 구조화된 면접에서는 연구문제에 관한 정보를 획득하기 위해 세심하게 제작된 면접조사표를 사용한다. 이 면접조사표에는 질문의 형태와 단어의 사용 및 질문의 순서가 고정되어 있다. 따라서, 구조화된 면접은 면접상황에 대한 적응도가 낮으며 융통성이 없는 단점이 있는 반면, 모든 피면접자가 동일한 순서로 동일한 문항에 응답하므로 응답자료를 분류하고 코딩하는 데 편리하다. 또한, 문항을 미리 작성해 봄으로써 면접자가 질문할 때 발생할지도 모를 오류를 최소화할 수 있다. 그러나 일정한 양식의 면접조사표를 가지고 피면접자에게 일률적으로 적용한다는 것 자체가 반드시 신뢰로운 결과를 가져온다고 볼 수 없다. 왜냐하면 동일한 질문이라 하더라도 피면접자 각자가 지각하는 언어의 의미는 다를 수 있기 때문이다.

3.1.2 비구조화된 면접

비구조화된 면접(unstructured interview) 또는 비지시적 면접은 초점면접이나 임상면접보다 훨씬 덜 구조화된 면접이다. 일정한 지시없이 자유롭고 가능한 한 자연스럽게 실시되는 비지시적 면접은 심리치료에서 많이 쓰이며 응답자의 내면에 있는 주관적 감정들을 중립적인 짧은 질문으로 끌어 내는 방법이다.

Gordon(1975)은 비지시적 면접이 보편적으로 활용되고 있는 구조화된 면접보다 때로는 훨씬 타당하다고 지적한다. 특히 모든 질문이 경직되어 있는 상황에서 의사소통이 방해받을 수도 있는, 기억상실을 겪고 있는 응답자의 경우에 "자유연상 기법"을 활용하면 답은 훨씬 타당한 응답을 이끌어 낼 수 있다.

그러나 이 같은 비구조화된 면접방법을 사용하려면 고도의 면접기술이 필요할 뿐 아니라, 면접을 통해 얻은 자료를 분류하고 부호화하기 어려운 단점이 있다.

3.1.3 반구조화된 면접

구조화된 면접의 대안으로서 개방형 질문과 폐쇄형 질문을 혼합한 반구조화된 면접(semi-structured interview)은 사전에 면접에 관한 치밀한 계획은 세우되, 실제 면접상황에서는 면접을 융통성있게 진행시키는 방법을 말한다. 대개 중요한 질문은 구조화되고 그 밖의 질문은 비구조화되는 것이 보통이다. 구조화된 면접방법과 비구조화된 면접방법의 장점을 절충한 이 방법은 사실과 가설을 확인할 수 있을 뿐 아니라 새로운 사실이나 가설을 발견할 수도 있다. 그러나 면접진행에 있어서 사전계획의 영향을 많이 받기 때문에 비구조화된 면접보다는 융통적이지 못하다. 또한, 실제로 가장 많이 사용되고 있으나 반구조화된 면접 역시 구조화된 면접에 비해 고도로 훈련된 면접자가 필요하다. 즉, 면접자는 응답자들이 공통으로 가지고 있는 속성이나 경험에 대해 가능한 한 많은 지식이 있어야 한다.

3.1.4 초점면접과 초점집단

Merton과 Kendall(1946)이 개발한 초점면접(focus interview)은 특정경험과 효과에 초점을 두고 특정경험을 해본 응답자들에게만 집중적으로 질문함으로써 응답자 스스로의 내면적 경험과 상황의 진상을 파악하고자 하는 목적에서 실시하는 것으로, 미리 선정된 가설이나 주제를 사용하지만 실제적 질문은 미리 만들어지지 않는다. 이는 피면접자에게 영향을 주는 요인이나 자극이 어떤 것이고, 이로 인해 어떤 결과를 가져오는가를 스스로 밝히도록 피면접자를 도와주는 면접이다. 이 방법은 주로 사회심리학 분야에서 사용하는데 일정한 상황하에서 피면접자로 하여금 응답하게 함으로써 그 상황으로부터 받는 영향을 중점적으로 파악하려는 것이다.

초점집단(focus groups)은 초점면접에서 발달한 것으로 초점면접과는 약간의 차이를 보이며 1980~1990년대에 크게 유행되었다. 초점집단은 질문에 함께 대답하는 전체집단을 포함하고, 각 응답자들은 집단적 상황에서 그들의 대답을 개별적으로 제공한다. 초점집단 방법은 일정한 모집단으로부터 특정주제에 대한 정보를 제공받기 위해 계획된 일련의 "안내된 집단토의"이다. 초점집단은 훈련된 사회자에 의하여 이끌어지고, 미리 만들어진 토의지침에 의하여 연속적인 질문을 다루며, 토의의 구성은 자발적이고, 참가자들은 주제에 대한 자신의 의견이나 감정을 자유롭게 토의하도록 장려된다. 초점집단은 양적 방법보다는 질적 방법으로 간주되며, 결과는 통계적 분석으로 처리되기 보다는 주관적으로 해석되어진다. 주로 사회학, 마케팅, 공중보건, 사회복지, 교육학, 심리학 등 사회과학의 다양한 영역에서 사용되어진다.

초점집단의 장점은 자료를 빨리 제공받을 수 있고, 비용이 상대적으로 저렴하며, 신념과 태도, 행동에 대한 질적 자료를 제공받을 수 있다. 또한 대단위의 집중조사 연구보다 심도있는 정보를 제공받을 수 있다. 반면, 초점집단의 단점은 양적인 자료를 제공하지 못하므로 다양한 통계적 분석에는 적합하지 않다. 결과를 보다 많은 사람들에게 일반화시킬 수 없다. 즉 인터뷰에 참여한 사람수가 적고 반응자 전부가 모든 질문에 대해 대답하지 않기 때문에 서베이에서보다 무반응이 많다. 코딩과 자료분석에서 문제점이 발생할 수도 있다(Ward et al., 1991).

3.1.5 전화면접

전화면접은 숙련된 면접자가 선택된 면접 대상자들에게 전화를 걸어서 질문을 하고 응답을 기록하는 면접방법이다. 전화면접은 직접면접법이나 우편면접법에 비해 시간 및 비용이 경제적이다. 또한, 면접자의 외모로 인한 오류를 없앨 수 있고, 만족스러운 대답을 위하여 우편면접법에서는 할 수 없는 집중질문을 할 수 있으며 응답자가 낯선 사람을 집에 들이기 꺼려 하는 불편함도 없앨 수 있다.

전화면접이 지니는 장점으로는 직접면접에 비해 간단한 여론조사나 시장조사를 신속하게 수행할 수 있고 비용이 적게 들며 익명성이 잘 보장된다. 또한, 표본이 지리적으로 멀리 떨어져 있어도 면접이 가능하다는 점이다. 단점으로는, 응답자에 대한 동기부여가 힘들다는 점이다. 또한, 전화면접의 경우, 응답자는 면접자를 신뢰하지 않을 수도 있고, 그림과 같은 시각자료를 사용할 수 없으며 응답자의 얼굴 표현과 같은 비언어적 행동을 관찰할 수도 없다.

3.1.6 컴퓨터이용 개별면접

컴퓨터이용 전화면접(CATI: Computer Assisted Telephone Interviewing)과 더불어 사용되는 것으로 컴퓨터이용 개별면접 방법(CAPI: Computer Assisted Personal Interviewing)이 있다. 컴퓨터이용 개별면접은 면접자와 응답자 모두가 컴퓨터로 의사소통을 하게 된다. 면접자는 컴퓨터 화면에 질문을 넣고 응답자는 다른 화면에 대답을 넣어서 전산망을 통해 면접자의 컴퓨터에 모두 연결시킨다. 컴퓨터이용 개별면접은 실질적으로 면접자와 응답자가 상호작용한다는 면에서 면접법과 유사하다. 또한, 멀리 떨어진 응답자에게도 쉽게 접근할 수 있다는 점에서 우편면접법과도 유사하다.

장점으로는, 시간과 비용을 절약할 수 있고, 심층적이고 복합적인 질문을 사용할 수 있으며, 익명성이 보장되고, 면접의 종결이 용이하며, 장거리 연구도 가능하다. 단점으로는, 표본이 적고, 비언어적 단서를 볼 수 없으며, 환경통제의 어려움, 표집 오류의 가능성이 있다는 점이다(Walsh, 1992).

3.2 면접법의 절차

3.2.1 면접자의 선정

면접자의 선정기준은 조사하려는 내용이나 피면접자의 속성에 따라 다르다. 즉,

피면접자에 대한 접근의 용이도나 조사목적 및 질문내용 등에 비추어 결정할 문제이다. 면접자 선정 시 고려해야 할 면접자의 여러가지 신체적, 사회적 특성을 살펴보면 다음과 같다(Backstrom & Hursh, 1963; 남세진 · 최성재, 1988).

① 성(性): 면접자와 응답자가 동성일 때가 좋다.
② 연 령: 응답자의 나이가 비슷할수록 더욱 친밀한 관계가 형성된다.
③ 언 어: 사용하는 용어나 표현방법이 중요한데 특히 평범하고 쉬운 일상용어로 질문을 하는 것이 바람직하다.
④ 내적 요인: 일반적으로 면접자가 갖추어야 할 사항은 다음과 같다.
- 성격이 원만하고 누구와도 대화를 나눌 수 있는 사람
- 예리한 관찰력과 판단력을 갖춘 사람
- 용모가 단정하고 예의바른 사람
- 면접에 관한 지시를 잘 이행할 수 있는 사람
- 필체가 명확하고 객관적으로 기록 정리할 수 있는 사람
- 상식이 풍부한 사람

3.2.2 면접자의 훈련

복잡하고 긴 면접의 경우 더욱 면접자의 훈련이 중시되는데 면접자는 각각의 응답들에 어떻게 대처해야 할지를 훈련받아야 한다. 잘 훈련된 면접자는 모든 질문의 표현에 익숙하여야 하고, 지침서를 이해하고 있어야 하고, 연구의 목적에 익숙하여야 하고, 어떻게 표본이 추출되었는지, 누가 후원하는지, 어떻게 자료가 부호화되고 분석되는지를 알아야 한다. 면접자의 훈련단계는 다음과 같다(Kenneth, 1994).

① 연구의 개관: 먼저 면접책임자가 연구목적, 후원자, 표본추출계획, 평균 면접시간, 면접자 규모 등에 관해 개략적으로 설명을 해주어야 한다.
② 설문지 읽기: 면접책임자는 면접자들로 하여금 면접 질문을 읽게 한 후 이들 자료들을 놓고 서로 토론하게 함으로써 자료에 익숙해지고 자료의 문제점을 발견하게 한다.
③ 면접 실습: 면접자들이 면접자료에 익숙해진 후에 실제와 같은 면접상황을 만들

어 면접표를 사용하여 실습하도록 한다. 이 단계에서 모호한 질문 등을 기록·점검하며 사전면접을 하게 한다.

④ 토론: 면접책임자와 모든 면접자들은 모든 상황들과 관련된 전반적인 문제에 대해 종합적으로 토론하고 정리·교정한다.

3.2.3 면접실시

① 방문시간

면접자가 면접대상자를 찾아갈 때는 사전에 약속을 해두는 것이 좋다. 그러나, 약속을 하기가 힘이 들 경우, 보통은 약속 없이 바로 선정된 면접대상자를 찾아가게 된다. 여러가지 이유로 면접이 불가능할 경우를 대비해서 [그림 5.1]과 같은 표를 만들어 기록해 두는 것이 나중을 위하여 편리하다. 피면접자를 면접상황으로 끌어들이기 위해서는 방문시간과 같은 세세한 면까지도 배려해야 한다. 방문시간은 피면접자의 신분과 직업, 또는 계절을 고려하여 정하는 것이 보통이다.

	1차 면접	2차 면접	3차 면접
날짜를 쓸 것 →			
해당코드번호에 동그라미 할 것. →	1. 면접완료 2. 부재중 3. 다음으로 약속* 4. 거절** 5. 만날 수 없음 6. 집이 빔 7. 병환중 8. 기타**	1. 면접완료 2. 부재중 3. 다음으로 약속* 4. 거절** 5. 만날 수 없음 6. 집이 빔 7. 병환중 8. 기타**	1. 면접완료 2. 부재중 3. 다음으로 약속* 4. 거절** 5. 만날 수 없음 6. 집이 빔 7. 병환중 8. 기타**
약속시간 →	날짜 : 시간 :	날짜 : 시간 :	날짜 : 시간 :

비교 :	면접 시작 시각 ____________ 면접 끝 시각 ____________ 면접자 # ____________

[그림 5.1] Backstrom & Hursh(1963: 193)가 설정한 면접일정

② 응답자에게 접근하기

면접을 실제로 실행하는 단계에서는 응답자의 협력을 구하는 기술이 필요하다. 응답자와 대면하였을 때, 협력을 구하는 요령은 다음과 같다(University of Michigan, 1969).

① 신분증을 보여 주는 것을 포함하여 면접자 자신을 응답자에게 소개한다.
② 면접원이 하고 있는 일에 대한 내용을 응답자에게 설명한다. 이 단계에서 면접자는 응답자의 대답이 아무에게도 알려지지 않으며 그의 신상에 대해서도 공개되지 않음을 알려야 한다.
③ 응답자가 어떻게 선정되었는지를 알려 준다. 개인적으로 누군가의 우호적 또는 적대적 관계의 대상으로서가 아니라 무작위로 선정되었음을 설명해야 한다.
④ 편지나 공문을 사용한다. 면접이 공식적인 것임을 알리기 위해 과거에 실시했던 면접 조사결과 등의 신문철을 가져가거나 미리 공문을 발송할 수도 있다.
⑤ 응답자에게 적극적으로 접근한다. 응답자가 면접을 거절할 기회를 주는 "들어가도 될까요?"나 "다음에 다시 올까요?"보다는 "제가 들어가서 이 사항에 대해 이야기해 보고 싶은데요"의 방식을 취해야 한다.

이와 같은 여러 가지 면접기법들이 있지만 가장 기본적으로 면접자는 친절하고 민감하며 수용적이어야 한다. 면접자는 응답자가 원하는 것을 말하기 쉽게 면접 상황을 만들어야 한다.

③ 면접의 진행

첫째, 조사표대로 질문하라. 비록 많은 예외가 있기는 하지만 면접법은 일반적으로 모든 응답자가 같은 질문을 받는 표준화된 질문을 사용한다. 둘째, 순서대로 질문하라. 질문의 배열순서는 논리적으로 근거 있게 정해진 것이므로 면접자의 자의로 순서를 뒤바꿈으로써 오류를 발생시키지 않도록 해야 한다. 셋째, 응답자를 유도하지 말라. 특정문제에 대한 면접자의 의견은 응답자에게 단서를 제공한다. 따라서 면접자는 질문을 하기 전에 응답자를 유도해서는 안 된다. 또한, 응답이 잘 안 나오는 경우, 자칫 조급한 마음에 어떤 대답을 시사하거나 한쪽으로 유도하는 보충질문을 해서는 안 된다(Kenneth 1994).

면접을 진행하는 과정에서 주의하여야 할 점이 몇 가지 있는데, 이 가운데는 면접자의 태도를 포함하여 면접자의 준수사항과 금기사항 등이 포함된다. 면접자가 기본적으로 갖추어야 할 태도로는 다음과 같은 것들이 있다(Backstrom & Hursh, 1963).

① 중립적 태도: 어떤 응답을 암시하거나 자신의 의견을 표명하지 말 것
② 공정한 태도: 응답자가 자신을 가지고 응답할 수 있도록 공정하게 대할 것
③ 자연스러운 태도: 응답을 강요하는 인상을 주지 말아야 하며, 응답자가 자발적으로 응답하도록 분위기를 조성할 것
④ 담화적인 태도: 질문하고 답하는 형식이 아닌 서로 대화하는 분위기를 만들 것
⑤ 친절한 태도: 응답자에게 친절하고 우호적으로 대할 것

④ 캐묻기

'캐묻기(probing)'는 응답자의 대답이 불충분하거나 정확하지 못할 때, 추가질문을 하여 충분하고 정확한 답을 끌어 내는 면접기술의 일종이다. 이를 위해, 캐묻기는 최대한 중립적이어야 하며 훈련기간에 면접자는 이를 충분히 숙지해야 한다.

캐묻기의 기법은 다음과 같다(Kenneth, 1994).

① 설문의 반복: 응답자가 이해하지 못한 듯 할 때 질문을 다시 반복해 준다.
② 대답의 반복: 면접자가 응답자의 답을 잘 이해하지 못했을 때 사용하며 응답자에게는 대답을 정교화 시킬 수 있는 기회를 준다.
③ 이해와 관심 나타내기: 면접자는 응답자가 계속 답을 하도록 관심을 보이며 장려한다.
④ 잠시 멈춤: 응답자의 대답이 불완전하거나 미진할 때 잠시 멈추고 아무 말도 하지 않음으로써 암시를 준다.
⑤ 중립적 질문이나 반응: "그게 무슨 뜻이죠?", "조금만 더 말씀해 주세요" 등의 중립적 반응으로 대답을 조금 더 정교화하도록 요구하는 것이다.

3.2.3 면접의 기록

아무리 훌륭한 화술을 가지고 피면접자를 우호적인 면접상황으로 끌어들였다 하더라도 면담한 내용을 정확하게 기록하지 못한다면 그 면접은 쓸데없는 것이 되고 만다. 따라서, 면접내용을 정확하게 기록하는 것은 아주 중요한 일이다. 그러나, 피면접자와 대화하면서 기록을 해간다는 것은 쉬운 일이 아니다. 말하는 내용을 다 기록할 수 없는 경우도 있고, 무의식 중에 누락되는 수도 있으며, 기록을 했는데 글씨를 알아보지 못하는 수도 있다.

면접내용을 기록해 나갈 때는 응답자의 응답내용이 애매모호하거나 과장된 것일 수도 있으며, 또는 오해 때문에 잘못 대답할 수 있다는 점을 감안하여 그러한 일이 생길 때마다 표시해 두는 것도 정확한 기록을 위한 한 방법이다.

면접내용을 세밀하게 기록하기 힘든 경우에는 약어나 기호를 써서 기록하는 방법이 있으며, 녹음기와 같은 기기의 도움을 받을 수도 있다. 녹음기를 사용할 때는 특별한 주의가 필요한데, 어떤 응답자는 자신의 응답내용이 녹음테이프에 기록되는 것에서 오는 불안감을 가질 수가 있으므로 반드시 사전에 양해를 구해야 한다.

면접결과는 가급적 정확하게 기록해야 하며, 면접과 동시에 기록하되, 만약 기록하는 행위에 대해 피면접자가 불안해 하거나 거부감을 느끼면, 면접내용을 기억해 두었다가 면접 후에 즉시 기록해야 한다. 그러나 기억하기 어려울 경우에는 요점만을 기록하여 두고 면접이 끝난 후에 정리하면 된다. 특히, '모르겠다'는 반응을 보이거나 응답자체를 회피하는 사항(무응답)에는 간단한 주석을 달아 준다.

기록과 관련해서 주의하여야 할 사항을 요약하면 다음과 같다(Backstrom & Hursh, 1963).

1. 남이 읽을 수 있도록 글씨를 바르게 써야 한다.
2. 어떤 항목에 대한 응답이 앞에서 한 응답과 상치된다고 하더라도 고쳐서는 안된다.
3. '모른다'고 하는 응답이 나오면 재차 물어서 답변을 끌어 내어 기록한다.
4. 질문에 대한 응답 이외의 제안이나 의견도 반드시 기록한다.
5. 기록하고 있는 도중에도 계속 말하게 해야 한다. 그럴려면 기록하면서도 응답자를 바라보고 있어야 한다.
6. 응답자로 하여금 기록하게 해서는 안된다.
7. 면접조사표의 바른 곳에 정확하게 기록하여야 한다.

4. 자료 수집 도구의 질 판단 기준

연구 설계에서 연구 대상이나 자료 수집에 대한 의사 결정에서 타당하고 신뢰로운 평가도구를 통한 자료 수집일 것이다. 어떠한 자료를 어떻게 수집하고 목적에 맞도록 필요한 자료를 수집하려는 평가 도구는 반드시 필요한 여러 가지 질적인 요건이 갖추어져야 한다. 자료 수집을 위한 평가 도구는 연구자가 직접 새롭게 제작하여 사용할 수도 있고 이미 만들어져 있는 기존의 도구들 중에서 적절한 것을 선정하여 활용할 수도 있다. 기존의 도구를 사용하는 경우에는 그 도구의 사용용도, 내용, 특성 등이 적합한 것인지를 면밀히 검토하여야 할 것이며, 자신이 도구를 직접 만들어야 하는 경우에도 질적이 요건으로 평가 도구의 타당도와 신뢰도를 확보해야 만 한다. 따라서 이 장에서는 양호한 자료수집 도구의 질판단 기준으로 타당도, 신뢰도, 객관도, 실용도를 살펴보고자 한다.

4.1 타당도

타당도란 자료수집도구가 측정하려고 하는 것을 어느 정도로 충실하게 재고 있느냐를 뜻한다. '이 도구가 실제 무엇을 재고 있느냐', '이 능력, 성질, 특성을 어느 정도로 재고 있느냐', '어떤 상태 혹은 어떤 조건 아래에서 이러한 정도의 타당성이 있다는 말인가'라는 질문은 모두 타당도에 관한 도전을 하고 있는 셈이다. 간단히 말하면 타당도란 '무엇(what)'이라는 개념과 관련이 있다. 측정에 약간의 오차가 끼어 들어 오더라도 국어시험이 '국어능력'을 측정하고 있어야지 엉뚱하게 '사회생활능력'을 측정하고 있어서는 곤란하다. 마치 쇠고기를 100근이라고 샀더니 기름이 99근이나 들어 있다면 타당성을 의심할 수밖에 없다. 여기에서 보듯이 타당도는 없어도 신뢰도는 정확할 수 있으나 신뢰도 없이 타당도란 있을 수 없다. 타당도를 검증하는 방법으로 다음의 세 가지로 설명할 수 있다.

4.1.1 내용타당도

내용타당도(content validity)는 논리적 사고에 입각한 분석 과정으로 판단하는 주관적인 타당도로 객관적 자료에 근거하지 않는다. 이는 검사내용 전문가에 의하여 검사가 측정하고자 하는 속성을 제대로 측정하였는지를 주관적으로 판단한다. 그러므로 내용타당도에 의한 검사도구의 타당성 입증은 논란이 따르게 마련이다. 예를 들어 인성검사를 제작하였을 때 성격심리를 전공한 전문가가 문항들의 내용을 분석한 후 주관적인 판단에 의하여 내용 타당도가 있다고 판정하였어도, 다른 내용전문가는 성격의 정의에 대하여 다른 견해를 지니고 있으므로 그 검사에 대하여 내용 타당도가 결여되어 있다고 주장할 수 있다.

교수·학습과정에서 설정하였던 교육목표의 성취 여부를 묻는 학업성취도 검사의 타당성 검증을 위하여 내용타당도가 많이 쓰인다. 그래서 내용타당도를 교과타당도와 교수타당도로 구분하는 학자도 있다. 교과타당도(curriculum validity)란 검사가 교육과정에 있는 내용을 얼마나 잘 포함하고 있느냐 하는 문제이고, 교수타당도(instructional validity)란 교수·학습 중에 가르치고 배운 내용이 얼마나 포함되었느냐를 말한다. 학업성취도 검사에서 교과, 교수 타당도를 증진시키기 위하여 내용소와 행동소로 나누는 이원분류표의 작성이 매우 중요하다.

AERA, APA, NCME(1999)에서 분류한 검사 내용에 기초한 근거(evidence based on test content)는 검사의 문항, 질문, 목적이 측정을 위하여 규정된 내용 영역이나 혹은 전체를 얼마나 잘 대표하느냐의 정도를 나타내며 검사의 내용과 측정하고자 하는 구인과의 관계를 분석하는 작업으로 검사 내용은 검사 시행과 점수화와 관련된 절차를 위한 안내, 주제, 어휘, 문항유형, 검사의 질문, 과제와 관련된다. 내용영역을 상세화 하는 작업으로부터 시작하여, 내용을 구체적으로 기술하고, 내용 영역과 문항 유형의 분류 등을 포함하게 된다. 이를 검증하기 위하여 논리적이거나 경험적으로 검사 문항이 검사내용을 적절하게 대표하고 있는가, 내용영역과 검사점수의 해석에 차이가 있는가를 분석한다. 그러므로 이러한 검사와 검사를 구성하는 요소 사이의 관계에 대한 분석은 일반적으로 내용전문가들의 판단에 의해 이루어지며 종전의 내 타당도를 검증하는 방법을 사용한다.

검사 내용에 기초한 근거는 검사 개발에서 중심 관건이며, 전문가의 전문적 판단이 측정 내용의 전집, 내용 선택, 문항유형 선택, 점수화 등의 의사결정을 하는데 중요한 역할을 한다. Anastasi(1988)는 준거참조검사 제작 시 내용타당도가 강조되어야 한다고 주장한다. 그러므로 내용 타당도가 계량화되지 않는다고 하여도 과학성이 상실되었다고 볼 수는 없다.

4.1.2 준거관련타당도

준거관련타당도(criterion-related validity)란 기본적으로 검사 점수가 얼마나 정확하게 준거 수행을 예측하는가에 관심을 둔다. 준거 변수는 학교 운영자, 회사 경영자, 고객 같은 검사 사용자들이 관심을 가지는 속성이나 결과를 말한다. 그러므로 검사-준거 관련성은 주어진 검사를 적용하는 상황에서 준거 변인에 기초한 해석과정의 적합성, 신뢰도, 타당도에 따라 달라진다. 예전의 예측타당도와 공인타당도가 검사-준거 관련성에 포함된다. 예측타당도는 검사 자료가 얼마나 정확하게 차후의 준거 점수를 예측하는가를 확인하는 것이라면, 공인타당도는 같은 시간에 다른 검사로부터 예측치와 준거 정보를 획득하는 것이다. 검사점수와 준거변수간의 상관계수를 산출하여 검증할 수 있다.

4.1.3 예측타당도

예측타당도(준거와 관련된 예측 근거; criterion-related evidence-predictive)는 준거 타당도의 하나로서 제작된 검사에서 얻은 점수와 준거로서 미래의 어떤 행위와의 관계로 추정되는 타당도이다. 즉 검사점수가 미래의 행위를 얼마나 잘 예측하느냐 하는 문제이다. 예를 들어 비행사 적성검사를 보았을 때 그 적성시험에서 높은 점수를 받은 비행사가 안전 운행 기록이 높다면 그 검사의 예측타당도가 높다고 할 수 있다. 예측타당도를 예언 타당도라고도 한다.

일반적으로 적성검사가 예측타당도를 중요시하는 경향이 있으며, 임상심리에서 사용되는 심리검사 등에도 자주 이용된다. 대학입시제도에서 시행되는 대학수학능력시험도 예측타당도가 중요시된다. 즉 대학수학능력시험에서 높은 점수를 획득한 학생이 대학에서 성공적으로 학업을 수행할 때, 다시 말하여 학점이 높을 때 대학수학능력시험의 예측타당도는 높다고 할 수 있다. 예측타당도 역시 검사점수와 미래의 행동과의 관계에 의하여 추정되므로 계량화되는 특징을 지니고 있다.

따라서 예측타당도는 검사 X와 준거 Y의 두 검사 결과의 상관계수에 의하여 추정되면 추정 절차는 다음과 같다.

첫째, 피험자 집단에게 새로 제작한 검사를 실시한다.

둘째, 일정기간 후 검사한 내용과 관계가 있는 피험자들의 행위를 측정한다.

셋째, 검사점수와 미래 행위의 측정치와 상관 정도를 추정한다.

공식으로 표시하면 다음과 같다.

$$\gamma_{\max} = \sqrt{\gamma_{tt}}$$

예를 들면 두 검사의 신뢰도계수 중 낮은 것의 계수가 .80이라면 얻을 수 있는 극대 예측타당도는 다음과 같이 계산된다.

$$\gamma_{\max} = \sqrt{.80} = .89$$

예측타당도의 장점으로는 검사도구가 미래의 행위를 예언하여 주기 때문에 예측타당도가 높으면 선발, 채용, 배치 등의 목적을 위하여 검사를 사용할 수 있다. 예를 들어 약사고시, 의사고시 등의 검사에서는 예측타당도가 중요시되어야 하며 높은 예측타당도를 지녀야 한다. 단점으로는 동시 측정이 불가능하므로 검사의 타당성을 검정하기 위하여 시간적 여유가 필요하다는 것이다. 또한 일정 시간 뒤에 측정한 행위와 검사의 점수 간에 상관계수에 의하여 타당도를 검정하기 때문에 검사를 실시하고 난 후 인간의 특성이 변화되지 않았다는 보장을 하기가 힘들다. 그러나 예측타당도는 적성검사를 위한 중요한 타당도가 된다.

4.1.4 공인타당도

공인타당도(concurrent evidence)는 준거 타당도의 한 종류로 검사점수와 준거로 기존에 타당성을 입증받고 있는 검사로부터 얻은 점수와의 관계에 의하여 검증하는 타당도이다. 새로운 검사를 제작하였을 때 새로 제작한 검사의 타당성을 검증하기 위하여 기존에 타당성을 보장받고 있는 검사와의 유사성 혹은 연관성에 의하여 타당성을 검증하는 방법이 공인타당도이며 공유 타당도라고도 한다. APA, AERA, NCME(1999)에서는 공인 근거(concurrent evidence)라고 한다.

예를 들어 연구자가 본인의 연구에 부합하는 인성검사를 제작하였을 때 그 인성검사의 공인타당도를 검정하기 위하여 MMPI(Minnesota Multiple Personality Inventory) 검사와의 관계를 검정하여 새로 제작한 검사의 타당성을 판정한다.

공인타당도는 새로 제작한 검사에 의한 점수와 준거점수로 타당성을 인정받고 있는 검사의 점수와의 상관계수에 의하여 검증되므로 계량화된다.

공인타당도는 새로이 제작된 검사의 점수와 기존에 타당성을 검정받고 있는 검사의 점수 간의 상관계수에 의하여 추정되므로 공인타당도의 추정 절차는 다음과 같다.

첫째, 피험자 집단에게 새로 제작된 검사를 실시한다.

둘째, 동일 집단에게 동일한 시험 상황에서 타당성을 인정받고 있는 검사를 실시한다.

셋째, 두 검사점수 간의 상관계수를 추정한다.

공인타당도는 계량화되어 타당도에 대한 객관적인 정보를 제공할 수 있으며 타당도의 정도를 나타낼 수 있는 장점을 갖는다. 그러나 단점으로 기존에 타당성을 입증받고 있는 검사가 없을 경우 공인타당도를 추정할 수 없으며, 기존에 타당성을 입증받은 검사가 있을지라도 그 검사와의 관계에 의하여 공인타당도가 검정되므로 기존에 타당성을 입증받은 검사에 의존한다는 점이다.

4.1.5 구인타당도

구인타당도(construct validity)는 조작적으로 정의되지 않은 인간의 심리적 특성이나 성질을 심리적 구인으로 분석하여 조작적 정의를 부여한 후, 검사점수가 조작적 정의에서 규명한 심리적 구인들을 제대로 측정하였는가를 검정하는 방법이다.

즉 검사점수를 관심 있는 심리적 속성의 측정자로 보는 데 주안점을 두고 있다. 구인타당도를 구성 타당도라고도 한다.

예를 들어 창의력을 측정할 때 창의력은 민감성, 이해성, 도전성, 개방성, 자발성, 그리고 자신감의 구인으로 구성되어 있다는 조작적 정의에 근거하여 검사를 제작, 실시한 뒤 그 검사도구가 이같은 구인들을 측정하고 있다고 판단되면 그 검사는 구인타당도를 지니고 있다고 한다. 만약 검사 결과가 조작적으로 규정한 어떤 심리적 특성의 구인들을 제대로 측정하고 있지 못하거나 다른 구인들을 측정한다면 이는 구인타당도가 결여되어 있는 것이다.

구인(構因, construct)이란 심리적 특성이나 행동 양상을 설명하기 위하여 존재를 가정하는 심리적 요인을 말한다. 창의력검사의 예에서 민감성, 이해성, 도전성 등을 구인이라 할 수 있다. 지능검사에서는 Thurstone이 제안한 일곱 가지 기본 정신능력, 즉 어휘력, 수리력, 추리력, 공간력, 지각력, 기억력, 언어유창성이 구인이다.

내적 구조에 기초한 근거(evidence based on internal structure)는 문항과 검사 구성요소와의 관계가 구인에 어느 정도 합치되는가를 분석한다. 검사가 측정하고자 하는 구인들을 측정할 수 있도록 구성되어 있는가의 문제로서 문항들의 관계가 검사구조의 가정을 지지하는 정도를 말한다.

추정 방법으로 구인타당도는 어떤 심리적인 특성이 무엇인가를 규명한 다음 이에 근거하여 문항을 작성하고 시행하여 얻은 응답결과를 분석하여 정의된 심리적 특성이 제대로 측정되었는가를 수량적으로 규명한다. 이와 같은 기본 개념에 의하여 구인타당도를 추정하는 세부적인 절차는 다음과 같다

첫째, 측정하고자 하는 심리적 특성을 구성하는 구인, 즉 요소들이 무엇인지 이론적, 경험적 배경에 의하여 밝힌다. 즉 심리적 특성에 대한 조작적 정의를 내린다.

둘째, 구인과 관련된 이론에 근거하여 구인을 측정할 수 있는 문항을 제작한다.

셋째, 구인들을 측정하는 문항들로 검사를 제작한다.

넷째, 측정 대상에게 검사를 실시하여 응답자료를 얻는다.

다섯째, 응답자료를 분석하여 검사가 측정하고자 하는 구인들을 제대로 측정하였는지를 밝힌다.

여섯째, 심리적 특성을 규명하는 조작적 정의와 관련 있는 구인과 관련 없는 문항을 제거한다.

이상의 여섯 단계에 의하여 구인타당도를 검정하며 통계적 방법으로 상관계수법, 실험설계법, 요인분석을 들 수 있다.

상관계수법은 각 구인들에 의하여 얻어진 점수와 심리특성을 측정하는 총점과의 상관계수에 의하여 타당도를 검증하는 방법으로, 만일 특정 구인을 나타내는 점수와 심리적 특성 점수와의 상관계수가 낮으면 그 구인은 심리적 특성을 설명하여 주지 못함을 알 수 있다. 예를 들어 창의성은 민감성, 이해성, 도전성, 개방성, 자발성, 자신감, 그리고 암기능력으로 구성되어 있다고 조작적 정의를 내렸다면 각 구인에 의한 점수와 창의력 총점과의 상관계수를 구할 수 있다.

구인타당도를 밝히는 과정에서 한 가지 형태의 연구만이 이용되는 것이 아니라 적절하다고 생각되는 모든 형태의 연구방법이 쓰인다. 집단 간의 차이, 상관분석 및 요인분석, 시간적으로 공간적으로 여러 상황에서의 변화상태의 비교, 심리적 과정의 연구, 검사문항의 분석, 실험 등 모든 방법이 이용되어야 한다. 왜냐하면 이론을 정립하기 위해서는 적절하다고 생각되는 모든 방법이 필요하기 때문이다. 그러므로 필연적으로 구인타당도의 비교일 수도 있고, 상관계수일 수도 있고, 시간상으로 보았을 때의 변화점수일 수도 있는 것이다.

4.2 신뢰도

타당도가 '무엇'을 측정하고 있느냐는 문제임에 반해 신뢰도란 한 측정도구가 '어떻게(how)' 측정하고 있느냐는 문제이다. 즉, 신뢰도(reliability)란 한 측정도구가 측정하고자 하는 내용을 정밀하게 측정하고 있는 정도를 의미한다. 다시 말하자면, 신뢰도란 검사 점수의 속성상 가장 중요한 개념 중 하나로서, 그 측정이 얼마나 일관성 있으며, 오차로부터 얼마나 벗어나 있는지를 나타낸다. 신뢰도가 높은 점수는 정확하고, 다른 상황에서 그 검사가 치러진다 해도 그 점수는 재현 가능하며, 나아가 다른 유사한 검사도구에도 일반화할 수 있음을 의미하기도 한다.

이 말은 상대평가를 위한 검사의 경우, 유사한 검사를 사용함으로써 피험자들을 유사한 순위에 둘 수 있는 점수의 분포를 다시 산출할 수 있다는 뜻이다. 준거지향 검사의 경우, 신뢰도는 여전히 일관성을 나타내지만, 두 번의 검사를 통한 피험자들을 상대적 순서에 두는 데에는 별 관심이 없다. 그보다는 각 피험자가 얼마나 동일한 퍼센트의 정답을 맞추었는가 하는 데에 더 큰 관심을 보인다. 목표지향검사의 경우는 피험자들이 그 분야를 마스터했는지 그렇지 않은지에 대한 결정의 일관성이 더욱 중요하게 된다.

피험자 집단으로부터 얻어진 점수에 대한 신뢰도는, 그들의 점수와 유사한 집단으로부터 독립적으로 얻어진 동형검사에 대한 점수와의 상관계수로 나타낼 수 있다. 여기서 중요한 점은 먼저, 신뢰도란 그 검사 차제의 특성을 나타내는 것이 아니라, 그 검사의 점수에 대한 특성으로 이해해야 한다는 것이다. 그리고 신뢰도는 대개 상관계수로 나타내므로, 절대적인 의미라기보다는 상대적인 의미로 받아들여져야 한다.

한편, 신뢰도는 타당도보다 비교적 수리적으로 표현하기 쉽기 때문에, 동시에 비교적 높은 값의 신뢰도를 손쉽게 구할 수 있다는 이유로 신뢰도란 타당도의 필수조건이나 충분조건은 아니라는 사실을 간과하곤 한다. 하지만 검사가 신뢰롭지 않다면, 그 측정은 타당하지 못하게 된다. 신뢰도가 낮으면 타당도는 따라서 낮아지기 마련이기 때문에, 신뢰도는 타당도의 선행개념이라고도 할 수 있다.

일반적인 개념으로, 신뢰도란 검사점수가 얼마나 측정의 오차로부터 떨어져있는가로 볼 수 있다. 대개 측정의 과정에서는 체계적 오차와 비체계적 오차, 두 종류의 오차가 있다. 체계적 오차는 반복된 측정에서 생기는 것을 지칭하고, 비체계적 오차 또는 임의 오차는 반복 측정 시 예측하지 못하게 발생하는 것을 지칭한다. 예를 들어 줄자로 책상의 너비를 잴 때, 그 너비 재기가 얼마나 정확한지를 알기 위해 여러 번 반복해서 재었다고 하자. 그 반복 측정에서의 줄자 자체가 비뚤어져서 생기는 오차의 일관성을 예상할 수는 있지만, 예상치 못하는 오차의 부분도 존재한다. 예를 들면, 줄자를 잴 때마다 실수로 다른 지점에서 출발해서 재었다면, 그러한 오차는 임의적이며, 예상할 수 없는 것이라 할 수 있다.

신뢰도를 접근하는 방법으로는 크게 두 가지를 생각할 수 있다. 첫째, 측정의 표준오차이다. 이것은 단일한 측정대상을 같은 측정도구를 가지고 여러 번 반복 측정한 결과, 어느 정도로 같은 결과를 얻느냐 하는 일관성에 기초를 둔 신뢰도이다. 둘째의 접근방법은 한 집단의 피검사자에게 측정을 두 번 실시하고 첫 번째 실시했을 때의 측정치의 상대적 순서와 두 번째 실시했을 때의 상대적 순서가 어느 정도 일관성이 있느냐로 보는 방법이다. 즉 어떠한 종류의 측정이든 절대적인 엄밀성은 보장할 수 없는 일이지만 그렇다고 고장 난 저울로 물건을 달아 볼 수 없듯이 변덕이 심한 측정도구로 인간행동을 잴 수는 없는 일이다. 인간행동의 측정은 자연과학의 그것처럼 엄밀할 수는 없다. 어차피 어느 한계 내에서의 측정의 오차는 각오해야 한다. 그러나 인간행동의 측정도 측정인 이상은 이러한 오차가 최소한도로 줄어들 수 있도록 제작할 필요가 있다. 타당도는 측정도구에서는 치명적인 필수조건이다. 그러나 신뢰도가 없으면 타당도는 자연히 낮아지기 마련이지만 타당도가 없더라도 신뢰도는 높을 수 있다. 이렇게 본다면 신뢰도는 오히려 타당도의 선행개념이라고도 할 수 있다. 이와 같은 타당도와 신뢰도의 관계를 알기 쉽게 그림으로 나타내면 다음과 같다.

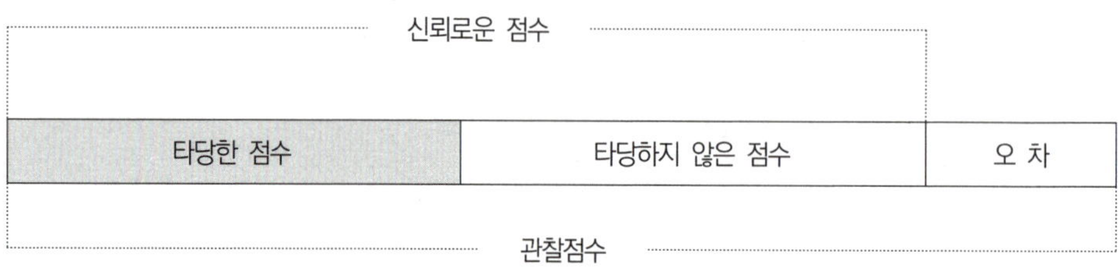

신뢰도란 한 측정도구가 측정하고 있는 정도에 일관성(consistency)이 있느냐, 바꾸어 말하면 측정의 오차(error of measurement)가 얼마나 적으냐는 문제이고 이를 검증하는 방법을 설명하면 다음과 같다.

4.2.1 재검사신뢰도

재검사신뢰도(test-retest reliability)는 하나의 측정도구로 동일한 집단을 두 번

측정하여 얻은 두 측정치(점수) 간의 상관의 정도를 의미하며, 이것은 곧 전과 후의 측정치 사이에 어느 정도의 안정성이 있느냐를 보는 관점이기 때문에 안정성계수(coefficient of stability)라고도 한다. 재검사신뢰도는 한개의 검사를 같은 집단에게 두 번 실시해서 그 전후의 결과에 얻은 점수를 기초로 해서 상관계수를 산출하는 방법이지만, 여기에는 여러 가지 주의할 상항들이 있다.

첫째, 전후검사(측정)의 실시간격을 어떻게 잡느냐에 따라 있을 수 있는 오차가 있다. 일반적으로는 그 간격을 짧게 잡으면 첫번째 검사실시에서의 기억, 연습효과 등이 두 번째 실시에 영향을 미칠 가능성이 크다. 이 연습효과가 모든 피험자에게 똑같은 정도로 영향을 미친다면 신뢰도는 허구상관이 작용해서 과대하게 높아질 가능성이 있고, 만약 개인에 따라 달리 작용한다면 그것 역시 부당한 신되도를 낮게 할 위험이 있다. 반면 간격을 너무 길게 잡으면 그때는 측정하려는 행동특성 자체가 시험간격 동안에 변화했을 가능성이 많다. 이 경우에도 신뢰도는 낮아진다. 이와 같이 재검사신뢰도는 전후검사의 실시간격을 어떻게 통제하느냐에 따라 달리 나올 수 있다. 실시간격은 검사의 목적에 따라 달라야 하겠지만 대개 2~4주를 적정선으로 보고 있다.

둘째, 측정도구 혹은 검사에 표본되는 문항의 오차변량이 진짜변량으로 다루어진다는 점이다. 문항표본의 성질에 따라 같은 능력을 가진 학생의 점수가 다르게 나올 수 있는데, 이 방법에서는 같은 검사이므로 문항표본에서 오는 오차가 전후 같아져서 신뢰도가 사실보다 크게 나올 확률이 많다.

셋째, 전후의 검사실시에서의 여러 가지 조건, 예컨대 동기상태, 수험태도, 검사지시, 검사시간(속도검사의 경우) 등을 똑같이 통제하기 어렵다는 점이다. 이에 따라 오차가 가중될 확률이 커진다.

결론적으로 재검사신뢰도에 의하여 결정된 신뢰도는 진짜 신뢰도보다 과대추정될 가능성이 많다는 점을 고려해야 한다.

4.2.2 동형검사신뢰도

동형검사신뢰도(equivalent-form reliability)는 미리 두 개의 동형검사를 제작하고, 그것을 같은 피험자에게 실시해서 이들 동형검사에서 얻은 점수 사이의 상관

정도를 의미하며, 흔히 이것을 동형성계수(coefficient of equivalence)라고도 한다.

동형검사는 표면적, 외형적인 내용은 서로 다르지만 두 검사가 측정이론에서 보아 동질적이며 동일하다고 추정할 수 있는 문항으로 구성된 검사이다. 예컨대 문항의 난이도 및 변별도에서 같거나 비슷하고, 문항내용도 같은 것으로 구성된 검사이다. 이 검사방법은 기억효과, 연습효과는 최소한으로 감소시키며, 문항표본에서 파생하는 오차도 오차변량으로 취급하게 된다는 점에서는 좋은 방법이다. 그러나 실제적으로 두 검사를 측정이론에서 보아 거의 같거나 완전히 같은 동질적인 검사로 구성해야 한다는 것이 난점이다. 이 점에서 보아 재검사신뢰도가 갖는 오차변량 이외의 오차도 함께 지니고 있는 셈이다.

4.2.3 반분신뢰도

반분신뢰도(split-half reliability)는 동질성계수(coefficient of homogeneity)를 보는 한 가지 방법이다. 이것은 한 개의 측정도구 혹은 검사를 한 피험집단에게 실시한 다음 그것을 적절한 방법에 의해 두 부분의 점수로 분할하고, 이 분할된 두 부분을 독립된 검사로 생각해서 그 사이에 존재하는 상관을 계산하는 방법이다. 이 방법은 재검사신뢰도가 부적당할 때, 또 동형검사를 만들기가 어려울 때 쉽게 사용할 수 있는 방법으로 많이 이용된다. 두 부분으로 분할하는 방법에는 여러 가지가 있을 수 있다.

첫째, 전후반분법(前後半分法)으로서 검사를 전후로 꼭 반이 되게 나누는 방법이다.

둘째, 기우반분법(奇偶半分法)으로서 검사문항 중 짝수번 문항들을 한 부분으로 홀수번 문항을 다른 한 부분으로 나누는 방법이다.

셋째, 난수표(random numbers table)에 의해 무선적으로 문항을 두 부분으로 나누는 방법으로서, 이것은 문항이 어떻게 선택되어도 무방한 경우에 사용한다.

넷째, 의식적으로 문항의 난이도 및 내용에 따라 비슷한 것끼리 짝지어 반분하는 방법이다. 이것은 앞에서 설명한 동형검사를 만드는 과정과 비슷하다. 요컨대 어떻게 반분하느냐 하는 것은 검사의 문항내용과 구성으로 보아 양분된 두 부분이 서로 비슷하고 동질적으로 되도록 계획되어야 한다.

반분신뢰도는 원래 하나의 검사를 둘로 나누어 마치 두 개의 검사를 각기 독립적으로 실시한 것처럼 가정하고, 나누어진 두 부분의 검사점수 사이의 상관을 기초로 한다. 그런데 이렇게 부분점수를 내어 상관을 계산하면 이때 얻어진 신뢰도는 검사전체의 신뢰도가 아니라 반분된 부분검사의 신뢰도가 된다. 그리고 반분된 두 검사의 신뢰도가 과소평가되는 경향을 보인다. 따라서 이 두 부분을 합쳤을 때의 검사전체의 신뢰도를 계산해 주기 위하여 Spearman-Brown 공식을 사용해서 교정한다.

$$r_{xx} = \frac{nr}{1+(n-1)r}$$

r_{xx}: n배 늘렸을 때의 신뢰도계수

n: 분할된 부분검사의 수

r: 얻은 부분검사의 신뢰도계수
(두 부분검사 간의 상관계수)

만약 두 부분으로 분할되었을 경우는 다음의 간단한 공식을 사용할 수 있다.

$$r_{xx} = \frac{2r_{hh}}{1+r_{hh}}$$

r_{hh}: 반분된 검사점수 사이의 상관계수

또한 상관계수의 계산을 피하고 분할된 두 검사점수의 평균치와 표준오차에 의해 계산하고 싶을 때는 Rulon이 제시한 공식을 사용하는 것이 편리할 것이다.

$$r_{xx} = 1 - \frac{S_d^{\,2}}{S_t^{\,2}}$$

S_d: 두 개로 나눈 부분 검사점수의 차의 표준편차

S_t: 전체 검사점수의 표준편차

반분신뢰도는 손쉽고 편리한 신뢰도 계산방법이다. 그러나 검사실시에 있을 수 있는 특수한 조건, 피험자의 사건에 따른 우연적 변동 등이 진짜 변량으로 취급될 가능성이 있다는 것이 난점이다. 또한 순수한 속도검사에서는 두 부분으로 나누어진 부분점수 사이의 상관은 자연히 크기 때문에 이 방법을 사용할 수 없다.

반분검사에 의한 동질성계수의 추정방법은 나누어진 두 부분의 점수의 변량의 차이가 크면 클수록 전체에 대한 신뢰도가 Kuder-Richardson 공식이나 뒤이어 설명할 다른 동질성 추정방법에 의한 신뢰도보다 과대하게 나올 가능성이 있다는 점에 주의해야 한다.

4.2.4 문항내적 신뢰도

이 방법은 피험자가 각 문항에 반응하는 일관성, 합치성에 그 기초를 두고 있다. 반분신뢰도에서는 분할된 두 부분을 독립된 각각의 검사로 생각하듯이, 여기에서는 검사 속의 한 문항, 한 문항을 모두 독립된 한 개의 검사단위로 생각하고 그 합치성, 동질성, 일치성을 종합하는 입장이다. 그래서 문항내적 합치도(inter-item consistency)라고도 하며, Kuder와 Richardson이 개발하였기 때문에 Kuder-Richardson 방법이라고도 한다.

문항내적 합치도는 피험자가 각 문항에 반응하는 일관성, 합치성에 그 기초를 두고 있다. 반분신뢰도에서 분할된 두 부분을 독립된 각각의 검사로 생각하듯이, 여기에서는 검사 속의 한 문항 한 문항을 모두 독립된 한 개의 검사단위로 생각하고 그 합치성, 동질성, 일치성을 종합하는 입장이다.

Kuder-Richardson 신뢰도는 문항의 동질성에 그 기초를 두고 있다. 그런 의미에서 동형검사신뢰도의 대체가 된다. 만약 어떤 검사가 동형검사신뢰도 및 반분신뢰도에서 높은 계수를 보인 데 반해서 Kuder-Richardson 계수에서 낮은 계수를 보였다면, 그것은 검사 속에 표본되어 있는 문항 사이의 동질도가 낮기 때문이라고 추정할 수 있다. 실제 반분신뢰도와 Kuder-Richardson 계수의 차이를 한 검사의 동질도 지수로 사용하기도 한다.

Kuder-Richardson의 신뢰도 추정방법의 계산으로 가장 널리 잘 알려져 있는 것은 K-R 20과 K-R 21이다.

$$\text{K-R 20: } r_{xx} = \frac{n}{n-1}\left[1 - \frac{\sum pq}{S_x{}^2}\right]$$

$$\text{K-R 21: } r_{xx} = \frac{n}{n-1}\left[1 - \frac{\overline{X}(n-\overline{X})}{nS_x{}^2}\right]$$

여기에서 n: 검사 내의 문항의 수
p: 각 문항에 정답을 한 학생의 비율
q: 각 문항에 오답을 한 학생의 비율
($q=1-p$)
Σ: 합의 기호
$S_x{}^2$: 전체 검사점수의 변량
(=검사점수의 표준편차의 제곱)
$\overline{X}$: 전체 검사점수의 평균

K-R 20은 문항이 이분문항일 때, 즉 문항점수가 0과 1일 때 신뢰도를 추정하는 공식으로서, 문항의 답이 있는 학업성취도 검사에 주로 사용된다. 반면 K-R 21은 문항점수가 평정점수와 같은 연속변수일 때에도 사용할 수 있는 신뢰도 추정공식이다. 또한 K-R 21은 모든 문항의 난이도가 같다는 가정, 즉 모든 문항의 p(정답률)가 같다는 가정에 기초하고 있다. 만약 이 가정이 맞지 않을 경우, 혹은 크게 이탈할 경우 K-R 21은 신뢰도를 약간 낮게 추정할 가능성이 있다. 이런 위험이 있음에도 불구하고 K-R 21은 각 문항의 p(정답률)와 q(오답률)를 계산하지 않고 전체 검사점수의 평균과 표준편차만 알고서 추정할 수 있다는 장점 때문에 많이 이용된다.

위의 공식들은 모두 문항난이도가 거의 비슷하고 그 범위가 .3~.7 정도, 즉 아주 어려운 문항이나 아주 쉬운 문항이 별로 없을 때 적절하다. 만약 그렇지 않을 때는 신뢰도를 과소추정할 위험이 있다. 반대로 검사가 속도를 지나치게 강조하는 경우, 즉 많은 학생이 시간이 모자라 손대어 보지 못한 문항이 많은 경우에는 문항내적 합치도를 과대추정할 위험이 있다. 그러므로 피험자의 약 90~95%가 검사를 다 손대어 보았을 경우에 사용하는 것이 바람직할 것이다.

4.2.5 Cronbach의 α계수

신뢰도의 추정을 상관계수의 방법에 의존한다는 것은 곧 두 번의 검사나, 두 개의 검사, 혹은 반으로 나누는 절차 속에서 어차피 오차의 원천을 더 많이 끌어들일 가능성이 있다. 그래서 한 개의 검사를 한 집단에서 실시하고 거기에서 오차변량을 제외한 진점수변량을 추정해 보려는 노력이 시도되기 시작했다. 신뢰도가 회귀계수에 기초를 둔 상관계수에서 출발하고 있는 반면, 이같은 조류는 Fisher가 개발한 분산분석에 기초를 두고 개발되었다. 이 아이디어의 가장 기초가 되는 것은 한 검사 속의 문항들 사이의 신뢰도계수는 '급내 상관계수(intraclass coefficient of correlation)'로 나타낼 수 있으며, 그것은 '문항 간의 평균공변량/문항 간 변량'의 비로 나타내려는 개념이다.

Cronbach는 이분문항(dichotomous items)뿐만 아니라 논문형문항과 같이 한 개의 문항이 여러 단계의 점수로 채점되는 경우에도 사용할 수 있게 그 제약에서 일반화할 수 있는 일반화계수(generalizability-coefficient)로서 α계수를 제안하고 있으며, 흔히는 '급내상관(intraclass correlation)'이라고도 한다. 이것은 검사의 신뢰도계수의 기초인 상관계수가 갖는 단점 및 Hoyt가 제안한 분산분석의 한계를 극복하고 모든 제약으로부터 해방시키는 방법으로 제안된 가장 측정학적인 결함이 적은 방법이다. 공식은 다음과 같다.

$$a_k = \frac{n}{n-1}\left[1 - \frac{\sum S_i^{\ 2}}{S_x^{\ 2}}\right]$$

$S_i^{\ 2}$: 각 단일문항의 변량

$S_x^{\ 2}$: 전체 검사점수의 변량

n: 문항의 수

만약 문항을 0과 1, 즉 '틀렸다', '맞았다'는 두 가지 방법만으로 점수화한 경우에는 αk는 K-R 20 공식과 같다. 왜냐하면 문항이 이분문항일 때(이항분포일 때) 문항점수의 변량(Si2)은 pq가 되기 때문이다.

이러한 신뢰도에 영향을 주는 다양한 요인들이 있다.

첫째, 검사받는 사람들의 특성을 들 수 있다.

검사란 개인차를 측정하는 것이므로, 검사가 재고자 하는 특성에 개인차가 없다면 신뢰로운 검사라고 보기 힘들게 된다. 이때 개인의 차를 평균편차로 나타낼 수 있는데, 평균편차가 너무 크다면 측정자체가 부정확하다 할 수 있는 반면에, 적당한 크기의 평균편차는 보다 신뢰로운 검사를 가져오게 한다. 측정의 표준오차 공식 (20)을 생각하면, 이것이 확실해지는데, 평균편차가 적으면 측정의 표준오차도 적어진다. 측정하고자 하는 특성의 변산은 신뢰도에 영향을 주기 때문에 검사 대상이 모집단에 따라 신뢰도의 정도가 달라질 수 있다. 따라서, 그 집단의 동질성의 정도, 피험자들의 동기 수준 등은 중요한 요인이 된다.

둘째, 검사의 특성이다. 신뢰도를 추정하는 내적 일관도 공식은 문항 간의 상관과 문항의 수가 신뢰도에 영향을 미침을 나타낸다. 따라서 문항 간의 상관을 높이고 문항의 수를 늘린다면 보다 높은 신뢰도를 얻을 수 있음을 의미한다. 문항의 상관을 높이기 위해서는 문항의 내용에 그만큼 닮아야 하며, 각 문항의 특성들이 비슷하게 하는 일 등을 들 수 있다. Spearman-Brown공식을 이용하면, 검사의 길이를 늘임으로 신뢰도에 영향을 미치는 정도를 알 수 있다.

셋째, 신뢰도 추정에 사용하는 방법에 따라 영향을 받을 수 있다. 검사-재검사, 동형검사, 반분신뢰도 및 내적 일관도방법 등은 진점수와 오차점수에 대한 각기 다른 정의를 가진다. 예를 들어, 측정되는 특성의 시간 간의 차이는 검사-재검사 신뢰도에서는 오차로 구분된다. 하지만 반분검사에서는 측정되는 특성의 일시적인 안정성은 전혀 관계가 없는 개념이 된다. 일반적으로 내적 일관도는 검사-재검사 신뢰도보다 높을 것으로 예상되곤 하는데, 이는 내적 일관도에서 기대하는 오차보다는 검사-재검사 신뢰도에서의 오차가 클 것이라고 예상되기 때문이다. 하지만 만약 검사 대상들이 처음 검사에 그들이 답한 그대로 두 번째 검사를 치렀다면, 검사-재검사의 신뢰도는 내적 일관도가 0이라 해도 오차가 전혀 없는 신뢰도를 가질 수도 있다. 결론적으로 어떤 신뢰도를 쓸 것인가는 그 검사의 결과를 어떻게 쓸 것인가에 달려있다고 할 수 있다.

넷째, 시험 운영에 관련된 요인들이 있다. 그 검사를 실시할 때에 그 실시운영을 잘 통제함으로써 신뢰도가 예상보다 낮아지는 것을 예비할 수 있다. 예를 들면, 시험도중에 피험자들이 근처의 피험자들의 답안을 옮긴다든지 하면, 임의적 오차가 늘어나기 때문에, 신뢰도는 낮아지게 된다. 그리고 모든 피험자가 동일하게 주어진 시간 동안에 문제를 풀게 한다면, 다른 시간을 사용함으로써 일어나는 임의 오차를 다소 얼마간 줄일 수 있을 것이다.

4.3 객관도 및 실용도

4.3.1. 객관도

객관도란 평가과정과 결과에 평가자의 개인적인 주관, 취향, 편견, 선입견, 특이성 등이 작용되지 않는 정도를 의미한다. 즉, 평정 또는 채점 과정에 평가자의 주관이 개입될 여지가 배제되어 어떤 평가자가 평가해도 동일한 평가 등급 또는 점수가 나올 수 있는 정도가 객관도이다. 타당도와 신뢰도가 측정도구의 문제라면 객관도는 평정자 또는 채점자의 문제라고 할 수 있다. 즉, 객관도는 평가에서 평정자 또는 채점자의 주관을 얼마나 배제하였느냐의 문제이다. 객관도란 측정의 결과에 대해 여러 검사자 혹은 채점자가 어느 정도로 일치된 평가를 하느냐의 정도라고 말할 수 있다. 여러 채점자가 자기의 편견, 의견, 감정을 완전히 제거하면 거기에 남는 것은 객관성뿐이다. 그러나 객관성이란 정도의 문제이며, 완전히 객관적이거나 주관적인 검사나 측정도구는 거의 없다고 해도 무방하다.

신뢰도가 '측정도구의 변덕'에 의해 결정되는 것이라면, 객관도는 '채점자의 변덕'에 의하여 결정되는 신뢰도라 하겠다. 그래서 흔히 객관도를 '검사자의 신뢰도(tester's reliability)'라고도 한다.

객관도는 다음 몇 가지 측면이 고려되어야 한다.

- 도구의 객관화
- 평가자의 소양
- 기준의 구체화
- 다인수 평가

• 오류의 제거
- 집중경향의 오류: 결과가 중간 부분에 지나치게 모이는 오류
- 표준의 오류: 평가자(채점자, 측정가)가 표준을 어디에 두느냐에 따라 생기는 오류
- 인상의 오류: 피험자의 인상 때문에 평가(측정)특성이 잘못 평가되는 오류
- 근접의 오류: 시·공간적으로 가깝게 평가하는 특성이 잘못 평가되는 오류
- 논리의 오류: 논리적으로 모순된 판단을 하는 오류

객관도는 다음 두 가지 경우로 구분된다. 하나는 어떤 한 채점자가 다른 채점자와 유사하게 평가하였느냐에 초점을 두는 것이다. 또 하나는 한 채점자가 많은 평가대상에 대하여 계속적으로 일관성 있게 평가하였느냐에 관한 것이다. 전자를 채점자 간 신뢰도라 하며, 후자를 채점자 내 신뢰도라고 한다. 채점자 내 신뢰도와 채점자 간 신뢰도는 서로 동떨어진 별개의 것이 아니며, 채점자 내 신뢰도인 채점자 개인의 일관성이 전제될 때 채점자 간 신뢰도가 높아진다. 만약 채점자 내 신뢰도가 낮다면 채점자 자신의 채점 기준이 들쑥날쑥하다는 것을 의미하므로 채점자 간 신뢰도를 구하는 것은 실질적 의미가 없게 된다. 그러므로 채점자 내 신뢰도가 채점자 간 신뢰도의 기본전제라고 할 수 있다.

Bailey(1994)에 의하면 객관도란 조사나 연구가 인종, 피부색, 신념, 직업, 민족, 종교, 도덕적 선호성이나 정치적 성향과 무관하게 독립적 결론에 도달하는 것이다. 만약 어떤 조사나 연구가 객관적이라면 연구자가 갖는 주관적인 요인이나 개인적 욕구와는 상관없이 독립적 결론에 도달할 수 있어야 하는 것이다. 조사나 연구는 실시되는 과정에서 수많은 요인들에 의해서 왜곡될 수 있기 때문에 객관도를 확보하는 것이 쉽지는 않다.

결과적으로 객관도란 채점자 간의 평정의 유사성을 나타내는 채점자 간 신뢰도와 동일한 의미를 가지고 있다고 볼 수 있다. 채점자 간 신뢰도를 추정하는 방법은 점수가 연속변수인지 비연속변수인지에 따라 구분된다. 연속변수일 경우는 상관, 일반화가능도를 적용하고, 비연속변수일 경우는 일치도와 kappa를 사용한다.

4.3.2 실용도

실시절차와 채점방법이 간편하고 결과의 해석과 활용이 용이하며 되도록 비용, 시간, 인력을 적게 들이고서도 실시할 수 있는 평가방법 및 도구의 정도를 실용도라고 한다. 신뢰도, 타당도, 객관도는 아주 높지만 많은 시간과 노력이 투입되거나, 경비의 부담이 크고 채점이 너무 복잡하게 되면 평가도구는 실용성을 잃게 되는 것이다.

검사의 실용도는 대상자가 다수일 때 문제가 될 수 있다. 만약 소수일 경우에는 검사의 실시와 채점 그리고 그 결과의 적용이 제한적이기 때문에 실용성이 큰 문제가 되지 않을 것이다. 그러나 검사 대상이 다수일 경우에는 검사도구의 제작에서 실시, 채점, 해석에 의 용이성이 반드시 확보되어야 하는 것이다.

검사도구가 실용성을 갖기 위해서는 먼저 검사의 실시가 용이해야 한다. 지시사항이 간단하고 명백하며, 하위검사의 수가 적어 검사를 실시하는 데 용이해야 하는 것이다. 검사실시에 필요한 시간은 타당하고 신뢰로운 결과를 얻는 데 필요한 만큼의 시간만 할당될 수 있도록 해야 한다. 일반적으로 검사시간이 짧을수록 실용도가 높다고 할 수 있다. 검사의 실용성은 채점이 용이할수록 높게 된다. 채점을 위해서 최소량의 시간, 기능, 비용을 요하는 검사가 되어야 하는 것이다. 결과의 해석과 활용의 용이성은 검사 실용도의 또 하나의 요건이다. 검사결과의 활용성이 높은 검사를 최우선적으로 선택하는 것이 바람직하다. 또한 여러 가지 검사가 동일한 효과를 나타낼 때 비용이 적은 검사가 실용적인 검사라는 것은 자명하다.

이러한 조건을 갖춘 검사를 일반적으로 표준화 검사라고 한다. 표준화에는 검사도구 제작, 검사도구의 실시, 채점, 해석이 모두 관여되기 때문에 실용성이 보장된다고 할 수 있다.

표준화 검사는 임의로 만든 검사와는 달리, 누가 사용하더라도 검사의 실시, 채점 및 결과의 해석이 동일하도록 절차와 방법을 일정하게 만들어 놓은 검사를 말한다. 즉, 절차, 도구, 채점방법이 일정하여 언제 어디서든 동일하게 실시할 수 있는 검사로서, 절차, 도구, 채점방법 등이 표준화되어있다. 표준화 검사란 표준화된 절차를 통해서 행동을 표집하고, 그것을 기초로 해서 두 사람 이상의 행동을 비교하는 체계적 절차이다.

표준화 검사에서 가장 중요한 것은 절차이다. 표준화된 절차는 검사 제작 시 전문가에 의한 엄밀한 실험 절차를 뜻한다. 좀 더 구체적으로 말하자면, 표준화 검사는 동일한 지시문에 의하여 제한된 시간 내에 실시되고, 동일한 표준에 따라 채점, 해석이 이루어진다. 이러한 측면에서 표준화 검사는 주관식의 문항보다는 객관식의 문항으로 제작되는 것이 일반적이다.

표준화 검사가 갖추어야 할 조건은 규준을 가지고 있어야 한다는 것이다. 한 개인의 성취도나 특성이 비교하려는 집단에서 어떤 위치에 속하는가를 알기 위해서는 검사 규준이 필요하기 때문이다. 즉, 표준화검사는 규준이라는 준거에 비추어 검사 점수를 해석하거나 비교한다.

이러한 조건을 충족한 검사도구는 많은 수의 대상자를 정해진 시간 내에 검사를 실시할 수 있으며, 일정한 기준에 따라 채점이 가능하며, 그 결과를 해석하는 데 있어 일관성을 가질 수 있기 때문에 실용적인 검사도구가 되는 것이다. 또한 이러한 검사는 실시에서 채점 해석에 이르기까지 검사의 규준이 정해져 있기 때문에, 이러한 규준을 숙지할 수 있는 사람이면 누구든지 실시할 수 있어 반드시 전문가를 통해야 하는 제한점이 없는 실용성도 가지고 있다. 또한 표준화검사는 신뢰도와 타당도 객관도가 검증된 도구이므로 그 적용과 일반화에 있어서도 폭넓게 적용할 수 있다. 그러나 비표준화된 검사도구는 실용도가 낮다고 할 수는 없다. 실시절차와 채점방법이 간편하고 결과의 해석과 활용이 용이하면 비표준화 검사라 할지라도 실용도가 높은 검사도구라 할 수 있는 것이다. 다만 실용성을 갖춘 양호한 검사도구가 되기 위해서는 이러한 표준화 조건을 갖추는 것이 바람직한 것이다.

제6장

자료분석

필요한 자료를 수집한 후에는 연구문제를 규명할 수 있도록 수집한 자료를 체계적으로 정리하고 분석해야 한다. 설문지법, 관찰법, 면접법 등 다양한 연구 방법을 통하여 수집된 자료들은 그 원자료 형태만 가지고서 어떤 의미 있는 사실을 발견하거나 연구 문제를 해결할 수 있는 직접적인 정보를 얻기가 힘들다. 따라서 연구자는 수집된 자료의 성격 및 척도의 특성을 정확히 파악하고 연구 문제 규명에 적합하도록 체계적으로 정리하고 분석을 행한다. 이에 본장에서는 양적 및 질적 자료 분석에 대해 알아보고자 한다. 양적 분석에서는 측정의 개념, 척도의 유형 및 특징을 살펴보고, 수집한 자료를 쉽고 편리하게 기술하려는 기술통계(descriptive statistics)와 수집한 자료를 활용하여 그 자료가 추출된 모집단의 특성을 추리, 일반화하려는 추리통계(inferential statistics)를 알아보고, 이와는 다른 특징과 절차를 갖는 질적 분석에 대해 개괄적으로 설명할 것이다.

1. 양적 자료 분석

1.1 측정과 척도

객관적이고 실증적인 자료 분석을 중시하는 경험사회과학에서 측정은 필수불가결한 요소이다. 측정(measurement)이란 사물(objects)이나 사상(events)을 구분하기 위하여 이름을 부여하거나 사물이나 사상의 속성을 구체화하기 위하여 특정한 규칙에 따라 수나 이름을 부여하는 절차를 말하며, 척도(scale)란 사물이나 사상의 속성을 구체화하기 위한 측정의 단위를 의미한다. 본질적으로 측정척도(measurement scale)는 점수 안에 내재된 정보의 양에 근거하여 명명척도, 서열척도, 동간척도, 비율척도라는 일반적인 범주로 구분된다.

1.1.1 명명척도

명명척도(nominal scale)란 순서에 상관없이 사물이나 사상을 구분하기 위하여 이름을 붙이는 유목화 척도로서, 하나의 사물 혹은 사상은 하나의 이름을 부여받게 된다. 예를 들어 개개인의 성, 인종, 색깔, 주민등록번호 등이 이에 해당한다. 명명척도로 측정된 변인은 어떤 수량적인 의미나 서열성을 가지고 있지 못하기 때문에 그 수치나 고유명칭으로 가감승제와 같은 수리적 분석을 한다는 것은 무의미하다.

1.1.2 서열척도

서열척도(ordinal scale)란 사물이나 사상의 속성을 높고 낮음, 길고 짧음, 크고 작음, 많고 적음 등의 기준에 따라 그 정도의 순으로 서열을 부여하는 척도를 말한다. 예를 들어 학생들의 성적에 따라 가장 높은 점수를 받은 학생부터 낮은 점수를 받은 학생의 순으로 1등, 2등, 3등, …… 식으로 숫자를 부여하는 경우 그 등위가 이에 해당한다. 또한 학생들의 키나 몸무게순으로 1, 2, 3 등의 숫자를 부여할 때 그것 또한 서열척도가 된다. 그러나 서열척도는 척도 단위 간에 동간성이 존재하지 않기 때문에 단지 정도의 차이가 있음을 알 뿐 어느 정도 차이가 있는지를 밝힐 수 없다. 예를 들어 1등과 2등의 점수차이가 2등과 3등의 점수차이와 같다고 말할 수는 없다. 따라서 서열척도에 의한 측정치로 가감승제와 같은 수리적 계산을 한다는 것은 무의미하다.

1.1.3 동간척도

동간척도(interval scale)란 서열척도가 가지고 있는 수의 순서성 외에도 측정단위 간의 동간성을 지니고 있는 척도를 의미한다. 즉 똑같은 간격에 똑같은 단위를 부여하므로 동간성을 지니고 있다. 동간척도의 대표적인 예로는 온도, IQ, 학업성취점수 등을 들 수 있다. 그러나 동간척도는 질이나 양의 측면에서 아무것도 없음(nothing)을 의미하는 절대영점이 없기 때문에 측정치들 사이에 비율은 일정하지 않으며, 따라서 원칙적으로 덧셈과 뺄셈의 가감의 수리적 계산은 의미가 있으나 곱셈과 나눗셈의 승제의 수리적 계산은 의미가 없다. 예를 들어 온도 10℃에 10℃를 더하면 20℃가 된다는 사실은 성립되나, 20℃가 10℃보다 2배 더 덥다는 것을 의미하지는 않는다.

IQ나 학업성취도와 같은 변인을 측정한다고 가정해 보자. 만약 세 사람이 각기 105, 110, 115의 점수를 보인다면, 앞의 두 사람 사이의 5점 차이는 뒤의 두 사람 사이의 5점 차이와 동일한 것으로 간주된다. 따라서 이것은 차이와 순서뿐 아니라 척도상에 설정된 동일한 간격의 단위를 나타낼 수 있다. 그러나 어떤 사람의 IQ나 학업성취도가 '0'이라 했을 때 그의 지적 능력이나 학업능력이 전혀 없다는 것을 의미하지 않음에 유의해야 한다. 온도가 0℃라 하는 것은 온도가 전혀 없는 상태를 의미하는 것이 아니라 물이 어는 시점의 기온수준을 임의적으로 '0'이라 협약한 것이다. 따라서 온도, IQ, 학업성취도 등의 수치에서 '0'은 절대영점이 아니라 무언가(something)가 있는 임의영점을 의미한다.

교육이나 심리학분야에서 많이 쓰이는 각종 심리검사의 점수는 대개 서열척도와 동간척도의 중간에 걸쳐 있다고 볼 수 있는데, 측정단위의 동간성과 영점기준을 약속에 의해서 정하고 평균, 표준편차, 상관계수 등 통계적 분석을 하고 있다(이종승, 1984).

1.1.4 비율척도

비율척도(ratio scale)란 명명척도, 서열척도, 동간척도가 가지고 있는 수의 속성 이외에 아무것도 없는 상태(nothing)를 의미하는 절대영점을 가지고 있는 것으로서, 측정치 사이에 비율성이 있는 척도를 의미한다. 따라서 비율척도에 의한 측정치는 가감승제의 수리적 계산을 의미 있게 할 수 있다. 비율척도의 대표적인 예로 길이, 무게 등을 들 수 있다.

사과의 무게와 같은 변인은 네 번째 측정치 수준의 한 예이다. 만약 각각 25kg과 50kg이 되는 사과자루 두 개가 있으면, 우리는 50kg짜리 자루의 무게가 25kg짜리 사과자루 무게의 두 배라고 말할 수 있다. 사과가 없는 경우에는 양이 0이기 때문에 우리는 '두 배'라고 말할 수 있는 것이다. 그래서 우리는 차이(difference), 순서

(order), 간격(interval)을 알 수 있을 뿐만 아니라 또한 관찰치의 비율로써 비교를 할 수도 있다. 이처럼 50kg짜리 사과 자루가 25kg짜리 자루보다 두 배의 무게를 지닌다고 말할 수는 있으나, IQ가 140인 사람이 IQ가 70인 사람보다 지능이 두 배가 더 높다고 말할 수는 없다. 만약 어떤 사람이 IQ 검사에서 0점을 받았다고 가정할 때, 그 사람이 완전히 지능이 없다고 말할 수는 없다. 비율을 설정하기 위해서 척도에는 반드시 절대영점(a true zero point)이 있어야 한다.

물리적 측정치를 제외한 비율척도 변인은 좀처럼 교육연구에서 취급되지 않는다. 그러나 대부분 실제적인 목적을 위해서, 비율측정치는 통계적 절차와 관련하여 동간척도와 동등하게 취급된다. 그러므로 측정치가 동간척도인지 아니면 비율척도인지를 구별하는 문제는 교육연구에서 그리 중요하지 않다.

〈표 6.1〉 측정척도와 조건

척 도	조 건	예
명명척도	서열 없이 측정한다. 단순히 서로 다른 두 개 이상의 분류를 알려 준다.	성별, 색깔, 인종, 등번호
서열척도	서열 있게 측정한다. 측정치의 분류는 서로 다르고 서열화될 수 있음을 나타낸다.	석차
동간척도	서열 있게 측정하고, 척도상에 수로 동간격을 설정한다.	IQ 점수, 온도, 달력 날짜
비율척도	동간 외에도 절대영점을 지닌다.	높이, 길이, 무게

점수에 포함된 정보의 양과 관련하여 볼 때 측정치의 네 개의 수준은 위계적이며, 또한 척도를 얻기 위해 필요한 조건의 수로 간주된다. 비율척도는 위계상 가장 높은 수준에 있다. 측정척도는 〈표 6.1〉에 요약되어 있다. 서열척도 또는 그보다 높은 수준의 측정척도를 갖는 변인들은 수로 척도화되는 변인들과 그렇지 않은 변인들로 나누어질 수 있다. 예를 들어 kg 따위의 단위를 갖는 변인들에 대한 측정치는 수척도(numerical scales)상에 놓일 수 있다. 그러나 가벼운 무게, 중간 무게, 무거운 무게와 같이 보다 일반적인 유목이 사용된다면, 그 변인은 서열화되기는 하지만 더 이상 수로 척도화되지는 않는다.

변인들의 측정은 대부분의 조사연구에서 중요한 관심사이나 측정에 요구되는 노력의 양은 연구의 구체적인 변인들에 의존한다. 여기서 척도들은 연구문제를 규정하기 위해 필요한 변인들의 개념을 보다 확장하기 위해 소개되었다.

1.2 기술통계

기술통계(descriptive statistics)는 연구대상의 특성을 파악하기 쉽도록 수집한 자료를 간단하고 편리하게 요약 기술해 주는 통계를 의미하며, 그 기술통계치로는 표본으로부터 얻어진 자료들의 집중경향을 나타내는 집중경향값, 자료의 흩어진 정도를 나타내는 분산도, 변인 간의 관계 정도를 나타내는 상관 등이 있다.

1.2.1 집중경향값

전집 혹은 표본으로부터 얻어진 자료를 그래프의 형태로 나타내면 자료들은 어떤 특정한 값을 중심으로 해 모이는 경향을 보인다. 이를 집중경향(central tendency)이라 하고, 그 집중경향을 나타내는 특정한 수치(값)를 집중경향값(measure of central tendency)라 한다. 자료의 집중경향을 나타내는 수치로는 평균, 중앙값, 최빈값이 있다.

① 평균

평균(mean)이란 모든 측정치들을 합한 다음 그 합계를 사례수로 나눈 값을 말하며, 가장 널리 쓰이는 집중경향치이다. 이는 산출평균이라고도 하며, M, $\overline{X}$로 표기된다. 사례수가 n이고 각 사례의 점수를 X_i라 할 때 평균을 구하는 공식은 다음과 같다.

$$X = \frac{\sum X_i}{n}$$

② 중앙값

중앙값(median)이란 가장 작은 측정치로부터 가장 큰 측정치까지 순서대로 배열했을 때 그 중앙에 위치하는 사례의 점수 혹은 값을 말한다. 따라서 전체 사례수의 50%가 중앙값보다 낮은 측정치를 갖게 되고, 나머지 50%가 중앙값보다 높은 측정치를 갖게 된다. 즉, 점수의 크기에 따라 사례수를 반반으로 나누는 값이라고 할 수 있다. 중앙값은 Md로 주로 표기하며, 백분위점수 50 혹은 50퍼센타일(percentile)을 의미한다. 예를 들어 중학생 7명의 수학성적이 각각 64, 76, 77, 80, 85, 88, 93이라고 할 때, 그 중앙값은 80이 된다. 예의 경우와 같이 사례수(n)가 홀수인 경우에 중앙값은 (n+1)/2번째의 점수이다. 7명인 경우 (7+1)/2, 즉 4번째 위치에 해당하는 점수, 80이 그 중앙값이 된다. 그러나 사례수가 짝수인 경우에는 가운데 위치하는 값이 두 개가 나오는데, 이 때 중앙값은 그 두 개의 점수를 합하여 2로 나눈 값이 된다. 위 예에서 77점을 받은 사례를 제거했을 때(64, 76, 80, 85, 88, 93), (80+85)/2, 즉 82.5점이 그 중앙값이 된다.

③ 최빈값

최빈값(mode)이란 어떤 점수 분포에서 사례수가 가장 많은 점수, 즉 분포상에서 가장 많은 도수를 갖는 점수를 말하며, Mo로 표기한다. 예컨대 중학생 A반 10명의 수학성적이 64, 74, 76, 76, 80, 80, 80, 86, 90, 90이라 할 때 전체 사례 중 3명이 해당되는 80점이 최빈치가 된다. 그런데 최빈값은 여러 개 존재할 수도 있고 혹은 하나도 존재하지 않을 수도 있다. A반 10명의 수학성적이 64, 64, 74, 76, 76, 80, 80, 86, 90, 90이라고 할 때 사례수가 각각 2명씩 해당하는 64점, 76점, 80점, 90점 모두가 최빈값이 된다. 반면 수학성적이 64, 67, 74, 75, 76, 78, 80, 84, 86, 90일 때 각 점수에 해당하는 도수(사례수)는 각각 1이기 때문에, 최빈값은 존재하지 않는다.

일반적으로 가장 안정성 있는 대표값은 평균이며, 표집에 따른 변화가 큰 최빈값이나 중앙값은 대표값으로 그렇게 많이 쓰이지 않는다. 최빈값이나 중앙값은 하나의 대표값으로 그 기능이 끝나지만, 평균은 대표값으로서의 기능 외에도 후속되는 여러 가지 수리적 계산에 많이 이용된다. 그러나 대표값을 즉각적으로 쉽게 추측하고자 할 때는 모든 점수를 합하여 그 값을 전체사례수로 나누어야 하는 평균보다는 간편하게 구할 수 있는 최빈값이 더 좋다. 그리고 측정치 혹은 점수의 분포가 심하게 편포되었거나 극단적인 사례가 있는 경우에도 평균보다 중앙값이 오히려 적절한 대표값이 될 수 있다(이종승, 1984).

1.2.2 분산도

자료가 어떤 특정값으로 집중하는 경향을 나타내는 집중경향값, 즉 평균, 중앙값, 최빈값만으로는 분포의 흩어지고 집중된 정도를 알기가 어렵다. 예컨대 30, 32, 34, 35, 38, 50, 51, 55, 80, 80, 95라는 점수분포가 있다고 가정하자. 이 경우에 평균은 52.7이고, 중앙값은 50이며, 최빈값은 80이다. 이 점수분포는 30과 40 사이에 집중적으로 분포되면서도 80, 95라는 극단적인 점수를 보인다. 그러나 평균(52.7), 중앙값(50), 최빈값(80)만으로는 이러한 점수들의 흩어진 정도를 밝힐 수 없다. 따라서 자료의 특성을 좀 더 자세히 파악하기 위하여 분포의 분산도를 알 필요가 있다. 분산도(variation)란 점수들이 어떤 대표값을 중심으로 흩어져 있는 정도를 나타내는 값을 말하며, 변산도라 부르기도 한다. 분산도를 나타내는 통계치로는 범위, 사분위편차, 표준편차가 있다.

① 범위

범위(range)란 점수분포에서 가장 높은 값(최고값)과 가장 낮은 값(최저값)의 간격을 말하며, 일반적으로 분포의 흩어진 정도를 가장 간략히 알아볼 수 있는 방법이기도 하다. 수학성적 분포에서 최고점이 95점, 최저점이 30점일 때 그 범위는 65점이다. 범위가 클수록 점수분포는 넓게 흩어져 있음을 알 수 있다. 그러나 범위는 최고값과 최저값 사이의 거리만을 알려 줄 뿐, 다른 점수들이 어떻게 흩어져 있는가에 대해서는 별다른 정보를 주지 못한다.

② 사분위편차

사분위편차(quartile deviation)란 점수분포에서 중앙값(Md)을 기준으로 하여 좌우로 동일한 백분율(25%)에 해당하는 점수들(전체사례에서 25%, 75%에 해당하는 두 점수) 간의 간격을 말하며, Q로 표기한다. 백분위점수 25에 해당하는 점수를 Q_1, 75에 해당하는 점수를 Q_3라 할 때 사분위편차는 다음과 같이 계산한다.

$$Q = \frac{Q_3 - Q_1}{2}$$

한편 백분위점수 50에 해당하는 점수인 중앙값을 Q_2라 할 때, Q_2와 Q_1, Q_3의 간격을 비교함으로써 점수분포의 형태를 파악할 수 있다. 즉, 점수분포가 좌우대칭을 이루는 정규분포인 경우에는 $|Q_2 - Q_1| = |Q_3 - Q_2|$가 성립하고, 부적편포인 경우에는 $|Q_2 - Q_1| > |Q_3 - Q_2|$가 성립하며, 정적편포인 경우에는 $|Q - Q_1| < |Q_3 - Q_2|$가 성립한다.

③ 표준편차

표준편차(standard deviation)는 개념적으로 '편차의 평균'이라 정의할 수 있다. 여기서 편차(deviation)란 각 점수가 평균으로부터 떨어진 정도($d = X_i - \overline{X}$)를 말하며, 모수치로는 σ, 통계치로는 s로 표기한다. 표준편차의 개념적 정의를 수식으로 나타내면 다음과 같다.

$$s = \frac{\sum(X_i - \overline{X})}{n}$$

그런데 위 공식의 분자에 해당하는 '모든 편차의 합', 즉 $\Sigma(X_{i-}\overline{X})$는 항상 0이 된다. 평균은 모든 점수를 대표하는 무게중심의 값이기 때문에, 각 점수에서 평균을 뺀 각각의 편차들을 더한 값은 양수값의 편차와 음수값의 편차가 서로 상쇄되어 '0'이 될 수밖에 없다. 표준편차가 '0'이 된다는 것은 모든 점수들이 동일하여 전혀 흩어져 있지 않음을 뜻하는데, 위 공식을 적용하면 실제 점수들이 서로 흩어져 있음에도 불구하고 표준편차는 '0'이 되어 논리적 모순이 생긴다.

따라서 흩어진 정도를 나타낼 수 있는 표준편차를 구하기 위하여, 각 편차를 제곱하여 합한 값을 총사례수로 나눈 값, 즉 분산(변량, variance ; σ^2, s^2)을 먼저 산출하고, 계산된 분산에 제곱근을 취하여 표준편차를 구한다. 분산과 표준편차를 계산하는 공식은 다음과 같다.

$$s^2 = \frac{\sum(X_i - \overline{X})^2}{n}$$

$$s = \sqrt{s^2} = \sqrt{\frac{\sum(X_i - \overline{X})^2}{n}}$$

분산과 표준편차는 그 값이 클수록 점수들의 분포가 넓게 퍼져 있고 분포의 봉이 낮으며, 구성요소들이 이질적(heterogeneous)이라 할 수 있다. 반면 값이 작을수록 점수들의 분포가 좁은 지역에 흩어져 있고 그 봉이 높으며, 구성요소들이 동질적(homogeneous)이라 할 수 있다. 평균, 중앙값, 최빈값이 같으면서 분산(표준편차)이 다른 두 정규분포를 그림으로 나타내면 다음과 같다. 이처럼 표준편차와 분산은 어떤 점수분포의 변산, 즉 흩어진 정도를 나타내며, 표준점수, 상관계수, 회귀분석, 분산분석 등을 계산하는 기초적인 통계치로 활용된다.

1.2.3 상관계수

상관(correlation)이란 두 개의 변인 간의 관계를 의미한다. 예컨대 지능과 학업성취도의 관계, 학력과 수입의 관계, 사회경제적 지위와 사교육비의 관계 등을 말한다. 그리고 상관계수(coefficient of correlation)는 두 가지 변인들이 서로 관계되어 있는 정도, 즉 상관의 정도를 나타내는 지수를 말한다. 즉 하나의 변인의 값이 변해 감에 따라 다른 변인의 값이 변해 가는 정도를 나타내는 지수이다.

상관계수는 두 가지 변인들이 동시에 변하여 가는 정도와 방향에 근거해서 +1.0 ~−1.0의 범위를 갖는다. 만약 한 변인의 값이 올라갈 때 다른 변인의 값도 올라가며 그 경향이 완전히 일치하는 경우에는 상관계수가 +1.0이 되며, 한 변인의 값이 올라갈 때 다른 변인의 값이 내려가고 그 경향이 완전히 일치하는 경우에는 상관계수가 −1.0이 된다. 전자의 경우를 완전 정적 상관(perfect positive correlation)이라 하고, 후자의 경우를 완전 부적 상관(perfect negative correlation)이라 한다. 여기에서 정적(positive)이란 말은 두 변인이 변해 가는 방향이 같음을 뜻하고, 부적(negative)이란 말은 두 변인이 변해 가는 방향이 반대임을 뜻한다. 한편 두 변인들이 변해 가는 정도에 상호 아무런 관련이 없는 경우에는 상관계수가 0이 된다. 두 변인들의 값(X, Y)을 좌표축에 도시화한 산포도(scatter plot)와 관련하여 상관계수를 살펴보면 다음과 같다.

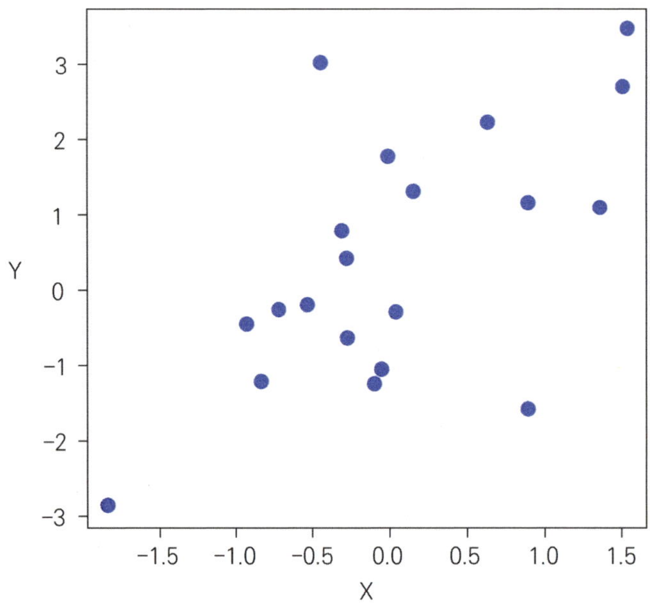

[그림 6.1] 산포도 예시

상관계수에는 Pearson의 적률상관계수, Spearman의 등위상관계수, 양류상관계수, 양분상관계수, 파이계수 등이 있다. Pearson의 적률상관계수(Pearson's simple product-moment correlation coefficient)는 우리가 보통 말하는 상관계수로서 다른 상관계수의 기본이 되는 것이다. Spearman의 등위상관계수(rank correlation coefficient)는 두 변인이 연속변인이 아닌 서열척도에 의한 변인일 때 구하는 상관계수이고, 양류상관계수(point-biserial correlation coefficient)는 한 변인이 명명척도에 의하여 두 개로 명확히 나누어지는 질적변인이고 다른 한 변인이 연속변인일 때 구하는 상관계수이며, 양분상관계수(biserial correlation coefficient)는 두 변인 모두 연속변인이나 한 변인을 연구자가 임의적으로 양분하여 질적 변인으로 변환시키고 다른 한 변인은 그대로 연속변인으로 두어 두 변인 간의 상관계수를 구하는 것이다. 그리고 파이계수(phi coefficient)는 두 변인 모두 명명척도에 의해 이분된 질적 변수일 때 산출하는 상관계수이다. 여기서는 Pearson의 적률상관계수만을 간략히 설명할 것이며, 기타 상관계수의 산출방식에 대해서는 통계학서적을 참고하기 바란다.

Karl Pearson이 유도한 상관계수 계산공식은 다음과 같다.

$$\rho_{XY} = \frac{\sigma_{XY}}{\sigma_X \sigma_Y}$$

(모수치에 의한 상관계수)

$$r_{XY} = \frac{S_{XY}}{S_X S_Y}$$

(통계치에 의한 상관계수)

모집단의 공분산과 표준편차를 알 수 있는 경우에는 ρ_{XY}를 산출할 수 있으나, 대개 표본을 사용하는 연구에서는 모수치를 알기가 어렵기 때문에 r_{XY}를 산출한다. 이 공식에서 알 수 있듯이 상관계수는 두 변인의 공분산(S_{XY})을 각 변인의 표준편차(S_X, S_Y)의 곱으로 나눈 값을 말한다. 여기서 공분산(covariance)이란 "두 변인이 동시에 변하는 정도"로서 "각 변인의 편차를 곱하여 모두 합한 값을 사례수로 나눈 값"을 말한다. 상관계수의 계산 예를 제시하면 다음과 같다.

국어(X)	수학(Y)	$(X_i - \overline{X})$	$(X_i - \overline{X})^2$	$(Y_i - \overline{Y})$	$(Y_i - \overline{Y})^2$	$(X_i - \overline{X})(Y_i - \overline{Y})$
3	2	−2	4	−2	4	4
4	3	−1	1	−1	1	1
6	5	1	1	1	1	1
4	4	−1	1	0	0	0
8	6	3	9	2	4	6
5	4	0	0	0	0	0

$$\overline{X} = 5 \quad \overline{Y} = 4 \quad \Sigma(X_i - \overline{X})^2 = 16 \quad \Sigma(Y_i - \overline{Y})^2 = 10$$

$$\Sigma(X_i - \overline{X})(Y_i - \overline{Y}) = 12$$

$$s_{XY} = \frac{\Sigma(X_i - \overline{X})(Y_i - \overline{Y})}{n} = \frac{12}{6} = 2$$

$$S_x = \sqrt{\frac{\sum(X_i - X)^2}{n}} = \sqrt{\frac{16}{6}} = \sqrt{2.67} = 1.63$$

$$S_y = \sqrt{\frac{\sum(Y_i - Y)^2}{n}} = \sqrt{\frac{10}{6}} = \sqrt{1.67} = 1.29$$

$$r_{XY} = \frac{s_{XY}}{s_X s_Y} = \frac{2}{(1.63)\times(1.29)} = .95$$

한편 상관계수는 다음 같은 공식전환을 통해 표준점수로 계산할 수도 있다.

$$r_{XY} = \frac{s_{XY}}{s_X s_Y} = \frac{1/n\Sigma(\overline{X_i} - \overline{X})(Y_i - \overline{Y})}{s_X s_Y}$$

$$= \frac{1}{n}\sum Z_X Z_Y (\because\ Z_X = \frac{(X_i - X)}{s_X},\ Z_Y = \frac{(Y_i - Y)}{s_Y})$$

즉 상관계수는 두 변인 X와 Y의 표준점수(Z)의 곱을 평균한 값이라 말할 수 있다. 그런데 표본의 사례수가 매우 클 때에는 이러한 공식에 의해서 상관계수를 계산하기가 복잡하기 때문에 다음과 같은 원점수를 이용한 간편한 계산공식을 사용한다.

$$r_{XY} = \frac{n\sum X_i Y_i - \sum X_i \sum Y_i}{\sqrt{n\sum X_i^2 - (\sum X_i)^2}\sqrt{n\sum Y_i^2 - (\sum Y_i)^2}}$$

앞에 제시한 자료를 가지고 이 계산공식에 따라 상관계수를 구하면 다음과 같다.

국어(X)	수학(Y)	X_iY_i	X_i^2	Y_i^2
3	2	6	9	4
4	3	12	16	9
6	5	30	36	25
4	4	16	16	16
8	6	48	64	36
5	4	20	25	16

$\Sigma X_i = 30$ $\Sigma Y_i = 24$ $\Sigma = 132$ $\Sigma = 166$ $\Sigma = 106$

$$r_{XY} = \frac{6(132) - (30)(24)}{\sqrt{6(166) - (30)^2}\,\sqrt{6(106) - (24)^2}}$$

$$= \frac{72}{\sqrt{96}\,\sqrt{60}} = \frac{72}{75.89} = .95$$

1.3 추리통계

추리통계(inferential statistics)는 표본에서 얻은 자료를 이용하여 모집단의 속성을 추정하는 통계를 말한다. 즉 표본에서 얻은 자료를 정리하여 표본의 특성만을 설명하는 기술통계수준에 머무르지 않고, 표본에서 얻은 통계치 혹은 추정치를 가지고 알지 못하는 모집단의 모수치를 추정하는 통계이다. 추리통계의 기본논리의 일부로서 제4장에서 표집분포와 표준오차, 그리고 중심극한정리를 간략히 다루었었다. 그러나 추리통계의 기본개념 및 논리를 충분히 이해하기 위해서는 통계학 전문서적을 참고해야 할 것이다. 이 절에서는 추리통계의 핵심인 가설검증의 주요 절차에 한정하여 각 단계별로 기본개념과 방법을 간략히 살펴볼 것이다.

1.3.1 가설설정

연구문제를 선정하고 관련문헌을 고찰한 다음에 연구자는 가설을 설정하게 된다. 모든 연구에 가설이 반드시 필요한 것은 아니다. 만약 연구가 단순히 어떤 현상을 분석하고 기술하는 것이라면 가설을 설정할 필요가 없다. 하지만 설명이나 예측을 위한 추리통계에서는 가설이 필요하며, 가설 검증절차에서 우선적으로 해야 할 작업이 통계적 가설을 설정하는 것이다.

① 판단의 오류

우리는 자연현상이나 사회현상을 보면서 판단을 하게 되는 경우가 많다. 연구자는 연구를 통하여 자신이 탐구하는 문제에 대해 판단을 하게 된다. 예컨대 연구자는 도시와 농촌의 특성에 근거하여 연구를 통해 도시지역 학생과 농촌지역 학생의 학업성취도에 차이가 있다고 판단을 하는 경우가 있을 수 있으며, 혹은 학습흥미와 인지전략에 근거한 새로운 교수방법을 고안하여 비교연구를 통해 전통적 교수방법과 차이가 있다고 판단을 하는 경우가 있을 수 있다. 그러나 이와 같은 연구자의 판단에는 두 가지 가능성이 내재되어 있다. 즉 옳은 판단을 하게 되는 경우와 그른 판단을 하게 되는 경우가 있다. 옳은 판단, 즉 정판이란 차이가 있다는 것이 진리일 때 차이가 있다고 판단하거나 혹은 차이가 없다는 것이 진리일 때 차이가 없다고 판단하는 것이다. 반면 그른 판단, 즉 오판이란 차이가 있다는 것이 진리일 때 차이가 없다고 판단하거나 혹은 차이가 없다는 것이 진리일 때 차이가 있다고 판단하는 것이다. 두 가지 교수방법 간의 차이에 대한 판단을 예로 들어 정판과 오판을 도시화하면 다음과 같다.

		진리: 차이 없음	진리: 차이 있음
판단	차이 없음	정판	오판
	차이 있음	오판	정판

어떤 판단을 내릴 때 두 가지 종류의 오판을 내릴 가능성은 항상 존재한다. 그런데 오판에는 연구대상에게 보다 심각한 오판이 있을 수 있다. 예컨대 위에서 제시한 교수방법 간의 효과 차이를 검증할 때, 새로운 교수방법과 전통적인 교수방법 간에 차이가 없는 것이 진리일 때 차이가 있다고 오판을 하는 경우와 차이가 있는

것이 진리일 때 차이가 없다고 오판을 하는 경우를 생각해 보자. 이 경우 전자의 경우가 더 심각한 오판이라고 볼 수 있다. 왜냐하면 차이가 없음에도 불구하고 차이가 있는 것처럼 판단을 하게 될 때, 학생들에게 불필요한 교수방법을 새롭게 시행하는 꼴이 되고 학생들을 혼란시키며, 많은 교육적 낭비를 초래할 수 있기 때문이다. 연구자는 연구결과에 근거하여 판단을 내릴 때, 가급적 오판을 내리지 않도록 해야 하며, 특히 연구대상자에게 심각한 판단의 오류를 극소화하도록 노력해야 한다.

② 영가설과 대립가설

영가설(null hypothesis)이란 연구자가 심각한 오판을 범할 때 검증을 받는 잠정적 진리로서 '귀무가설'이라고도 한다. 대립가설(alternative hypothesis)이란 영가설이 부정되었을 때 진리로 남는 잠정적 진술을 말하며, 연구자가 주장하고자 하는 내용이 담긴 '연구가설'이라고도 한다. 영가설은 H_O로, 대립가설은 H_A로 표기한다. 영가설이란 '연구자가 연구를 통해 부정하고자 하는 사실'이고, 대립가설이란 '연구자가 연구를 통해 주장하고자 하는 사실'이라고 인식하는 경향이 강하다. 하지만, 이보다 개념적으로 더욱 중요한 것은 오판의 심각성에 따라 영가설과 대립가설이 설정된다는 점을 유의해야 할 것이다(성태제, 1995).

앞에 제시한 교수방법의 차이 연구에서 보다 심각한 오판은 교수방법 간에 차이가 없는데도 차이가 있다고 판단하는 것이라 하였다. 이 경우 검증해야 할 잠정적 진리는 "교수방법 간에 차이가 없다"는 것으로서, 이것이 영가설(H_O)이 된다. 그리고 자연적으로 "교수방법 간에 차이가 있다"는 것이 대립가설(H_A)로 남는다. 다른 예로 약수터의 수질검사를 생각해 보자. 연구자가 내릴 수 있는 오판은 크게 두 가지이다. 하나는, 물은 식수 가능하다는 것이 진리일 때 마실 수 없다고 판단하는 경우와, 둘은, 물은 식수 불가능하다는 것이 진리일 때 마실 수 있다고 판단하는 경우이다. 이때 연구대상에게 보다 심각한 오판은 어느 것인가. 후자의 경우, 즉 "마실 수 없는 물인데 마실 수 있다"고 오판하는 것이 더 심각하다. 왜냐하면 이 경우 물을 마시고 복통을 일으키거나 혹은 사망할 수도 있기 때문이다. 따라서 영가설은 심각한 오판에서 검증을 받아야 할 잠정적 진리, 즉 "물은 식수 불가능하다"는 것이 되고, 대립가설은 자연히 남게 되는 잠정적 진리, 즉 "물은 식수 가능하다"는 것이 된다.

한편, 연구자가 검증하고자 하는 것을 언어를 통하여 진술한 가설을 서술적 가설이라 하고, 그 서술적 가설을 어떤 기호나 숫자를 사용하여 표현한 가설을 통계적 가설이라 한다. 교수방법의 예에서 영가설과 대립가설을 통계적 가설로 표현하면 다음과 같다.

$$H_O : \mu_{전} = \mu_{새}$$

$$H_A : \mu_{전} \neq \mu_{새}$$

또한 가설은 등가설과 부등가설로 분류되기도 한다. 등가설(non-directional hypothesis)이란 부등호가 없는 가설을 말하며, 양방적 검증절차를 취한다. 반면 부등가설(directional hypothesis)이란 부등호가 있는 가설을 말하며, 일방적 검증절차를 취한다. 앞서 제시한 교수방법의 차이검증은 등가설에 따른 양방적 검증으로 이루어진다. 그러나 만약 새로운 교수방법이 전통적 교수방법보다 효과가 낫다는 것을 연구자가 주장하고픈 경우, 다음과 같이 영가설과 대립가설을 세울 수 있다(등호는 항상 영가설에 붙어야 함).

$$H_O : \mu_{전} \geq \mu_{새}$$

$$H_A : \mu_{전} < \mu_{새}$$

③ 가설검증의 오류와 통계적 검증력

어떤 판단을 할 때와 마찬가지로 가설을 검증할 때 연구자는 두 가지 오류를 범할 수 있다. 의사결정의 오판 중에 보다 심각한 오판에서 검증받아야 할 진리를 영가설로 설정한다 하였는데, 이 영가설이 진리일 때 그 영가설을 기각하는 판단의 오류를 제1종 오류(type Ⅰ error)라 한다. 이것은 α로 표기되며 유의수준(significant level)이라 한다.

또한 영가설이 진리가 아닐 때(대립가설이 진리일 때) 영가설을 기각하지 않고 채택하는 판단의 오류를 제2종 오류(type Ⅱ error)라 하며, β로 표기한다. 그리고 통계적 검증력(statistical power)이란 "영가설이 진리가 아닐 때 영가설을 기각하는 확률, 즉 대립가설이 진리일 때 대립가설을 채택하는 확률"을 말하며, 1-β로 표기한다. 이를 그림으로 설명하면 다음과 같다.

판단 \ 진리	H_O	H_A
H_O	$1-\alpha$	β (2종 오류)
H_A	α (1종 오류)	$1-\beta$ (검증력)

연구자는 가급적 모든 오류를 줄이고 통계적 검증력을 높여야 하며, 특히 1종 오류를 극소화하는 연구태도를 견지해야 할 것이다. 연구자는 매우 심각한 문제일수록 판단의 신중을 기하기 위해 유의수준을 낮추며, 통계적 검증력을 높이기 위해서는 표본의 크기를 늘리는 방안을 택할 수 있을 것이다.

1.3.2 통계적 분석방법 선정

연구자는 연구목적과 연구문제에 근거해서 가설을 설정한 후, 자료의 특성을 주의 깊게 살피고 그 가설을 가장 적절히 검증할 수 있는 통계분석방법을 선정해야 한다. 즉 분석방법의 기본가정을 위배하지 않는 범위 내에서 연구자가 제기하고 있는 연구문제에 정확히 답할 수 있는 방법을 선정해야 한다. 그런데 우리의 연구 상황에서는 왠지 복잡한 고급 통계 분석 방법을 활용해야 논문의 질이 높다는 잘못된 인식이 팽배한 듯하다. 물론 연구결과에 영향을 미칠 수 있는 가외변인들을 통계적으로 처리하거나 혹은 여러 변인 간의 상관을 동시에 고려하여 순수한 변인 간의 관계성을 밝히기 위해 복잡한 분석기법을 활용할 수도 있다. 그러나 대체로 통계적 분석방법이 복잡할수록 그만큼 분석할 자료의 적합성에 많은 제한이 가해지거나 혹은 다량의 자료를 요구한다는 점에 세심한 주의를 기울여야 할 것이다.

통계적 분석방법에는 Z검증, t검증, 분산분석(ANOVA; F검증), χ^2검증, 다변량분산분석(MANOVA) 등 다양한 방법이 있다. Z검증은 모집단의 평균과 분산을 아는 경우에 한정하여 사용하며, 그때에도 분석하는 종속변인이 연속적인 양적변인이어야 하고 모집단의 정규분포 가정(normality assumption)과 비교집단 간 등분산 가정(equal variance assumption)을 충족시킬 수 있어야 한다. t검증은 모집단의 분산을 알 수 없을 때 표본평균과 표준오차를 사용하여 집단 간 비교를 하기 위하여 사용되는데, 대부분 연구는 모집단의 분산을 구할 수 없기 때문에 차이검증은 Z검증이 아닌 t검증을 통해 대부분 이루어진다. t검증을 하기 위해서는 Z검증과 마찬가지로 정규분포 가정과 등분산 가정을 충족시켜야 한다.

분산분석은 분산의 원인이 어디에 있는가를 알아보는 통계적 방법으로서, 집단 간 분산과 집단 내 분산의 비인 F통계치($F = \sigma_b / \sigma_w$)를 통하여 집단 간 차이나 처치의 효과를 검증한다. 집단 간 분산이 집단 내 분산에 비추어 상대적으로 클 때에 F값이 커지게 되며, F값이 영가설 기각의 기준이 되는 임계치(critical value)보다 크면 집단 간 차이가 통계적으로 유의하다고 결론을 내리게 된다. 분산분석은 독립변인의 수에 따라 일원분산분석, 이원분산분석, 다원분산분석 등으로 나누어진다. 일원분산분석은 독립변인이 하나라는 점에서 t검증과 동일하지만, 독립변인의 수준이 셋 이상인 경우에도 분석 가능하다는 점에서 t검증과 구별된다.

다변량분산분석은 독립변인이 여러 개의 종속변인에 미치는 영향을 분석하는 경우에 사용되는데, 종속변인 간의 공분산을 고려하여 종속변인군에 미치는 효과를 밝힌다. 분산분석은 각 종속변인별로 분산분석을 여러 차례 실시하는데, 이 경우 서로 밀접한 상관이 있는 종속변인들에 미치는 독립변인의 효과를 중복하여 산출함으로써 측정오차를 증가시키는 문제를 야기한다. 다변량분산분석은 이러한 문제점을 해결하는 통계적 분석기법이라 할 수 있다.

끝으로 χ^2검증은 위에 제시한 분석방법들과는 달리 분석할 종속변인이 양적변인이 아니라 질적변인 혹은 유목변인(categorical variable)일 때 그 빈도(frequency)에 따라 집단 간 동질성 혹은 상관성을 검증하는 통계방법이다.

지금까지 연구에서 주로 사용하는 통계적 방법에 대해 간략히 살펴보았다. 그러나 통계적 방법을 보다 정확하고 타당하게 활용하기 위해서는 설명한 내용 이상을 학습하여야 한다. 통계학 서적을 참고하여 각 통계적 방법에 깔려 있는 기본전제와 논리, 수리적 절차, 결과 해석 등을 숙지할 필요가 있으며, 이에 기반하여 연구문제를 밝힐 수 있는 적합한 통계기법을 선택할 수 있는 능력을 길러야 할 것이다.

1.3.3 유의수준 결정

유의수준(significant level)이란 영가설이 진리일 때 영가설을 기각하는 제1종 오류를 말하며, α로 표기한다. 즉 심각한 오판을 허용하는 수준을 의미한다. 유의수준을 결정하는 일은 연구자의 이론적 배경이나 경험에 근거하나 보다 근복적으로는 허용할 오판의 심각성에 의하여 결정된다고 볼 수 있다. 수질검사의 예처럼 "물은 식수 불가능하다"는 영가설을 오판에 의하여 기각하는 경우, 즉 "식수 가능하다"고 판단하는 경우, 그때의 오판은 매우 심각한 문제를 야기한다. 따라서 이러한 오판을 허용하는 수준은 거의 0에 가깝도록 매우 낮추어야 한다. 반면 교수방법의 차이 검증과 같은 경우에는 수질검사의 경우보다 오판의 심각성이 다소 낮다고 볼 수 있다. 이때는 유의수준을 다소 높게 잡을 수도 있다.

일반적으로 경험사회과학에서 유의수준은 .05 혹은 .01로 설정하고 있다. 물론 연구자가 이론적 배경이 강하면 유의수준을 낮출 수 있다. 유의수준의 결정은 연구가 시작되기 전 연구자에 의하여 결정되어야 한다. 왜냐하면 유의수준은 판단의 기준이 되기 때문이다(성태제, 1995). 특히 연구결과를 산출한 후 유의수준을 임의대로 조정하는 풍토는 반드시 지양되어야 할 것이다.

1.3.4 검증 통계값 계산

유의수준을 결정하고 나면, 선정된 통계적 분석방법에 따라서 Z값, t값, F값, χ^2값 등의 통계값을 산출해야 한다. 검증 통계값을 계산할 때는 표본이 단일표본인지 아니면 두 독립표본인지 혹은 두 종속표본인지에 따라 표준오차가 달리 산출되기 때문에, 검증통계값을 계산해 내는 절차가 서로 다르다는 점에 주의를 기울여야 한다. 다양한 상황에서의 검증 통계값 계산절차는 통계학 서적을 참고하여 숙지하기 바란다.

1.3.5 가설검증 및 결론

검증 통계값을 산출한 후에는 미리 설정한 유의수준에 입각하여 해당 분포표(Z 분포표, t분포표, F분포표, χ^2분포표)에서 자유도(df: degree of freedom)에 따라 기각값 혹은 임계치(critical value)를 찾는다. 검증 통계값이 기각값보다 큰 경우(기각 영역에 있는 경우)에는 영가설을 기각하고 대립가설을 채택하며, 기각값보다 작은 경우에는 영가설을 기각하지 못한다. 예컨대, 유의수준 .05에서 각 집단별 피험자 50명에게 처치한 교수방법이 학업성취도에 미친 효과차이를 t검증한다고 하면, 자유도는 (n1−1)+(n2−1) = (50−1)+(50−1) = 98이 되고, t분포표에서 양방적 검증 시 유의수준 .05에서의 기각값(임계치)은 ±1.98이 된다. 만약 계산된 t값이 +1.98보다 크거나 혹은 −1.98보다 작으면 '교수방법에 따라 학업성취도는 차이가 없다'는 영가설을 부정하고 '교수방법에 따라 학업성취도는 차이가 있다'는 대립가설을 채택하게 된다. 그리고 "유의수준 .05에서 교수방법에 따라 학업성취도는 차이가 있다" 혹은 "유의수준 .05에서 교수방법에 따른 학업성취도의 차이는 유의하다"라고 결론을 내린다. 반대로 t값이 −1.98~+1.98 사이에 위치하게 되면 영가설을 기각하지 못하며, "교수방법에 따른 학업성취도는 차이가 없다"고 결론을 내린다.

한편 연구자는 연구결과를 분석하고 결론을 내릴 때 통계적 유의성과 실제적 유의성을 모두 고려해 보는 자세가 필요하다. 통계적 유의성(statistical significance)이란 "결과분석에서 산출된 검증 통계값이 연구자가 설정한 유의수준에 입각하여 판단할 때 영가설을 기각할 만큼 유의한 것인가"를 말하며, 통계적 분석을 통한 가설검증을 할 때 중시되는 개념이다. 반면 실제적 유의성(practical significance)이란 "어떤 값의 차이, 효과 크기, 상관계수 등이 실제적 상황에서 차지하는 의미성"을 말한다. 예컨대, 상품판매량이 2% 증가한 경우 통계적으로 유의하지 않다 하더라도 생산의 효율성 및 기업전반의 수익률에 비추어 그 수치는 매우 유의한 것이라고 말할 수도 있다. 반면, 교수방법에 따른 점수 차이가 3점이고 그 차이가 통계적으로 유의하다 할지라도, 새로운 교수방법을 개발하는 데 투입된 노력과 경비, 그리고 향후 새로운 교수방법을 적용하는 데 해결해야 할 문제점 등을 고려해 볼 때, 3점의 차이는 실제적으로 크게 중요하지 않게 받아들여질 수도 있다.

따라서 연구자는 연구가설을 주장하기 위해 영가설의 기각 여부에만 초점을 맞출 것이 아니라, 연구결과가 실제 어떠한 의미를 갖는가 하는 실제적 유의성에도 관심을 기울여야 할 것이다.

2. 질적 자료 분석

질적 연구에서 수집된 질적 자료는 수(numbers)로 이루어진 양적 자료와는 달리 단어(words)로 이루어진 자료이며 대표적인 자료 수집 방식은 인터뷰, 관찰, 관련 문서나 시청각 자료의 수집이다. 이러한 질적 자료에 대한 분석 과정은 양적 자료 분석과는 매우 다른 특징과 절차를 가진다. 또한 내러티브 연구, 현상학, 근거이론, 사례 연구, 문화기술지 등 여러 질적 연구방법들은 자료 분석에 있어서 각각의 특징이 있지만 전체적으로 질적 연구로서 공통적인 자료 분석의 특징과 절차를 가진다. 이하에서는 질적 연구에서 공통적이라고 할 수 있는 자료 분석의 특징과 절차를 살펴본다.

2.1 질적 자료 분석의 특징

첫째, 질적 자료의 수집과 분석은 동시에 이루어진다.

질적 자료 분석의 첫 번째 특징은 자료의 수집이 시작되면서 동시에 분석도 시작된다는 것이다. 이는 양적 연구의 자료 분석과 크게 대비되는 것으로 이러한 특징은 질적 연구의 설계가 생성적(emergent)이라는 점에 기인한다고 할 것이다. 즉 연구가 진행되면서 질적 연구의 연구 문제는 점차 정련되고 자료 수집 대상이나 인터뷰 질문 등 연구의 설계도 변화하게 된다. 이러한 변화는 수집된 자료의 분석을 통해 이루어지게 되는 것이다. 이처럼 수집된 자료를 통해 분석이 이루어지고 또 이 분석을 통해 또 다른 자료가 수집된다. 이런 점에서 질적 연구에서의 자료 수집과 분석은 반복적이고 역동적인 과정이다(Merriam, 2009).

하지만 이것이 자료 수집이 끝나면 동시에 자료 분석도 끝난다는 의미는 아니다.

자료 수집이 완료된 후 더 집중적인 분석이 이루어지게 된다(Merriam, 2009). 그렇다면 언제 연구자는 자료 수집이 충분히 되었다고 결정할 수 있는가? 이에 대한 기준으로 Lincoln과 Guba(1985)는 자료 수집의 자원이 소진되었을 때, 새로운 정보를 얻기 위해 투입하는 노력에 비해 새로운 정보의 증가분이 적어 더 이상 새로운 범주가 형성되기 어려울 때, 자료를 수집하는 데 있어서 새로운 규제가 나타날 때 등을 제시하고 있다.

둘째, 질적 자료 분석은 수집된 자료를 이해하는 과정이다.

양적 연구에서의 자료 분석이 수집된 자료를 가지고 통계 기법을 통해 가설을 검증하거나 경향을 파악, 자료를 요약하는 등의 과정이라고 한다면 질적 연구에서의 자료 분석은 수집된 자료를 이해하는 과정이라고 할 수 있다(Merriam, 2009).

그렇다면 자료를 이해하기 위해 어떠한 방법을 사용하는가? Stake(1995)는 이에 대해 질적 연구는 사람들이 익숙하지 않거나 특이한 현상을 이해하는 일상적인 방법(ordinary ways)을 활용한다고 말한다. 질적 연구자는 수집된 자료를 반복적으로 읽으면서 자료를 분류하고 중요하다고 생각되는 부분을 선택하고 공통된 주제들을 찾는 과정 등을 통해 현상을 이해하고자 한다. 이는 우리가 인식하지는 않지만 매일의 일상에서 여러 현상을 이해하기 위해 행하는 과정과 유사한 것이다. 질적 연구에서의 이러한 이해 과정은 아직도 예술과 직감의 과정을 포함하게 된다(Stake, 1995).

셋째, 질적 자료 분석은 귀납적 과정과 연역적 과정을 모두 포함한다.

질적 자료 분석은 수집된 자료로부터 패턴이나 주제, 범주 등을 추출한다는 점에서 초창기에는 질적 연구의 주요 특징으로 귀납적 자료 분석이 제시되었다. 하지만 수집된 자료로부터 최종적으로 범주 등이 추출되기 위해서는 처음에 선정된 잠정적인 주제나 범주 등이 이후 수집되는 자료를 통해 검증되는 과정을 거치게 되며, 이는 연역적 과정이라는 점에서 최근에는 질적 자료 분석은 귀납적 과정과 연역적 과정을 모두 포함한다고 본다. Creswell(2009, 2014)이 그의 책 『연구 설계 - 질적, 양적, 혼합 연구 접근』 3판에서 질적 연구의 특징으로 '귀납적 자료 분석'을 제시하였지만 4판에서는 '귀납적, 연역적 자료 분석'으로 변경한 것은 이를 잘 보여준다고 할 것이다.

넷째, 질적 자료 분석은 연구자의 역량에 크게 좌우된다.

질적 연구의 도구는 연구자라고 말해지듯이 질적 자료의 분석은 연구자의 역량에 의해 크게 좌우된다. 이러한 특징은 동일한 자료로 동일한 통계 기법을 이용하여 분석을 할 경우 동일한 결과가 나오게 되는 양적 연구의 자료 분석과는 크게 대비되는 특징이다. 이는 마치 같은 재료로 음식을 만들더라도 요리사의 역량에 따라 음식의 맛과 질이 크게 차이가 나는 것에 비유할 수 있을 것이다. 이런 점에서 질적 자료의 분석을 잘 하기 위해서는 연구자의 많은 경험과 연습이 필요하다.

2.2 질적 자료 분석의 일반적 절차

질적 자료 분석은 수집된 자료를 반복적으로 읽으면서 자료를 분류하고 중요하다고 생각되는 부분을 선택하고 패턴, 주제, 범주 등을 찾음으로써 현상을 이해하는 과정이라고 하였다. 이러한 질적 자료 분석의 구체적인 방식은 다양하지만 이하에서는 Creswell(2014, 2016)과 Merriam(2009)의 견해를 중심으로 살펴본다.

2.2.1 자료 준비하기

연구자는 본격적인 자료 분석에 앞서 우선 분석할 자료를 준비하여야 한다. 인터뷰 녹음 파일은 전사하여 문서로 준비하고, 현장 노트나 관찰 일지도 문서화하여 준비한다. 이때 문서는 분석 과정에서 코드나 메모를 적을 수 있는 여백을 충분히 두는 것이 필요하다. 아울러 각 자료의 수집 일시, 장소, 대상 등 자료의 정보를 문서에 기록해 둔다. 마지막으로 전체 수집 자료의 목록표를 작성한다.

2.2.2 자료 읽기

자료 준비가 끝나면 자료를 여러 번 읽으면서 전체적인 흐름을 파악하고, 이후 코딩 작업을 위해 내용이나 시간적 흐름, 개인, 장소 등 기준을 정하여 자료를 구분한다. 또한 연구자는 자료를 읽으면서 떠오르는 생각, 코멘트, 의문 등을 메모하는 것도 필요하다.

2.2.3 코딩하기

전체적인 자료 검토가 끝나면 본격적인 자료 분석과정이라고 할 수 있는 코딩 작업에 들어간다. 질적 자료 분석에서 코딩이란 자료에서 일정 부분을 선정하여 이를 잘 표현하는 코드(code)를 부여하는 것이다. 연구자가 코딩을 시작할 때 기본적으로 고려하여야 할 것은 잠재적으로 연구 문제를 해결하는 데 도움이 될 것이라고 생각하는 가능한 모든 자료에 대해 코드를 부여한다는 점이다. 이러한 코딩은 가능한 어떤 것에도 개방적이라는 점에서 개방 코딩(opening coding)으로 불리기도 한다(Merriam, 2009; Corbin & Strauss, 2007).

코드를 부여하는 방식은 다양하다. 우선 연구 참여자가 직접 말한 단어나 관찰 과정에서 들은 단어를 활용하는 것이다. 이러한 코드를 "in vivo codes"라고 부른다. 이는 연구 참여자의 관점을 잘 드러낼 뿐 아니라 코드를 직접 만들어야 하는 연구자의 어려움을 줄여 줄 수 있고, 독창적인 코드로 독자의 흥미를 유발할 수 있다는 점에서 매우 유용한 방식이다. 또한 연구자의 개인적 경험이나 의견, 아이디어로부터 코드를 생성할 수 있으며, 사회과학 이론 등 문헌에 근거하여 코드를 만들 수도 있다. 아울러 연구자가 보고서에 인용할 수 있다고 판단되는 문장이나 단어, 문단에 대해서는 "인용"이라는 코드를 부여한다. Creswell은 in vivo codes가 참여자의 목소리를 담을 수 있기 때문에 최선의 코드로 보았으며, "인용" 코드도 꼭 필요한 것으로 언급하고 있다.

1차적으로 코딩이 끝난 후 연구자는 모든 코드의 목록을 만든 후, 목록을 검토하여 중복되거나 불필요하다고 생각되는 코드는 제거한다. Creswell(2016)은 전체 자료에 대해 약 20~30개 정도의 코드를 부여하며 모든 자료를 다 활용하지 않아도 된다고 보았다.

2.2.4 범주 생성하기

코딩이 마무리되면 연구자는 코드 목록을 살펴보면서 코드들을 그룹으로 묶고 그룹의 이름을 부여하는 과정을 진행한다. 이렇게 생성된 그룹을 범주(categories)라고 하며, 이는 주제(theme), 패턴 등으로도 불린다. 이러한 코드를 분류하는 것을 개방 코딩과 대비하여 분석적 코딩(analytical coding) 또는 축 코팅(axial coding)으로 명명하기도 한다(Merriam, 2009; Corbin & Strauss, 2007).

Merriam(2009)은 범주를 생성하는 과정을 식료품점에서 다양한 음식물을 농산품, 축산품, 수산품, 가공식품 등으로 분류하는 것에 비유하면서 이러한 범주는 연구 목적에 대한 반응성(responsiveness), 총망라성(exhaustiveness), 상호배타성(mutual exclusiveness), 자료에 대한 민감성(sensitiveness), 개념적 적절성(congruency)과 같은 기준에 부합하여야 한다고 보았다. 즉 범주는 사실상 연구 문제에 대한 답으로 연구 목적에 부합하여야 하며, 모든 관련 있는 자료를 포괄하여야 하며, 동일한 자료 단위가 서로 다른 범주에 포함되지 않아야 하며, 자료의 내용을 잘 표현하여야 하고, 설정된 범주는 개념적으로 동일한 수준이어야 한다. 예를 들어, 식료품을 농산품, 축산품, 수산품, 가공식품으로 분류할 때 채소류는 개념적으로 다른 범주와 동일한 수준이 아닌 것이다.

이렇게 생성된 범주(또는 주제, 패턴)는 질적 연구의 주요 결과물(findings)이라고 할 수 있으며, 이러한 범주는 일반적으로 연구 결과의 소제목으로 활용되고 다양한 인용과 증거들로 지지되어야 한다(Creswell, 2014).

2.2.5 범주 연결하기

최종적으로 범주가 생성되면 내러티브 연구와 같이 스토리라인으로 연결을 하거나 근거이론과 같이 이론 모형을 제시하기 위해 범주를 서로 연결해 보는 것이 필요하다.

2.2.6 결과 해석하기

질적 자료 분석의 마지막 단계는 분석 결과물에 대해 연구자가 해석을 하는 것이다. 이러한 해석을 통해 분석 결과에 대해 연구자의 관점이 보다 적극적으로 반영되게 된다.

제7장 연구계획서 및 연구보고서 작성

일을 시작하기 전에 미리 그것을 계획하는 것은 너무나 당연하다. 연구도 예외가 아니다. 모든 사람이 동일한 방식으로 연구를 계획하지는 않지만 대체로 제목을 정하고, 이 연구가 왜 필요한지, 이 연구를 통해 무엇을 달성하려는지, 구체적인 연구 문제 또는 가설은 무엇인지, 이와 관련된 선행 연구들은 어느 정도 진척돼 있는지, 어떤 방법을 사용해서 연구 문제를 규명할 것인지, 연구 일정과 예산은 어떠한지, 어떤 결과를 예상하고 있는지, 참고할 문헌들은 무엇인지, 주요 도구들의 세부 문항들은 어떠한지 등을 포함해서 계획서를 작성한다.

연구 보고서에는 연구 계획서 내용 중 일부를 제외하고, 실제로 연구 결과가 어떠했는지, 이 결과가 선행 연구들과 어떻게 다르거나 같은지, 어떤 결론에 이르렀는지, 학계 또는 현장에 주는 시사점이 무엇인지, 후속 연구로 제언하고 싶은 것은 무엇인지 등이 대체로 포함된다.

연구를 하는 목적이나 연구 유형이 다르면 연구 계획서 양식이 좀 다를 수 있다. 학술적인 가치를 강조하는 학위 논문 계획서는 재정적 지원 요청을 위한 연구 계획서와 조금 다를 수 있다. 또한 양적 데이터를 주로 다루는 연구와 질적 증거를 중시하는 연구의 계획서도 조금 다르다.

1. 학위논문

학위 논문 작성을 위한 계획서는 대체로 다음과 같은 항목들로 구성된다. 연구 제목은 연구 내용이 충분히 드러나도록 하되 핵심어를 중심으로 가능한 한 짧게 진술한다.

1.1 서론

서론에서 연구가 필요한 이유를 먼저 진술하고, 이 연구를 통해 어떤 목적을 달성하려 하는지를 이어서 진술한다. 연구가 필요한 이유와 목적으로 자주 언급되는 것들은 첫째, 기존의 이론으로는 현실을 설명하거나 문제를 해결할 수 없어서 새로운 이론을 창안해야 할 필요가 있기 때문이고 둘째, 상충되는 연구 결과들이 보고되고 있어서 아직 규명되지 못한 이론적인 결함을 메꾸고 보완하기 위한 것이고 셋째, 당면한 문제를 해결할 방안을 찾고자 하는 이유가 그것이다.

연구 문제를 발견하는 일은 쉽지 않다. 문제의식을 갖고 현장을 주의 깊게 관찰하는 노력이 필요하다. '왜'라는 질문을 끊임없이 던지면서 애정을 갖고 자기 분야를 바라보는 태도가 필요하다. 학술 연구 정보 사이트나 학술 단체 홈페이지 등에는 최신 연구 정보가 수록돼 있다. 가장 최근에 발표된 논문의 초록 또는 결론 부분에서 연구 문제를 발견할 가능성이 높다. 거기에는 연구자가 후속 연구로 남겨 둘 수밖에 없는 내용을 언급하는 부분이 있다. 연구 문제는 구체적으로 진술될 필요가 있다. 선행 연구들을 바탕으로 연구 결과를 예측할 수 있는 경우라면 연구 가설을 더욱 구체적으로 진술하는 것이 바람직하다.

연구 제목

Ⅰ. 서론
- 1. 연구의 필요성 및 목적
- 2. 연구문제와 가설
- 3. 용어의 정의
- 4. 연구의 범위와 제한점

Ⅱ. 이론적 고찰
- 1. 관련 이론 고찰
- 2. 선행 연구 분석

Ⅲ. 연구 방법 및 절차
- 1. 연구 설계
- 2. 연구 절차
- 3. 연구 대상
- 4. 측정 도구
- 5. 자료 수집 및 분석

참고문헌

부록

[그림 7.1] 연구계획서에 포함될 내용

항상 그런 것은 아니지만 경우에 따라서는 핵심어들을 조작적으로 정의하는(operational definition) 것이 필요하다. 예를 들어, '지능이 학업 성취도에 미치는 영향'을 연구할 때 '지능'은 '웩슬러 성인용 지능검사의 점수'로, '학업 성취도'는 '국가수준학업성취도평가의 국어, 수학, 영어 성적의 총점'을 의미한다는 것을 밝히는 것이다. 지능이나 학업 성취도와 같은 용어의 개념적 정의나 사전적 정의를 모르는 독자들을 위해 이런 수고를 하는 것은 아니다. 연구자가 심리적 구인들을 어떻게 측정할 것인지, 본 연구에서 이 구인들이 어떻게 사용될 것인지를 분명히 드러냄으로써 연구 결과의 의미를 명료하게 전달하기 위해서 한다.

연구의 범위와 제한점(delimitation)을 서론에서 진술하는 것이 일반적인데, 당초 예상했던 범위를 벗어났거나 어쩔 수 없었던 점들은 후반부에서 '연구의 한계(limitation)'로 진술하는 것이 좋다. '지능이 학업 성취도에 미치는 영향'을 연구할 때 학업 성취도 중에서 지적인 것만 고려하고 정서적인 성취는 제한할 수 있다. 두 변인 간의 상관 연구만으로 지능이 학업 성취도에 미치는 직접적인 영향을 밝히기는 어려울 수 있다. 이럴 경우 연구 결론 부분에 본 연구의 한계점으로 지적해 둘 필요가 있다. 이렇게 함으로써 후속 연구자들은 두 변인의 직접적인 영향 관계를 찾으려는 동기가 부여될 수 있을 것이다.

1.2 이론적 고찰

이론적 고찰을 통해 연구 문제가 선정된 배경을 설명한다. 연구 문제가 이론적 근거나 합리적 이유 없이 선정돼서는 안 된다. 그렇다고 해서 관련 이론의 모든 내용을 여기에서 언급할 필요는 없다. 수많은 것들 중에서 연구자가 굳이 이 문제를 선정하게 된 합리적인 근거만을 제시한다.

최신의 선행 연구들을 중심으로 이론을 고찰하는 노력이 필요하다. 연구 목적이 무엇이든지 간에 오래전에 이루어진 연구들을 언급하면서 새로운 연구 문제를 규명하려는 것은 실패할 가능성이 많다. 이미 다른 연구자들에 의해 얼마 전에 끝난 연구를 아직도 수행하고 있다면 어쩔 것인가? 연구자는 항상 그 분야 연구의 최전선에 있어야 한다.

연구를 시작하는 단계에서는 2차 자료를 활용하는 것이 자연스러우나, 구체적인 증거를 제시하기 위한 목적으로 선행 연구를 언급할 때에는 1차 자료를 참조해야 한다. 관련 연구들을 요약하고 정리한 개관서(Review of Research)나 관련 연구들을 체계적으로 분류하고 종합적으로 묶은 편람(Handbook of Research)과 같은 2차 자료는 전체를 한눈에 바라볼 수 있게 해준다는 점에서 연구자에게 큰 도움이 된다. 그러나 구체적인 연구 문제나 가설의 합리적 근거를 제시할 필요가 있을 때에는 연구를 수행한 학자들에 의해 직접 작성된 연구 논문, 보고서, 단행본 등과 같은 1차 자료를 활용한다.

1.3 연구 방법 및 절차

연구 문제를 규명할 적합한 방법을 구체적으로 진술하는 단계이다. 연구가 전반적으로 어떻게 설계되었는지, 연구가 진행되는 절차는 어떠한지, 어떤 도구를 만들거나 도입해서 사용할 것인지, 그 도구의 신뢰도와 타당도를 확보할 방안은 무엇인지, 대상을 어떻게 표집할 것인지, 데이터는 어떻게 분석할 것인지, 잠재돼 있는 윤리적인 쟁점이 무엇인지 등이 여기에 언급된다. 특히 질적 연구의 경우, 연구가 이루어지는 장면은 어떠한지, 연구자가 본 연구에서 어떤 역할을 수행하는지, 연구 윤리를 벗어날 가능성과 자의적인 결론에 빠지지 않을 방지책은 무엇인지 등이 언급된다.

연구 설계 단계에서는 연구 과정 전반을 담은 청사진을 작성하여 제시한다. 여기에서 양적 연구 또는 질적 연구로 그려지는 청사진이 다를 수 있다. 양적 연구라면, 실험 연구나 조사 연구에 필요한 변인 설정 및 주요 변인에 대한 조작적 정의, 척도의 수준 및 데이터의 유형, 전집의 특성과 표집 방식, 측정 도구 등에 대한 설명이 주로 포함될 것이다. 한편 현상학 및 해석학 연구, 문화기술지 연구, 사례 연구 등의 질적 연구에 필요한 분석 틀이 중요하게 제시될 것이다. 다양한 질적 연구 기법들을 제안한 학자들이 각자 강조하는 핵심 개념, 표적 대상이나 장소, 데이터 수집 방안, 자료 수집 과정에서 연구자의 역할, 수집된 데이터를 분석하고 해석하는 틀 등이 포함된다.

1.4 연구 결과

연구 계획서를 작성할 때는 아직 연구가 끝난 것이 아니기 때문에 연구 결과로서 예상되는 것들을 언급하는 정도이다. 서론에서 언급했던 연구 문제 또는 연구 가설을 연구 결과의 형태로 다시 진술한 것이다.

연구 결과 보고서를 작성할 때는 연구 문제별로 그 결과를 구체적으로 진술한다. 여기에는 표나 그림 등이 포함되기도 한다. 단순히 숫자나 통계 분석 표들만 나열하는 것으로는 충분하지 않다. 데이터를 분석한 결과를 해석하는 작업이 추가되어야 한다. 다른 것에 비해 높거나 낮은지, 실질적인 차이가 있는지, 특정 현상이 실재한다고 볼 수 있는지 등을 진술한다. 보고서를 읽거나 활용할 사람들이 누구냐에 따라 해석의 구체화 정도가 다를 수 있다. 학자들을 위한 보고서와 일반 독자를 위한 그것은 다를 수 있을 것이다.

연구 결과 보고서에는 연구 계획서에 포함될 내용을 담은 [그림 7.1]의 '참고문헌' 난 앞에 아래의 내용을 추가하면 된다.

Ⅳ. 연구 결과
    1. 연구 문제별 결과
    2. 결과의 해석
Ⅴ. 논의 및 결론
    1. 논의
    2. 결론

[그림 7.2] 연구결과보고서에 추가되어야 할 목차와 내용

연구 결과를 바탕으로 논의가 이어진다. 본 연구의 결과가 선행 연구들과 합치되는 것도 있지만 상치되는 것도 있을 수 있다. 선행 연구를 포함한 이론적 근거를 바탕으로 연구 문제나 가설이 설정되었기 때문에 선행 연구와 합치되는 연구 결과는 한층 더 높고 강력한 설득력을 얻게 될 것이다. 한편 선행 연구들과 상치되는 연구 결과들이 나타날 경우에는 그 이유와 타당한 근거를 제시해야 한다. 선행 연구들과 다른 표본 특성, 설계, 도구 등 때문에 그런 결과가 나타날 수도 있다.

경우에 따라서는 잘못된 선행 연구들을 확인하는 계기가 될 수도 있다.

본 연구의 결과와 선행 연구들과의 논의를 바탕으로 결론을 도출한다. 선행 연구들과 합치되는 연구 결과를 얻었다면 기존의 견해를 더욱 지지한다는 결론에 이를 수 있다. 반면에 선행 연구들과 상치되는 연구 결과들을 얻었다면 선행 연구를 부정하고 본 연구의 결과를 새로운 견해로 제시하는 결론에 이르거나, 본 연구의 결과들을 조심스럽게 해석할 것을 권하는 선에서 결론을 맺을 수도 있다. 이럴 경우에는 좀 더 정교한 연구 설계와 폭넓은 표본을 활용한 후속 연구를 제언하기도 한다.

1.5 참고문헌과 부록

참고문헌 난에는 연구 계획서 또는 결과 보고서에서 주석으로 언급되었던 문헌들이 망라되어 정리된다. 참고문헌을 정리하는 방식은 학문 영역마다 조금씩 다를 수 있는데 교육학이나 심리학의 경우 대체로 APA(미국심리학회) 방식을 따르는 게 일반적이다.

부록에는 본문에 수록하기에 적합하지 않지만 논문을 이해하는 데 꼭 필요한 자료들을 싣는다. 예를 들어, 측정 도구의 전체 문항들, 수집된 원자료의 분포 특성, 데이터 분석 결과 등이 포함될 수 있다.

2. 연구논문

학위 논문을 제외하고 연구 계획서를 애써 작성하는 경우는 많지 않다. 그러나 한국연구재단을 비롯한 연구비 지원 기관의 사업에 응모할 때 연구 계획서를 어떻게 작성하느냐는 매우 중요하다.

한국연구재단의 일반 연구의 계획서에 필수적으로 포함되어야 하는 항목은 [그림 7.3]과 같다(한국연구재단, 2016). 연구의 목적 난에는 연구의 필요성이 무엇인지, 연구 주제가 얼마나 창의적인지, 선행 연구와 비교할 때 이 연구가 어떤 면에서 중요한지, 이 연구를 통해 어떤 목적을 달성할 수 있는지 등이 포함된다.

연구의 방법 및 내용 난에는 연구 내용을 연구 문제들로 세분화해서 진술하고, 이들을 어떻게 수행할 것인지를 구체적으로 기술한다. 연구 문제를 규명할 방안의 추진 전략을 상세히 기술할 필요가 있다. 연구비 지원 신청서의 가치는 대체로 이 부분에서 결정된다고 해도 과언이 아니다.

연구 업적 및 역량 난은 연구자가 본 연구를 수행할 만한 자격이 충분하다는 것을 밝히는 부분이다. 연구자의 과거 연구 경력을 구체적으로 거론하며 본인의 연구 역량을 주장한다. 본 연구를 수행하는 데 필요한 모든 역량을 갖추고 있지 못하다면 부족한 부분을 어떻게 채울 것인지를 진술할 필요가 있다. 활동 중인 학회의 동료 연구자들이나 외국 저명 학자의 도움을 청할 수도 있을 것이다.

결과 활용 방안에서는 연구 결과가 학문적으로 또는 사회적으로 어떤 기여를 할 수 있는지, 본 연구를 통해 연구 인력 또는 산업 인력을 얼마나 양성할 수 있는지, 본 연구의 결과를 교육에 어떻게 연계하여 활용할 수 있는지 등을 언급한다. 기초 연구냐 또는 응용 연구냐에 따라 그 강조점이 조금 다를 수 있다.

Ⅰ. 연구의 목적
(연구의 필요성, 연구 주제의 창의성, 선행 연구와의 비교 등 포함.)

Ⅱ. 연구 방법 및 내용
(중점 연구 내용을 구체적으로 어떻게 수행할 것인지에 대한 연구 추진 전략, 연구 방법을 기술함. 다년 과제의 경우 2차, 3차 년도를 구분하여 작성. 1년 과제는 1차 년도만 작성.)

Ⅲ. 연구 업적 및 역량
(연구 업적을 바탕으로 신청하고자 하는 연구 주제를 얼마나 잘 달성할 능력이 있는지 기술.)

Ⅳ. 연구 결과 활용 방안
(연구 결과의 학문적 · 사회적 기여도, 인력 양성 방안, 교육과의 연계 활용 방안 등 기술.)

Ⅴ. 기타 사항
(다년 과제 또는 해외 출장의 필요성 및 연구비 집행 계획 등 기타 연구 내용 계획에 필요한 사항 기술.)

Ⅵ. 추진 일정
(연차별 과제 목표와 추진 기간별로 연구 수행 내용 등을 기술.)

Ⅶ. 참고문헌
(쪽수 산출에 미포함.)

[그림 7.3] 한국연구재단의 연구계획서 목차

기타 사항에서는 본 연구가 1년 내에 끝날 수 없어서 다년간 해야 할 필요성과 해외 출장이 필요한 이유, 그리고 이 과정에서 연구비를 어떻게 집행할 계획인지를 서술한다.

평가항목	평가지표	평가내용	배점
연구의 창의성 (30)	연구주제의 창의성	• 새로운 연구주제를 제안하고 있는가? • 선행연구의 문제점을 규명하고자 하는가? • 선행연구와의 차별성이 나타나고 있는가?	15
	연구방법의 적절성 및 도전성	• 연구목표 달성을 위한 연구방법이 적절한가? • 선행연구와 비교하여 연구방법이 차별화되고 혁신적인가?	15
연구계획의 우수성 (35)	연구목적의 타당성	• 연구의 목적 및 필요성이 타당한가?	15
	연구내용의 구체성 및 연구실행 가능성	• 연구규모와 관련하여, 연구내용 및 범위가 적절한가? • 연구해야 할 핵심적인 내용들을 포함하는가? • 연구 추진전략이 체계적으로 수립되었는가? • 동향, 기존연구의 문제점을 충분히 검토·분석하였는가? • 제안한 연구수행에 필요한 자료수집 및 확보가 가능한가?	20
연구역량의 우수성 (20)	연구책임자의 역량	• 연구과제와 관련 연구책임자의 연구경험 및 역량이 충분한가?	20
연구결과의 기대효과 (10)	학문발전 기여도	• 후속 연구 발전에 기여할 수 있는가? • 관련 연구 분야 지식증진 및 활성화에 기여하는가?	10
연구예산 및 연구기간의 적절성 (5)	연구예산 및 연구기간의 적절성	• (일반연구)연구비와 연구기간이 적절하게 설계되었는가? • (정액연구)연구기간이 적절하게 설계되었는가? ※ 정액연구는 연구기간 적절성만 평가	5
합계			100

[그림 7.4] 한국연구재단 신규과제 평가항목 및 배점

추진 일정 난에는 연차별 과제 목표와 추진 기간별 연구 수행 내용 등을 서술한다. 참고문헌 난에는 연구 계획서에서 주석으로 언급되었던 모든 문헌들의 출처

정보를 자세히 기술한다.

한국연구재단(2016)에서 제시한 평가 항목 및 배점 표를 살펴보면서 연구 계획서를 어떻게 작성해야 할 것인지 유추할 수도 있다. [그림 7.4]에서 보듯이, 연구 주제가 얼마나 창의적인지, 연구 방법이 연구 문제를 규명하는 데 얼마나 적합한지, 연구 내용이 얼마나 구체적이며 실행 가능한지 등이 큰 비중을 차지한다.

참고문헌

강봉규 · 이종성(1985). 교육과정 · 교육평가신강. 형설출판사.

고경애(1983). 모 · 자녀 애착관계가 유아의 행동발달에 미치는 영향. 이화여자대학교 석사학위 논문.

고영복(1980). 사회조사의 방법. 영문사.

김경숙 · 남현우(2015). 비행청소년 상담(관리) 패러다임의 전환: 교정 패러다임에서 탈 비행 패러다임으로. **청소년학연구**, 22(12), 781-809. 한국청소년학회.

김문수 · 박소현(2014). 학습과 행동(P. Chance, Learning and Behavior, 7th Edition, CENGAGE Learning). 서울: PnC Media.

김재범(1979). 조사연구의 이론과 실제. 문종서관.

김재은(1975). 교육 · 심리 · 사회 연구방법. 익문사.

김해동(1983). 조사방법론. 법문사.

남명호(1995). 수행평가의 타당성 연구. 고려대학교 박사학위 논문.

남세진 · 최성재(1988). 사회복지조사방법론. 서울대학교 출판부.

박무익 역(1978). 갤럽의 여론조사. 주식회사 한국 에스피.

백순근(1997). 수행평가의 이론적 기초. 학술세미나 발표논문집. 한국교육평가연구회.

변창진 · 문수백(1987). 정의적 특성의 사정. 교육과학사.

성숙진 · 유태균 · 이선우 · 이기영(2005). **사회복지조사방법론**(A. Rubin & E. Babbie, Research Methods for Social Work, 4th Editon, Thomson). 서울: 시그마프레스.

성태제(1995). 현대 기초통계학의 이해와 적용.

성태제(2014). **현대 기초통계학: 이해와 적용(7판)**. 서울: 학지사.

성태제 · 시기자(2014). **연구방법론(2판)**. 서울: 학지사.

이명해(1988). 조사방법론. 도서출판 성진.

이용숙(1986). 교육연구에 있어서 인류학적 연구방법의 적용. 연구방법론 연수자료. 한국교육개발원.

이종승(1984). 교육연구법. 배영사.

이종승(2009). **교육 · 심리 · 사회 연구방법론**. 서울: 교육과학사.

이홍우(1987). **교육의 목적과 난점**(5판). 서울: 교육과학사.

차배근(1983). 사회과학 연구방법. 세영사.

채서일(1990). 사회과학조사방법론. 법문사.

한국교육평가학회(2004). **교육평가 용어사전**. 서울: 학지사.

황정규(1964). 행동진단의 기술. 현대교육총서출판사.

황정규(1984). 학교학습과 교육평가. 교육과학사.

Anderson, L. W. (1981). Assessing Affective Chracteristics in the Schools. Allyn and Bacon Inc..

Arbor, A. (1976). Interviewer's Mannal. MI: Institute for Social Research.

Atkinson, J. (1971). A handbook for interviews. HMSO: London.

Babbie, E. R. (1973). Survey research methods. Belmont, Ca.: Wadsworth Publishing Company, Inc..

Backstrom, C. H. & Hursh, G. D. (1963). *Survey research*. Chicago: Northwestern University Press.

Bailey, K. D. (1982). Methods of Social Research. New York: The Free Press.

Benjamin, A. (1969). The helping interview. Boston: Houghton Mifflin Company.

Bingham, W. V., Moore, B. V. & Gustad, J. W. (1959). How to interview. NY: Haper & Brothers.

Bingham, Walter, and Moore, B. W. (1974). How to interview(3rd ed.), NY: Haper and Brothers.

Borg, W. R. & Gall, M. D. (1989). *Educational research: An introduction(5th ed.).* New York: Longman.

Boyer, E. G., Simon, A., & Karafin, G. R.(ed.) (1973). Measures of Maturation: An Anthology of Early Childhood Observation Instruments, Research for Better Schools. Philadelphia, Pennsylvania.

Bradburn, N. M., Sudman, S. et al. (1979). Improving interview method and questionnaire design. San Francisco: Jossey-Bass.

Bradfield, J. M. & Moredock, H. S. (1957). Measurement and Evaluation in Education. New York: Macmillan.

Brandt, R. M. (1972). Studying Behavior in Natural Settings. New York: Holt, Rinehart and Winston.

Brenner, M., and Wilson, T. D. (1982). The research interview, a videofilm and manual. Sheffield: Department of Information Studies, University of Sheffield.

Brenner, M., Brown, J. & Canter, D.(eds.) (1985). The research interview: uses and approaches. London: Academic Press.

Cannell, Ch. F., Oksenberg, L., and Converse, J. M. (1979). Experiments in interviewing technique. Ann Arbor, MI: Institute for Social Research.

Cannell, Ch. F., and Kahn, R. L. (1968). Interviewing. In The handbook of social psychology (Vol.2)(G. Lindzey and E. Aronson, Eds.). pp. 526-595. Reading, MA:

Middison-Wesley.

Cartwright, C. A. & Gartwright, G. P. (1974). Developing Observation Skills. MaGraw-Hill Book Company.

Corbin, J. & Strauss, A. (2007). *Basics of qualitative research: Techniques and procedures for developing grounded theory* (3rd ed.). Thousand Oaks, CA: Sage.

Creswell, J. W. (2009). *Research design: Qualitative, quantitative, and mixed methods approaches* (3rd ed.). Thousand Oaks, CA: Sage.

Creswell, J. W. (2014). *Research design: Qualitative, quantitative, and mixed methods approaches* (4th ed.). Thousand Oaks, CA: Sage.

Creswell, J. W. (2016). *30 essential skills for the qualitative researcher.* Thousand Oaks, CA: Sage.

Dijkstra, W., and van der Zouwen, J.(Eds.) (1982). Response behavior in the survey -interview. London: Academic Press.

Effleston, J. F. & Galton, M. E. (1975). A Science Teaching Observation Schedule. London: Macmillan.

Flanders, N. A. (1970). Analyzing Teacher Behavior. Massachusetts: Addison-Wesley.

Fraser, J. M. (1957). Interview case studies. London: Macdonald & Evans.

Gall, M. D., Borg, W. R., & Gall, J. P. (1996). *Educational research: An introduction(6th ed.).* New York: Longman.

Gall, M. D., Gall, J. P., & Borg, W. R. (2003). *Educational Research*(7th Edition). Pearson Education Inc.

Gall, M. D., Gall, J. P., & Borg, W. R. (2003). *Educational research: An introduction(7th ed.).* New Jersey: Pearson Education, Inc.

Garret, A. (1972). Interviewing: its principle and methods. NY: Family Service Association of America.

Glass, G. V. (1978). Standards and Criteria. Journal of Educational Measurement, 15: 237-261.

Gorden, R. L. (1975). Interviewing: strategy, techniques, and tactics. Homewood, IL: Dorsey Press.

Hyman, H. (1954). Interviewing in social research. Chicago, IL: University of Chicago Press.

Kahn, R. L. & Cannell, C. F. (1957). The dynamic of interviewing. NY: John Wiley & Sons, Inc..

Keeves, J. P. (1988). Education Research Methodology and Measurement: An International Handbook. Pergamon Press.

Kenneth D. Bailey. (1994). "Interview Studies" Methods of social research.: Free Press.

Kerlinger, F. N. (1964). Foundation of Behavioral Research, NY: Holt, Rinhart and Winston.

Kerlinger, F. N. (1986). Foundations of Behavioral Research(3rd ed.). New York: Holt, Rinehart & Winston.

Lincoln, Y. S. & Guba, E. G. (1985). *Naturalistic inquiry*. Thousand Oaks, CA: Sage.

Maier, N. R. F. (1958). The appraisal interview. London: Chapman & Hall.

Medley, D. M. & Mitzel, H. E. (1963). Measuring classroom behavior by systematic observation. In Gage, N. L.(Ed.). Handbook of Research on Teaching. Chicago: Rand McNally & Company.

Merriam, S. B. (2009). *Qualitative research: A guide to design and implementation.* San Francisco, CA: Jossey-Bass.

Merton, R. K., Fiske, M., and kendall, P. L. (1956). The focussed interview: A mannal of problems and procedures. NY: Free Press.

Nindzey, G. & Aronson, E. (1981). The Handbook of Social Psychology(2nd ed.). Addison-Wesley Publishing Company.

Payne, S. (1951). The art of asking qustions. New Jersey: Prinston University.

Purkey, W.W., Cage, B., & Graves, M. (1973). The Florida Key: A Scale to infer Learner Self-concept. Educational and Psychological Measurement.

Remmersm, H. H. & Gage, N. L. (1955). Educational Measurement and Evaluation. New York: Harper & Brothers.

Schuman, H., and Presser, S. (1981). Questions and answers in attitude surveys: Experiments on question form, wording, and context. NY: Academic Press.

Scott, J., and Chanlett, E. (1973). Planning the research interview. Chapel Hill, NC: University of North Carolina.

Stake, R. E. (1995). *The art of case study research*. Thousand Oaks, CA: Sage.

Sudman, S. (1976). *Applied Sampling*. New York: Academic Press.

Traxler, A. E. (1949). The Nature and Use of Anecdotal Records. New York: Educational Records Bureau.

University of Michigan. (1969). Interviewer's Manual. Ann Arbor: Institute for Social Research.

Walsh, John P. (1992). Self-selected and Randomly Selected Respondents in a Computer Network Survery. Public Opinion Quarterly 56: 241-44.

Walter, R. B. & Meredith, D. G. (1983). Evaluational Research: An Introduction. New York & London: Longman Inc..

Ward et al. (1991). The Comparability of Focus Group and Survey Results: Three Case

Studies. Evaluation Review 15: 266-83.

Warwick, D. P., and Lininger, C. (1975). The sample survey: theory and practice. NY: McGraw-Hill.

Weinland, J. D., and Grose, M. V. (1952). Personnel interviewing. NY: Ronald Press.

제 2 부

교육연구의 실제

제 1 장

실험연구법

1. 실험연구의 개념

1.1 실험연구의 정의

실험(experiment)이란 현상이나 일정한 조건을 인위적으로 설정하여 기대했던 현상이 일어나는지, 어떤 현상이 일어나는지를 조사하는 것을 의미한다. 연구자가 의도적으로 처치, 자극, 환경조건을 조작 혹은 통제하여 만들어진 환경 속에서 실시되며, 하나 또는 그 이상의 독립변인을 조작하거나 변화시키는 연구 상황을 말한다. 자연과학에서의 실험이 현상의 재현 가능성을 목적으로 한다면, 사회과학 분야에서는 어떤 조건을 인위적으로 설정하고 그 결과를 살피는 의미로써 실험이 활용되고 있다. 사회과학 분야에서 다루는 실험은 실험집단과 통제집단의 무작위 할당이 불가능한 것을 제외하고는 실제의 실험실 내 실험과 유사하다.

모든 사회과학 실험의 주요한 문제는 실험적 상황의 정확성과 타당성 여부이다. 예로 실험적 연구 상황의 일부가 연구 주체에 영향을 줄 수 있고, 실험자 영향(중요한 유형의 오차)이 개입하여서 결과를 혼란시킬 수도 있다. 이러한 난관에도 불구하고 실험은 중요한 것으로 인식되고 있으며, 사회과학에서 연구의 가장 강력한 유형으로 사용되고 있다.

이러한 실험을 수행하기 위하여 미리 계획하고 조직하는 것이 실험설계(experimental design)이다. 실험설계는 실험을 하기 위한 계획으로서 연구자의 가설을 검정하거나 연구문제에 과학적으로 응답하기 위하여 처치(treatment)의 선정, 종속변수의 선택, 자료 수집, 자료 분석방법, 잡음변수의 통제방법 등을 포괄하는 연구계획이다(강상진, 2014). 실험적 처치의 결과를 산출하려는 연구계획이라는 점에서 다른 연구계획과 차별된다.

실험연구(experimental research/experimental study)는 연구자가 실험상황을 의도적으로 통제하여 변인들 간의 관계나 효과를 객관적으로 측정하는 연구방법이다. 실험연구는 연구자가 설정한 연구 조건과 시기, 통제된 상황에서 측정할 수 있기 때문에 영향을 주는 요인을 쉽게 확인할 수 있다. 예를 들어, 종속변인 Y(예, 학업성취도)의 변화된 원인이 X라는 처치변인(예, 교수법) 때문이라는 사실을 객관적으로 검증하면, 이후에는 X를 조작하여 Y의 효과를 재현해 낼 수 있다. 따라서 실험연구는 변수들 간의 인과관계를 추론하기에 가장 적합한 방법이다. 따라서 실험연구는 자연과학 뿐만 아니라 교육학, 심리학을 비롯한 사회과학 및 행동과학에서 많이 활용되고 있다.

1.2 실험연구의 특징

실험연구는 인과관계에 관한 가설을 검증할 목적으로 통제된 조건하에 연구결과에 변화를 유도하는 처치변수, 그 처치에 따라 어떤 변화가 발생했는지를 보는 종속변수와 처치변수 이외에 종속변수에 영향을 주는 매개변수로 구성된다. 실험연구를 수행하기 위하여 연구자가 파악해야 하는 조작, 인과관계, 통제, 처치변수, 매개변수의 의미와 방법에 대해 살펴보면 다음과 같다.

1.2.1 조작

조작(manipulation)은 연구자가 실험을 실시할 때 원인이 되는 변수를 인위적으로 변화시키는 것을 말한다. 이때 조작하는 변수는 독립변수가 된다. 예를 들어, 수업유형 X를 개발하여 이 방법이 효과가 있는지를 검증하고자 한다면 한 집단에는 개발한 수업유형 X를 실시하고, 다른 집단에는 일반적 수업을 실시할 수 있다. 이와 같이 구체화된 방법으로 독립변수를 변화시킬 때 독립변수가 조작되었다고 한다. 각 실험 조건을 어떻게 설정하는지에 따라서 독립변수의 조작 성공 여부가 달라지므로 독립변수가 잘 조작되었는지를 확인하는 파일럿 연구를 진행하기도 한다(김아영 외, 2016).

1.2.2 인과관계

인과관계(causality)는 어떤 사실과 다른 사실 사이의 원인과 결과관계를 의미한다. 결과를 일으키는 근거가 원인이고, 그것에 의하여 발생되는 것을 '결과'라 하며 이 두 개의 관계를 인과관계라 부른다. 인과관계의 추론을 위해서는 원인과 결과의 방향성과 연관성, 기타 현상의 불변성이라는 조건이 충족되어야 한다(박광배, 2009; 유진은, 2015). 예를 들어, 수업유형 X와 학생의 학업성취도 Y 간의 인과관계가 성립함을 밝히려면 수업유형 X가 시간적으로 선행되어 학업성취도 Y의 변화가 나타났음을 입증해야 한다. 만일 동시에 변화하거나 원인이 선행하는 영향의 방향성이 바뀐다면 독립변수의 조작 때문에 종속변수가 달라졌다고 볼 수 없다. 그리고 수업유형 X가 변하면 학업성취도 Y도 변해야 하는 요건이 만족되어야 하는 것이 원인과 결과의 연관성이다. 쉽게 상관관계를 생각할 수 있는데 수업유형 X와 학업성취도 Y는 상관이 있어야 한다. 독립변수의 조작에도 종속변수 측정치가 변화가 없다면 이는 원인과 결과가 같이 변화한다고 볼 수 없다. 마지막 조건으로 수업유형 X만이 학업성취도 Y에 영향을 미치고 독립변수의 조작 외에 다른 변인(예: 학생의 개인특성, 가정환경, 학교환경 등)이 학업성취도 Y에 미치는 영향은 모두 동일해야 한다. 수업유형 X 외에 다른 변인들이 학업성취도 Y에 영향을 미치지 않는다는 것을 보여줘야만 기타 현상의 불변성 요건이 충족된다. 이 조건을 다른 말로 가외변수의 격리(isolation)라고도 한다.

1.2.3 통제

통제(control)란 연구자가 인위적으로 변화시킨 독립변수 이외의 종속변수에 영향을 미치는 모든 요소를 고정하거나 규제하는 것을 의미한다. 연구자가 실험 결과를 해석할 수 있도록 실험 조건에 제약을 가하거나 무선화 과정을 통하여 관심있는 변인 이외의 다른 변인들을 통제시키는 것을 실험통제라고 한다. 예를 들어, 수업유형 X와 전통적 수업이 학업성취도 Y의 향상에 어떠한 영향을 미쳤는지를 연구하는 경우 연구대상의 능력(예: 학생의 학습동기 등)이 다르다면 그 능력이 학업성취도 Y에 미치는 영향을 제거해야 한다. 연구를 위하여 수업유형 X를 제외하고 학업성취도 Y에 영향을 줄 수 있는 능력을 제거해야 한다.

실험연구에서 관심 있는 독립변수 외에 학업성취도 Y에 영향을 미치는 변수를 가외변수라 하는데, 주요 가외변수를 제대로 통제하지 않으면 종속변수에 가외변수의 효과가 혼입(confounding)이 되어 나타나기 때문에 인과관계에 대한 정확한 추정이 어려워진다. 따라서 가외변수들이 잘 통제되었는지 확인이 필요하다. 실험에서 가외변수를 통제하기 위하여 사용되는 방법으로는 앞서 설명한 제거 외에도 조건의 항상성(constancy), 균형화(balancing), 상쇄균형화(counter balancing), 무선화(randomization), 부지통제(blind-fold)와 이중부지통제(double blind-fold technique)가 있다(김아영 외, 2016).

조건의 항상성은 실험조건이나 절차를 동일하게 유지하여 연구대상자들이 동일한 값을 갖도록 통제하는 것이다. 균형화는 확인할 수 없는 가외변수가 있는 경우, 실험집단과 통제집단을 구분하여 독립변수를 제외하고 다른 변수들은 동일한 조건을 부여하는 방법이다. 상쇄균형화는 두 가지 이상의 처치가 포함되는 실험에서 실험 처치의 순서가 연구대상자에게 미치는 영향을 통제하는 방법이다. 무선화는 연구대상자를 선정할 때 무선으로 배정하여 다양한 가외변수의 영향을 간편하게 제거하는 방법이다. 전체 연구대상자를 무선으로 선정한 후, 무선적으로 실험집단과 통제집단을 배정하면 고려하지 못한 가외변수의 효과를 통제하는 것이 가능해진다. 부지통제는 연구대상자가 연구의 내용을 모르게 하여 처치효과의 왜곡을 방지하는 통제방법이고, 이중부지통제는 실험에서 실험자의 기대가 처치효과에 영향을 미칠 수 있는 경우에는 실험도 실험의 목적이나 내용을 모르는 사람이 실시하도록 하는 통제방법이다.

1.2.4 실험집단과 통제집단

실험 연구에서 집단은 실험집단과 통제집단으로 나뉜다. 실험집단은 처치를 가한 집단을 말하고 통제집단은 처치를 가하지 않은 집단을 말한다. 실험연구에서 처치효과를 알아보기 위하여 사전검사를 실시한 후 처치를 가하고 완료된 후 사후검사를 실시하여 사전-사후의 변화를 파악한다. 이때 처치의 효과가 어느 정도인지를 살펴보기 위하여 두 집단 간 비교를 실시할 수 있다. 예를 들어, 연구자가 개발한 수업유형 X의 효과를 측정하기 위하여 실험집단에는 수업유형 X를 실시하고, 통제집단에는 일반적인 전통적 교수법을 실시한 후 두 집단의 사전과 사후검사 점수를 비교할 수 있다. 실험집단이 사전보다 사후검사 점수가 향상되고, 통제집단은 사전과 비교하여 사후 검사점수의 변화가 미미하다면 수업유형 X의 처치효과가 발생한 것으로 볼 수 있고 이를 통계적 검증을 통해 밝힐 수 있다.

2. 실험연구의 유형

실험연구는 연구대상자의 무선할당 여부에 따라 진실험 설계(true experimental design)와 준실험 설계(quasi-experimental design)로 구분된다. 진실험 설계는 집단을 무선으로 배정하여 조건통제가 완벽한 상태에서 처치변인의 조절이 수월하고 매개변인이 철저하게 통제된 실험설계이다. 그러나 현실적으로 무선할당이 어렵고 윤리적으로도 문제가 될 수 있기 때문에 교육현장에서 이루어지는 대부분의 실험연구가 준실험 설계를 사용한다. 준실험 설계는 무선할당이 안 된 상태로 조건통제가 느슨하고 처치변수의 조절이 철저하지 않은 실험연구이다. 자연적 상태에서의 실험이나 실험조건을 충분히 통제하지 못한 연구 설계를 말한다.

연구의 설계 유형을 구체적으로 살펴보면 [그림 1.1]과 같다. 진실험 설계에는 통제집단 사후검사 설계, 통제집단 사전·사후검사 설계, 솔로몬 4집단 설계, 요인설계, 반복측정 설계가 있다. 준실험 설계에는 단일집단 사후검사설계, 단일집단 사전·사후검사 설계, 이질-통제집단 사후검사 설계, 이질-통제집단 사전·사후검사 설계, 시간계열설계가 있다. 이 외에도 짝진 집단설계(matched group design),

동등집단 시간표집설계(equivalent time-sample design), 동등재료설계(equivalent materials design), 재귀적 순환설계(recurrent institutional cycle design, patched-up design), 회귀-불연속설계(regression-discontinuity design), 결과를 먼저 파악하고 원인을 분석하는 후향적 설계(retrospective design) 등 다양한 실험설계 방법이 있다(김아영 외, 2016).

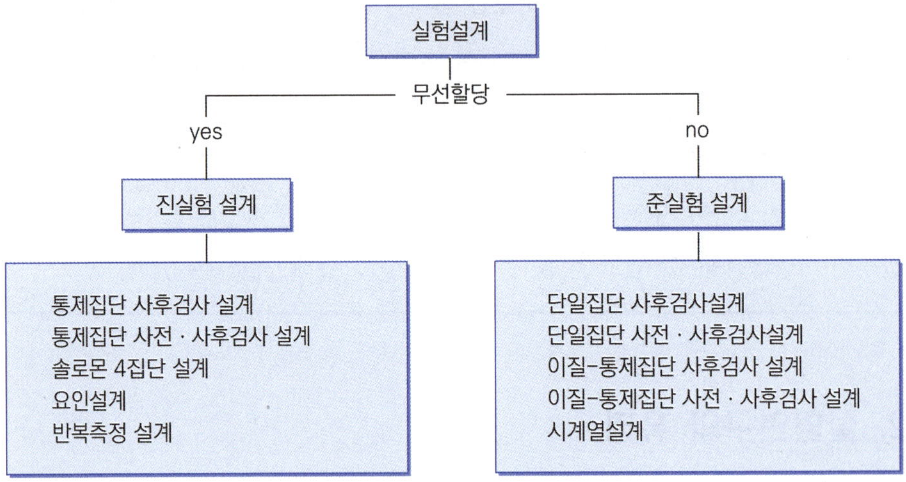

[그림 1.1] 연구설계의 유형

여기서는 교육현장에서 많이 사용하는 대표적인 진실험 설계와 준실험 설계의 유형을 제시된 [그림 1.1]의 순서대로 구체적으로 살펴보고자 한다. 참고로 실험실 연구 등이 실험설계에 포함되나 실제 교육현장에는 연구대상의 철저한 통제가 힘들기 때문에 대부분이 자연적 상태에서 처치를 가해 결과를 얻는 준실험 설계 방법을 사용한다.

2.1 통제집단 사후검사 설계

사전검사란 실험처치에 앞서 피험자에게 실시하는 측정이나 검사를 의미하고, 사후검사는 실험처치가 적용된 후에 치러지는 측정이나 검사를 말한다. 설계에 따라서는 사전검사를 실시하지 않을 때도 더러 있지만, 실험처치의 효과가 있는지 없는지를 결정해야 하기 때문에 사후검사는 반드시 실시해야 한다.

진실험 설계에서 가장 간단한 형태의 통제집단 사후검사 설계(posttest-only control group design)는 실험처치를 받는 집단(실험집단)과 통제집단만 있으면 된다. 먼저 피험자들을 두 집단에 무작위로 배정한 다음 실험집단에 대해서만 실험처치를 한다. 실험기간이 끝나면 두 집단에 대해 종속변인을 측정한다. 사전검사를 실시하지 않으므로 상호작용 효과는 개입되지 않으며, 두 집단을 무작위로 배정하기 때문에 외생변인의 영향을 동일하게 받는다고 가정할 수 있다. 실험집단은 실험효과와 외생변인의 효과가 작용하며 통제집단은 외생변인의 효과만이 작용하므로 두 집단 간의 차이를 계산하면 순수한 실험효과를 측정할 수 있다.

피험자를 각 집단에 무작위로 배정하기 때문에 각 집단의 최초상태는 동일하다고 가정할 수 있으나, 사전검사가 이루어지지 않았기 때문에 최초상태를 정확히 알지 못하는 단점이 있다. 그러나 실제 사회현상에서는 사전검사가 불가능한 경우가 많으며 비교적 적은 수의 피험자를 가지고도 실험이 가능하고, 또 집단 간의 격리를 쉽게 할 수 있는 이점이 있다. 이 설계를 기호로 나타내면 다음과 같다. R은 집단이 무작위로 선발되거나 무작위로 집단에 배정되었음을 뜻한다. G_1은 실험집단, G_2는 통제집단, X는 실험 처치, '—'는 실험처치를 하지 않음을, O_2는 사후검사를 의미한다.

R	G_1	X	O_2
R	G_2	-	O_2

2.2 통제집단 사전 · 사후검사 설계

통제집단 사전 · 사후검사 설계(pretest-posttest control group design)는 통제집단 사후검사 설계에서 사전검사를 추가한 진실험 설계이다. 이 설계는 사전검사를 추가함으로써 사전검사 측정치를 통계적인 통제방법으로 사용할 수 있고, 사전검사 점수와 사후검사 점수의 차이를 분석할 수 있는 장점이 있다. 실험효과는 실험집단과 통제집단의 각각의 차이점수를 계산하고 실험집단의 차이점수에서 통제집단의 차이점수를 제하면 순수한 실험효과를 구할 수 있다. 이러한 계산은 무선화를 통하여 외생변인의 영향이 두 집단에게 동일하게 작용할 것이라는 가정하에서 이루어진다. 따라서 대부분의 외생변인은 통제가 가능하나 상호작용 효과는 제거할 수 없다. 상호작용 효과는 실험처치를 가하지 않는 통제집단에는 작용하지 않고 실험처치를 가한 실험집단에만 작용하기 때문이다. 가장 단순한 형태의 통제집단 사전-사후검사 설계는 다음과 같이 나타낸다. O의 아래첨자 숫자가 홀수일 때는 사전검사를, 짝수일 때는 사후검사를 뜻한다. 참고로 통제집단의 경우 실험상황에 따라 아무것도 처치하지 않는 것이 어려울 수 있다. 예를 들어, 연구대상이 학교에 재학 중인 학생이라면 실험집단은 연구자가 개발한 교수법으로 수업을 하고, 통제집단은 일반적인 수업을 실시한다. 이때 연구 설계의 도식을 개발한 교수법은 X1, 일반적인 수업을 X2로 표기한다.

R	G_1	O_1	**X**	O_2
R	G_2	O_1	-	O_2

2.3 솔로몬 4집단 설계

진실험 설계 중 하나인 솔로몬 4집단 설계(solomon four-group design)는 가능한 모든 외생변수를 통제하기 위한 설계로서 통제집단 사전-사후검사 설계와 통제집단 사후검사 설계를 결합한 형태이다. 네 집단의 형태로 이루어진 이 설계는 두 개의 통제집단과 두 개의 실험집단으로 무작위 배정되는데 두 실험집단은 동일한 실험처치를 받는다. 통제집단과 실험집단 중 각각 한 집단에 대해서만 사전검사를 실시하며 실험기간이 끝나고 난 후 네 집단 모두 사후검사를 실시한다. 실험효과는 실험집단과 통제집단의 사후검사 점수를 비교하여 구할 수 있다. 솔로몬 4집단 설계는 다음과 같이 도식화할 수 있다. 여기서 R은 무선할당, G_1과 G_3은 실험집단이고 G_2와 G_4는 통제집단이다. 사전검사를 실시한 두 집단(G_1, G_2)과 사전검사를 실시하지 않은 두 집단(G_3, G_4)을 두고 한 집단에는 처치를 가하고 다른 집단은 처치를 가하지 않은 방법을 사용하는 설계방식이다.

R	G_1	O_1	X	O_2
R	G_2	O_1	-	O_2
R	G_3	-	X	O_2
R	G_4	-	-	O_2

솔로몬 4집단 설계에서는 사전검사를 실시하지 않는 집단과 사전검사를 실시하는 집단을 포함하기 때문에 사전검사가 사후검사 점수에 영향을 주거나 사전검사가 실험처치와 상호작용할 가능성이 있는지를 점검할 수 있다. 이 설계는 실험의 내적 타당도를 위협하는 여덟 가지 요인들의 영향을 모두 적절하게 막을 수 있으며, 검사 실시의 반동효과로 인하여 외적 타당도가 저해되는 것도 막을 수 있다(이종승, 1984). 그러나 피험자의 선정과 실험처치 간의 상호작용에 따른 문제라든지 실험참여의 반동효과의 문제가 여전히 남아있다. 솔로몬 4집단 설계는 정밀하고 많은 정보를 얻을 수 있으나 설계가 복잡하고 집단수가 많기 때문에 집단 간의 격리가 잘 이루어지지 않을 경우 효과적인 실험을 할 수가 없는 단점이 있다. 논리적으로 이상적인 형태의 설계이긴 하나 통제집단 사후검사 설계에 비해 두 배 이상의 노력이 드는 데 반해 그만큼의 효과 있는 실험결과를 얻기가 쉽지 않기 때문에 실제로 잘 사용되지 않는다.

2.4 요인설계

요인설계(factorial designs)는 진실험 설계중 하나로서 한 독립변인의 수준과 다른 독립변인의 수준을 조합하여 구성된다. 요인설계를 할 때는 두 개 이상의 수준을 가진 독립변인이 적어도 두 개 이상 필요하다. 요인의 수준을 조작하는 방식에 따라 교차요인설계, 내재된 요인설계가 있다.

2.4.1 교차요인설계

교차요인설계(crossed factors design)는 한 요인의 모든 수준이 다른 요인의 각 수준에 모두 존재하도록 실험 조건을 조작하는 것을 의미한다. 그중에서 2×2 요인설계는 요인설계 중에서 가장 간단한 형태이다. 이 설계는 한 요인의 모든 수준이 다른 요인의 각 수준에 모두 존재하도록 실험 조건을 조작하는 것을 의미한다. 정수의 개수는 독립변인의 수를 나타내고 정수의 값은 독립변인의 수준 수를 나타낸다. 예를 들어, 두 가지 교수법에 따른 학습동기 수준(상 수준, 하 수준)의 효과를 검증하고자 할 때 이 설계를 적용할 수 있다. 두 개의 독립변인(전통적 교수법, 연구자가 개발한 교수법)이 있고 두 수준(상 수준, 하 수준)의 학습동기가 있으므로 2×2 요인설계가 된다.

	학습동기 상 수준	학습동기 하 수준
전통적 교수법	G_1	G_2
연구자가 개발한 교수법	G_3	G_4

또 다른 예로 2×3×5 요인설계는 각각 2, 3, 5개의 수준을 가진 세 개의 독립변인으로 구성된다. 예를 들어, 두 가지 교수법으로 세 가지 능력수준을 가진 다섯 개 학년 학생을 대상으로 실험을 하는 것이다. 설정된 독립변인의 수준이 모두 조합되기 때문에 요인설계에 필요한 집단 수는 정수들을 곱한 값과 같게 된다. 따라서 2×3×5 요인설계에서는 30개 집단이 필요하다.

2.4.2 내재된 요인설계

내재된 요인설계(nested factors design)는 독립변수의 각 수준에서 다른 독립변수의 일부 수준만 포함시키는 설계이다. 이 설계는 비용이나 시간이 부족하거나 현실적인 대안이 없는 경우에 사용된다(김아영 외, 2016). 교차요인설계가 한 요인의 모든 수준이 다른 요인의 각 수준에 모두 존재하는 설계라면 내재된 요인설계는 한 요인의 모든 수준이 다른 수준에 일부만이 존재하도록 설계하는 방식이다. 예를 들어, 전통적 교수법을 가르치는 교수자 2명, 연구자가 개발한 수업유형 X를 가르치는 교수자 2명이 각각 집단을 가르치도록 설계한다. 한 명의 교수자가 다수의 집단을 가르쳐야 하는 부담이 줄어들고 처치시간을 절약할 수 있는 장점이 있지만 4명의 교수자의 특성(예: 교수능력 등)이 차이가 없어야 한다는 전제가 있어야 한다.

전통적 교수법	**교수자 A**	G_1
	교수자 B	G_2
연구자가 개발한 교수법	**교수자 C**	G_3
	교수자 D	G_4

요인설계의 장점은 다음과 같다. 첫째, 요인설계는 독립변인 하나하나에 대해 설계하지 않고 단일설계를 하기 때문에 경제적이다. 둘째, 독립변인의 효과와 그들 간의 상호작용 효과를 동시에 조사할 수 있다. 상호작용이란 한 독립변인의 수준이 다른 독립변인의 수준과 조합할 때 동일하게 작용하지 못하고 종속변인에 각각 다르게 영향을 주는 것을 말한다. 보통 두 독립변인의 결합효과가 개별효과의 총합과 다르다면 상호작용이 나타났다고 할 수 있다. 예를 들어 서로 다른 능력수준의 학생들이 서로 다른 수업을 받음으로써 차이점수의 결과가 서로 다르게 나왔다면 그것은 능력수준과 수업내용의 상호작용 때문인 것이다. 이론상으로는 변인과 수준의 수를 얼마든지 확장하여 요인설계를 할 수 있지만 설계가 복잡하게 되면 경제성이 떨어질 뿐 아니라 상호작용에 대한 해석이 매우 어렵게 되므로 요인설계 시 변인과 수준의 수를 적절하게 제한해야 한다.

2.5 반복측정 설계

반복측정 설계(repeated measurement design)는 동일한 피험자를 여러 번 반복하여 측정하는 경우에 사용하는 진실험 설계이다. 실험에 따라서는 동일한 피험자를 반복측정하는 것이 바람직할 경우가 있다. 가령 개별학습의 효과를 검증하는 실험에서 학습이 이루어졌는지를 조사하기 위해 실험처치가 끝날 때마다 일련의 과제를 수행하게 할 수 있다. 반복설계에서는 사전검사를 실시할 수 있지만 대개는 사후검사만을 실시한다.

가장 단순한 형태의 반복측정 설계는 피험자 모두에게 실험처치를 하는 방식이다. 가령 n명의 피험자에게 k개의 실험처치를 실시한다고 하면 다음과 같이 도식화할 수 있다. 여기서 S는 피험자를 의미하며, 모든 피험자는 동일한 실험처치과정을 거친다. O는 각 실험처치가 끝난 뒤에 종속변인에 대한 측정이 이루어지는 것을 나타낸다.

S_1	X_1O	X_2O	……	X_kO
S_2	X_1O	X_2O	……	X_kO
·	·	·	·	·
·	·	·	·	·
·	·	·	·	·
·	·	·	·	·
S_n	X_1O	X_2O	……	X_kO

2.6 단일집단 사후검사설계

단일집단 사후검사 설계(one-group posttest-only design)는 사전검사를 실시하지 않고, 통제집단도 없는 준실험 설계이다. 이 설계는 사전검사가 이루어지지 않았기 때문에 처치로 인한 변화가 있는지 알기 힘들며 통제집단이 없기 때문에 처치가 없다면 어떤 결과일지 알 수 없는 단점이 있다. 거의 모든 내적 타당도 위험요인이 해당될 수 있다. 그러나 실제 사회현상에서는 사전검사가 불가능한 경우가 많고 비교적 적은 수의 피험자를 가지고도 실험이 가능한 이점이 있다. 이 설계는 사전검사나 통제집단이 없이 처치로 인하여 결과가 도출되었다는 인과관계가 분명한 경우와 같이 특수한 상황에서 사용된다. 그러나 사회과학에서 이러한 조건을 충족시키기는 어렵기 때문에 실제로는 별로 쓰이지 않는다.

이 설계를 기호로 나타내면 다음과 같다. G_1은 실험집단, X는 처치, O_2는 사후검사를 의미한다.

$$G_1 \qquad\qquad X \qquad O_2$$

2.7 단일집단 사전 · 사후검사 설계

단일집단 사전·사후검사 설계(one-group pretest-posttest design)는 앞에서 설명한 단일집단 사후검사 설계에다 사전검사를 추가한 준실험 설계이다. 사전검사를 추가함으로써 얻는 이득은 사전검사 측정치를 통계적인 통제방법으로 사용할 수 있다는 점이다. 특히 수업과 관련된 실험에서는 사전검사와 사후검사의 차이점수(gain score)를 분석할 수 있다. 그러나 여러 가지 내적 타당도 위협요인에는 자유로울 수 없는 설계이다. 이 설계를 기호로 나타내면 다음과 같다. G_1은 실험집단, X는 처치, O_1은 사전검사, O_2는 사후검사를 의미한다.

$$G_1 \qquad O_1 \qquad X \qquad O_2$$

2.8 이질-통제집단 사후검사 설계

이질-통제집단 사후검사 설계(posttest-only nonequivalent control group design)는 실험처치의 효과를 확인하기 위하여 실험처치를 가한 집단과 실험처치를 가하지 않은 집단을 비교하는 준실험 설계이다. 이질집단이란 용어를 사용한 것은 무선화라는 측면에서 볼 때 두 집단이 동등하지 않다는 것일 뿐, 관련변인이나 특성에 있어 두 집단을 유사하게 구성하는 것이 전혀 불가능하다는 것을 의미하지는 않는다. 준실험 설계의 경우, 실험결과가 얼마나 타당한가는 실험집단과 통제집단을 얼마나 동질하게 구성하였는가에 달려 있다고 해도 과언이 아니다.

이 설계의 가장 간단한 형태는 다음과 같이 도식화될 수 있다. G_1은 실험집단, G_2는 통제집단, X는 처치, G_1은 실험집단, G_2는 통제집단, X는 처치, —는 실험처치를 하지 않음, O_1은 사후검사를 의미한다. 이 설계의 특징은 실험집단은 실험처치를 하고 통제집단은 실험처치를 하지 않는다는 것이다. 사후검사는 실험집단인

G_1에 대한 실험처치가 끝난 다음에 두 집단 모두 실시한다.

$$\begin{array}{llll} G_1 & & X & O_1 \\ G_2 & & & O_1 \end{array}$$

2.9 이질-통제집단 사전 · 사후검사 설계

이질-통제집단 사전·사후검사 설계(pretest-posttest nonequivalent control group design)는 실험조건상 조사대상을 실험집단과 통제집단으로 나눌 수 있으나 피험자를 두 집단에 무작위로 배정할 수 없는 경우에 사용하는 준실험 설계이다. 이 설계는 실험연구에서 가장 많이 사용되는 연구 설계이다. 대개는 학교나 학급과 같이 기존 집단을 자연 상태 그대로 유지한 채 실험집단과 통제집단으로 구분하여 사용한다(이종승, 1984).

이 설계의 가장 간단한 형태는 다음과 같이 도식화될 수 있다. G_1은 실험집단, G_2는 통제집단, X는 처치, G_1은 실험집단, G_2는 통제집단, X는 처치, —는 실험처치를 하지 않음, O_1은 사전검사, O_2는 사후검사를 의미한다.

$$\begin{array}{llll} G_1 & O_1 & X & O_2 \\ G_2 & O_1 & — & O_2 \end{array}$$

이질통제집단 사전·사후검사 설계는 피험자 모두에 대해 사전검사를 실시한다는 점만 빼면 이질통제집단 사후검사 설계와 유사하다. 이 설계는 실험처치를 가하기 전에 모든 피험자에게 일관된 조건하에 사전검사를 실시한다. 사전검사를 실시하는 이유는 사전검사의 점수를 통해서 집단의 유사성을 알아볼 수 있을 뿐만 아니라 이 점수를 통계적 통제에 사용할 수 있기 때문이다.

실험효과는 실험집단과 통제집단의 사전측정치 사이의 차이를 계산하고 실험처치를 한 이후에 실험집단과 통제집단의 차이를 계산하여 구할 수 있다. 이 설계는 내적 타당도를 저해하는 외생변인의 영향이 실험설계의 하나인 통제집단 사전・사후검사 설계보다 크며 이를 통제하고 제거하기가 어렵다는 단점이 있다(채서일, 1990).

2.10 시계열 설계

준실험 설계의 한 유형인 시계열 설계(time series design)는 실험집단만 있는지, 통제집단을 추가하여 두 집단을 비교하는지에 따라 단일집단 시계열 설계와 통제집단 시계열 설계로 나뉜다. 참고로 시간계열 설계(time-series design)는 대개 이미 정해진 자연집단(intact group)을 대상으로 하기 때문에 준실험 설계로 분류하기도 하지만, 실험집단과 통제집단이 무작위로 구성되어 두 집단 간에 타당한 비교가 가능하다면 "진"실험설계가 될 수 있다(Campbell & Stanley, 1963).

2.10.1 단일집단 시계열 설계

단일집단 시계열 설계(single-group time series design)는 한 개인이나 집단을 대상으로 하여 처치 전과 후에 검사하여 주기적으로 측정한다. 이 설계는 몇 번의 검사를 실시함으로써 존재할 수 있는 내적 타당도 위험요소들을 통제하는 것이 가능해진다. 이 설계는 다음과 같이 간단하게 나타낼 수 있다. G_1은 실험집단, O_1~O_4는 사전검사 1~4회, X는 처치, O_5~O_8은 사후검사 5~8회를 의미한다.

$$G_1 \quad O_1 \quad O_2 \quad O_3 \quad O_4 \quad X \quad O_5 \quad O_6 \quad O_7 \quad O_8$$

위 도식에서 보는 바와 같이 집단이 하나밖에 없기 때문에 피험자를 무작위로 배정할 필요가 없다. 측정의 횟수는 얼마든지 가능하나 실험처치인 X는 무작위로 삽입되어야 한다. 예를 들어, 측정은 학급에서 4주마다 한 번씩 시험을 보는 것과 같이 몇 차례에 걸쳐 행해진다. 시간계열 설계는 전체의 변화 유형을 고려하여 많은 유형의 설계가 가능하고, 처치의 효과가 연속적으로 나타나는지 혹은 일시적인 것인지 파악할 수 있는 특징이 있다. 그러나 사전검사와 처치의 상호작용이 생길 수 있기 때문에 설계 시 주의를 기울일 필요가 있다.

2.10.2 통제집단 시계열 설계

통제집단 시계열설계(control group time series design)는 단일집단 시계열 설계에서 통제집단을 추가하여 두 집단을 비교하는 설계이다. 여러 번의 측정이 가능하고 측정 도중 어느 한 시기를 무작위로 선정하여 실험처치를 한다. 이때 실험처치는 어느 한 집단에 실시하지만 측정을 할 때는 두 집단을 동시에 한다.

G_1	O_1	O_2	O_3	O_4	X	O_5	O_6	O_7	O_8
G_2	O_1	O_2	O_3	O_4	—	O_5	O_6	O_7	O_8

단일집단 시계열 설계와 비교할 때 통제집단 시간계열 설계는 실험집단과 비교집단의 비교가 가능하므로 내적 타당도를 높여 준다. 두 집단 이상에 대해 실험을 하게 되면 실험처치와 동시에 발생하는 외적 요인의 가능성을 밝히는 일이 가능해진다. 예를 들어 실험집단에 실험처치를 한 후에 두 집단을 측정한 결과, 모두 바로 사전 측정치보다 사후 측정치가 현저하게 증가하였다고 가정하자. 이 경우 두 집단에서 모두 증가했기 때문에 실험처치의 효과라고 할 수 없다. 측정치의 증가 효과는 두 집단에 영향을 주는 다른 어떤 외적 요인에 기인한 것으로 추론할 수 있기 때문이다. 따라서 사후 측정치의 효과성을 밝히려면, 실험처치 전에 실시하는 사전 동질성 검정을 통하여 두 집단 간의 사전 측정치가 차이가 없는지를 확인할 필요가 있다. 실험집단과 통제집단 간의 동질성이 지켜질 때 실험결과를 신뢰할 수 있다.

3. 실험연구의 준거와 외생변인의 통제방법

3.1 실험연구의 준거

연구설계가 잘되었는지 알아보려면 준비된 연구설계를 몇 가지 준거에 비추어 점검해야 한다. 실험연구의 준거와 그 구체적인 내용은 다음과 같다(Wiersma, 1995).

- **적절한 실험통제** 연구자가 실험결과를 해석할 수 있도록 실험조건에 제약을 가하거나 무선화 과정을 통해 관심 있는 변인 이외의 다른 변인들을 통제하는 것을 의미한다.
- **인위성의 지양** 실험결과를 실제 교육환경에 바로 적용할 수 있도록 실험이 설계되어야 한다. 실험의 어떤 인위적인 특성이 실험결과에 영향을 주어서는 안 되는 것을 의미한다. 이 준거는 실험결과를 보통 학급에 일반화하기 위해서 특히 중요하다.
- **비교를 위한 기초** 실험처치의 효과가 있는지 여부를 알려면 비교집단이 있어야 한다. 예컨대 수업에 관한 실험의 경우 통제집단이 비교집단이며, 동물을 대상으로 한 약물실험에서는 약물을 투여하지 않은 동물을 통제집단으로 구성한다. 그러나 무조건 통제집단이 있어야만 비교를 할 수 있는 것은 아니다. 실험처치를 다르게 하여 비교할 수도 있고 외적 준거를 가지고 비교할 수도 있다.
- **적합한 자료** 실험연구에서 설정한 가설을 검정하기 위해서는 실험을 통하여 얻은 자료가 적합해야 한다. 예를 들어, 측정 검사의 신뢰도, 연구대상의 사전 측정치와 사후 측정치의 코딩 일치성 등이다. 자료는 가설을 검정하기에 충분하고도 정확한 통계치가 산출될 수 있는 것이어야 한다.
- **비오염 자료** 실험과정에서 측정을 잘못하거나 관찰을 잘못하여 자료 자체가 오염됨으로써 실험효과에 영향을 주어서는 안 된다. 또한 피험자가 실험처치의 효과를 상쇄하거나 실험효과를 잘못 표현하는 방식으로 상호작용을 해서는 안 된다.

- **외생변인 통제** 독립변인 이외에 종속변인에 영향을 주는 외생변인들에 의한 효과를 실험처치의 효과로 잘못 해석하면 안 된다.. 외생변인들에 의한 효과는 실험설계를 통해서 분리하거나 통제해야 한다. 이 준거는 첫 번째 준거인 '적절한 실험 통제'와 밀접한 관련이 있다.
- **설계의 대표성** 실험결과가 다른 개인이나 조건, 방법 등에 일반화되어야 한다. 대표성을 확보하기 위해서는 실험집단과 통제집단을 무작위로 선정한다든지 피험자를 무작위로 배정할 필요가 있다.
- **설계의 단순성** 단순성의 준거는 다른 모든 특성들이 동일할 때 단순한 실험설계가 복잡한 설계보다 더 선호되는 것을 의미한다. 단순하게 설계된 실험은 시행하기가 쉬울 뿐 아니라 결과를 해석하기도 쉽다. 모든 실험설계는 실험목적을 달성할 수 있도록 가장 적합한 설계를 선택해야 한다.

3.2 외생변인의 통제방법

실험설계를 하기 전에 고려해야 할 사항은 결과변인에 영향을 미칠 가능성이 있는 외생변인을 파악하고 외생변인의 영향을 통제하거나 제거할 수 있는 방안을 마련하는 것이다. 외생변인을 통제하는 방법은 다음과 같다(채서일, 1990).

- **제거** 외생변인이 될 수 있는 변인을 미리 제거하거나 외생변인이 될 가능성이 있는 변인을 똑같이 작용하게 함으로써 외생변인이 실험처치에 영향을 미치지 않도록 하는 방법이다. 예컨대 과거의 특정한 경험의 유무에 따라 실험변인에 대한 반응의 정도가 달라질 경우, 사전조사를 통하여 특정한 경험이 있는 사람을 실험대상에서 제외하고 경험이 전혀 없는 사람만을 골라서 피험자로 선정하는 방법이 여기에 속한다.
- **균형화** 종속변인에 영향을 주는 외생변인을 단계별로 적용하여 피험자를 단계적으로 분류하고 실험집단과 통제집단에 무작위로 배정하는 방법이다. 즉 외생변인으로 작용할 수 있는 요인들을 알고 있는 경우, 실험집단과 통제집단을 선정할 때 해당되는 외생변인의 영향을 동일하게 받을 수 있는 집단을

선정하는 방법이다. 균형화하는 방법의 하나로 짝짓기를 사용할 수 있다. 짝짓기는 연구하고자 하는 변인의 특성이 유사하다고 생각되는 피험자끼리 짝을 지어 두 사람 중 한 사람을 실험집단이나 통제집단에 무작위로 배정하는 방법이다. 이때 짝지어진 쌍을 무작위로 배정하지 않으면 짝짓기의 기준이 되는 변인이나 특성이 이질적일 가능성이 있을 뿐만 아니라 이러한 이질성이 궁극적으로 실험결과에 중대한 영향을 미칠 수 있다.

- **상쇄** 한 실험집단에 두 개 이상의 실험처치를 가할 때 사용하는 방법이다. 즉 실험 실시의 순서를 바꾼다든지 실험 대상을 서로 바꾸어서 실시함으로써 외생변수의 영향을 제거하는 방법이다. 예컨대 두 종류의 TV 프로그램 시청에 따른 피험자의 행동변화를 알아보는 실험에서, 두 프로그램의 순서를 달리하거나 피험자의 연령을 바꾸어서 재실험을 하는 경우가 이에 해당한다.
- **무선화** 어떤 종류의 외생변인들이 작용할지 모르는 경우에, 모집단으로부터 실험대상을 무작위로 추출하여 실험집단과 통제집단에 무작위로 배정함으로써 실험자가 조작하는 실험변인 이외의 변인들에 대한 영향을 동일하게 만드는 것이다. 실험대상의 무선화는 외생변인의 통제뿐 아니라 실험설계의 외적 타당도를 유지하기 위해서도 필요하다.

무선화의 방법에는 무선표집과 무선배정이 있다. 무선표집이란 피험자를 모집단에서 무작위로 선정하는 것을 말하며 무선배정이란 선정된 피험자를 실험집단과 통제집단에 무작위로 배정하는 것을 말한다. 이러한 무선화방법을 통하여 연구자가 의식적이건 무의식적이건 실험집단에 더 유리한 조건을 부여하는 것을 막을 수 있다(이종승, 1984).

4. 실험연구의 타당도와 분석방법

4.1 실험연구의 타당도

무선배정을 하지 않는 준실험 연구의 경우, 잠재적으로 그 실험의 내적, 외적 타당도 문제가 발생한다. 실험연구는 반복시행이 가능한 연구로, 실험결과가 순수한 실험처치에 의한 변화 때문에 발생하도록 하는 내적 타당도와 실험결과의 일반화 정도에 관한 외적 타당도를 고려한 연구 설계가 연구결과의 왜곡을 예방하는 데 중요하다. 실험연구의 타당도는 내적 타당도와 외적 타당도로 나눌 수 있다. 잘 설계된 실험의 준거는 실험적 타당도를 높이는 특성으로서 요약될 수 있다.

내적 타당도(internal validity)는 실험결과가 정말 순수한 독립변인(실험처치)에 의한 효과를 의미하는 것인지를 다루는 것으로서, 실험의 결과를 해석하는 데 필요한 통제, 측정, 분석 등 제반 절차의 적절성과 관련된다. 내적 타당도는 측정된 결과가 실험변인의 변화 때문에 일어난 것인지에 관한 문제이다. 만약 결과변인의 변화가 순전히 실험변인의 영향 때문이라면 그 실험은 내적 타당도가 높다고 할 수 있다. 내적 타당도를 높이려면 가급적 순수한 실험변인에 의한 효과만을 정확히 추출해 낼 수 있는 실험설계가 필요하다. 그러기 위해서는 외생변수를 철저히 통제할 필요가 있다.

외적 타당도(external validity)는 실험결과가 다른 대상, 다른 상황에 어느 정도 일반화될 수 있는가의 정도를 다루는 것으로서, 결과의 적용대상과 시간적, 공간적인 확장과 관련이 있다. 외적 타당도를 높이기 위해서는 현실과 비슷한 조건에서 실험이 이루어져야 한다. 일반적으로, 적절한 내적 타당도가 확보되었다면 실험결과가 보다 강력하게 일반화될수록 그 연구는 보다 유용하게 된다.

내적 타당도와 외적 타당도는 서로 상충된 면을 지니고 있다. 실험이 의미를 갖기 위해서는 내적 타당도가 높아야 하지만 내적 타당도를 높이기 위해서 실험조건을 엄격히 통제한다면 그만큼 실험상황이 현실과 유리되어 실험결과를 일반화시키는 데 문제가 발생할 수 있다. 예를 들어 사회과학의 문제를 해결하기 위해서는 두 타당도가 적절한 균형을 유지할 수 있는 실험설계를 세울 필요가 있다.

4.1.1 내적 타당도

내적 타당도를 위협하는 요인에는 대개 다음과 같은 것들이 있다(Campbell & Stanley, 1963).

- **우발적 사건** 실험이 종속변인에 영향을 주는 과정에서 일어나는 예기치 않은 사건으로 실험자의 의도와 상관없이 발생한 사건을 말한다. 예를 들어 단기간의 수업효과를 비교하는 실험에서 어느 한 피험자 집단이 수업 도중 정전으로 인하여 수업을 망쳤을 경우가 이에 해당한다.
- **피험자의 성숙** 실험기간 중 시간이 흐름에 따라 피험자의 내적 특성이 변함으로써 피험자의 반응에 영향을 주는 경우를 말한다. 예를 들어 초등학교 체육학습실험을 하는 과정이 길어져서 4~5개월이 걸렸다면 성장기 아동의 신체적 성숙이 체육 수행능력에 영향을 미칠 것이므로 연구자가 밝히고자 한 변인의 영향이 아닌 성숙한 신체 변인이 연구결과를 크게 좌우할 것이다.
- **검사** 어떤 검사를 받은 경험이 그 다음 검사의 점수에 미치는 영향을 의미한다. 즉 피험자가 검사 자체에 익숙해지거나 검사내용의 일부를 기억함으로써 실험변인의 효과가 강하게 작용할 수 있다. 예를 들어 동일한 내용의 논리적 추론검사를 실험 전과 실험이 끝난 후 두 차례 실시하였을 경우, 피험자는 사전검사의 내용으로부터 사후검사에 관한 단서를 얻을 수 있다.
- **도구 사용** 측정도구를 일관성이 없이 사용하거나 측정하는 사람이 바뀌었기 때문에 측정결과가 달라지는 것을 뜻한다. 예컨대 사전검사 때와는 다른 도구를 사용하여 사후검사를 실시한다든지 사전검사와 사후검사의 절차를 달리할 경우 검사결과가 달라질 수 있다.
- **통계적 회귀** 극단적인 점수를 가진 피험자를 선정함으로써 생기기 쉬운 통계적 현상을 말한다. 피험자를 선정할 때 점수가 너무 낮거나 너무 높은 사람을 뽑아 실험을 하게 되면, 이 피험자들은 실험처치의 효과가 없더라도 다음 번 검사에서는 처음에 얻은 극단적인 점수보다 좀 더 평균에 가까운 점수로 되돌아가는 경향이 있다. 이런 현상을 통계적 회귀(statistical regression)라고 한다. 예를 들어, 읽기수업 실험에서 읽기사전 검사점수가 낮은 대상을 집단으

로 구성한 경우, 실험처치 효과와 관계없이 사전점수보다 사후검사에서 향상된 점수를 받게 된다.

- **피험자의 차별적 선정** 실험집단을 만들 때 피험자를 무작위로 선정하지 않거나 각 집단에 무작위로 배당하지 않는 데서 기인하는 영향을 말한다. 예를 들어 수업유형에 따른 학업성취도의 차이에 관한 실험을 한다고 할 때, 실험집단을 고능력 학생으로 구성하고 통제집단을 평균능력 학생으로 구성하였다면 실험처치와 관계없이 실험집단의 학업성취도가 높을 것임을 쉽게 예상할 수 있다.
- **피험자의 탈락** 실험하는 도중에 피험자가 더 이상 실험에 참여하지 못함으로써 실험결과에 영향을 미치는 것을 뜻한다. 실험과정에서 피험자가 무선적으로 탈락한다면 별 문제가 없으나 비무선적으로 탈락하면 실험결과에 편파적인 영향을 미치게 된다. 예를 들어 다양한 연습의 효과를 알기 위해 설계된 건강실험에서, 일부 피험자들이 연습이 힘들어 중도에서 포기하였다면 연습의 효과라는 실험결과가 실제로 다르게 나올 가능성이 있다.
- **피험자의 성숙-선정 상호작용** 피험자의 성숙과 차별적 선정요인이 상호작용하여 집단 간에 동일하게 작용하지 않음으로써 실험결과가 다르게 나타나는 것을 의미한다. 예를 들면 도시 지역과 농촌 지역의 초등학생들을 대상으로 지능발달에 관한 실험을 한다고 하자. 보다 좋은 환경에서 자란 도시 지역 피험자 집단이 농촌 지역 피험자 집단에 비해 더 빠른 속도로 지능이 발달할 수 있다. 이때는 실험처치와 관계없이 선정된 피험자 집단에 따라 상이한 성숙효과가 나타난 것이다.

4.1.2 외적 타당도

준실험 설계를 사용하고자 하는 연구자는 외적 타당도를 높이기 위하여 피험자의 대표성을 확보해야 하고, 집단의 동등성을 유지하여 내적 타당도를 높여야 한다. 따라서 연구 중인 변인들과 관련된 특성들을 고려할 필요가 있다.

외적 타당도를 위협하는 외생변인은 어떤 특정한 실험에서 얻은 실험결과를 그 실험이 진행되는 상황과는 다른 상황, 그 실험 대상과는 다른 대상, 그 실험이 실시되는 시기와는 다른 시기 등에 일반화시키는 데 제약을 주는 변인을 말한다. 이런 외생변인에는 다음과 같은 것들이 있다(Campbell & Stanley, 1963).

- **검사와 실험처치 상호작용 효과** 사전검사의 실시가 실험처치와 상호작용함으로써 그 실험결과에 영향을 주어 사전검사를 받지 않은 모집단에 일반화할 수 없게 된 것을 말한다. 예를 들어 신체운동실험의 경우 피험자에게 사전검사를 실시하게 되면 사전검사를 실시하지 않을 때에 비해 피험자의 관심이나 태도가 실험처치에 어떤 방식으로든 단서를 제공하거나 영향을 미치게 된다.
- **편파적 선정과 실험처치 상호작용 효과** 어떤 피험자가 선정되었느냐에 따라 피험자와 실험처치가 상호작용하여 그 실험결과가 달라지는 것을 말한다. 예를 들어 수업방법에 관한 실험에서 낮은 성취를 보이는 학생들로 구성된 집단에 실험처치를 하여 얻은 실험의 결과를 이질적인 능력의 학생들로 구성된 집단에 일반화하기는 어렵다.
- **실험참여의 반동효과** 피험자 자신이 실험에 참여하고 있다는 사실을 인지하는 데에서 기인하는 효과를 의미한다. 피험자 자신이 실험의 대상이 되고 있다는 것을 의식하고 있다면 실험상황에서의 피험자 행동은 자연스럽지 못하게 된다. 일명 Hawthorne 효과(Hawthorne effect)라고도 한다. 예를 들어 읽기학습실험에서 치료적인 성격을 갖는 읽기프로그램에 참여하는 피험자가 정상적인 프로그램에 참여할 때는 보이지 않던 어떤 치료효과를 보일 수 있다.
- **중다처치 간섭효과** 동일한 피험자가 두 차례 이상의 반복된 실험처치를 받게 될 경우, 거기서 나타나는 실험결과를 가지고 단 한 번의 처치를 받은 실험에 일반화할 수 없는 이월효과(carry-over effect)를 말한다. 피험자에게 새로운 처치를 가할 때 이전에 받은 처치의 효과를 완전히 제거하기는 불가능하며 이전의 효과가 이후의 처치에 이월되어 나타날 수가 있다. 네 가지 약물에 대한 동물의 반응을 보려는 실험을 예로 들어 보자. 같은 동물에게 차례로 네 가지 다른 약을 투여하여 반응을 알아보는 약물실험을 했다면 두 번째부터 네 번째까지의 약물투여 효과는 앞서 투여한 약물의 효과와 분리할 수 없다.

4.2 실험연구의 분석방법

실험처치의 효과를 검증하는 방법은 다양하다. 전통적인 분석, 사전검사 점수를 통제한 후 사후검사 점수의 효과를 분석하는 방법, 두 집단 간 처치효과와 검사 내 하위영역에 대한 집단의 설명력(η^2)을 분석하는 방법, 실험처치의 변화량을 측정하는 종단적인 분석 등이 있다.

첫째, 실험연구의 효과성을 검증하는 전통적인 분석방법은 집단 내 사전검사와 사후검사 차이에 대한 비교, 실험집단과 통제집단의 사후검사 점수의 차이 비교가 있다. 연구 설계에 따라 다르지만, 두 집단 설계 시 집단 내 사전검사와 사후검사의 차이비교는 대응표본 t검증(two-dependent samples t test; matched pair t test)을 실시하고, 실험집단과 통제집단의 사후검사 점수의 차이 비교는 독립표본 t검증(two-independent samples t test) 을 사용한다. 이 분석을 통하여 집단 내 사전-사후의 변화된 양과 집단 간 사후검사의 점수를 비교할 수 있다. 집단이 3개 이상인 경우에는 분산분석(one-way analysis of variance; one-way ANOVA)을 실시하고, 2×2 요인 설계로 실험하여 독립변인의 수가 2개 이상인 경우에는 이원분산분석(two-way analysis of variance)을 실시하여 처치효과와 상호작용 효과를 분석할 수 있다.

둘째, 실험처치의 효과를 살펴보기 위하여 사전검사가 사후검사에 미칠 수 있는 영향을 통제한 후, 집단 간 사후검사의 차이를 분석하는 공분산분석(Analysis of Covariance: ANCOVA)이 있다. 공분산분석을 통하여 사전검사의 효과가 유의한지, 사전검사의 영향을 제거한 수정된 사후검사 점수를 통해 두 집단 간 차이를 비교할 수 있다. 공분산분석 결과, 사전검사 점수의 유의성 검증에서 통계적으로 유의하게 나타났다면, 사전점수가 사후점수에 유의한 영향을 미치는 것으로 해석할 수 있다. 이러한 경우 공분산분석을 실시하는 것이 적합하다는 결론을 내릴 수 있으며, 사전검사 점수를 통제하지 않고 전통적인 분석방법(예: t검정)으로 도출한 연구결과는 신뢰성이 떨어질 수 있다. 치밀하게 실험을 준비하고 연구를 설계하는 것만큼 그에 맞는 통계방법을 선택하는 것이 연구자의 중요한 역량이다.

셋째, 변인을 측정하는 검사가 단일척도가 아닌 2개 이상의 하위영역으로 구성된 경우, 두 집단 간 처치효과와 검사 내 하위영역에 대한 집단의 설명력(η^2)을 분석하는 다변량분산분석(Multivariate Analysis of Variance: MANOVA)이 있다. 하위영역이 2개 이상인 심리검사의 경우, 검사 내 하위영역 간의 상관은 높을 수밖에 없다. 이때 앞서 제시한 전통적인 분석방법(t검증)을 실시할 경우 하위영역이 4개라면 4번의 분석을 별도로 해야 한다. 그러나 이때 종속변인들 간의 의존적 관계성을 밝히기 어렵고 상관이 높은 종속변인들을 따로 분석함으로써 1종 오류를 범할 수 있다. 따라서 같은 구인을 설명하는 하위영역들의 집단 간 처치 효과를 밝히려면 다변량분산분석을 이용하는 것이 유용하다. 다변량분산분석을 통하여 두 집단 간 처치효과와 종속변인들 간의 상대적인 설명력을 제시하여 비교할 수 있다. 이때 추가로 사전검사를 통제하여 실시하는 다변량공분산분석(Multivariate Analysis of Covariance: MACOVA)을 실시하여 통계적인 설계를 짜임새 있게 할 수 있다.

마지막으로, 반복측정 설계나 시계열 설계와 같이 동일한 피험자를 대상으로 검사를 3회 이상 반복하여 실시한 경우, 집단 내 변화량을 측정하는 종단적인 분석(longitudinal analysis)이 있다. 예를 들어, 처치 전 사전검사를 실시하고, 처치 중 검사 1회, 완료 후 검사 1회를 하거나 사전검사를 실시하고 완료된 후 사후검사 1회, 처치가 없는 잠복기(대체로 1달 후)를 거쳐 사후검사 2회를 실시할 수 있다. 물론 검사를 4회 이상 실시하는 것도 가능하다. 이때 연구 설계의 조건은 같은 대상에게 같은 검사를 같은 실험조건에서 수회 반복해야 한다는 점이며, 집단 내 탈락이 많은 경우 샘플수의 감소로 인하여 분석이 어려울 수 있다. 따라서 연구자는 처치효과를 종단적으로 살펴보고자 할 때 횡단시점의 실험설계보다 연구기간이 길어지고, 연구의 신뢰도와 실용도 차원을 문제를 해결해야 하는 어려움이 있다. 그럼에도 불구하여 최근에는 결과중심의 효과 검증이라는 양적 연구가 보여주는 한계점을 질적 연구 없이 종단적 분석방법으로써 과정차원의 변화를 분석할 수 있는 장점 때문에 많은 연구자가 사용하고 있는 실정이다.

5. 실험연구의 적용 예

5.1 사전-사후 효과측정

전통적인 실험연구의 효과측정의 예로 〈협동적 읽기·쓰기 통합프로그램 적용이 학습부진아의 읽기메타인지 및 학습동기에 미치는 효과(이상웅, 2001)〉를 살펴보고자 한다. 이 연구의 목적은 초등학교 5학년 국어과 학습부진아를 대상으로 협동적 읽기·쓰기 통합(CIRC) 프로그램을 적용한 후, 읽기 메타인지 및 국어과 학습 동기에 효과가 있는지 밝히는 것이다.

실험설계 및 실험처치기간을 살펴보면, 이질통제집단 사전·사후검사 설계를 이용하였다. 연구 문제를 검증하기 위한 실험 설계는 [그림 1.2]와 같다. G_1은 실험집단, G_2는 통제집단, X_1은 CIRC 프로그램, X_2는 전통적 학습이다.

G_1	O_1	X_1	O_2
G_2	O_1	X_2	O_2

[그림 1.2] 실험설계

협동학습과 학업성취에 관한 메타 분석적 연구에 따르면(Bak, 1992) 실험기간이 2~8주 때 그 효과가 가장 높게 나타났다. 본 연구는 이에 근거하여 실험처치를 1주에 5차시씩(1차시는 40분) 4주 동안 총 20차시에 걸쳐 정규국어과 교육과정 영역에서 학습하였다. 실험, 통제집단은 동일한 학습과제, 수업진도에 따르며, 형성평가, 복습과제가 동일하게 주어진다. 그러나 실험집단은 매시간 협동학습 형태의 CIRC프로그램을 적용하는 반면, 통제집단에서는 전통적인 교사중심 학습방법을 적용하였다.

자료분석방법은 집단 내 사전-사후 검사의 차이는 대응표본 t검정을 실시하고, 실험집단과 통제집단의 사후점수에서 사전점수를 뺀 차이점수를 비교하기 위하여 독립표본 t검정을 실시하였다.

결과를 살펴보면, 실험집단의 사전검사와 사후검사의 차이검증 결과, 사후검사에서 사전검사 보다 읽기 메타인지 수준이 평균 5.8점 높아졌는데 이는 통계적으로 유의하게 나타났다($t=3.09$, $p<.05$). 비교하여 통제집단은 사전-사후검사에서 읽기 메타인지 수준이 평균 1.40점 높아졌으나 이는 통계적으로 유의하지 않았다.

〈표 1.1〉 실험집단의 읽기 메타인지 사전점수와 사후점수의 차이

검사	n	M	SD	t
사전	10	18.60	4.96	3.09^{*}
사후	10	24.40	2.69	

$^{*}p<.05$

집단별 사전-사후 차이점수 결과를 살펴보면, 읽기 메타인지에 대한 실험집단과 통제집단의 사전-사후 차이 점수는 실험집단이 통제집단보다 읽기 메타인지 수준이 유의하게 높은 것으로 나타났다($t=2.34$, $p<.05$).

〈표 1.2〉 집단별 읽기 메타인지 사전-사후 차이점수 결과

집단	n	M	SD	t
실험집단	10	5.80	3.62	2.34^{*}
통제집단	10	1.40	3.21	

$^{*}p<.05$

5.2 상호작용의 효과 측정

처치 간 효과와 상호작용 효과를 측정하는 실험연구의 예로 〈피드백 빈도와 피드백 구체성이 과제 수행에 미치는 상대적 효과 검증〉(박진아, 2012)을 살펴보고자 한다. 이 연구의 목적은 피드백 빈도의 차이와 피드백 구체성의 차이가 과제 수행에 미치는 영향을 각각 재검증하고 피드백 빈도와 피드백 구체성의 상호작용 효과를 살펴보는 것이다.

실험설계 및 실험처치기간을 살펴보면, 실험설계는 교차요인설계 중 2 x 2 요인

설계(factorial design)를 적용하였다. 참가자들은 무작위로 다음 네 조건 중 한 조건에 할당되었다: (1) 1회기마다 구체적 피드백을 제공받는 조건, (2) 1회기마다 포괄적 피드백을 제공받는 조건, (3) 4회기마다 구체적 피드백을 제공받는 조건, (4) 4회기마다 포괄적 피드백을 제공받는 조건. 참가자들은 7일 중 하루를 선택하여 실험에 참가하였고 총 24회기 동안 과제를 수행하였다. 자료분석방법은 피드백 빈도와 구체성이 오류율에 미치는 영향과 이들의 상호작용 효과를 통계적으로 살펴보기 위해 이원변량분석(two-way analysis of variance)을 실시하였다.

분석 결과 피드백 빈도의 주 효과는 유의미하지 않았다(F=2.582, p〉.05). 이는 1회기마다 피드백을 받은 집단과 4회기마다 피드백을 받은 집단 간 유의미한 과제수행의 오류율의 차이가 없었다는 것이다. 반면 피드백 구체성의 주 효과는 .05 수준에서 유의미하였으며(F=4.530, p〈.05), 그 효과 크기는 .08이었다. 즉 구체적 피드백을 받은 집단이 포괄적 피드백을 받은 집단보다 유의미하게 낮은 과제수행의 오류율을 보였음을 알 수 있다. 마지막으로, 두 피드백 특성 간 상호작용 효과는 .05 수준에서 유의미하지 않은 것으로 나타났다(F=1.619, p〉.05). 비록 상호작용 효과가 통계적으로 유의미하지 않았지만 [그림 1.3]에서 볼 수 있듯이 구체적 피드백과 포괄적 피드백의 각 조건에서 고빈도 피드백과 저빈도 피드백의 그래프 경향이 다소 다르게 나타났다.

〈표 1.3〉 평균 과제수행의 오류율에 대한 변량분석의 결과

Source	df	SS	MS	F	*p*	Partial Eta^2
빈도(A)	1	24.407	24.407	2.582	.114	.047
구체성(B)	1	42.823	42.823	4.530	.038	.080
A×B	1	15.299	15.299	1.619	.209	.030
Error	52	491.511	9.452			
Total	56	2436.942				

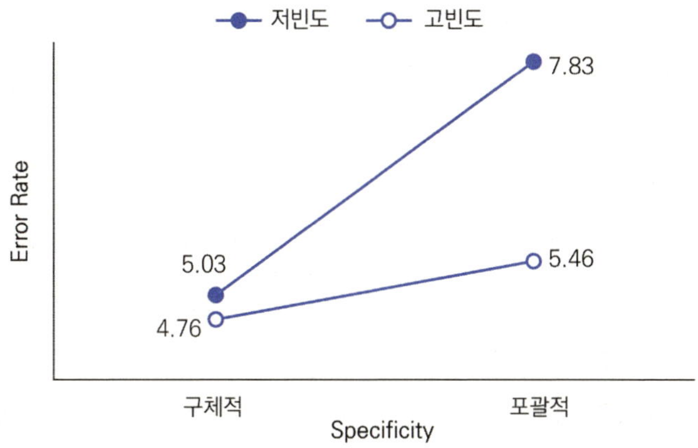

[그림 1.3] 피드백 빈도와 피드백 구체성 간의 상호작용 효과

5.3 상관이 있는 종속변수들의 처치효과와 설명량 측정

다변량분산분석을 실시한 효과측정검증의 예로 〈인성함양활동이 유아의 친사회적 행동과 기본생활습관에 미치는 효과〉(송순옥, 2016)를 살펴보고자 한다. 이 연구의 목적은 유아교육기관에서 다양하고 균형 있게 이루어질 수 있는 인성함양활동을 통해 유아의 친사회적 행동과 기본생활습관의 향상에 미치는 효과를 분석함으로써 인성함양활동의 구체적인 적용방향을 제시하는 것이다.

연구설계는 이질통제집단 사전·사후검사 설계법을 이용하였다. 연구절차를 살펴보면, 예비연구에서 연구대상과 발달수준, 교육환경, 사회경제적 배경이 유사한 만 5세 유아 10명을 대상으로 프로그램의 적절성, 소요시간, 검사도구의 이해도를 알아보고 프로그램을 수정 보완하였다. 다음으로 교사 훈련 및 평정자 간 일치도를 확인하기 위하여 유아 친사회적 행동과 기본생활습관 검사를 실시할 실험집단과 통제집단 교사에게 검사도구의 사용법, 소요시간, 실시상의 주의사항 등에 대한 훈련을 하였다. 검사자 간 일치도를 높이기 위해 두 명의 담임교사에게 평정도구의 일관성을 보이도록 반복적으로 훈련을 시켰으며, 최종적으로 94%의 일치도를 보였다. 마지막으로 교사훈련을 통하여 담임교사에게 활동안을 각각 제공하고 활동목표 및 내용, 구체적인 활동방법, 지도상의 유의점 등을 설명하였다. 또한 활동이 진행되는 과정에서는 교사들이 제공된 활동안대로 수업을 잘 진행하고 있는지를 검토하였다. 실험처치는 2015년 11월 9일부터 2015년 12월 9일까지 1주 3회씩, 5주간 총 14회에 걸쳐 실시하였다. 자료분석은 인성함양활동 실시에 따른 유아의 친사회적 행동과 기본생활습관에 대한 효과 검증을 위해 각 집단 간 사후 점수에 대한 다변량분산분석(MANOVA)을 실시하였다.

결과를 살펴보면, 먼저 동질성 가정 검사(Box 검정)을 실시하여 다변량분산분석을 위한 공분산의 동질성 가정에 부합함을 확인하였다. Levene의 동질성 검정결과, 지도성, 도움 주기, 의사소통능력, 접근 시도하기, 나누기, 감정이입 및 조절에 대해서는 모두 $p>.05$ (.272, .893, .881, .626, .159, .101)로 일원분산분석(ANOVA)을 위한 동질성 가정에 부합함을 확인하였다. 그러나 주도적 배려에 대해서는 $p<.05(p=.047)$로 분산의 동질성 가정에 부합하지 않았다. 이 경우는 Levene의 검증을 통해 분산의 동질성이 확보되지 않은 경우에 해당하기 때문에 Welch 검증 결과 값을 보고하였다. 친사회적 행동 하위영역에 대한 다변량분산분석 결과를 제시하면 〈표 1.4〉와 같다. Hotelling's 값을 확인한 결과, 인성함양활동이 유아의 친사회적 행동에 대하여 집단 간 통계적으로 유의미함을 알 수 있다(Hotelling's T^2 =.904, F(7.32)=43.25, p=.000).

친사회적 행동의 하위영역에 있어서 집단 간 차이를 살펴보면, 의사소통능력(F(1,38)=203.13, p=.000, η^2=.799), 나누기(F(1,38)=176.97, p=.000, η^2=.791), 도움 주기(F(1,38)=123.85, p=.000, η^2=.754), 주도적 배려(F(1,38)=94.76, p=.000, η^2=.714), 접근 시도하기(F(1,38)=75.67, p=.000, η^2=.666), 감정이입 및 조절(F(1,38)=90.94, p=.000, η^2=.659), 지도성(F(1,38)=48.36, p=.000, η^2=.461) 순으로 모두 통계적으로 유의미한 차이를 보였다. 결과적으로 인성함양활동이 유아의 친사회적 행동 전체에 미치는 효과가 매우 높다는 것을 의미한다.

〈표 1.4〉 친사회적 행동의 하위영역에 대한 다변량분산분석(MANOVA) 결과

종속변수	MANOVA				ANOVA		
	Hotelling's T^2	$F(7.32)$	p	η^2	$F(1,38)$	p	η^2
지도성					48.36***		.461
도움 주기					123.85***		.754
의사소통능력					203.13***		.799
주도적 배려	.904	43.25***	.000	.780	94.76***	.000	.714
접근 시도하기					75.67***		.666
나누기					176.97***		.791
감정이입 및 조절					90.94***		.659

*** $p < .001$

5.4 종단적인 변화량 측정

종단적인 처치 간 효과와 실험집단 내 변화량을 측정하는 실험연구의 예로 〈창의성 팀 활동에서 개인주의 · 집단주의에 의한 팀 구성방식이 집단창의성과 집단효능감에 미치는 영향〉(권재기, 정미경, 2018)을 살펴보고자 한다. 이 연구의 목적은 팀 활동에 영향을 미치는 개인주의와 집단주의를 중요한 변수로 보고 개인주의 · 집단주의 성향에 따라 팀을 구성한 후, 창의적인 결과물로써 집단창의성과 집단효능감의 효과를 종단적으로 살펴보는 것이다. 이를 통하여 집단창의성과 집단효능감을 향상시킬 수 있는 팀 구성방식을 제안하고자 하였다.

실험설계 및 실험처치기간을 살펴보면, 시계열 설계(time series design) 중 단일집단 시간계열 설계(single-group time series design)를 사용하였다(박도순, 2003). 연구 수행을 위해 창의성계발 수업을 수강하는 단일집단 내에서 개인주의 · 집단주의 성향을 파악한 후, 집단을 구분하여 집단창의성과 집단효능감의 효과를 살펴보는 설계로 실험하였다. 연구설계는 [그림 1.4]와 같다. 창의성계발 활동에서 팀을 구성할 때 팀 규모는 김희곤(2010)의 연구에 근거하여 1팀당 6~7명으로 구성하였다.

G	O_1	G_1	O_2	X_1	O_3	X_2	O_4
		G_2	O_2	X_1	O_3	X_2	O_4
		G_3	O_2	X_1	O_3	X_2	O_4

G: 단일집단(창의성계발을 수강한 학생)
G_1: 강한집단주의
G_2: 강한개인주의
G_3: 비교집단
O_1: 개인주의 · 집단주의 검사(팀 구성)
O_2, O_3, O_4: 사전, 사후1, 사후2 검사(집단창의성 검사, 집단효능감 검사)
X_1: 팀 창의성 활동 1~4회기
X_2: 팀 창의성 활동 5~8회기

[그림 1.4] 연구설계

실험기간은 창의성계발 팀 활동을 총 8회기 실시하였고, 주 1회 총 150분 수업을 실시하였다. 창의성계발 팀 활동은 Storytelling, Post-it Brainstorming, Lotus Blossom, Mind-map, UCC, 안전한 구조물 만들기, 무언극 창작공연하기, 지점토 작품 만들기가 있다. 자료분석방법을 살펴보면, 먼저 사전 동질성검사는 2차례 실시하였다. 측정시점(1학기, 2학기)에 따른 개인주의 · 집단주의, 집단창의성 및 집단효능감의 동질성 검증은 독립표본 t검정으로 확인하였다. 마지막으로 집단 간 집단창의성과 집단효능감의 사전동질성 검증은 일원분산분석을 실시하였다. 그리고 팀 구성에 따른 집단창의성과 집단효능감의 변화는 어떠한지를 살펴보기 위하여 2수준다층모형을 적용하였다.

2수준다층모형분석을 위하여 분석한 모형을 살펴보면 다음과 같다.

1수준 모형

$$Y_{ti} = \pi_{0i} + \pi_{1i}(time)_{ti} + e_{ti}$$

2수준 모형

$$\pi_{0i} = \beta_{00} + \beta_{01}(\text{창의성 팀})_i + r_{0i}$$

$$\pi_{1i} = \beta_{10} + \beta_{11}(\text{창의성 팀})_i + r_{1i}$$

측정시점 변수인 1수준 모형에서 Y_{ti}는 시간 t에서 i번째 학생의 집단창의성(또는 집단효능감) 점수를 의미하고, π_{0i}는 개인별 집단창의성(또는 집단효능감)으로서 학생들 간의 개인차이며, π_{1i}는 단계별 점수 변화율의 개인별 진점수로서 학생들의 변화정도이다. $time_{ti}$는 개인 i의 t시점에서의 점수로서 사전, 사후1, 사후2의 측정치이다. 측정시점은 사전, 사후1, 사후2를 0, 1, 2로 코딩하였다. 팀 구성에 따른 집단창의성과 집단효능감의 변화는 HML 6.08(Raudenbush et al., 2002) 프로그램을 사용하여 추정하였다.

결과에서는 두 집단 간 집단창의성의 변화를 살펴보면, 창의성계발 수업을 수강한 후 전체적으로 집단창의성은 시간이 지남에 따라 상승하였고, 개인차가 나타났다. 구체적으로 세 팀의 집단창의성 변화에서 강한 집단주의가 지속적으로 집단창의성이 향상되어 가장 높은 성장을 보였다. 연구모형에서는 세 팀의 집단창의성 효과를 살펴보기 위하여 성장 모형식을 적용하여 집단창의성에 대한 창의성계발 활동의 효과를 분석하였다(〈표 1.5〉, 〈표 1.6〉, 〈표 1.7〉).

〈표 1.5〉 강한 집단주의 팀의 집단창의성 변화

고정효과	계수	SE	t-ratio
초기값			
그 외 집단	3.577	.091	39.297**
강한 집단주의	-.042	.139	-.303
선형성장률			
그 외 집단	.054	.033	1.617
강한 집단주의	.135	.051	2.638**
무선효과	분산	Sd	χ^2
집단 내	.752	.566	722.254**
집단 간	.257	.066	460.415**
오차분산	.250	.062	

〈표 1.6〉 강한 개인주의 팀의 집단창의성 변화

고정효과	계수	SE	t-ratio
초기값			
그 외 집단	3.480	.078	44.196**
강한 개인주의	.310	.156	1.984**
선형성장률			
그 외 집단	.193	.027	7.142**
강한 개인주의	-.320	.053	-5.951**
무선효과	분산	Sd	χ^2
집단 내	.740	.548	703.973**
집단 간	.225	.050	388.978**
오차분산	.250	.062	

〈표 1.7〉 비교집단의 집단창의성 변화

고정효과	계수	SE	t-ratio
초기값			
그 외 집단	3.630	.082	43.755**
비교집단	-.222	.146	-1.517
선형성장률			
그 외 집단	.072	.031	2.322*
비교집단	.125	.054	2.290*
무선효과	분산	Sd	χ^2
집단 내	.745	.556	711.639**
집단 간	.259	.067	465.562**
오차분산	.250	.062	

팀 구성에 따른 세 팀의 집단창의성의 변화추이를 그래프로 살펴보면 [그림 1.6]과 같다. 세 팀의 집단창의성 변화를 살펴보면, 강한 집단주의 팀의 집단창의성이 가장 향상된 것을 알 수 있다. 강한 개인주의 팀은 시간이 지날수록 집단창의성이 감소되고, 비교집단은 초기에서 중반으로 갈수록 집단창의성이 상승되다가 이후로는 유지되는 것을 알 수 있다.

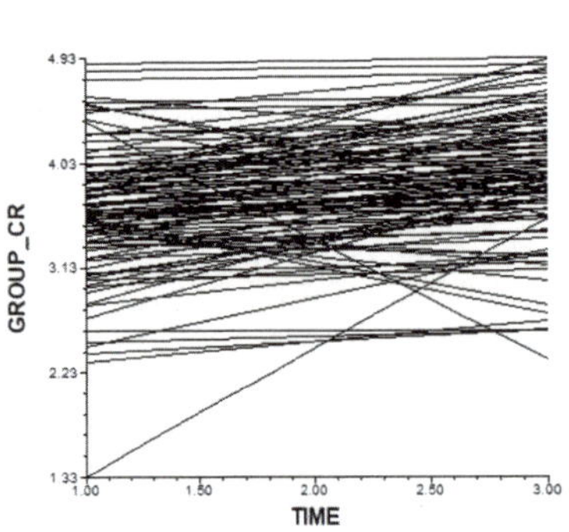

[그림 1.5] 집단창의성의 변화(전체 집단)

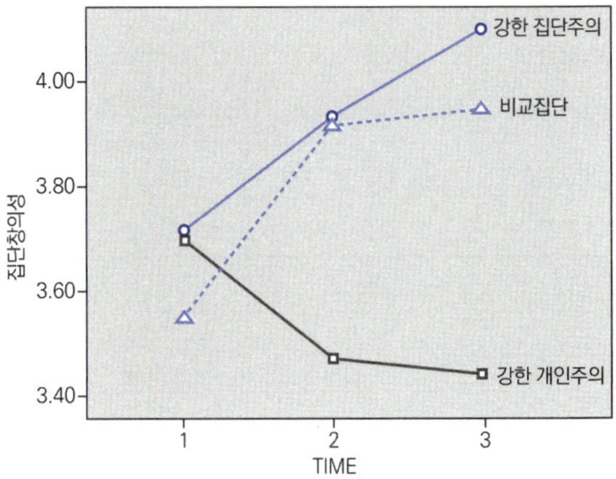

[그림 1.6] 세 팀의 집단창의성의 변화

6. 실험연구에 대한 논의

실험연구는 현상에 대한 인과관계에 관한 가설을 점검하기 위하여 통제된 조건 하에서 어떤 상황을 인위적으로 일어나게 하여 자료를 수집하는 연구방법이다. 인위적으로 연구할 실험 조건과 시기를 통제된 상황에서 관찰함으로써 관찰 상황에 영향을 주는 요인을 쉽게 확인할 수 있어 인과관계를 밝혀내기 적합한 연구방법이다. 그러나 실험에서 사용되는 상황이 지나치게 인위적이어서 연구결과를 실제 장면에 적용하는 데 문제가 있을 수 있다.

실험연구의 장점은 연구자가 변수를 통제할 수 있어서 연구결과를 통하여 인과분석을 할 수 있다는 점이다. 조사연구를 통해서 인과관계를 분석하는 것은 어려우나 실험연구를 통해서는 이것이 가능하다. 인과추론과 관련하여 구조방정식모형과 같은 통계적 방법을 쓰면 인과관계 분석이 가능하다고 생각하는 것은 잘못된 것이다(유진은, 2015). 구조방정식모형 방법 자체가 인과관계를 입증하지 못한다는 것을(Bollen, 1989) 구조방정식모형을 분석하는 LISREL 프로그램 개발자들(Raudenbush & Bryk., 2002)도 인정하였다. 아무리 고급 연구방법론을 쓴다고 하여도 인과관계가 자동으로 설명되는 것은 아니다. 인과추론이 연구목적이라면 실험설계가 가장 좋은 설계 중 하나이다.

실험연구의 단점은 다음과 같다. 첫째, 실험연구의 결과가 변수의 처치 혹은 통제에 의한 실험 상황의 결과이며 실제 상황의 결과가 아니라는 점이다. 따라서 실제 상황에 실험연구의 결과를 적용하는 데는 제한점이 있을 수 있으며, 실제 상황에 적용하고자 할 때는 세심한 주의가 필요하다(성태제, 2006). 둘째, 실험연구에 의한 연구결과는 일반화하는 데 문제가 있다. 특수한 실험상황에서 얻은 결과일수록 연구결과를 일반화하는 데 제약이 따른다. 실험연구의 한계점은 변수의 처치, 조작이 가능한 경우에만 연구가 가능하다는 점이다. 즉 변수의 처치, 조작이 불가능할 경우에는 연구를 시행할 수 없다는 단점이 있다. 셋째, 실험집단과 통제집단을 무선적으로 배정하는 일이 그리 쉬운 것만은 아니다. 오히려 실제 교육현장에서는 학생들이 이미 정해진 학급에 속하여 있는 경우가 대부분이다. 이러한 집단을 '자연 집단(intact group)'이라고 하고 준실험 설계로 실시된다.

준실험 설계을 사용할 때 유의할 점은 다음과 같다. 첫째, 준실험 설계는 실험대상을 연구자가 임의로 선정하기가 어렵고, 통제집단과 실험집단이 동일한 특성을 갖추기가 어렵다. 무선화와 같은 통제가 제대로 이루어지지 못하기 때문에 연구자는 구체적으로 어떤 변인들을 통제하지 못했는지 정확히 파악하고 있어야 하며, 연구결과를 해석하고 일반화하고자 할 때는 특히 주의를 해야 한다. 둘째, 준실험 설계 시 종속변수에 영향을 줄 만한 변수들이 비슷하도록 실험집단과 통제집단을 구성하는 것이 도움이 된다. 예를 들어, 2개 학급을 실험하기보다 여러 개의 학급을 대상으로 학급을 무선할당하거나 연구대상의 성별, 나이, 특성 등이 비슷하게 학급을 선정하는 것이다.

참고문헌

강상진(2014). **사회과학 연구를 위한 실험설계와 분산분석**. 출판사: 교육과학사.

권재기·정미경(2018). 창의성 팀 활동에서 개인주의·집단주의에 의한 팀 구성방식이 집단 창의성과 집단효능감에 미치는 영향. **창의력교육연구**, 18(2), 1~23.

김아영·차정은·이채희·주지은·임은영(2016). **혼자쓰는 연구논문 - 연구방법론**. 학지사.

김희곤(2010). **3A-ETP가 팀워 수준 및 팀 효과성에 미치는 영향에 관한 연구**. 석사학위논문. 경희대학교 경영대학원.

박광배(2009). **변량분석과 회귀분석**. 출판사: 학지사.

박진아(2012). **피드백 빈도와 피드백 구체성이 과제 수행에 미치는 상대적 효과 검증**. 중앙대학교 대학원 석사학위논문.

성태제(2006). **교육연구방법의 이해**. 출판사: 학지사.

성태제·시기자(2007). **연구방법론**. 출판사: 학지사.

송순옥(2016). 인성함양활동이 유아의 친사회적 행동과 기본생활습관에 미치는 효과. **한국영유아보육학**, 101, 163-188.

유진은(2015). **한 학기에 끝내는 양적연구방법과 통계분석**. 출판사 : 학지사.

이상웅(2001). **협동적 읽기·쓰기 통합프로그램 적용이 학습부진아의 읽기메타인지 및 학습동기에 미치는 효과**. 인천교육대학교 교육대학원 석사학위논문.

이종승(1984). **교육연구**. 출판사: 배영사.

채서일(1990). **사회과학조사방법론**. 출판사: 법문사.

Bak, B. G. (1992). Metaanalytic intergration of the relationship between cooperative learning and achievement. Unpublished doctoral dissertation, University of Georgia.

Bollen (1989). *Structural equations with latent variables*. New York: Wiley.

Campbell, D. T. & Stanley, J. C. (1963). *Experimental and quasi-experimental designs for research*. Chicago: Rand McNally.

Raudenbush, S. W., & Bryk, A. S. (2002). Hierarchical linear models: Applications and data analysis methods (2nd ed.). Thousand Oaks, CA: Sage.

Wiersma, W. (1995). *Research methods in education : An introduction*(6th ed.). Allyn and Bacon.

제2장

비실험연구법

1. 비실험연구의 의미

연구의 궁극적 목적은 인과 관계를 밝히는 데 있다. 그런 점에서 실험연구법은 다른 어느 방법보다 효과적이다. 그러나 모든 현상이나 문제를 실험연구법으로 설명하거나 규명할 수 있는 것은 아니다. 이미 벌어진 일의 원인을 거꾸로 추적해서 알아내야 하는 경우나, 연구 윤리에 저촉된다는 이유로 또는 실질적으로 실험처치를 가할 수 없는 경우에는 비실험연구법이 활용된다.

비실험연구법에는 매개 효과나 조절 효과 등을 확인하기 위한 조사연구, 인과비교 연구, 상관 연구 등이 포함될 수 있다.

1.1 변인 통제

실험 연구는 다른 유형의 연구에 비해 변인 통제가 용이하기 때문에 인과 관계를 규명하기에 적합한 편이다. 실험 연구에서 통제는 두 가지 의미를 갖고 있다. 하나는 실험 처치를 받지 않는 피험자가 통제된다는 것이고, 다른 하나는 누가 처치를 받고 또 누가 처치를 받지 않는지가 무작위로 결정된다는 것이다. 비실험 연구에서도 통제는 중요한 의미를 갖는다. 여러 변인들이 혼재된 상태에서 변인 간 관계를 규명할 수는 없다. 두 변인 간의 관계를 규명하기 위해 다른 변인들의 영향이 통제되어야 한다(Freedman, Pisani, & Purves, 2007, pp. 12-13).

비실험 연구에서 변인을 통제하는 방안은 크게 두 가지로 나누어 볼 수 있다. 하나는 설계를 통한 통제이고, 다른 하나는 통계적인 통제이다. 무작위 대규모 표집을 통한 비실험 연구는 설계를 통한 통제의 대표적인 방안이다. 모든 변인의 영향을 무선화함으로써 두 변인 간의 관계에서 다른 변인의 영향을 통제한다. 특정 변인의 영향이 우려되는 상황이라면 그 변인을 중심으로 짝진 표집을 함으로써 영향을 통제하는 방안도 있다. 통계적인 통제 방안으로는 회귀분석법과 공분산분석법이 대표적이다(이종성, 1996, pp. 239-240; 이종승, 2009, pp. 316-318).

1.2 변인의 종류

[그림 2.1]에서 보듯이, 변인에는 어떤 사건이나 현상의 원인이 될 법한 변인들(예측 변인, 통제 변인, 조절 변인), 이들에 의해 나타났을 법한 결과 변인, 예측 변인과 결과 변인 사이에 어떤 중개 역할을 했을 법한 매개 변인 등이 있고, 연구 과정에 미처 고려하지 못했지만 이들 변인에 영향을 줄 수도 있는 혼재 변인이 있다(Creswell, 2008, pp. 125-130).

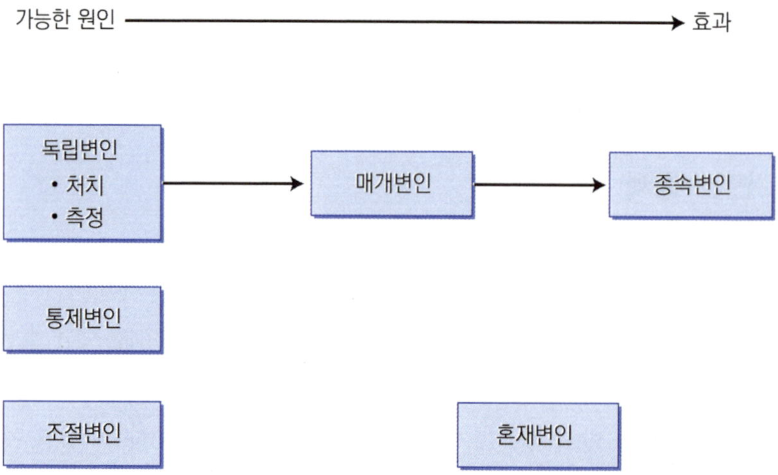

[그림 2.1] 변인의 종류

예를 들어, 친구 관계와 청소년 비행의 관계에서 자아개념의 매개 효과를 연구하는데 성별에 따라 그 효과가 다르게 나타나는지를 알아보려 한다. 이때 거주 지역과 가정의 사회경제적 지위, 학생의 학년 등의 영향은 배제하고 싶다고 해보자. 이때 친구 관계는 예측 변인이고, 청소년 비행은 결과 변인이다. 자아개념은 매개 변인이고, 성은 조절 변인이며, 거주 지역, 가정의 사회경제적 지위, 학생의 학년 등은 통제 변인이다. 이 연구에서 미처 고려하지 못한 점들은 무수히 많을 수 있는데, 예를 들어 학생의 성격 특성, 학교생활 만족도, 학업 성취 수준이나 기대 등은 혼재 변인에 해당한다.

2. 비실험연구의 분류

응답자의 자기 보고를 바탕으로 이루어지는 비실험 연구를 분류하는 기준은 매우 다양하다. 조사 목적에 따른 분류, 조사 방식에 따른 분류, 조사 설계에 따른 분류, 조사 시점에 따른 분류, 결과 분석 방식에 따른 분류 등이 있다.

조사 목적에 따라서 사실 발견, 가설 검증, 규준 작성을 위한 조사 등이 있을 수 있고, 조사 방식에 따라서 질문지, 면접, 전화, 우편, 인터넷 조사 등이 있을 수 있다.

조사 설계에 따라 횡단 연구와 종단 연구로 분류될 수 있고, 조사 시점에 따라 상관 연구와 인과 비교 연구로 분류될 수 있으며, 결과 분석 방식에 따라 회귀분석 및 경로 분석 연구, 구조방정식 모형 연구, 위계선형 연구, 잠재성장모형 연구 등으로 분류될 수 있다.

3. 비실험연구의 설계

비실험 연구의 설계는 특정 시점에서 응답자들의 반응 차이를 밝히고자 하는 횡단 설계와 특정 응답자들의 시간 변화에 따른 발달이나 추세를 알아보고자 하는 종단 설계로 구분된다.

[그림 2.2]에서 보듯이, 횡단 설계는 특정 시점(2020년)에서 2005년생 15세, 2004년생 16세, 2003년생 17세 학생들의 반응 차이를 알아볼 수 있다. 한편 종단 설계는 2006년생이 15세가 되는 2021년, 16세가 되는 2022년, 17세가 되는 2023년에 어떤

발달이 이루어지는지 또는 어떤 변화 추세가 있는지를 알아볼 수 있다.

횡단 설계는 연령별 차이의 일반적인 경향을 알아보는 데 적합한데 구체적인 개인 차이 및 연령별 변화 과정, 초기 경험의 영향 등을 포착할 수 없다는 문제점이 있다. 종단 설계는 개인의 발달이나 추세를 알아보는 데 적합한데 표본의 중도 탈락으로 인한 모집단 대표성 부족, 도구의 반복 사용으로 인한 연습 효과 등의 문제점이 있다.

연령 / 출생년도	15	16	17	
2003	2018	2019	2020	횡단설계
2004	2019	2020	2021	종단설계
2005	2020	2021	2022	
2006	2021	2022	2023	

[그림 2.2] 횡단 조사 설계와 종단 조사 설계

4. 상관 연구와 인과 비교 연구

상관 연구가 한 집단에서 조사된 여러 변인들 간의 관계를 알아보는 것이라면, 인과 비교 연구는 독립 변인이 종속 변인에 미치는 영향이 여러 집단 간에 차이가 있는지를 비교하려는 것이다. 이들은 독립 변인에 대한 조작이 없다는 점에서 실험 연구와 다르다는 공통점이 있다.

상관 연구는 변인들의 분산-공분산 행렬로부터 계산한 상관 계수를 가지고 변인 간 관계를 추정한다. 두 변인 간의 단순 상관 분석, 제3의 변인의 영향이 제거된 순수한 두 변인 간 부분 상관 분석, 하나의 종속 변인에 대한 여러 독립 변인들의 상대적인 영향력을 알아보는 회귀 분석, 여러 독립 변인군과 종속 변인군 간의 관계를 알아보는 정준 상관 분석, 변인들 간의 인과 방향을 고찰하는 경로 분석 등이 상관 연구에 포함된다.

인과 비교 연구는 결과와 그것의 원인으로 추측되는 것이 이미 발생한 이후에 조사가 이루어진다는 점에서 소급 연구(*ex post facto* research)로, 이미 발생한 결과에서 출발하여 그것의 원인을 탐색한다는 점에서 회고적 연구라 불리기도 한다.

5. 분석 방법

비실험 연구를 통해 밝히고자 하는 바가 적지 않으나 대체로 매개 효과 연구, 조절 효과 연구, 인과 비교 연구, 변화 및 성장 연구 등이 주류를 이룬다.

5.1 매개 효과 연구

매개 효과는 경로 분석(Path Analysis) 또는 구조방정식 모형(SEM: Structural Equation Modeling) 등을 활용하여 밝힐 수 있다. 우선 경로 분석을 통한 매개 효과 연구를 알아보고 이어서 구조방정식 모형을 통한 연구도 살펴보고자 한다.

매개 변인은 예측 (또는 독립) 변인과 결과 (또는 종속) 변인의 연결 고리 역할을 하는 변인이다. 즉 독립 변인의 결과이면서 종속 변인의 원인이 되는 변인이다. 매개 변인은 독립 변인과 종속 변인의 관계 이면에 숨어 있는 인과적 구조를 이해하고자 할 때 이용한다.

매개 변인이 통계적으로 유의하게 독립 변인과 종속 변인을 연결하려면 다음과 같은 네 가지 조건을 만족시켜야 한다. ① 독립 변인과 종속 변인의 관계(t)가 유의해야 한다. ② 독립 변인과 매개 변인의 관계(a)가 유의해야 한다. ③ 매개 변인과 종속 변인의 관계(b)가 유의해야 한다. ④ 매개 변인이 추가된 [그림 2.3] 모형(나)에서의 독립 변인 효과(c)가 매개 변인이 없는 [그림 2.3] 모형(가)에서의 독립 변인 효과(t)보다 작아야 한다. 즉 $c < t$이어야 한다. 이때, a, b, c, t 등은 단순 회귀분석에서 계산한 표준화 회귀 계수들이다.

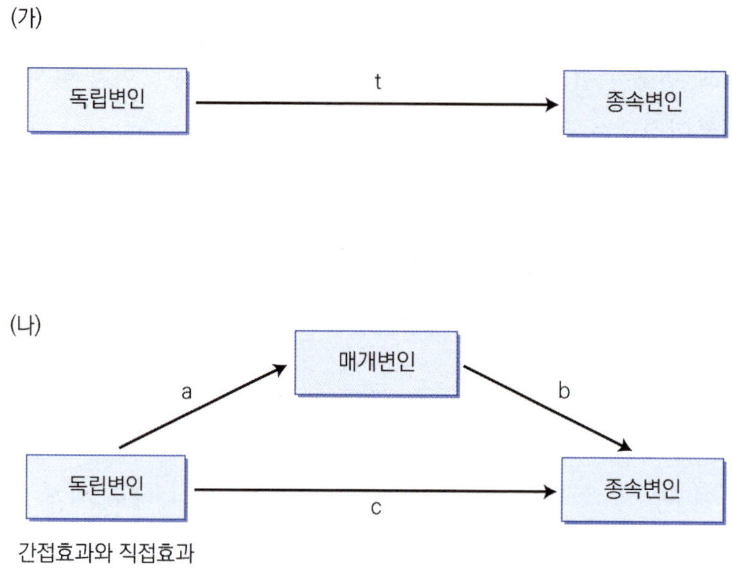

[그림 2.3] 매개 변인이 없는 경로모형과 추가된 경로모형

유의한 매개 변인이 존재한다면, 독립 변인이 종속 변인에 주는 영향은 직접 효과와 간접 효과로 나뉜다. 직접 효과(c)는 매개 변인이 존재함에도 불구하고 매개 변인을 거치지 않고 종속 변인에 영향을 주는 것이고, 간접 효과(a*b)는 매개 변인을 통해 종속 변인에 영향을 주는 것이다. 간접 효과를 매개 효과라고 한다. 직접 효과와 간접 효과를 합한 값을 총 효과 또는 전체 효과라고 하는데, 이것은 매개 변인을 고려하지 않았을 때의 독립 변인이 종속 변인에 주는 영향(t)과 같다. 즉 $t = c + (a \times b)$이다.

매개 변인이 추가된 모형에서의 독립 변인이 종속 변인에 미치는 효과(c)가 0에 가깝다면 매개 효과는 완벽하다고 할 수 있는데, 이것을 완전 매개라고 한다. 한편 매개 변인이 추가된 모형에서의 독립 변인이 종속 변인에 미치는 효과(c)가 여전히 통계적으로 유의한 값이면서 매개 변인이 없는 모형에서의 독립 변인 효과(t)보다 작고, 독립 변인과 매개 변인의 관계(a)와 매개 변인과 종속 변인과의 관계(b)가 유의하다면 매개 효과는 부분적이라고 할 수 있는데, 이것을 부분 매개라고 한다.

5.1.1 회귀분석법의 활용

회귀분석을 이용하여 매개 변인의 효과를 검정할 때는 다음과 같은 순서로 분석한다. ① 독립 변인과 종속 변인의 관계를 나타내는 회귀 계수(t)의 통계적 유의성을 검정한다. ② 독립 변인과 매개 변인의 관계를 나타내는 회귀 계수(a)의 통계적 유의성을 검정한다. ③ 독립 변인과 매개 변인을 모두 독립 변인군으로 간주하여 회귀분석을 실시한 후, 독립 변인과 종속 변인 간의 관계를 나타내는 회귀 계수(c)의 유의성을 검정한다.

독립 변인이 매개 변인을 통해 종속 변인에 미치는 효과, 즉 간접 효과의 통계적 유의성은 간접 효과($a \times b$)와 간접 효과의 표준 오차(s_{ab})의 비율, 즉 일종의 검정 통계치(z)가 정규분포를 이룬다고 가정하고 검정한다. 이것을 이른바 'Sobel 검정(Sobel Test)'이라고도 한다. 첫째, 점 추정을 이용할 때는 $|z|$가 1.96보다 크면 간접 효과는 유의 수준 5%에서 통계적으로 유의하다고 본다. 둘째, 신뢰 구간을 이용하는 구간 추정을 이용할 때는 $a \times b \pm 1.96 \times s_{ab}$를 구했을 때 그 신뢰 구간 안에 0이 들어있지 않으면 간접 효과는 유의 수준 5%에서 통계적으로 유의한 것으로 판단한다.

$$z = \frac{a \times b}{s_{ab}} \qquad (1)$$

$$s_{ab} = \sqrt{b^2 s_a^2 + a^2 s_b^2 + s_a^2 s_b^2}$$

이때 s_a와 s_b는 각각 a와 b의 표준 오차이다. $s_a^2 s_b^2$은 0에 가까운 매우 작은 값일 경우가 많기 때문에 생략할 수 있다.

일반적으로 z가 정규분포를 따르지 않을 가능성이 높아서 z값에 의한 매개 효과 검정법이 유효하지 않을 수 있다. 즉 유의한 매개 효과가 존재함에도 불구하고 이를 확인하지 못하는 경우가 발생할 수 있다. 이러한 문제가 예상될 때는 부트스트래핑(bootstrapping) 방법을 이용한다. 부트스트래핑 방법은 표본 수와 동일한 크기의 표본을 반복 추출하여 매개 효과의 회귀 계수($a \times b$)와 표준 오차(s_{ab})를 추출 횟수만큼 얻어 낸 후 신뢰 구간을 구하는 것이다. 만약 1,000번 반복하여 표본을 추출하고 유의 수준 5%를 가정한다면, 상위 25번째와 하위 975번째 사이의 회귀 계수 값들이 매개 효과의 95% 신뢰 구간인 것이다. 이 신뢰 구간 사이에 0이 포함되지 않는다면 매개 효과는 통계적으로 유의한 것이다.

5.1.2 구조방정식 모형의 활용

매개 변인이 측정 오차를 가지고 있을 경우에는 회귀분석을 이용하여 매개 효과를 검정하지 못할 수도 있다. 매개 변인이 측정 오차를 포함하고 있을 가능성이 높으면 구조방정식을 이용하는 것이 바람직하다. 또한 독립 변인, 매개 변인, 종속 변인 등이 둘 이상의 측정 변인을 갖고 있는 잠재 변인이라면 구조방정식을 이용해야 한다.

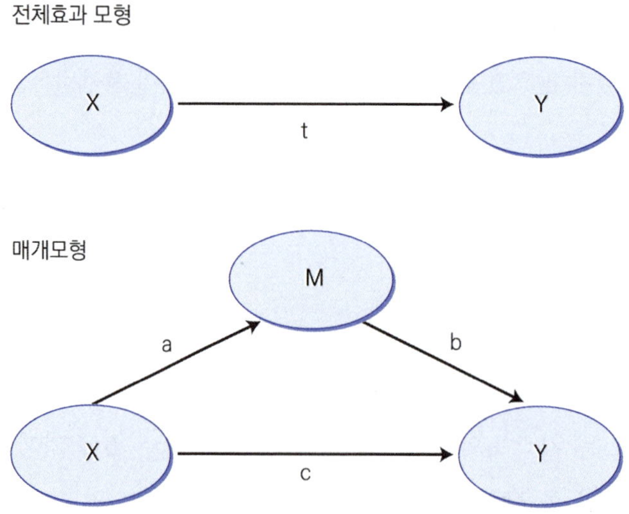

[그림 2.4] 매개 변인이 없는 구조방정식 모형과 매개 변인이 추가된 모형

구조방정식 모형은 경로 분석과 확인적 요인 분석이 결합된 것으로서 측정 변인의 오차를 고려하면서 여러 변인 간 관계를 한꺼번에 추정할 수 있는 방법을 제공한다.

구조방정식 모형을 적용한 매개 효과의 평가 절차는 다음의 서너 단계를 거친다.

① 경로 a와 b가 유의미한지, 그리고 매개 효과 ab가 유의미한지 평가한다. ② 경로 a와 b가 유의미하고 매개 효과 ab가 유의미하면 매개 모형을 지지한다. ③ 완전 매개 모형과 부분 매개 모형을 경쟁 모형으로 설정한다. 두 모형의 χ^2 차이 값이 유의 수준 5%에서 $\chi_1^2 = 3.84$보다 작다면 자유도 하나를 희생하면서 얻은 모형의 적합도 향상 효과가 나타나지 않았기 때문에 완전 매개 모형을 지지한다. 반면에 두 모형의 χ^2 차이 값이 유의 수준 5%에서 $\chi_1^2 = 3.84$보다 크다면 자유도 하나를 희생할 만한 적합도 향상 효과가 있다고 볼 수 있기 때문에 부분 매개 효과 모형을 지지한다. ④ 전체 효과 중 직접 효과와 간접 효과(매개 효과)가 차지하는 비율을 계산하여 보고한다.

5.2 조절 효과 연구

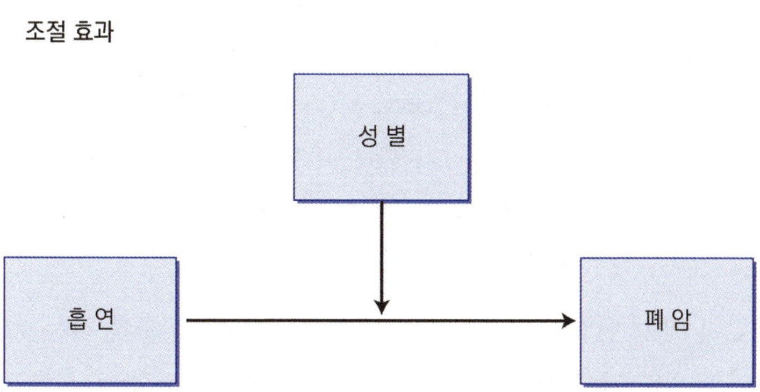

[그림 2.5] 흡연이 폐암에 미치는 영향에서 성별의 조절 효과 모형

두 변인 X_1과 Y의 관계가 변인 X_2의 크기 또는 특성 등에 의해 달라질 때 X_2는 X_1과 Y 간의 관계를 조절하는 변인이라고 한다. 즉 조절 변인은 예측 (또는 독립) 변인과 결과 (또는 종속) 변인의 관계에서 상황 효과 또는 조절 효과를 미칠 것으로 여겨지는 제2의 변인을 의미한다.

5.2.1 회귀분석법의 활용

[그림 2.5]에서 흡연을 X_1, 성별을 X_2, 폐암을 Y라고 하면 이들의 관계는 다음 회귀식으로 표현될 수 있다.

$$Y = b_0 + b_1X_1 + b_2X_2 + b_{12}x_1x_2 \qquad (2)$$

이때 b_1은 X_1의 주 효과, b_2는 X_2의 주 효과, b_{12}는 X_1과 X_2의 상호작용 효과이다. x_1은 X_1에서 그것의 평균을 뺀 편차 점수이고, x_2는 X_2에서 그것의 평균 점수를 뺀 편차 점수이다. 따라서 x_1x_2는 두 편차 점수의 곱이다.

만일 성별이 조절 효과를 발휘한다면 위의 회귀식이 성립할 것이다. 반면에 성별이 조절 작용을 하지 않는다면 회귀식의 마지막 항은 유의미하지 않아서 제외되고 흡연과 성별의 독립적인 효과만이 남게 될 것이다.

회귀분석법을 이용하기 위해 독립 변인이 범주형인 경우에는 먼저 더미 코딩(Dummy Coding) 또는 대비 코딩(Contrast Coding)을 해주어야 한다. 이 코딩의 핵심은 한 변인의 코딩 값의 합이 0이 된다는 것이다. 독립 변인이 범주형인 경우에는 코딩을 하지 않고도 분산분석을 이용해서 조절 효과를 연구할 수 있음은 물론이다.

독립 변인이 연속 변인인 경우에 코딩 값의 합이 0이 되도록 하는 가장 간단한 방법은 변인의 원래 값에서 평균을 빼주는 것이다. 각 변인 값에서 평균을 빼주는 것을 중심화(Centering)한다고 표현한다. 중심화는 연속 변인을 대비 코딩하는 방법이다. 이와 같은 편차 점수를 사용하는 이유는 다중공선성(multicollinearity) 문제 때문이다. 중심화를 한 편차 점수를 사용하지 않으면 상호작용 항(x_1x_2)과 각 주 효과 항(X_1, X_2)이 높은 상관관계를 갖게 되고 그에 따라 다중공선성이 발생하기 때문이다.

이 회귀 모형을 분석하기 위해서는 위계적 회귀분석을 실시한다. 첫 번째 분석에는 X_1, X_2, Y를 투입하고, 두 번째 분석에는 X_1, X_2, x_1x_2, Y를 투입한다. 첫 번째 분석은 조절 변인과의 상호작용이 존재하지 않을 것이라고 가정한 모형에 관한 것이고, 두 번째 분석은 조절 변인과의 상호작용이 존재할 것이라고 가정한 모형의 것이다. 두 분석 결과를 비교함으로써 조절 효과의 존재를 확인할 수 있다.

회귀 모형의 유의미성은 F 검정을 통해 이루어진다. 첫 모형과 두 번째 모형의 결정 계수 값(adjusted R^2)의 변화와 표준화 회귀 계수(Beta) 값의 변화를 통해 상호작용 효과를 보고한다. 상호작용 항이 추가 투입된 두 번째 모형의 결정 계수와 첫 번째 모형의 결정 계수의 차이가 통계적으로 유의미한 것이라면 조절 효과가 있다고 볼 수 있다. 반면에 그 차이가 통계적으로 유의미하지 않다면 상호작용 항을 추가했음에도 불구하고 폐암에 대한 설명력이 증가하지 않았다는 뜻이기 때문에 조절 효과를 주장하기는 어렵다. 두 번째 모형에서 b_1과 b_2는 물론이고 b_{12}도 통계적으로 유의미한 값이라면 상호작용이 존재한다는 뜻으로 해석한다.

5.2.2 구조방정식 모형의 활용

구조방정식 모형을 활용하여 조절 효과를 분석할 때에는 두 가지를 고려해야 한다. 하나는 조절 변인(으로 상정된 변인)의 값이 다른(또는 크거나 작은) 집단 간에 조절 효과의 방향성(경로 계수의 크기)이 어떻게 나타나는지를 비교하는 것이다. 다른 하나는 변인 간 관계를 제약하지 않은 자유 모형과 두 집단의 모수가 동일하다고 제약한 모형을 비교하는 것이다.

위의 예에서 흡연이 폐암에 미치는 영향이 성별에 의해 조절된다는 것을 밝히려면 첫째, 남자 집단과 여자 집단으로 데이터를 분류한다. 둘째, 두 집단의 데이터를 이용하여 동시에 자유 모형의 경로 분석을 실시한다. 셋째, 두 집단의 데이터를 이용하여 동시에 제약 모형의 경로 분석을 실시한다.

자유 모형을 분석한 것은 두 집단의 경로계수를 비교하기 위한 것이며, 제약 모형을 분석한 것은 자유 모형과 제약 모형의 카이 자승 차이 검정을 위한 것이다.

남자 집단에서 흡연→폐암 간 경로계수가 여자 집단의 계수보다 의미 있게 크거나 작다면 조절 효과가 있음을 의미한다. 이 경우는 다집단 분석 상황이기 때문에 표준화 경로계수보다는 비표준화 경로계수를 이용해야 한다.

두 집단의 경로 크기를 제약하지 않은 자유 모형과 동일하다고 제약한 모형의 카이 자승 값이 통계적으로 유의미하게 차이(5% 유의 수준에서 임계 값 $\chi_1^2 = 3.84$)가 있다면 자유 모형이 더 적합한 모형이라고 판단할 수 있다. 자유 모형의 자유도가 1만큼 작지만 카이 자승 값이 이를 상쇄하고도 남을 만큼 크기 때문에 더 적합한 모형이라고 할 수 있는 것이다. 반면에 카이 자승 값의 차이가 통계적으로 유의미하지 않다면 제약 모형이 더 적합한 모형이라고 판단된다. 제약 모형이 지지된다면 조절 효과를 주장할 수 없으나, 자유 모형이 지지된다면 조절 효과가 있다고 볼 수 있다.

5.3 인과비교연구

독립 변인에 대한 조작이 없이 자연 상태의 자료를 수집하여 연구한다는 점에서 실험 연구와 다르지만, 원인과 결과의 관계를 알아보려 한다는 점에서는 이들이 다르지 않기 때문에 분석 방법이 거의 비슷하다. 전통적인 통계 검정 방법으로는 평균의 차이에 관한 $t-$검정, 분산분석 또는 공분산분석 등이 있다.

5.3.1 평균차이검정

어떤 특성을 갖고 있는 집단과 그렇지 않은 집단 간 종속 변인의 차이는 $t-$검정으로 분석할 수 있다. 비교하고자 하는 집단이 여럿 있을 때, 즉 특성 1을 갖고 있는 집단, 특성 2를 갖고 있는 집단, 특성 3을 갖고 있는 집단 등등이 있을 때에는 분산분석법으로 집단 간 평균 차이를 검정할 수 있다. 종속 변인에 영향을 줄 법한 변인들이 있으며 그것들을 통제하고 싶을 때에는 그 변인들을 공변인으로 투입하는 공분산분석으로 집단 간의 평균 차이를 검정할 수 있다.

인간의 행동 변화에 영향을 미치는 변인들에 대해 고찰해 보면, 개인적인 특성 차이로 나타나는 행동 변화도 있지만 그가 속한 집단의 특성 차이로 인해 발생하는 것도 있을 수 있다. 예를 들어, 학생의 학업 성취도는 학생 개인의 능력 차이에 기인한 것도 있을 수 있지만, 그가 다니고 있는 학교의 특성들(예: 교사, 학교, 학교장, 학군 등)에 따라 달라질 수도 있다는 것이다. 이처럼 연구를 위해 수집된 데이터는 인간의 복잡한 행동 특성을 대변하듯 다층 구조를 갖고 있어서 이를 고려하는 분석법이 요청된다(김경성, 1998, pp. 249-251).

5.3.2 다층모형의 활용

여기에 적합한 분석 방법 중의 하나가 다층모형 분석(또는 위계선형모형 분석, 또는 무선계수모형 분석이라고도 함)이다. 예를 들어, 집단 내 및 집단 간 수준에 독립 변인이 여러 개 있는 경우, 즉 학생 수준에는 성별, 과외 경험, 사회경제적 지위 등이, 학교 수준에는 학교의 규모, 설립 유형, 대학 진학률, 수준별 이동수업 여부, 지역, 사회경제적 지위 지수의 평균 등이 있는 경우에 집단 내 모형(Within Group Model)은 수식 (3)으로, 집단 간 모형(Between Group Model)은 수식 (4), (5)로 나타낼 수 있다(김경성, 1998, pp. 266-268).

집단 내 모형(Within-Group Model):

$$Y_{ij} = \beta_{0j} + \sum_{q=1}^{Q} \beta_{qj} X_{qij} + \epsilon_{ij}, \qquad \epsilon_{ij} \sim N(0, \sigma^2) \tag{3}$$

위 모형에서

Y_{ij}는 j번째 학교의 i번째 학생의 종속 변인 값(예: 학업 성취도)을,

X_{qij}는 j번째 학교의 i번째 학생의 q번째 독립변인 값(예: 성, 과외 경험 유무, SES)을,

β_{0j}는 j번째 집단의 상수(집단 평균의 추정치)를,

β_{qj}는 j번째 집단의 종속 변인에 대한 q번째 독립 변인의 회귀 계수를,

ϵ_{ij}는 j번째 집단의 i번째 학생의 오차인데 평균이 0이고 분산이 σ^2인 정규분포를 이룬다고 가정한다.

집단 내 모형에서 얻은 두 개의 회귀 계수(β_{0j}, β_{qj})는 모두 집단 간 모형에서

종속 변인으로 활용된다. 집단 모형에서 s개의 집단 수준 독립 변인이 있다고 가정하고 집단 간 모형을 정의하면 다음과 같다.

집단 간 모형(Between-Group Model):

$$\widehat{\beta_{0j}} = \gamma_{00} + \sum_{s=1}^{S} \gamma_{0s} W_{sj} + U_{0j}, \quad U_{0j} \sim N(0, \tau_{00}) \tag{4}$$

$$\widehat{\beta_{1j}} = \gamma_{10} + \sum_{s=1}^{S} \gamma_{1s} W_{sj} + U_{1j}, \quad U_{1j} \sim N(0, \tau_{11}) \tag{5}$$

위 모형에서, $\begin{bmatrix} U_{0j} \\ U_{1j} \end{bmatrix} \sim N\left(\begin{bmatrix} 0 \\ 0 \end{bmatrix}, \begin{bmatrix} \tau_{00} & \tau_{01} \\ \tau_{10} & \tau_{11} \end{bmatrix}\right)$이다.

집단 수준의 모형에서 생겨난 오차 분산은 서로 상관이 있으며 그것은 공분산 구조를 갖는다. 왜냐하면 집단 내 모형에서 얻은 회귀 계수들이 서로 무관하다고 볼 수 없기 때문이다.

위의 (3), (4), (5) 모형으로부터 종속 변인(Y)에 대한 고정 효과와 무선 효과 계수 및 모수치를 얻을 수 있는데 그들은 아래와 같다.

고정효과(Fixed Effect):

W_{sj}은 SES의 학교평균(또는 학교규모, 설립유형)과 같은 집단 간 변인

γ_{00}는 종속 변인에 대한 모집단 평균의 추정치

γ_{0s}은 종속 변인에 대한 집단 수준 독립 변인(W)의 회귀 계수

γ_{10}는 종속 변인에 대한 학생 수준 독립 변인(X)의 회귀 계수

γ_{1s}는 Y에 대한 집단 및 학생 수준 독립 변인의 상호작용에 대한 회귀 계수

무선효과(Random Effect):

$\tau_{00} = var(U_{0j})$ 각 집단 평균(β_{0j})의 모집단 분산

$\tau_{11} = var(U_{1j})$ 각 회귀 계수(β_{1j})의 모집단 분산

$\tau_{01} = \tau_{10} = Cov(U_{0j}, U_{1j})$ 각 회귀 계수의 상관을 나타내는 공분산

β_{0j}는 학교 자체의 노력이나 교육적인 영향력이 아닌 여러 가지 변인들(학교 규모, 학교 소재 지역, SES의 학교 평균 등)에 의한 영향을 모두 포함하고 있으므로, 모집단 평균의 추정치라고 해도 이것을 이용하여 학교의 서열을 정하거나 효과성을 가늠하는 것은 좋지 않다. 한편 U_{0j}는 어떤 집단에서 학생 개인의 인위적 또는 선천적 영향력을 가능한 한 모두 제거한 값이므로 진정한 의미에서 학교의 교육적 노력의 결과라고 할 수 있다.

그 외에, γ_{0s}, γ_{10}, γ_{1s}에 대한 t-검증을 통해, 학교 소재 지역(학교 수준 변인), 학생의 SES(학생 수준 변인), 지역과 SES의 상호 작용이 학업 성취도에 영향을 주는지를 알 수 있다. 또 U_{0j}, U_{1j}에 대한 χ^2-검정을 통해, 집단 내 회귀 계수(β_{0j}, β_{1j})는 집단에 따라 변화하는지 아니면 일정한지를 알 수 있다. 즉 학업 성취도는 집단에 따라 다른지 또는 일정한지, 학업 성취도에 대한 SES의 효과는 집단에 따라 다른지 또는 일정한지를 알 수 있다.

그리고 다층모형을 통해 집단 내 회귀계수의 상관정도 $\rho(\beta_{0j}, \beta_{1j})$를 알 수 있다. 만일 상관이 높다면 "성적이 좋은 학급일수록 학생 개인별 SES와 같은 집단 내 모형에 포함된 독립 변인의 영향력이 더 크다"라고 해석할 수 있다.

또한 다층모형을 활용함으로써 독립 변인이 추가되면서 집단 내 오차를 기존 모형보다 어느 정도의 비율로 더 설명하는지를 알 수 있다. 집단 내 변인으로서 성별 이외에 과외 경험 유무나 사회경제적 지위(SES)를 추가하거나, 집단 간 변인으로서 학교 규모 이외에 학교의 위치, 공사립 여부, 대학 진학률, 수준별 이동수업 유무, 학교 소재 지역, SES의 학교 평균 등을 추가할 때 모형의 오차를 얼마나 줄일 수 있는지를 알 수 있다.

5.4 변화 및 성장 분석연구

종단적인 조사를 통하여 변화나 성장을 밝히려는 기존의 분산분석 방법들은 개인 내 반복 측정치들 간의 비독립성을 모형 내에서 적절히 반영하지 못했다. 기존의 방법들이 안고 있던 문제점들을 최소화한 방법으로 위계선형모형과 잠재성장모형을 들 수 있다(최길찬, 1998, pp. 357-360).

5.4.1 잠재성장모형의 활용

잠재성장모형은 구조방정식 모형의 한 부류에 해당하는데, 개인의 초기 상태와 변화율을 잠재 변인으로 가정하여 이들 두 변인들을 개인 간에 서로 다른 무선 변인으로 모형화한다는 특징이 있다. 잠재성장모형은 개인의 반복 측정치들을 개인의 초기 상태 잠재 변인과 변화율 잠재 변인으로 구조화하는 확인적 요인분석을 한다는 점과, 이들 두 잠재 변인과의 관계를 밝힌다는 점에서 구조방정식 모형의 일반 특징을 갖고 있다.

잠재성장모형에서의 두 잠재 변인(초기 상태와 변화율)이 개인들 간에 서로 다르다고 가정하며, 이들을 무선 변인으로 간주한다. 그리고 개인의 반복 측정치들은 서로 독립적이지 않고 자기 상관을 갖고 있는 자료의 다층성 또는 위계성을 고려한다. 즉 잠재성장모형에는 위계선형모형에서와 같이 개인의 성장 모수치들이 개인의 배경 변인으로 설명되는 2-수준 모형을 구현한다.

잠재성장모형의 가장 단순한 모형은 다음 수식 (6)과 같다(최길찬, 1998, pp. 394-400).

$$Y_{ti} = \alpha_i + \beta_i t + \zeta_{ti} \qquad (6)$$

위 식 (6)에서 Y_{ti}는 개인 i의 시점 t에서의 측정치를 나타내며, α_i는 시간 변인 t가 0일 때의 개인 i의 초기 상태를 나타낸다. 그리고 β_i는 개인 i의 변화율을 의미하고, ζ_{ti}는 각 시점에서의 잔차이다. 이 잔차는 시간에 따라 다르고 자기 상관을 갖는다. 즉 $cov(\zeta_{ti}, \zeta_{t'i}) \neq 0$이라고 가정함으로써 오차에 대해 유동적이며 덜 제한적인 가정을 한다.

5.4.2 잠재성장모형의 예시

설명의 편의상 시간 변인 t가 네 시점을 갖고 있다고 가정하면 위의 수식 (6)은 [그림 2.6]으로 표현될 수 있다. [그림 2.6]에서 보는 바와 같이 시점 0부터 3까지의 네 시점에서의 특정치 y는 두 개의 잠재 변인 α(intercept)와 β(slope)에 의해 설명되며, 각 시점에서의 잔차 ζ는 시점 간에 상관을 갖는다.

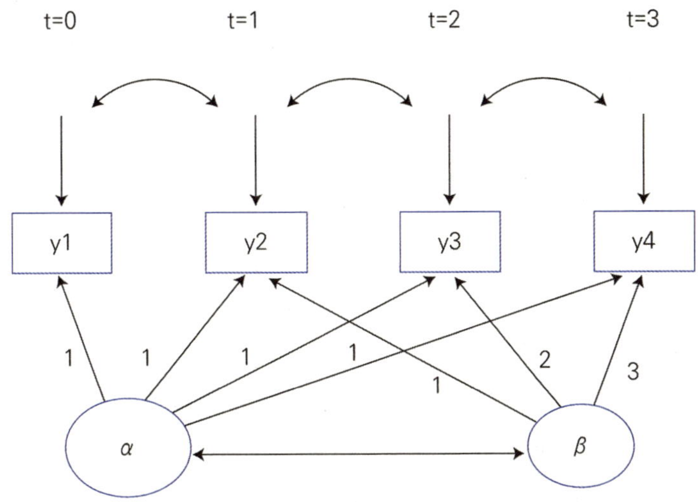

[그림 2.6] 공변인이 없는 선형 잠재성장모형 경로도

개인의 초기 상태 잠재 변인(α)의 각 측정치들에 대한 영향력은 모두 1로 고정돼 있고, 변화율 잠재 변인(β)의 영향력은 y_1에 0, y_2에 1, y_3에 2, y_4에 3으로 고정돼 있다(β가 y_1에 미치는 영향력은 0이기 때문에 [그림 2.6] 경로도의 화살표가 생략되었음). 즉 개인의 초기 상태 잠재 변인은 1만큼씩 모든 측정치에 동일하게 영향력을 미치고, 변화율 잠재 변인의 영향력은 시간에 따라 1씩 증가하는, 다시 말해 β만큼씩 증가하는 선형 관계를 나타낸다. 만일 선형 관계가 시간에 따라 증가하는 것이 아니라 감소하는 선형 관계를 가정한다면, β가 y_3에 미치는 영향력을 -1로, β가 y_4에 미치는 영향력을 -2로 고정한다. 또한 시간에 따른 변화가 선형이 아니라 지수 함수 곡선이라면 β가 y_3에 미치는 영향력을 $4(=2^2)$로, β가 y_4에 미치는 영향력을 $9(=3^2)$로 고정한다. 만일 변화가 특정 함수로 파악될 수 없다면 변화율 잠재 변인의 y_1과 y_2에 미치는 영향력은 0, 1로 그대로 두고 y_3와 y_4에 미치는 영향력을 모형 내에서 추정한다. 이때 β에서 y_3에 미치는 영향력이 2보다 크다면 시점 2와 3에서의 변화가 시점 1과 2에서의 변화보다 크다고 해석할 수 있다.

초기 상태 잠재 변인과 변화율 잠재 변인이 개인의 배경 변인 ω_i에 의해 설명되는 상황을 가정한다면 다음 수식 (7)과 [그림 2.7]로 표현될 수 있다. 이러한 모형은 위계선형모형의 2-수준 모형과 논리적 구조에서 동일하다.

$$
\begin{aligned}
Y_{ti} &= \alpha_i + \beta_i t + \zeta_{ti} \\
\alpha_i &= \alpha + \kappa_\alpha \omega_i + \delta_{\alpha i} \\
\beta_i &= \beta + \kappa_\beta \omega_i + \delta_{\beta i}
\end{aligned}
\tag{7}
$$

이 모형에서는 수식 (6)의 모형에서 추정되어야 할 모수치들 이외에 개인의 배경 변인 ω_i가 두 잠재 변인에 미치는 영향력의 모수치($\kappa_\alpha, \kappa_\beta$), 그리고 수식 (6)에서 추정된 초기 상태 잠재 변인의 변산과 변화율 잠재 변인의 변산 대신에 ω_i에 의해 설명되고 난 후의 두 잠재 변인의 잔차들($\delta_{\alpha i}$, $\delta_{\beta i}$)이 추정되어야 한다.

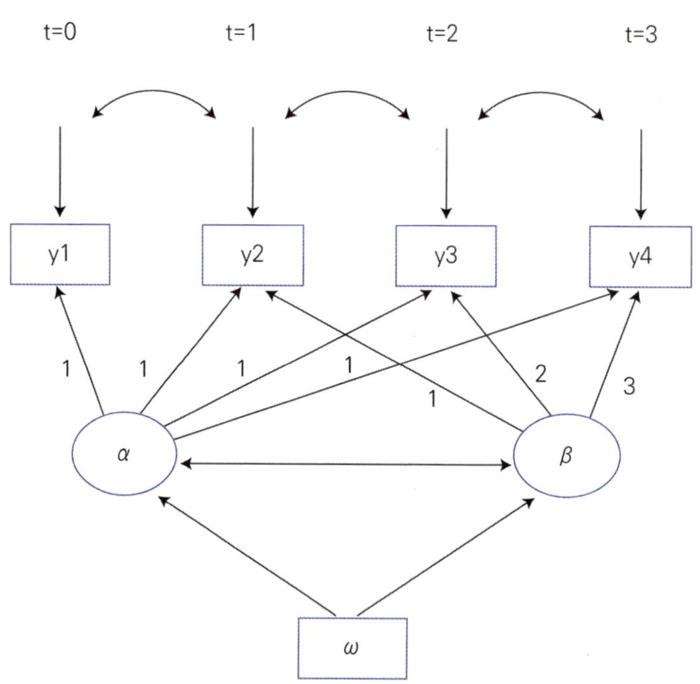

[그림 2.7] 공변인을 포함한 선형 잠재성장모형 경로도

참고문헌

김경성(1998). 다층자료분석의 이론과 실제. (황정규 편, **교육 측정 · 평가의 새 지평**, pp. 249-296). 서울: 교육과학사.

이종성(1996). **교육연구의 설계와 자료 분석**. 서울: 교육연구사.

이종승(2009). (교육 · 심리 · 사회) **연구방법론**. 서울: 교육과학사.

최길찬(1998). 변화 · 성장 모형의 두 가지 접근. (황정규 편, **교육 측정 · 평가의 새 지평**, pp. 357-418). 서울: 교육과학사.

Creswell, J. W. (2008). *Educational Research*(3rd Edition). Pearson Education Inc.

Freedman, D., Pisani, R., & Purves, R. (2007). *Statistics*(4th International Student Edition). Norton.

제3장

델파이법

1. 델파이법의 개념

1.1 델파이법의 정의

델파이법(Delphi-Technique)은 다수의 일반인 대상의 설문조사나 전문가 집단을 활용한 토론의 방식으로 쉽게 결정하기 어려운 정책이나 쟁점이 되는 사회문제(미래 예측과 전망, 특정 분야의 방향이나 목표의 설정, 전략이나 기준의 개발 등)에 대하여, 일련의 전문가 집단의 의견과 판단을 추출하고 종합하여 집단적 합의를 도출해내는 연구방법이다(한국교육평가학회, 2004). 이 방법은 조사연구의 일종으로서, 일반인들이 응답하기에 어려움을 느낄 수 있는 전문적인 문제에 대해 전문가 집단을 활용한다는 점, 그리고 직접적인 토론 방식이 지니는 한계점을 극복하기 위해 직접토론을 반복적인 설문조사로 대체한다는 점을 주요 특징으로 한다. 즉 전문가 패널이나 위원회를 구성하여 다양한 정보와 의견을 교환할 수 있도록 면밀하게 계획된 설문조사를 반복 실시함으로써 조사에 참가한 전문가들이 직접 모여서 논쟁을 하지 않고서도 집단의 합의된 의견을 유도해 낼 수 있는 방법이다. 소위 '전문가 합의법'이라고도 불린다.

Linstone과 Turoff(1975)는 델파이법을 해결하기 힘든 복잡한 문제를 효과적으로 처리하기 위한 집단 의사소통을 구성하여 나가는 과정으로 파악하고 있고, Helmer(1967)는 적절한 양적 연구방법론이 적용될 수 없고 전문가의 판단에 의존하여야 하는 상황에서 전문적 식견을 효과적으로 이용하기 위한 노력의 일환으로 그 개념적 특징을 정의 내리고 있다. 이와 같이 전통적인 의견 수집방법인 집단토론의 문제점을 해결 내지 극소화하기 위하여 고안된 것이 델파이법인데, 그 이름은 그리스 신화에서 아폴론 신이 미래를 통찰하고 신탁을 하였던 아폴론 신전이 있었던 고대 도시명 델파이(Delphi)를 따른 것이다.

델파이법은 1948년 경마의 결과예측을 위하여 처음 실시된 이후에 미국의 랜드연구소(Rand Corporation)에 의하여 많은 발전을 보았다. '프로젝트 델파이'라는 연구과제는 1950년 초에 미 공군의 지원을 받아 랜드연구소의 연구팀이 수행한 전문가의 의견활용에 관한 연구이다. 미국에 대한 대규모 원자탄 공격 상황을 전제로, 소련의 전략가의 입장에서 최적의 미국 산업목표 체제를 선택한다든가, 원자탄 공격이 가해졌을 때 예상되는 문제와 영향에 대해 평가한다든가, 무기의 생산을 감축시킬 때 최소한도로 확보하여야 할 원자탄의 수를 추정하는 것 등 국가 방위기술 수요의 예측과 과학기술 발전추세의 예측과 같은 긴급한 국방문제에 관한 집단의견 수집방법으로 활용하였다. 대표적인 델파이연구의 예로는 1964년 랜드연구소에서 출판한 Gordon과 Helmer의 "장기예측보고서(Report on a Long-Range Forecasting)"를 들 수 있는데, 이 연구의 목적은 과학과 공학의 장기적 발전방향과 그것이 사회와 세계에 미칠 수 있는 영향을 평가해 보는 것이었다. 이러한 일련의 노력에 힘입어 1960년대 중반부터는 델파이법에 대한 새로운 인식이 싹트면서 미래 예측연구의 한 방법으로 활발히 활용하기 시작하였다. 교육, 공중위생과 같은 영역의 정책수립뿐만 아니라 21세기 미래사회의 생활의 질, 미래과학, 컴퓨터공학의 발전방향 등을 예측하는 데 널리 활용되고 있다.

1.2 델파이법의 특징

델파이법의 논리적 근거는 '한 사람의 의견보다 두 사람의 의견이 정확하다'라는 **계량적 객관의 원리**와 '다수의 판단이 소수의 판단보다 타당하다'라는 **민주적 의사결정의 원리**에 있다(이종성, 2001). 일반적으로 델파이 설문지조사는 3~4회에 걸쳐 동일한 전문가 집단의 구성원을 대상으로 계속적으로 실시하는데, 각 횟수에 따른 설문지는 개별 전문가의 응답으로부터 도출된 의견이나 정보, 분석결과 등과 같은 내용을 포함하는 새로운 설문지로 재구성된다. 이러한 질문과 결과제시의 절차를 반복 시행함으로써 초기 질문단계에서의 전문가들의 이질적인 의견이나 판단은 질문의 횟수가 거듭될수록 동질성을 확보하게 되고 결과적으로 일정한 합의에 도달하게 된다.

이와 같이 델파이법에서는 참여한 전문가 간의 직접적인 논쟁을 피하면서도 다른 전문가의 의견에 이의를 제기할 수 있는 기회가 허용됨과 동시에 모든 의견이 동등하게 취급됨으로써 ① **참여자의 익명의 반응**, ② **반복과 통제된 피드백**, ③ **통계적 집단반응**이라는 특징을 가지고 있다. 이처럼 델파이법은 연구문제에 대한 아이디어를 그 분야의 전문가 집단으로부터 신속히 수집하기 위한 효율적인 방법이 될 수 있으며, 응답에 대한 분석과 피드백은 연구문제를 연구자 개인 차원에서 기관 차원으로 끌어올림으로써 사회적 관심사로 부각시킬 수 있다. 뿐만 아니라, 익명성이 보장되므로 응답자의 자유로운 반응을 극대화할 수 있고 직접적 대면토론에서 나타날 수 있는 바람직하지 못한 심리적 부작용을 피할 수 있게 된다.

1.3 델파이법의 유형

델파이법은 일반적으로 조사 방식(매체)에 따라 두 가지로 분류된다(Uhl, 1971). 첫째는 '**델파이 실습(Delphi exercise)**'으로 일반적인 설문조사의 형태와 절차에 준하여 가장 보편적으로 활용되고 있는 방법이다. 우선 소집단으로 구성된 모니터팀(혹은 연구자)이 응답자들에게 보낼 설문지를 개발하고 1차 조사를 실시한다. 설문지가 회수된 후에 모니터팀은 그 결과를 요약하고, 그 결과를 기초로 새로운 설문지를 제작하여 동일한 응답자들에게 다시 보낸다. 응답자들에게는 집단 반응 결과를 참조하여 자신이 처음에 응답한 것을 최소한 1회 이상 수정할 수 있는 기회가 부여된다. 오프라인상 우편을 통한 방식이 주된 것이었으나, 최근에는 이메일을 이용한 설문지의 배포 · 수합 방식이 널리 활용되고 있다. 둘째는 '**델파이 협의(Delphi conference)**'로서 질문조사에 참여한 전문가들이 각자의 컴퓨터 단말기를 통하여 질문내용에 응답을 하게 된다. 이는 일반적인 지필 형태의 설문지를 컴퓨터 프로그램으로 대체한 것으로, 전문가 집단의 의견을 묻는 설문지의 발송에서부터 회수, 결과의 분석에 이르기까지 업무를 컴퓨터상에 전산화하여 일괄적인 처리가 가능하게 한 것이다.

한편 이종성(2001)은 Mitroff와 Turoff(1973)가 제시한 예측의 철학적 배경에 기초하여 델파이방법을 합의 델파이, 규범형 델파이, 정책 델파이의 3가지로 분류하고 있다. **합의 델파이**는 철학자 J. Locke의 '진리는 실험적이다'라는 경험과학 철학에 기초하며 패널들이 합의점에 도달할 수 있는 잘 정의된 문제 상황에 적합한 유형이며, **규범형 델파이**는 인간의 선의지와 보편타당한 도덕법칙 등에 근거한 당위의 세계를 강조했던 철학자 I. Kant의 실천철학에 기초하며 의견의 합의와 수렴보다는 대안을 제시하는 성격이 강한 유형이다. 그리고 **정책 델파이**는 철학자 G. W. F. Hegel의 '진리는 갈등적이다'라는 주장에 기초하며 별도의 전문가 없이 다양한 정책 대안에 대한 찬반 주장을 수집할 수 있도록 설계된 델파이를 뜻한다. 이를 정리하여 표로 제시하면 〈표 3.1〉과 같다(이종성, 2001).

〈표 3.1〉 예측의 철학적 배경에 근거한 델파이법의 분류

델파이유형	배경철학	이용유형	적합한 문제	의사교환과정	패널 성격
합의	Locke	탐구형	잘 정의된 문제	단일 모형	동일한 전문성
규범형	Kant	규범형	잘 정의된 문제	대안 모형	상이한 전문성
정책	Hegel	규범형	정의되지 않는 문제	갈등 모형	전문가 없음

2. 델파이법의 절차

델파이법은 전문가를 대상으로 한 반복적인 의견 수렴을 하는 것이라 집약될 수 있는바, 연구에서 관심을 갖는 문제 해결을 위해 학계나 사회적으로 권위를 인정받는 전문가를 선정하는 단계에서 시작하여 계량적 피드백이 포함된 최소 2회 이상의 조사를 수행하고 결과를 분석하는 단계를 거친다. 물론 연구의 일반적인 절차에서 연구목적 및 연구문제 선정, 그에 따른 연구 설계 등은 앞선 단계에서 이루어졌음을 전제한 후속 절차이다. 설문지 초안 혹은 1차 조사지 개발을 완료한 후 전문가 집단을 선정할 수도 있고, 조사 대상인 전문가 집단을 미리 선정한 후 설문지를 본격적으로 개발할 수도 있으며, 동시에 두 가지가 진행될 수도 있다.

여기서는 무엇을 물을 것인가와 어떤 집단을 대상으로 조사를 할 것인가에 대한 의사결정과 계획이 수립된 상태에서, 조사를 실시하는 일반적인 흐름에 맞추어 그 단계를 제시하고자 한다. 그 절차의 개요를 도시화하면 [그림 3.1]과 같다.

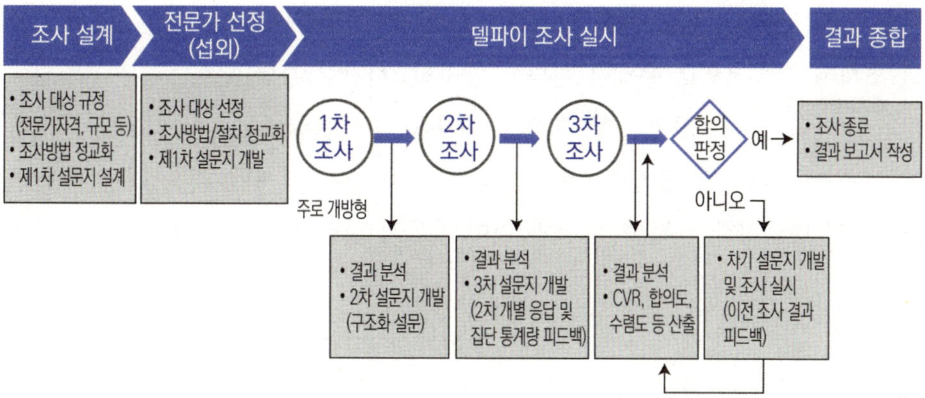

[그림 3.1] 델파이법 절차의 개요

2.1 전문가 집단의 구성

조사 설계와 최초의 개방형 설문지를 작성한 후 수행할 가장 첫 번째 절차는 조사 대상을 선정하는 일이다. 즉 연구문제와 관련된 분야의 전문가로 구성된 패널을 구성해야 한다. 이때 고려해야 할 핵심 요소는 패널의 전문성(문제 관련 분야의 전문적 지식과 능력 등), 참여의 성실성, 인원수 등이다.

전문가를 대상으로 한다는 델파이법의 고유 특성상 가장 1차적으로 고려해야 할 요소는 전문성이다. 이에 델파이를 통하여 밝히고자 하는 연구 문제와 관련하여 사회적으로 널리 인정받을 수 있는 전문성을 구비한 사람을 조사 대상으로 설정해야 한다. 랜드연구소의 한 보고서에 의하면 전문가는 일반적으로 고도의 교육을 받고 실무경험이 풍부한 전문인을 말한다. 연구 문제에 따라 전문성이나 전문가에 대한 정의가 다양한 방식으로 나타날 수 있으나, 대체로 문제 관련 해당 분야의 학술적 경험이나 경력, 직위나 직무 차원에서 사회적으로 인정받을 수 있는 요건(교수, 연구원, 박사, 장기간 경력, 자격증, 국가·사회 주요기관 소속 등)이 선정

기준으로 활용되는 경우가 많다.

전문성을 지닌 대상자들의 목록을 마련하였다 하더라도 조사가 충실하게 이루어지기 위해서는 성실하게 조사에 참여할 수 있는 전문가를 선정할 수 있는가가 또 하나의 중요한 과제이다. 델파이법은 1회 응답에 그치는 일반 설문조사와는 달리, 1차 개방형 질문에 대한 인지적 부담이 크며, 후속으로 이어지는 2차례 이상의 조사에 지속적으로 응해야 한다는 절차적, 시간적 부담 또한 크다. 그렇기에 여러 번의 조사에 성심껏 임할 수 있는 대상을 선정하는 데 주의를 기울여야 한다. 연구 협조에 대한 진정성과 설득력 있는 설명, 조사 참여에 대한 적정한 보상, 조사지의 명료성과 가독성 및 응답 편이성 등이 성실한 답변을 유도하는 기제의 하나로 작용할 수 있을 것이다.

전문가 집단 구성에서 결정해야 할 또 하나의 문제는 바로 조사 대상의 수이다. 1회성의 일반 설문조사에서는 전집을 대표할 수 있는 표본 추출(대표성과 경제성을 강조하는 표집의 논리에 입각한 표집)에 강조점을 둔다. 그러나 델파이법에서는 전문가의 전체 집단에 대한 목록화가 어렵고 그 수도 매우 제한적일 수 있으며, 연구자와의 여러 차례의 접속성과 응답의 성실성을 담보해야 하는 현실적 부담 때문에 그러한 표집 논리를 적용하기는 어렵다. 델파이법의 특성상 전집(소위 전문가 집단)에 대한 대표성도 중요하지만 해당 문제에 대한 최적의 전문가로서의 적절성이 우선시되어야 한다. 그렇다 하더라도 몇 명으로 구성해야 하는가에 대해서는 어느 정도의 지침이 필요할 것이다. 이에 대해서는 의견이 다소 분분하다. 유용한 결과를 얻을 수 있는 적정 패널 수에 대하여 Rowe와 Wright(2001)는 5~20명, Ziglio(1996)와 Anderson(1997)은 10~15명, Gordon(1994)은 15~35명을 제안한 바 있으며, Jensen과 Anderson(1996)은 15명 이상으로 선정할 것을 권장하고 있다.

2.2 제1차 설문조사

전문가 집단을 선정하여 이들에게 연구자(혹은 조사 모니터팀)가 개발한 설문지에 대한 응답을 요청한다. 제1차 설문지는 보통 개방형과 같은 비구조화된 응답

양식을 사용한다. 참여하는 전문가들의 문제에 대한 확산적 인식이나 의견을 수집함으로써 다양한 식견을 2차 설문 내용에 담아 문제 관련 응답 범위의 충만성을 높임과 동시에 추후 조사에서 의견 수렴을 위한 기본 틀의 완성도를 높일 수 있기 때문이다. 1차 설문지가 지나치게 조직화되어 있거나 세분화되어 있을 경우 응답자의 반응범위가 줄어 그만큼 문제해결의 범위가 축소될 수 있으므로 개방된 형태의 것이 더 좋다. 단 선행연구에 대한 폭넓고 체계적인 분석, 연구 문제와 관련한 다양한 자료의 수합 및 분석 등을 통하여 대략적인 틀이 마련된 상황에서 구체적인 목표나 방향 설정, 기준의 개발, 예상 문제점과 해결 방안의 탐색 등을 목적으로 델파이조사를 할 경우에는 1차 설문조사부터 제한응답형과 같은 구조화된 설문지를 사용하는 것도 가능하다. 델파이법에서 개방형 설문으로 이루어진 제1차 조사지 사례를 제시해보면 다음과 같다.

[1차 설문 예시 1]

1. 교육취약계층 아동 지원사업인 교복투 사업이 전국적으로 시행될 수 있는 전국화 모델 수립이 필요하다고 생각하십니까?

   ____

   1-1) 필요하거나 필요하지 않다고 응답한 이유는 무엇입니까?

   ____

   ____

2. 현재 일부 지역세어 실시되고 있는 교복투 사업을 전국에서 보편적으로 적용할 경우 교복투 사업이 가지는 한계 및 문제점은 무엇이라고 생각하십니까?

   2-1) 대상(아동)적 측면

   ____

   ____

   ____

   2-2) 서비스 측면

   ____

출처: 이경희(2009). 교육복지투자우선지역 지원사업의 평가와 발전방안. 경북대학교 대학원 박사학위논문.

[1차 설문 예시 2]

미래사회 대비 초 · 중 · 고등학교 교육평가 비전 설정을 위한 델파이조사(1차)

1차 연도 연구(2016년)를 통해 미래(2030년) 우리나라의 사회 변화가 아래와 같이 예측되었습니다. 이를 바탕으로 다음 질문에 답해 주십시오.

Ⅰ. 미래사회와 학교 교육

1. 미래(2030년) 우리나라 사회 변화 예측 결과를 바탕으로 미래에 요구되는 인재상은 무엇이라고 생각하며, 그 이유는 무엇입니까?

2. 1번 문항에서 제안하신 인재상에 비추어 이러한 인재가 갖추어야 할 역량(능력)은?

3. 미래(2030년) 학교 교육에 활용될 것으로 예상되는 과학 기술은 어떤 것들이 있다고 생각하십니까? (예: 가상현실, 증강현실 등)

Ⅱ. 미래사회 대비 학교 교육평가

4. 미래(2030년) 초 · 중 · 고등학교의 학교 교육에서 교육평가가 지향하는 바람직한 방향(비전)은 무엇이라고 생각하십니까?

출처: 한국교육과정평가원 연구보고 RRE 2018-7

한편 조사 과정 중 수시로 응답 현황을 모니터하면서 필요한 경우 응답을 독려하는 협조 요청을 해야 하며, 더불어 1차 조사지를 발송할 때에는 질문지 안내문이나 연락망(E-mail, 전화 등)을 통하여 2차 조사 및 추후 일정 등을 참여 패널에게 공지해주어야 한다. 혹 전문가 섭외 과정에서 안내했던 일정과 다른 변동 내용이 있는 경우에는 그 이유를 알리고 지속적으로 참여해줄 것을 독려 내지 부탁을 해야 한다. 이러한 노력은 반복되는 이후 조사 과정에서도 계속 수반되어야 할 것이다.

2.3 제2차 설문조사

제1차 설문조사의 결과를 분석 · 정리하여 새로운 2차 설문지를 작성, 조사를 실시하는 단계이다. 일반적으로 개방형 문항으로 실시된 1차 설문의 경우엔 전문가들의 응답을 나열한 후, 유사한 내용과 상이한 내용들을 분류한 다음 응답 제한형 방식(구조화된 폐쇄형 문항 유형)으로 설문지를 구조화하는 일이 이 단계의 핵심 과업이다. 연구 문제의 성격에 따라 우선순위, 적절성, 중요성, 시급성, 가능성의 정도 등을 표기할 수 있도록 문항의 세부 내용과 답지의 구성을 구조화하는 것이 중요하다. 그리고 필요에 따라 1차 조사에서 진술되었으나 자칫 2차 조사지에서 이를 충실히 반영하지 못한 경우나 2차 조사에서 새로운 의견을 무언가 피력할 수 있는 기회를 제공하고자 하는 경우엔 이를 표출할 수 있도록 새로운 의견 혹은 기타 의견 등을 서술할 수 있는 란을 만들 수도 있다. 개방형으로 실시된 1차 조사의 결과를 토대로 2차 조사지를 구조화한 것(예시 1과 2)과 1차 개방형 설문응답을 토대로 실시간 델파이 시스템을 개발하여 2차부터 4차까지 실시한 연구를 예로 보면 다음과 같다.

[2차 설문 예시 1]

※ 다음은 현재 일부 지역에서 실시되고 있는 교복투 사업을 전국에서 보편적으로 적용할 경우, 교복투 사업이 개선되어야 할 사항에 대하여 정리하였습니다. 각 문항에 대한 귀하의 견해를 체크해 주세요.

1. 대상아동

번호	내용	매우 동의함	조금 동의함	보통	별로 동의하지 않음	전혀 동의하지 않음
1)	취약아동 관리에 더 집중해야 한다.					
2)	고등학교까지 포괄해야 한다.					
3)	저속득층 뿐 아니라 다양한 대상으로 확대해야 한다.					
4)	학교부적응아동 및 학교중도탈락(위기) 아동에 대해서도 지원이 이루어져야 한다.					
5)	농어촌의 경우 집중대상아동이 아닌 전체 아동으로 확대지원해야 한다.					
6)	중소도시의 경우 집중대상아동지원의 범위를 늘려야 한다.					
추가 의견	※ 대상아동에 대하여 보완, 추가, 문장수정이 필요한 부분에 대한 의견이 있으면 적어 주세요.					

2. 서비스(프로그램)

번호	내용	매우 동의함	조금 동의함	보통	별로 동의하지 않음	전혀 동의하지 않음
1)	상급학교진학에 따른 연계프로그램이 필요하다.					
2)	문제 행위에 대한 해결적 접근이 필요하다.					
3)	아동의 특성과 욕구를 반영해야 한다.					
4)	가정과의 연계・협력 프로그램이 강화되어야 한다.					
5)	치료적 접근보다는 예방적 접근이 중요하다.					

[2차 설문 예시 2]

미래사회 대비 초 · 중 · 고등학교 교육평가 비전 설정을 위한 델파이조사(2차)

※ 다음은 위의 미래(2030년) 우리나라의 사회 변화상을 바탕으로 1차 조사에서 수집된 내용들입니다. 질문을 읽고 동의하는 정도에 ○ 표시하여 주십시오.

Ⅰ. 미래사회와 학교 교육

1. 다음은 미래(2030년) 우리나라의 사회 변화 예측 결과를 바탕으로 도출된 인재상과 그러한 인재가 필요한 이유입니다. 각 **인재상과 그 이유**에 동의하는 정도에 ○ 표시하여 주십시오. 그리고 <u>각 항목이 미래(2030년) 인재상을 나타내기에 타당한지를</u> 1~4점으로 표시해 주십시오. (1: 전혀 타당하지 않음, 2: 타당하지 않음, 3: 타당함, 4: 매우 타당함)

인재상과 그 이유	전혀 동의 않음 ①	동의 않음 ②	동의함 ③	매우 동의함 ④	항목의 타당성 (1~4)
(1) 협력적 인성을 갖춘 인재(34.0%)					
• 개인화된 사회에서 공동체 의식을 바탕으로 협업을 통해 살아가야 하므로(47.9%)					
• 사회 변화에 따른 신속한 대응이 필요하므로(25.2%)					
(2) 창의 · 융합형 인재(30.8%)					
• 정보 활용, 학문 융합을 통한 창의적 지식 창출이 중요하므로(32.2%)					
• 복잡하고 다양한 사회 문제를 해결해야 하므로(27.2%)					
(3) 자기주도적 인재(13.0%)					
⋮					

이 외에 귀하께서 제안하고자 하는 미래사회 인재상이 있으면 그 이유와 함께 적어 주십시오.

⋮

Ⅱ. 미래사회 대비 학교 교육

[2차 설문 예시 3]

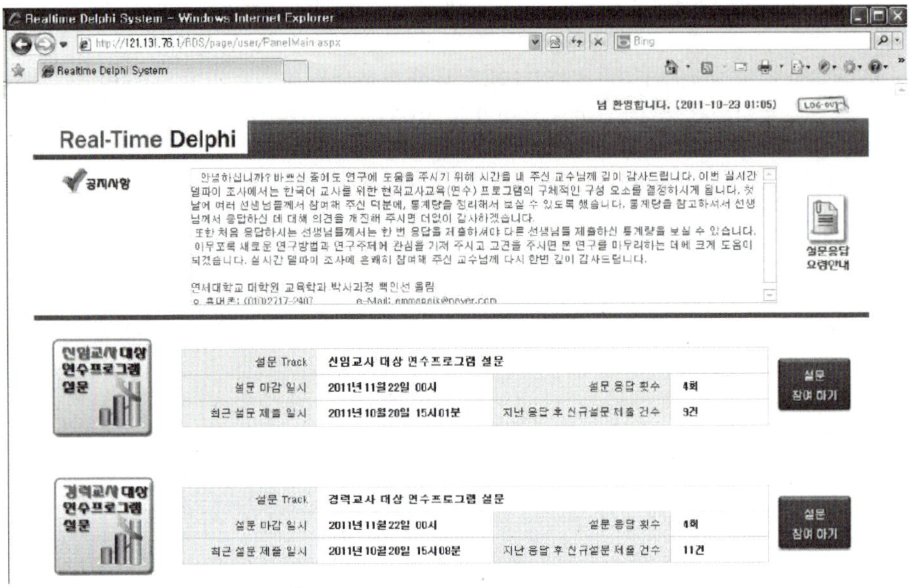
Realtime Delphi System - Windows Internet Explorer
Real-Time Delphi
공지사항
설문응답 요령안내
신임교사 대상 연수프로그램 설문
설문 Track 신임교사 대상 연수프로그램 설문
설문 마감 일시 2011년 11월 22일 00시
설문 응답 횟수 4회
최근 설문 제출 일시 2011년 10월 20일 15시 01분
지난 응답 후 신규설문 제출 건수 9건
설문 참여 하기
경력교사 대상 연수프로그램 설문
설문 Track 경력교사 대상 연수프로그램 설문
설문 마감 일시 2011년 11월 22일 00시
설문 응답 횟수 4회
최근 설문 제출 일시 2011년 10월 20일 15시 08분
지난 응답 후 신규설문 제출 건수 11건
설문 참여 하기

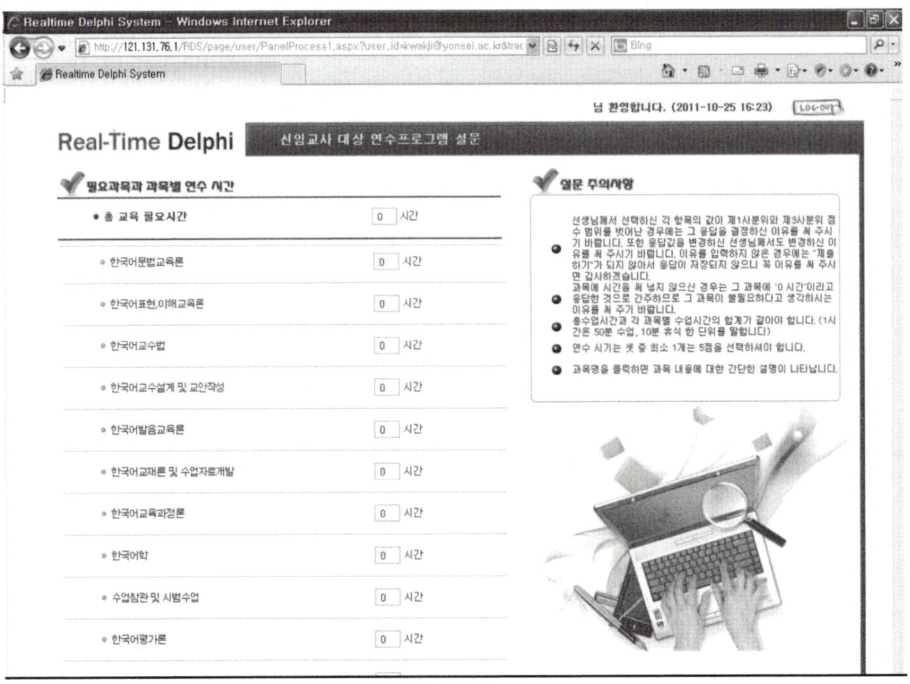
Realtime Delphi System - Windows Internet Explorer
Real-Time Delphi
신임교사 대상 연수프로그램 설문
필요과목과 과목별 연수 시간
총 교육 필요시간 0 시간
한국어문법교육론 0 시간
한국어표현.이해교육론 0 시간
한국어교수법 0 시간
한국어교수설계 및 교안작성 0 시간
한국어발음교육론 0 시간
한국어교재론 및 수업자료개발 0 시간
한국어교육과정론 0 시간
한국어학 0 시간
수업참관 및 시범수업 0 시간
한국어평가론 0 시간
설문 주의사항
연수 시기는 셋 중 최소 1개는 5점을 선택하셔야 합니다.
과목명을 클릭하면 과목 내용에 대한 간단한 설명이 나타납니다.

한편 1차 조사에서 구조화된 폐쇄형 문항을 활용한 경우라면, 다음의 3차 조사를 위한 준비로서 소개하는 전 단계 조사 결과의 계량적 분석을 실시하고, 그 결과를 전 단계의 개인별 응답 표기와 함께 제공하는 일을 수행해야 한다. 즉 본고에서 제시하는 절차에서 개방형 질문 형태의 제1차 조사가 생략되고, 제2차 조사가 제1차 조사가 되는 것이라 보면 된다.

2.4 제3차 설문조사

제3차 설문조사는 2차 설문의 분석 결과를 패널에게 제시하면서 개별 패널 본인과 패널 전체의 응답을 참고하여 3차 질문에 대한 응답을 요청하는 절차이다. 그렇기에 2차 조사를 실시한 후에는 그 응답에 대한 결과를 분석하여 3차 조사지 구성을 위한 통계 정보를 산출하고 서술 의견을 정리한다. 문항의 성격에 따라 산출하는 통계치가 다를 수 있으나, 일반적으로 문항별 답지반응빈도 및 비율, 중앙값(median), 사분점간범위(사분범위: interquartile range) 등이 활용된다. 이를 토대로 3차 조사를 위한 설문지를 재구성하여 다시 조사를 실시하게 된다. 문항별로 2차 조사 시의 패널 개인 본인의 응답은 X나 응답 번호, 중앙값에 해당하는 답지 혹은 척도에 Md, 사분점간범위는 〔 〕 등의 표기를 달아주는 것이 일반적 관례이다. 3차 조사에서 유의할 점은 만약 어떤 전문가의 응답이 중앙값과 사분범위를 벗어나 극단적으로 치우쳐 있는 경우, 그 이유를 반드시 제시할 것을 요청해야 한다.

실시 절차상 또 한 가지 고려해야 할 점은 각 회의 설문지 조사 간의 시간간격이다. 정보의 피드백을 시간간격을 달리해 제시했을 경우 응답자의 반응양태에 의미 있는 영향을 준다는 선행 연구 결과를 볼 때, 연구의 효율적인 통제를 위해서는 각 조사기간의 불필요한 시간적 지체가 없도록 유의해야 한다.

[3차 설문 예시 1]

※ 응답 예시

1)	고등학교까지 포함해야 한다.	M	1	2	3	4	5
		의견					
			이곳은 개인의 의견을 쓰는 란입니다.				

- 먼저 위 문항에 대한 귀하의 객관식 응답을 '의견'의 ☐☐☐☐☐ 칸에 체크해 주십시오.
- 위의 예시에서 대다수 전문가들의 추정치는 1~2이며, 귀하의 의견이 이를 벗어난 경우 '의견'란에 그 이유를 적어주시기 바랍니다.
- 표준편차 범위를 벗어나지 않는 경우일지라도 의견이 있으면 기재하셔도 좋습니다.

※ 다음은 현재 일부 지역에서 실시되고 있는 교복투 사업을 전국에서 보편적으로 적용할 경우, '교육취약계층 아동을 위한 교육복지' 실현의 측면에서 교복투 사업이 개선되어야 할 사항에 대하여 정리하였습니다. 각 문항에 대한 귀하의 견해를 체크해 주세요.

1. 대상아동

번호	내용	M	매우 동의함	조금 동의함	보통	별로 동의하지 않음	전혀 동의하지 않음
1)	고등학교까지 포함해야 한다.	1.95	1	2	3	4	5
		의견					
2)	저소득층 뿐 아니라 일반아동 중 지원이 필요한 아동(학습부진아동, 학교부적응아동 및 학교중도탈락(위기)아동 등)으로 대상을 확대해야 한다.	1.45	1	2	3	4	5
		의견					
3)	농어촌의 경우 집중대상아동이 아닌 전체 아동으로 확대지원해야 한다.	1.90	1	2	3	4	5
		의견					
4)	중소도시의 경우 집중대상아동 지원의 범위를 늘려야 한다.	2.05	1	2	3	4	5
		의견					

2. 서비스(프로그램)

번호	내용	M	매우 동의함	조금 동의함	보통	별로 동의하지 않음	전혀 동의하지 않음
1)	상급학교진학에 따른 연계프로그램이 필요하다.	1.45	1	2	3	4	5
		의견					
2)	문제행위에 대한 해결적 접근이 필요하다.	1.63	1	2	3	4	5
		의견					
3)	아동의 특성과 욕구를 반영해야 한다.	1.25	1	2	3	4	5
		의견					
4)	가정과의 연계 · 협력 프로그램이 강화되어야 한다.	1.25	1	2	3	4	5
		의견					

[3차 설문 예시 2]

한국고등교육의 미래 추정

<u>델파이 제3회 설문</u>

변화가능성 척도

아래 응답척도의 상단에는 제 2회 설문에 대한 전문가들의 응답 결과를 요약하여 중앙치는 md로, 사분점간 범위는 [ ]로, 해당 전문가의 응답은 x로 나타냈으며, 하단에는 각 질문에 다시 응답을 하실 수 있도록 되어 있습니다. 선생님의 재추정치가 대다수의 전문가들의 추정치와는 달리 [ ] 범위를 벗어 날 때는 그 이유를 의견란에 적어주시기 바랍니다.

고등교육의 변화를 예상하는 항목	거의 확실하다 (96%이상)	대단히 가능하다 (68~95%)	가능성이 있다 (36~65%)	가능성이 희박하다 (6~35%)	거의 불가능 하다 (5%이하)
1.학술 사업에 대한 정부의 지원 규모를 정하는데 동료 교수들의 평가제도가 도입 될 것이다.		Md	x		
	1 · · · [	·· 2 · · · ·]	3 · · · · · ·	4 · · · · · ·	5
	1	2	3	4	5
2. 졸업 요구 학점이 감소 될 것이다.		x	Md		
	1 · · · [	·· 2 · · · ·]	3 · · · · · ·	4 · · · · · ·	5
	1	2	3	4	5
3. 사학에 대한 교부금 등이 개발 되어서 사학 재단이 단독으로 재정을 부담하는 체제는 완화되어 갈 것 이다.		Md		x	
	1 · · · [	·· 2 · · · ·]	3 · · · · · ·	4 · · · · · ·	5
	1	2	3	4	5

[3차 설문 예시 3]

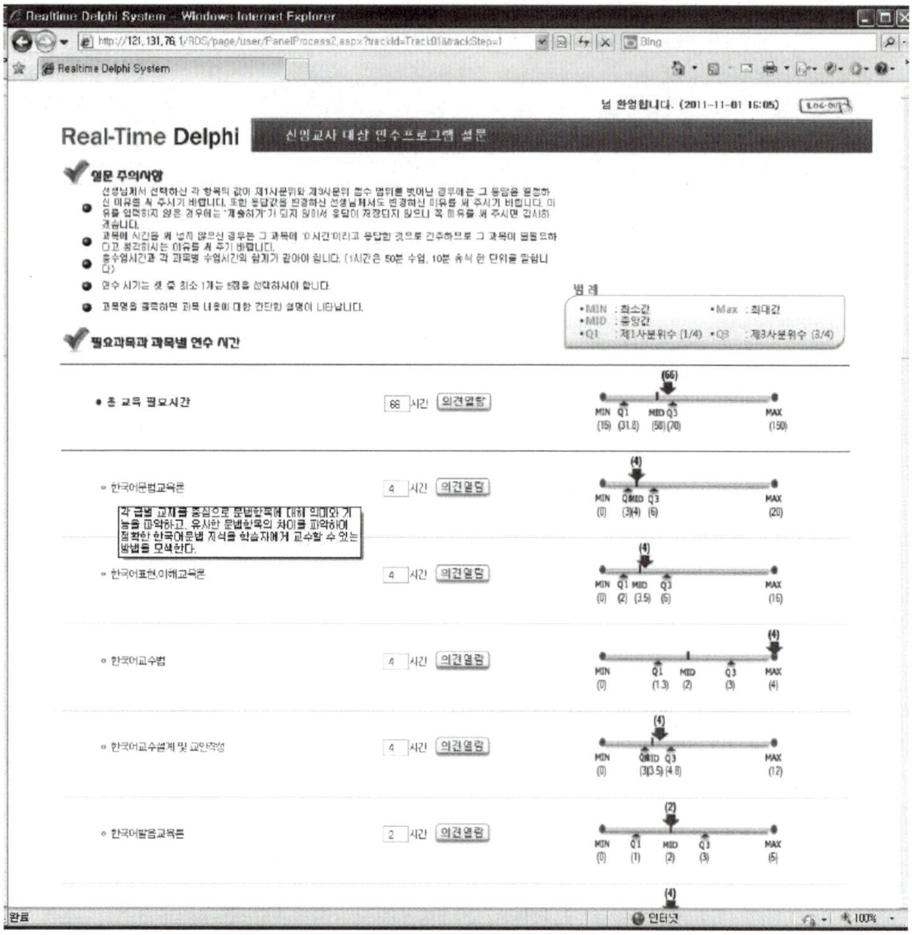
Realtime Delphi System - Windows Internet Explorer
Real-Time Delphi
신임교사 대상 연수프로그램 설문
설문 주의사항
필요과목과 과목별 연수 시간
범 례
총 교육 필요시간
한국어문법교육론
한국어표현,이해교육론
한국어교수법
한국어교수설계 및 교안작성
한국어발음교육론
의견열람
MIN
MID
MAX
완료
인터넷

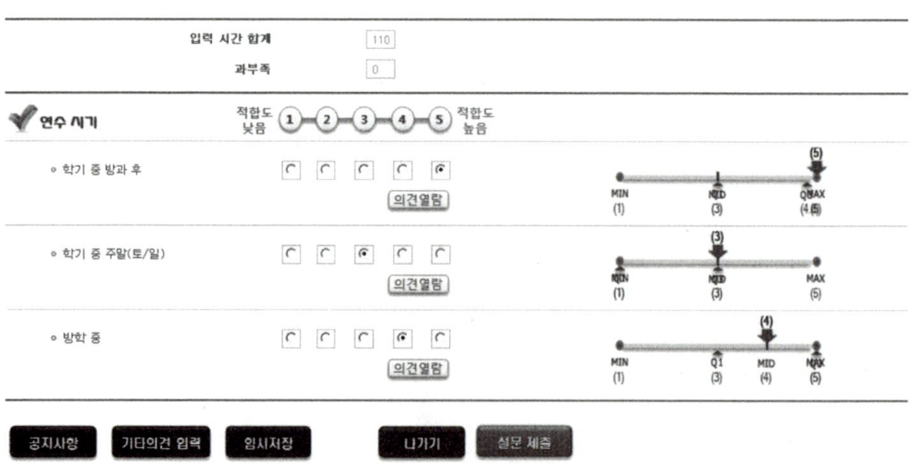
입력 시간 합계
110
과부족
0
연수 시기
적합도 낮음
적합도 높음
학기 중 방과 후
학기 중 주말(토/일)
방학 중
의견열람
공지사항
기타의견 입력
임시저장
나가기
설문 제출

2.5 제4차 이후의 설문조사

제3차 설문조사가 완료된 후 결과를 분석하여 제4차 설문조사를 실시할 것인지에 대한 의사결정을 해야 한다. 전문가들의 의견이 상당 부분 합의되고 수렴되었다면, 그리고 추가 조사를 통해 특별히 의견이 바뀔 가능성이 없다면 굳이 다음 단계의 조사를 실시할 필요가 없기 때문이다. 델파이법에서 의견의 수렴 정도를 판단하기 위한 것으로 내용 타당도 비율(CVR: Content Validity Ratio), 수렴도, 합의도 등이 주로 활용되고 있다.

내용 타당도 비율은 Lawshe(1975)가 제안한 것으로서, 해당 문항에 대해 타당하다(필요하다, 중요하다, 유용하다, 적절하다 등)고 응답한 사람이 많아질수록 그 값이 커지며 최댓값 1을 갖는다. Lawshe가 제시한 'CVR 계산 공식'과 '응답자 수에 따라 최소한 유지되어야 할 CVR 최솟값'은 다음과 같다.

- 내용 타당도 비율 $CVR = (N_e - \frac{N}{2}) / (\frac{N}{2})$

  Ne: 문항이 '타당하다고 응답'(essential)한 전문가 수
  N: 문항에 응답한 전문가 총 수

〈표 3.2〉 전문가(응답자) 수에 따라 요구되는 CVR 최솟값(유의수준 .05에서)

전문가 수	CVR 최솟값
5 ~ 7명	.99
8명	.75
9명	.78
10명	.62
11명	.59
12명	.56
13명	.54
14명	.51
15명	.49
20명	.42
25명	.37
30명	.33
35명	.31
40명	.29

수렴도와 합의도 또한 전문가들의 의견이 어느 정도로 모아지고 있는가를 나타내주는 것으로서, 그 계산 절차와 충족 기준은 다음과 같다.

- 수렴도= $\frac{Q_3 - Q_1}{2}$ ='사분(위)편차'
  - 특정 질문(문항)에 대한 의견 수렴 정도
  - 의견이 한 점(측정치 혹은 평정치)에 모두 수렴하였을 때 0의 값을 가짐
  - 0에 가까울수록 수렴도가 높으며, 보통 .5 이하의 값일 때 충족으로 수용
- 합의도= $1 - \frac{Q_3 - Q_1}{M_d}$
  - 특정 질문(문항)에 대해 합의한 정도
  - 의견이 완전 합의되었을 때($Q_3 = Q_1$) 합의도는 1의 값을 가짐
  - 1에 가까울수록 합의도가 높으며, 보통 .75 이상의 값일 때 충족으로 수용

구조화된 질문(예/아니오, 긍정/보통/부정, 4점 이상의 리커트 척도 등)을 사용한 조사의 경우 매 회차별로 CVR, 수렴도, 합의도 등을 산출하여 특정 문항의 삭제 여부나 후속 조사의 실시 여부를 결정하는 데 그 지수들을 활용하게 된다. 물론 구조화된 설문을 처음 사용했을 경우에는 통계적 피드백을 담은 후속 조사를 해야 하기 때문에 주로 특정 문항의 삭제나 변형 여부를 결정하는 데 사용하며, 그 이후의 조사에서는 수렴이나 합의의 정도가 기준을 충족하는가를 점검하여 후속 조사의 실시 여부를 결정하는 데 주로 활용한다. Cypert와 Gant(1970)의 연구에 따르면 델파이 조사과정 중 전체 의견 변경의 99%가 제3차 조사 시에 나타났다. 따라서 4, 5차까지 반복 조사할 필요가 있는지 신중하게 검토해야 한다. 또한 응답자 간 불일치를 보이고 있는 질문내용을 간과하면 연구자가 의도한 대로의 인위적인 합의의 가능성이 높아진다는 점도 심각하게 고려해야 한다.

이상에서 살펴본 델파이법 실시에 따른 절차상의 특징을 요약하면, 첫째는 연구주제에 전문적 식견과 소양을 구비한 전문가 집단을 대상으로 하며, 둘째는 익명으로 나타난 각 전문가들의 직관적 판단을 반복적으로 피드백하고, 셋째는 직접적인

대면접촉에 의한 협의방식에서 흔히 나타나는 불필요한 잡음을 제거하면서 적절한 연구진행상의 통제를 통하여 통합적인 합의점을 구한다는 데에 그 특징이 있다. 〈표 3.3〉은 델파이 조사과정에 포함되는 여러 단계와 각 단계에서 필요한 최소한의 시간을 제시하고 있다. 최소 필요 총 시간을 약 45일로 설정하고 있으나 조사방식이나 문항 내용과 형태 및 수, 의견의 수렴 정도 등에 따라 조사 시간은 탄력적으로 운영될 수밖에 없다. 그러나 밀도 있는 반복적 의견 수렴 과정이기에 수개월 혹은 몇 년 등의 장기간으로 운영하는 것은 적절치 않다.

〈표 3.3〉 델파이 조사과정과 소요시간

활 동	완성에 필요한 최소시간(日數)
1. 델파이 질문 개발	1/2
2. 반응자 선발과 접촉	2
3. 표집규모 선정	1/2
4. 제1단계 질문지 개발 및 토의	1
1) 타자 및 발송	1
2) 반응시간	1
3) 독촉시간(필요한 경우)	5
5. 제1단계 질문지 분석	3 + 1/2
6. 제2단계 질문지 개발 및 검토	2
1) 타자 및 발송	1
2) 반응시간	5
3) 독촉시간(필요한 경우)	3
7. 제2단계 질문지 분석	1
8. 제3단계 질문지 개발 및 검토	2
1) 타자 및 발송	1
2) 반응시간	5
3) 독촉시간(필요한 경우)	3
9. 제3단계 질문지 분석	1
10. 최종 보고서 작성	4
1) 타자 및 발송	1
2) 반응자 보고서 작성	1
3) 보고서 타자 및 발송	1
최소한 요구되는 총 일수:	44 + 1/2

출처: Delbecq et al.(1975). *Group Techniques for Program Planning*, p. 85.

3. 델파이법의 적용 예

3.1 델파이법 활용 분야

델파이법은 1960년대 중반 이후부터 산업, 정책, 의학, 지역계획 등 그 활용범위가 넓어지면서 교육 분야의 연구에도 널리 활용되기 시작했다. 델파이법은 선행연구가 충분하지 않은 상태일 때 활용되거나 기존 현장 및 연구에서 부족한 새로운 방안을 마련하고 개발하는 목적으로 활용되고 있다. 델파이법의 활용 예를 살펴보면, 첫째, 유치원, 초·중등학교, 대학교 및 기업체 등 다양한 대상을 사정·평가하기 위한 평가지표(평가모형, 평가준거, 성취기준 등) 개발이 있다. 둘째, 교육을 비롯한 경영, 체육, 환경, 의료 등 다양한 분야에 있는 대상들을 측정하는 새로운 검사도구(문항개발, 평가척도 등)의 개발이 있다. 셋째, 기존의 프로그램의 개선 및 보완, 새로운 프로그램을 개발하는 데 활용된다. 넷째, 교육과정을 개발하는 데 기초자료로 활용되고 교육과정 내용체계 점검, 설계방안 마련 등에 사용된다. 다섯째, 그 외 모형의 개발(역량모형, 상담 및 예방모형 등)에 활용된다.

다음 〈표 3.4〉는 국내 학술지 논문과 학위논문에서 델파이법을 활용한 논문 편수를 제시한 것이다.

〈표 3.4〉 다양한 목적으로 활용한 델파이법 적용 논문들

	평가지표 개발	검사도구 개발	프로그램 개발	교육과정 개발	그 외 모형 개발	합계
국내학술지논문	119	136	177	126	194	752
국내외학위논문	74	94	131	69	73	441
합계	193	230	308	195	267	1,193

* 2000년~2019년 기준, 위의 다섯 가지 키워드(예: 평가지표 개발)로 한정하여 검색한 결과임.

3.2 평가지표 개발

델파이법을 적용하여 평가지표를 개발한 논문의 예로 〈중등학교 예비교사 인성 평가지표 개발〉(장은정, 이대일, 권재기, 2014)를 살펴보고자 한다. 이 연구의 목적은 중등학교 예비교사의 인성을 평가하기 위해 요구되는 평가지표를 개발하고 실제로 활용될 수 있는 적용 방안을 제안하는 것이다.

조사도구와 전문가 선정방법을 살펴보면, 교사 인성평가 영역별 세부적인 지표를 도출하기 위하여 델파이 기법을 이용하였다. 3차례의 델파이 조사를 실시하여 전문가 협의를 거친 후, 구안, 수정 및 보완할 내용을 토대로 최종 교사인성 평가지표를 도출하였다. 델파이 조사는 3차까지 실시되었으며, 1차는 개방형(〈표 3.5〉), 2차(〈표 3.6〉)와 3차(〈표 3.7〉)는 객관형 설문지를 활용하였다. 델파이법에서 중요한 전문가의 선정은 세 가지 기준(대학 입학 관련 면접평가 현장경험, 사범대 학생 대상 교육경력, 사범대 진학희망 학생을 지도 및 상담한 교직경력자)을 제시하여 그에 합당한 전문가로 총 20명을 선정하였다.

〈표 3.5〉 델파이 1차 조사 질문지 응답서식

1 **개인차원에서 요구되는 인성 요소**

개인적 차원에서 **교사로서 요구되는 개인적 특성 및 자질**은 어떠해야 한다고 생각하십니까? 그 구체적 내용과 이유를 **3개 이상** 적어주십시오.

교사로서 요구되는 개인적 특성/자질	이유

〈표 3.6〉 델파이 2차 조사 질문지 응답서식

1 교사로서의 기본적인 자질

다음은 교사로서 기본적으로 갖춰야 하는 자질에 대한 평가지표입니다. 해당하는 평가요소별 세부내용을 읽어보신 후 ❶ 이 평가지표가 얼마나 기본적인 자질로 중요한지(중요도)와 ❷ 이 평가지표가 교사로서의 기본적 자질을 평가하는데 타당한지(타당도)를 '**숫자**'로 표시해 주십시오(1점 : 전혀 중요(타당)하지 않다, 5점 : 매우 중요(타당)하다). 해당 평가요소 및 지표에서 ❸ **수정(합치거나 혹은 분리 후 별도 항목명칭) 또는 삭제할 지표가** 있는 경우 '평가지표 번호'를 기재하고 써주십시오. 마지막으로 ❹ **추가할 지표가 있는 경우**, 지표명과 평가 세부 내용을 작성해 주시기 바랍니다.

구분	평가요소	지표 번호	평가 세부 내용	1차 의견 빈도수	2차 응답 ❶ 중요도	2차 응답 ❷ 타당도
1	협력적인 태도	1-1	· 상대방의 입장을 생각하고, 타인의 의견 수용하는 협력적인 자세	20		
		1-2	· 서로 양보하고 협동하는 마인드			
		1-3	· 공동 성장 및 문제해결의 기회를 최대한 확장하기 위하여 정보 및 자료 공유를 하려는 태도			
		2-1	· 사익을 추구하지 않고 공적 이익에 대한 헌신의 자세			

〈표 3.7〉 델파이 3차 조사 질문지 응답서식

1 교사로서의 기본적인 자질

다음은 교사로서 기본적으로 갖춰야 하는 자질에 대한 평가지표입니다. 해당하는 평가요소별 세부내용을 읽어보신 후 ❶ 이 평가지표가 얼마나 기본적인 자질로 중요한지(중요도)와 ❷ 이 평가지표가 교사로서의 기본적 자질을 평가하는데 타당한지(타당도)를 '**숫자**'로 표시해 주십시오(1점 : 전혀 중요(타당)하지 않다, 5점 : 매우 중요(타당)하다). 해당 평가요소 및 지표에서 ❸ **수정(합치거나 혹은 분리 후 별도 항목명칭) 또는 이동할 지표가** 있는 경우 '평가지표 번호'를 기재하고 그 이유를 써주십시오. 마지막으로 ❹ **종합적 의견**으로 '교사로서의 기본적 자질'을 평가하기 위하여 제시된 평가지표들에 대한 전체 의견을 자유롭게 써주시기 바랍니다.

구분	지표 번호	세부내용	2차 조사결과 사분범위 1	2	3	4	5	평균 중요도	평균 타당도	3차 응답 중요도	3차 응답 타당도
헌신하는 자세	1	· 학생을 지도하고 이끌어 주는 역할을 위하여 학생 교육에 헌신하고자 하는 마인드						4.4	4.1		
공정성	2	· 편견없이 누구에게나 똑같이(공정하게) 대하는 마음과 다양한 상황에서 해답을 줄 수 있는 열린 자세						4.3	4.2		

자료분석방법을 살펴보면, 인성평가 지표 요소를 도출하기 위하여 실시한 델파이 조사에서 1차 조사결과는 전문가 집단에 의한 내용 분석을 실시하였다. 2차 및 3차 결과분석은 각 세부 평가지표별 평균과 표준편차, 사분범위를 제시하기 위하여 기술통계분석을 하였다. 델파이 전문가들의 의견 일치도를 확인하기 위하

여 Kendall의 일치계수(Kendall's Coefficient of Concordance; W)를 사용하였다. 통계적으로 유의한 경우 평가자들의 의견이 상호 간에 일치된 것으로 해석된다. 델파이 기법의 목적인 전문가 의견의 일치를 구하는 데 Kendall의 W 검증을 이용하는 것이 타당한 분석이라 판단되며, 기존 선행에서도 이와 같은 분석방법이 수행되었다(권재기, 오은순, 2010).

결론을 살펴보면, 예비교사 인성 평가 영역은 크게 교사로서의 기본적인 자질, 수업 차원에서 요구되는 교사 인성, 학생 및 학부모를 상대로 지도 및 상담을 할 때 생활지도 차원에서 요구되는 인성의 3가지로 구분되었다. 교사로서의 기본적인 자질 영역은 총 20개, 수업 차원에서 요구되는 교사 인성 영역은 16개, 생활지도 차원에서 요구되는 인성 영역 24개 평가지표를 개발하였다.

3.3 검사도구 개발

델파이법을 적용한 검사도구 개발의 활용 예로 〈공과대학생의 핵심역량 검사도구 개발 및 타당화〉(권재기, 정미경, 2014)를 살펴보고자 한다. 이 연구의 목적은 공과대학생의 핵심역량의 중요성을 인식하고 이들의 특성을 반영한 포괄적인 핵심역량 검사도구를 개발하는 것이다. 이를 위하여 공과대학을 둘러싼 환경변화와 여건 그리고 공과대학생의 특성과 그간 수행되어온 선행연구를 종합적으로 고찰하여 공과대학생의 핵심역량을 설명하는 구성개념을 규명하고, 검사도구의 개발절차에 따라 공과대학생의 핵심역량 검사도구를 개발하여 그 타당성 및 구인동등성을 검증하였다.

연구의 개발 절차 및 분석방법을 살펴보면, 공과대학생의 핵심역량 검사도구를 개발하기 위한 연구의 절차는 크게 개념화, 하위영역 설정, 문항개발, 예비조사, 본조사의 단계로 구분하였다. 첫째, 핵심역량 개념화에서는 공과대학생의 핵심역량의 검사도구를 개발하기 위하여 문헌연구와 전문가 협의, 심층면담을 실시하였다. 둘째, 구인화 모형의 타당도를 검증하기 위해 델파이 조사를 실시하였다. 델파이 조사는 3차에 걸쳐 수행되었으며, 개발된 질문지(초안)는 교육심리 및 교육측정 전문가 2명에 의해 검토되고 수정・보완되었다. 1차 델파이 조사에서는 응답하는 전문가들의 문제에 대한 확산적 인식을 먼저 예상하고 이것으로부터 의견을 수렴하기에 적합한 개방형 질문으로 조사하였다. 1차 델파이 조사결과의 내용분석을 토대로 2차와 3차 델파이 조사는 세 영역별 세부 요소에 대해 Likert 5점 척도에 의해 중요도와 타당도를 평가하는 객관형 도구를 사용하였다. 이를 통해 최종적으로 공과대학생의 핵심역량에 대한 구인화 모형을 확정하였다. 셋째, 진단도구 개발을 위하여 1~3차까지 수행한 델파이 조사 결과를 수합하여 공과대학생 핵심역량의 큰 틀과 각 영역별 세부 항목을 점검하였다. 각 세부 항목별로 도출된 중요도 순위를 근거로 하여 삭제하거나 수정·보완하여 예비문항 초안을 개발하였다. 마지막으로, 공과대학생의 핵심역량 검사도구 개발과 타당성 검증을 위해 공과대학생을 대상으로 예비조사와 본조사를 거쳐 구인타당도 작업을 수행하였다. 예비조사의 결과는 문항분석(item analysis)을 통하여 문항곤란도, 문항별 반응분포, 문항별 평균과 표준편차, 문항변별도 등을 분석하였다. 이후 탐색적 요인분석(exploratory factor analysis)을 거쳤다. 본조사 결과는 탐색적 요인분석과 확인적 요인분석(confirmatory factor analysis)을 실시하였고, 최종적으로 개발된 검사도구가 학년 간 공통적으로 활용될 수 있는지를 살펴보기 위하여 다집단 확인적 요인분석을 통해 검증하였다.

연구의 결론을 살펴보면, 델파이조사 결과 및 선행연구를 기반으로 하여 예비조사와 본조사를 통해 세 가지 영역(공학기초능력, 전공분야 기술력, 인성)의 총 75문항의 공과대학생 핵심역량 검사도구를 개발하였다. 개발된 총 75문항의 공과대학생 핵심역량 검사에 대한 확인적 요인분석을 실시하여 척도의 구인타당도를 검증한 결과, 3요인의 핵심역량 검사가 다른 대안적 구조모형보다 양호한 모형으로 나타났다. 다음으로 공과대학생의 핵심역량 검사도구를 2학년, 3학년, 4학년에게 동일하게 사용할 수 있을 것인가를 확인하기 위하여 다집단 확인적 요인분석을 통해 구인동등성을 검증하였다. 그 결과 형태동일성, 부분 측정동일성, 부분 절편동일성, 부분 분산/공분산동일성이 확보되어 학년 간 구인동등성이 검증되었으며, 개발된 척도는 2학년부터 4학년에게 동일하게 사용될 수 있음을 확인·검증하였다.

3.4 프로그램 개발

델파이법을 적용하여 프로그램을 개발한 논문의 예로 〈유아 STEAM 교사교육 프로그램 개발을 위한 델파이 조사〉(이미진, 2016)를 살펴보고자 한다. 이 연구의 목적은 델파이조사를 활용하여 유아 STEAM 관련 전문가들의 의견을 토대로 유아 STEAM 교사교육 프로그램 개발을 위한 방향을 설정하는 것이다.

연구절차 및 전문가 선정 방법을 살펴보면, 예비문항을 작성하여 유아 STEAM 교육에 대한 연수경험이 있는 박사과정생 1인과 델파이 연구 및 설문지 제작 경험이 있는 박사수료생 2인에게 검토를 받아 1차 개방형 설문지를 완성하였다. 설문지 문항의 구성은 유아 STEAM 교사교육 프로그램의 목표 1문항, 유아 STEAM 교사교육 프로그램 개발 시 다루어야 할 교사의 신념 및 태도 1문항과 역할 및 역량 1문항, 유아 STEAM 교사교육 프로그램에 적합한 교육방법 및 프로그램 운영 형태 1문항으로 이루어졌다. 각 문항에서는 선행연구 분석 결과에 대한 전문가의 의견 혹은 문헌 고찰 내용과 상이한 자신의 의견을 자유롭게 기술하도록 하였다. 유아 STEAM 교사교육 프로그램에 적합한 교육방법 및 프로그램 운영 형태는 선행연구에서 제시된 방법을 제시한 후 적절한 것을 고르도록 하였고 선행연구에 제시되어 있지 않은 내용은 의견란을 활용하여 기입하도록 하였다. 전문가 선정은 초중등 교사이면서 STEAM 연구 경험이 있고 STEAM 연수 및 현장적용 경험이 있는 교사, STEAM에 대한 교사 역량 연구를 한 경험이 있는 교사, STEAM 교육을 위한 수업개발 연구회 경험이 있는 교사로 총 13명을 섭외하였다.

분석방법은 델파이 1차 조사에서 수집된 자료는 내용 분석을 통해 범주화를 거쳤다. 델파이 1차 조사에서 수집된 자료는 내용 분석을 통해 범주화를 거쳤다. 델파이 2차 조사에서는 패널들의 의견에 대한 빈도, 백분율(목표영역의 비중), 평균, 표준편차, 중앙값, 사분범위의 통계값을 활용하였고, 3차 조사에서는 델파이 조사 내용 타당도를 알아보기 위해 CVR(content validity ratio)와 패널들의 의견 합의정도를 알아보기 위해 합의도와 수렴도의 통계값을 활용하였다. CVR 값을 통하여 0.5 수준에서 최종 패널 11명일 때 0.59 이상을 기준으로 내용 타당도가 있다고 보았고, 합의도는 전문가들 사이의 합의가 얼마만큼 이루어졌는지 검증하는 방법으로 0.75 이상이면 상호 합의 수준이 높은 것으로 판단하였다. 각 항목의 표준편차를 산술평균으로 나눈 변이계수(coefficient of variation)로 분석하였다. 선행연구 권고(홍덕기, 최성열, 이재신, 2015)에 따라 변이계수가 0.5 이하일 때는 추가적인 설문이 필요 없고 0.5~0.8에 해당할 때는 비교적 안정적이라고 보았다.

결론을 살펴보면, 프로그램의 목표 영역은 'STEAM 수업 역량 함양', '유아 STEAM 교육에 대한 전문가적 이해', '유아 STEAM 교육에 대한 효능감 향상'으로 나타났다. 교육방법 및 운영형태에서 전문가들은 총 20개의 의견을 5가지 범주로 나눌 수 있었고 17개의 의견에 합의를 이루었고 그중 생활주제 기반의 워크숍과 참여욕구를 증진시킬 수 있어야 한다는 내용이 가장 높은 동의를 보였다.

4. 델파이법에 대한 논의

초기에 델파이법은 예측의 도구로서만 주로 인식되었으나, 최근에는 의사소통을 증대시키고 거의 모든 형태의 복합적 문제를 해결할 때, 전문적 합의를 도출하고 최종적 의사결정을 내리기 위한 과정으로서 그 활용 가능성이 확대되고 있다(Linstone, 1978).

4.1 델파이법 장점

델파이법이 여러 분야에서 활용되는 이유는 다음과 같은 장점을 가지기 때문이다. 구체적으로 살펴보면, 첫째, 편향된 토론에 소모되는 시간과 노력의 낭비를 줄일 수 있다. 델파이법은 반복적인 질문조사로 토론을 대체하고 그 결과를 연구자가 제시·통제함으로써 연구의 초점에서 벗어나는 일이 발생하지 않는다(김병성, 1996; Uhl, 1971).

둘째, 경제적인 측면에서 시간과 비용을 절약할 수 있다. 델파이법은 저렴한 비용으로 여러 지역에 걸쳐 있는 전문가들의 의견을 들을 수 있고, 여러 전문가들의 의견을 균등하게 반영할 수 있다. 연구에 참여한 전문가 개개인의 시간을 비교적 효율적으로 활용할 수 있고, 회의비, 체재비, 여비 등과 같은 부수적인 경비가 소요되지 않는다. 또한 지리적으로 외국이나 여러 곳에 산재해 있는 여러 분야의 전문가를 참여시킬 수 있어서 보다 다양한 의견교환을 가능하게 해준다.

셋째, 전문가 간의 의견교환을 통한 상호작용의 시간이나 빈도에 제약을 덜 받는다. 델파이법은 일련의 반복적 질문과 응답을 통하여 각 개인별로 다른 전문가들의 반응에 대한 정보를 면밀히 검토하여 각자의 의견을 형성 및 재고할 수 있고 보다 심층적인 의견의 상호작용을 가능하게 해준다.

넷째, 활용할 수 있는 정보의 양을 많이 확보할 수 있다. 전문가 집단 내의 개개 전문가가 활용하게 될 정보의 양이 증가되어 최소한 한 명의 전문가가 활용할 수 있는 정보의 양보다 증가될 가능성이 크며, 예측하고자 하는 분야에 대해서 고려할 수 있는 요인들의 수가 증대되어 최소한 한 개인이 고려하는 요인들의 수보다 더 많게 된다(최석균, 황보윤, 이도연, 2013).

다섯째, 전문가 집단의 의견을 주관적인 견해가 아닌 통계적인 방법을 이용하여 과학적 자료로 수집할 수 있다. 이러한 통계적 정보는 정확한 근거에 기초하여 자신들의 의견을 수립해 나갈 수 있는 이점으로 작용하고 다수의견에 대한 수렴과정 및 소수의견의 차이 정도까지 파악할 수 있다(김경숙, 2001).

여섯째, 각 전문가들의 독립적이고 자유로운 의견 형성이 가능하므로 집단 사고를 배제할 수 있고 타인의 영향력을 고려할 필요가 없다는 장점이 있다. 자신의 체면이나 외형적 위신 때문에 자신의 생각을 표현하기 주저하거나 의견을 수정하기를 망설이거나, 어떠한 특정 지도적 인물의 의견에 대한 무의식적 추종, 또는 몇몇 사람들의 지배적인 분위기에 말려 들어갈 위험성이 적다. 이러한 이유로 델파이법은 다른 집단의사결정 방법보다 널리 사용되고 있다(최원희, 2009).

일곱째, 전문가들이 각자 원하는 장소에서 편한 때에 응답을 할 수 있다. 델파이법은 문제중심적(problem centered) 방법이기 때문에 의견을 조급하게 선택하거나 한 가지 의견에 부적절하게 초점이 맞춰지는 것을 피할 수 있다.

4.2 델파이법 단점과 보완점

델파이법은 근본적인 특징이 설문지 조사방법과 협의회 방식을 통합한 것이므로 설문지법이 지니고 있는 결점이 노출될 수 있다. 델파이법의 단점을 살펴보면, 첫째, 전문가들의 의견이 얼마나 성실하고 신뢰성이 있는가의 문제이다. 델파이 조사에 참여한 전문가들이 응답에 신중하지 못할 수 있으며, 과도한 확신으로 환상적이 되거나 체제 전체를 판단하지 못하여 부정확한 응답을 할 수도 있다. 따라서 연구자는 각 전문가들의 응답을 회수하면서 응답이 불성실하거나 잘못 기재한 경우, 해당 전문가에게 즉각적으로 연락(예: 직접 전화, 이메일, 문자 등)하여 부족한 부분을 보완하도록 한다.

둘째, 응답시간이 지체되는 경우가 많이 발생한다. 델파이 참여 전문가들은 소수로 참여하고 사전연락과 안내를 통하여 조사를 진행하기 때문에 설문지와 비교하여 회수율이 낮거나 탈락률이 높은 경우는 드물다. 그러나 몇몇 참여 전문가들이 조사마감일을 지키지 않는 경우 조사기간이 늘어나게 되고, 델파이 조사 간격이 벌어질수록 사고의 연속적 흐름을 차단시키거나 피상적으로 만들게 할 가능성이 있다. 예를 들어 1차 델파이조사는 개방형인 경우 가장 높은 편인데, 이때 연구자는 응답시간을 약 5~7일 정도로 충분히 주고, 회수된 조사지를 지속적으로 체크하고, 마감일자가 초과한 경우 유연한 독촉을 통하여 수거하는 등의 역할이 필요하다. 폐쇄형으로 진행되는 2차와 3차의 경우 응답시간은 약 3일 이내로 회수하는 편인데, 이때 연구자는 2차 결과를 수합·분석하여 3차 델파이 조사가 지체되지 않고 이어질 수 있도록 2차 분석기간이 최 2일을 초과하지 않도록 핸들링하는 것이 요구된다.

셋째, 반복적 조사를 하기 때문에 전체 조사과정을 끝내는 데 비교적 긴 시간이 걸린다. 예를 들어, 3차 델파이 조사를 실시할 경우, 평균 4~5일이 소요된다. 델파이 조사기간은 최대 한달 이상으로 장시간 소요되기 때문에 단기간에 걸쳐 어떤 현상에 대한 미래예측을 조사 연구하고자 할 때에는 적합하지 않다. 이러한 단점을 보완하기 위하여 최근에는 델파이 조사지의 발송과 회신 방법으로 이메일이나 온라인 조사, 팩스를 사용하고 있다. 전통적인 델파이 기법이 변형된 수정 델파이법

(Modified Delphi Technique)을 활용(Delbecq et al., 1975)할 수도 있다. 수정 델파이법은 마지막 동의가 필요하지 않거나 추가적인 명확성이 중요하지 않다면 2차 델파이 조사 후 중지하는 방법, 1차 델파이 질문지를 구조화된 질문지로 실시(박희영, 2008)하거나 주요한 합의에 대하여 일치하지 않는 인원들을 대상으로 2차 델파이 질문지의 의견을 요구하는 방법이다. 수정된 델파이 조사는 구조화된 설문지를 활용하므로 2차례에 걸쳐 실행하여도 무방하다(김재현, 2012).

넷째, 델파이법은 대면접촉을 통한 상호작용이 어렵다. 전문가 집단의 연구 참여자들이 직접 만나 토의를 하고 상호 자극을 교환하는 과정에서 생각지 못했던 의견을 형성하게 되는 수가 있으나 델파이법 특성상 이러한 상호 작용을 교환할 수 없다는 한계가 있다. 경우에 따라서는 이러한 현상이 피드백되어 주어지는 통계적 처리결과에 무의식적으로 따라가게 하는 요인이 될 수도 있다. 따라서 연구자는 객관형 델파이 조사지로 진행되더라도 전문가들 간 의견 공유가 가능하도록 개방형 의견란을 구성할 필요가 있다.

전문가 선정에 있어 대표성 문제가 제기될 수 있다. 전문가 패널은 연구문제와 관련된 분야의 대표성, 적절성, 전문적 지식과 능력, 참여의 성실성, 적정한 인원수가 고려되어야 한다(이건남, 2008). 그러나 분야 최고 전문가를 포함시키기 어렵거나 예측작업처럼 혁신적 연구에 참여시키기 부적합한 경우, 전문가라는 개념을 보다 큰 틀에서 찾아 적용할 필요가 있다(김경숙, 2001). 한편, 대표성과 함께 연구를 위해 얼마나 성실하게 참여해줄 것인지가 중요한 요소이므로 이러한 조건을 충족할 수 있는 전문가들의 구성 역시 중요하다. 따라서 전문가들의 참여를 끝까지 유지시키기 위하여 너무 많은 분량의 조사지나 차수를 실시하기보다는 압축된 조사내용과 조사기간으로 최종 결론을 이끌어내는 방법이 바람직하다.

참고문헌

권재기 · 오은순(2010). 다문화가정 학생을 위한 한국어교육 프로그램 내용 요소 탐색: 학교 체제 운영을 중심으로. **청소년학연구**, 17(12), 83~107.

권재기 · 정미경(2014). 공과대학생의 핵심역량 검사도구 개발 및 타당화. **교육방법연구**, 26(4), 687~716

권태일(2008). 관광지 리모델링 사업의 영향요인 우선순위 도출에 관한 연구: 델파이 기법(Delphi)과 계층적 의사결정방법(AHP) 적용. 세종대학교 대학원 박사학위논문.

김경숙(2001). 델파이 기법을 이용한 관광호텔 규제완화의 효과에 관한 연구. 대구대학교 대학원 박사학위논문.

김병성(1996). **교육연구방법**. 서울: 학지사.

김병욱(2015). **델파이(delphi) 분석방법**. 서울: 킴스정보전략연구소.

김재현(2012). 전문대학 교육서비스와 여대생의 고용가능성의 관계. **여성연구논총**, 11, 33-62.

노승용(2006). 델파이 기법: 전문적 통찰로 미래예측하기. 국토연구원.

박경준(2008). 리얼타임 델파이 기법: 익명성이 보장된 전문가 예측. 국토연구원.

박혜영 · 이명애 · 이명진 · 김부연 · 임해미 · 이현숙 · 이동엽(2018). 미래사회 대비 교육과정, 교수학습, 교육평가 비전 연구(Ⅲ): 초 · 중등학교의 교육평가 방향을 중심으로. 연구보고 RRE 2018-7. 한국교육과정평가원.

박희영(2008). 무용단 서비스품질 측정을 위한 척도개발. 숙명여자대학교 대학원 박사학위논문.

백인선(2012). 실시간 델파이 기법을 활용한 한국어 교사 현직교육 프로그램 개발 연구. 연세대학교 대학원 박사학위논문.

안진성(2010). 델파이기법(Delphi)과 계층적 의사결정방법(AHP)의 적용을 통한 전통정원의 보존상태 평가지표 개발. 성균관대학교 대학원 박사학위논문.

이건남(2008). 고등학생의 대학전공선택 프로그램 모형 개발. 서울대학교 대학원 박사학위논문.

이미진(2016). 유아 STEAM 교사교육 프로그램 개발을 위한 델파이 조사. 열린유아교육연구, 21(5), 539-570.

이경희(2009). 교육복지투자우선지역 지원사업의 평가와 발전방안. 경북대학교 대학원 박사학위논문.

이종성(2001). **델파이 방법**. 서울: 교육과학사.

장은정 · 이대일 · 권재기(2014). 중등학교 예비교사 인성 평가지표 개발. **교육문제 연구**, 27(1), 85~113

최석균 · 황보윤 · 이도연(2013). 모바일게임 기업의 정성적 평가요인에 관한 연구. **벤처창업연구**, 8(3), 125-146.

최원희(2009). 사회복지 수퍼비전의 중요성공요인(CSFs)에 대한 델파이 및 AHP 분석. 서울여자대학교 대학원 박사학위논문.

한국교육평가학회(2004). **교육평가 용어사전.** 서울: 학지사.

홍덕기 · 최성열 · 이재신(2015). 노인 운전자의 삶의 질에 관한 평가항목 개발: 델파이 방법 적용. 대한작업치료학회지, 23(1), 73-84.

Anderson, E. T. (1997). Important Distance Education Practices: A Delphi Study of Administrators and Coordinators of Distance Education Program in Higher Education. Doctoral Dissertation, University of Idaho.

Cypert, F. R., & Gant, W. L. (1970). The Delphi Technique: A Tool of Collecting Opinions in Teacher Education. *The Journal of Teacher Education, 21*(3), 417-425.

Delbecq, A. L., Van de Ven, A. H., & Gustanominfifson, D. H. (1975). *Group Techniques for Program Planning: A quide to nominal group and Delphi processes.* Glenview, IL: Scott, Foresman and Company.

Gordon, T. J. (1994). *The Delphi method in Future Research Methodology*. AC/UNU Millenium Project Version 3.

Helmer, O. (1967). *Analysis of the Future: The Delphi Method*. Santa Monica. Calif.: Rand Corporation.

Jensen, C., & Anderson, L. (1996). *Delphi in Depth.* Osborne : McGraw-Hill. => 238페이지

Lawshe, C. H. (1975). A Quantitative Approach to Content Validity. *Personnel Psychology, 28*(4), 563-575.

Linstone, H. A., & Turoff, M.(ed.) (1975). *Delphi Method: Techniques and Application*, Mass.: Addson-Wesley Pub. Co.

Linstone, H. A. (1978). Delphi Technique. In *Handbook of Futures Research*, J. Fowles(ed.). London.: Greenwoon Press.

Mitroff, I. I., & Turoff, M. (1975). Philosophical and methodological foundations of Delphi. In H. Linstone & M. Turoff(Eds.), *The Delphi method: Techniques and applications*. (Digital version). Retrieved from http://is.njit.edu/pubs/delphibook.

Rowe, G., & Wright, G. (1999). The Delphi technique as a forecasting tool: Issues and analysis. *International Journal of Forecasting, 15*(4), 353-375.

Rowe, G., & Wright, G. (2001). Expert opinions in forecasting. In S. Armstrong(Ed.), *Principles of forecasting: A handbook for researchers and practitioners*(125-144). Boston, MA: Klewer.

Uhl, N. P. (1971). Identifying Institutional Goals: Encouraging Convergence of Opinion Through the Delphi Technique. Research Monograph No.2, National Laboratory for

Higher Education, Durham, North Carolina.

Ziglio, E. (1996). The Delphi Method and Its Contribution to Decision-making. In Adler, M & Ziglio, E.(eds.). *Gazing into the Oracle: The Delphi Method and Its Application to Social Polity and Public Health,* 3-33. London: Jessica Kingsley Publishers.

제4장

내용분석법

1. 내용분석의 개념

의사소통에서 내용이란 의사소통 자체를 이루고 있는 언어적, 음악적, 조형적, 행동적 상징을 통한 의미들의 실체를 말한다. 내용은 개인이나 집단 간의 의사소통에 있어서 의미를 나타내 주기 때문에 의사소통 연구에 있어서 내용을 정확하게 기술하고 해석하는 것이 중요하다. 즉 일반적으로 의사소통의 과정이란 '누가 무엇을 누구에게 어떻게 말하여 어떠한 효과를 가져오는가'라고 말할 수 있는데, 이때 내용은 '무엇'에 해당하는 것이다(Berelson, 1952).

일상생활에서 의사소통의 내용은 매우 다양하고 그것의 인과관계 또한 매우 다양하므로 단일한 체계로써 의사소통 내용을 기술할 수는 없다. 그러나 의사소통의 다양한 측면들을 간략한 유형으로 기술할 수 있는 과학적인 방법이 내용분석(content analysis)이다. 다른 모든 연구방법과 마찬가지로 내용분석의 목적은 지식과 새로운 견해, 그리고 사실에 대한 설명을 제공하는 데 있다.

내용분석에 대한 여러 가지 정의를 살펴보면 Waples와 Berelson(1941)은 "체계적 내용분석(systematic content analysis)이란 독자나 청자에게 주어지는 자극(stimuli)의 성질이나 상대적 강도를 객관적으로 나타내기 위하여 임의적으로 서술된 내용을 정련하고자 하는 것이다"라고 정의하였으며, Kaplan(1943)은 "내용분석의 기법은 체계적이고 양적인 성질을 지닌 의사소통에서 의미의 특성을 살리고자 하는 것이다"라고 정의하였다. 또한 Berelson(1952)은 "내용분석이란 의사소통의 명시적 내용을 객관적, 체계적, 양적으로 기술하는 연구방법이다"라고 하였다. Janis(1943)는 "신호-전달 수단을 분류하는 기법으로서의 내용분석은 신호-전달 수단들이 어떠한 범주에 속하는가에 관하여 명백하게 규정된 규칙에 근거한 지각적

변별로부터 단순한 추측에 이르는 분석자의 판단에 전적으로 의존하게 되며, 내용분석의 결과는 분류체계에서의 각 범주에 속하는 신호들 또는 신호군이 나타나는 빈도를 밝혀 준다"라고 하였다.

내용분석에 대한 여러 정의를 종합하여 볼 때 다음의 네 가지 특성들이 내용분석을 정의하는 데에 있어서 필수적인 요소라고 할 수 있다(Berelson, 1952).

첫째, 내용분석은 내용이 나타낼 수 있는 잠재적인 의도나 그것으로 인한 잠재적인 반응에 대해서가 아니라 의사소통의 명백한 내용에 한정되어야 한다는 것을 뜻한다. 그러나 내용분석의 결과는 잠재적인 내용을 해석하는 기초가 될 수도 있다.

둘째, 객관성의 요소로서 다른 분석자들이 동일한 내용을 분석할 경우 동일한 결과를 얻을 수 있도록 분석의 범주를 명확하게 규정하는 것을 의미한다. 구문론적-의미론적 요건과 마찬가지로 객관성의 요건도 내용분석의 대상을 명백한 내용에 한정한다.

셋째, 체계성의 요소로서 이는 두 가지의 의미를 갖는다. 첫째는 체계성이란 의사소통의 모든 내용들을 그와 관련된 모든 범주로 분석한다는 것을 의미한다. 즉 분석자의 가설에 적합한 내용들만을 분석의 대상으로 함으로써 나타날 수 있는 부분적 또는 편파적 분석을 배제하는 것을 말한다. 둘째는 체계성이 의미하는 것은 과학적인 문제나 가설과 관련이 있는 자료들을 확보할 수 있도록 분석이 계획되어야 한다는 것을 의미한다.

넷째, 양화(量化)의 요소로서 내용에 있어서 분석의 범주가 나타나는 정도, 즉 강조나 축소의 정도를 알아보는 것을 의미한다. 그러나 양화의 요건은 반드시 수치화될 것을 요구하지는 않는다. 때로는 '좀 더', '항상', '가끔' 등의 질적인 단어로 나타낼 수 있다. 대부분의 연구에 있어서는 수치화된 빈도가 분석범주의 출현정도를 나타내는 데 사용되어 왔다.

의사소통 내용에 대한 경험적 탐구는 1600년대 후반 교회가 신문을 통한 비종교적인 사상이 확산되는 것을 방지하고자 한 데서 비롯되었다고 할 수 있다. 그 이후로 내용분석은 새로운 의사소통 매체의 등장과 더불어 의사소통의 분석방법으로서 널리 사용되게 되었다.

19세기에 들어서면서 미국에서는 신문의 발행부수가 급격히 늘어나면서 시장경제에 대한 예측과 여론에 대한 관심이 증가되었다. 저널리즘학교들이 미국신문들의 기사내용에 대한 연구를 통하여 윤리적 기준을 마련하고 경험적 탐구를 하기 위하여 설립되었으며, 과학적 객관성의 개념을 바탕으로 양적 신문분석을 하게 되었다.

이러한 종류의 최초분석은 1893년에 발표된 Speed의 연구인 *Do Newspapers Now Give the News?*이다(Speed, 1893). 그는 1881년부터 1893년까지 뉴욕의 주요 신문들의 기사내용들이 종교, 과학 그리고 문학과 관련된 내용들에서 얼마나 스포츠, 신변잡기, 스캔들 기사들로 변하였는가를 보여 주었다. 또한 신문기사에 대한 연구에서 가치 있는 내용보다 퇴폐적이고 불건전하며 중요치 않은 내용들에 많은 지면이 할애되고 있음을 밝힌 연구(Mathews, 1910)와 특정 주제에 할애된 지면의 크기를 측정함으로써 신문기사의 진실성을 밝힌 연구(Speed, 1909) 등이 있다.

양적 신문분석은 1926년 Malcolm Willey의 지방신문에 대한 내용분석 연구에서 절정을 이루었는데, 그는 지방의 주간신문들의 발행부수, 주제의 변화 그리고 그들이 인식하고 있는 사회적 역할 등을 대도시 일간지와 비교하여 연구하였다.

새로운 대중매체들의 등장으로 특정 주제에 관한 범주의 양을 측정하는 양적 분석방법이 라디오의 내용분석에 적용되었으며(Albig, 1938), 그 후로 영화 및 TV의 내용분석에도 적용되기 시작하였다.

이제까지 내용분석의 적용대상이 되어 온 신문보다 새롭고 강력한 의사소통 매체들의 출현과, 경제공황 기간에 야기된 수많은 사회·정치적 문제들이 새로운 대중매체들로부터 기인하였다는 생각, 그리고 사회과학에서 경험적 탐구방법의 대두 등은 다양한 영역에 걸쳐 내용분석이 이루어지게 하는 계기가 되었다.

사회과학연구에서는 조사연구와 여론조사 등이 광범위하게 사용되기 시작하였으며 여론을 분석하는 과정에서 얻어진 경험을 토대로 Woodward(1934)는 "여론연구의 한 가지 기법으로서의 양적 신문분석"이란 연구에서 내용분석의 방법론적인 문제점들을 지적하였다. 신문에 대한 내용분석 이외에 여론과 관련된 저서들로부터 사회적 고정관념(stereotype)을 도출하기 위한 연구가 다양한 형태의 의사소통 분석에 적용되었으며(Lippman, 1922), "흑인들이 필라델피아 신문에 어떻게 기술되고 있는가"(Simpson, 1934), "전쟁 상대였던 나라의 역사교과서들과 비교해 볼 때 미국의 역사교과서들은 전쟁을 어떻게 기술하고 있는가"(Walworth, 1938), "미국, 영국 그리고 다른 유럽 국가들의 아동서적에서 민족주의는 어떻게 그려지고 있는가"(Martin, 1936) 등의 다양한 영역의 연구에 내용분석 방법이 적용되었다.

이 시기에 심리학에서 나타난 중요한 개념 중의 한 가지는 태도이다. 이 개념은 태도와 관련된 이론의 발전과 함께 내용분석에 찬·반 양론 또는 우호적-비우호적 등의 평가차원을 추가시키게 되었다. 또한 Janis와 Fadner(1943)는 불균형계수(coefficient of imbalance)의 개념을 도입하여 내용분석에 객관성, 공정성 그리고 형평성과 같은 기준을 통하여 편파성을 체계적으로 배제할 수 있는 길을 열어 놓았다.

이와 같은 내용분석은 다음과 같은 점에서 신문에 대한 양적 분석과 구분 지을 수 있다. 첫째, 많은 저명한 사회과학자들이 내용분석 방법의 적용 및 반전에 참여함으로써 풍부한 이론적 골격을 갖추게 되었다. 둘째, 태도, 문체, 상징, 가치, 선전 매개물 등 다양한 분석자료들로부터 보다 상세한 개념들이 정의되고 인식되었다. 셋째, 조사연구와 심리학적 실험들을 통하여 보다 통계적인 도구들이 분석에서 고려되었다. 넷째, 내용분석을 통한 자료들은 보다 확장된 연구의 일부가 되었다(Lazarsfeld et al., 1948).

일반적으로 내용분석은 의사소통의 내용을 분석하는 데 적용되지만 의사소통의 다른 요소들에 대한 연구에도 적용될 수 있다. 즉 누가 무엇을 누구에게 어떻게 전달하며 그것이 어떠한 효과를 가져오는가와 그 원인에 대한 연구에도 적용될 수 있다(Lasswell, Lerner, & Pool, 1952). 내용분석이 적용되는 영역에 따라 크게 의사소통의 문맥적 특성을 기술하기 위한 내용분석, 의사소통의 원인이나 내력을 추론하기 위한 내용분석 그리고 의사소통의 효과를 추론하기 위한 내용분석의 세 가지로 구분된다.

2. 내용분석의 절차

2.1 내용분석 대상의 선정과 표집

연구대상의 전집에 대하여 내용분석을 하는 경우도 있지만 대부분의 내용분석은 표집을 대상으로 이루어진다. 내용분석은 의사소통의 출처, 문헌, 그리고 문헌 내의 본문 등을 표집대상으로 할 수 있다. 표집은 표집의 대상이 되는 전집과 전집으로부터 이루어지는 추론의 내용에 따라 좌우된다. 따라서 표집을 하기 위해서는 표집대상의 전체영역이 명확하게 규정되어야 한다.

신문사설에 대한 내용분석을 하고자 하는 연구자는 발행되는 신문들의 전집을 대표할 수 있도록 단순무선표집을 할 수 있다. 그러나 경험적, 이론적 증거에 의해 신문사설의 내용이 지역이나 신문 발행 수(주간 또는 일간)에 따라 다양할 경우에는 각 지역의 주간 또는 일간신문들이 적절한 수로 표집될 수 있도록 유층표집을 해야 한다. 이 경우, 먼저 신문의 전집을 지역과 발행 수에 따라 구분한 후 각 하위전집을 무선적으로 표집한다. 이러한 표집절차를 통하여 각 하위전집으로부터 최종적으로 적절한 수의 표집과 각 지역의 주간신문과 일간신문의 총체를 대표할 수 있는 표집을 얻을 수 있다.

의사소통의 출처가 명확하게 규정되면 연구자는 문헌을 표집하여 분석하고자 하는 본문의 양을 줄일 수 있다. 그러나 연구자들은 분석에 편견이 개입되지 않도록 문헌의 상황적 배경을 고려하여야 한다. 예를 들어 신문사설의 관심사를 비교하고 대조하기 위한 목적으로 주말과 일요일에 발행되는 두 종류의 신문사설 가운데 2년 동안에 두 신문에 실린 사설을 표집했을 경우, 연구자는 다음과 같은 상황들을 고려하여야 한다. 즉 신문에는 하루에 한 가지 이상의 사설이 실리며 일반적으로 사설이 다루고 있는 내용의 중요성에 따라 다르게 배열된다는 점이다. 또한, 신문사설의 내용은 주중이나 주말에 따라 중요성이 달라질 수 있다는 점이다.

표집절차에서는 사설의 내용 가운데 이러한 체계적 변산원을 통제하도록 해야 한다. 예컨대 연구기간으로 설정한 24개월 가운데 무선적으로 선택한 주의 공휴일을 제외한 날에 발행된 신문에 실린 첫 번째 사설만을 분석의 대상으로 선택할 수 있다.

책이나 연설문과 같이 신문의 사설보다 긴 문헌 등에 대한 내용분석을 하는 경우에도 경제성의 원칙에 따라 표집을 하며 이 경우, 연구자는 본문의 특성을 고려하여야 한다. 예를 들어 대통령 수락연설, 대통령 연두교서 그리고 의회 개회식사와 같은 연설문들은 부분적으로 관례화되어 있는 본문의 형식 또는 구조를 갖고 있다. 즉 위와 같은 연설문에는 형식적으로 보면 일상적인 머리말과 맺음말이 있고 구조적으로 보면 국내문제와 재정문제가 외교문제에 앞서 언급된다. 가능하다면 본문 전체를 분석함으로써 본문의 의미론적 일관성을 유지하도록 해야 한다. 그러나 표집을 하여야 할 경우, 연구자는 본문의 형식 또는 구조를 고려하여야 한다. 즉 머리말과 맺음말은 분석에서 제외시켜야 하며, 국내문제와 국제문제를 다루는 부분은 각기 독립적으로 표집해야 한다.

연구자가 문헌 내의 본문만을 표집하는 경우, 각 표집을 한 개 이상의 문단으로 함으로써 의미론적 일관성을 유지하도록 해야 한다. 개별적으로 분석된 문장은 동일한 본문으로부터 표집되었다고 하더라도, 의미론적 일관성 또는 타당성을 저해하고 해석을 어렵게 하기 때문에 문장을 표집대상으로 하는 것은 피하는 것이 좋다.

2.2 내용분석 자료의 부호화

내용분석에서 대상자료를 부호화하는 것은 연구대상의 내용특성을 정확하게 기술할 수 있도록 원자료를 체계적으로 변환하거나 결합하는 과정이다. 자료를 일정한 원칙에 따라 부호화함으로써 연구자는 표집된 자료를 이론 및 가설과 조작적으로 연결시킬 수 있게 된다. 자료를 부호화하는 원칙은 내용분석 연구의 필수적인 요소로서, 연구자는 내용분석의 범주와 내용분석의 단위 그리고 계수체계를 결정함으로써 자료를 부호화하는 원칙을 설정한다.

2.2.1 내용분석의 범주화

내용분석에 있어서 가장 중요한 문제는 분석범주를 선택하고 정의하는 일이다. 내용분석의 범주와 내용분석의 단위를 구별하여 보면 내용분석의 범주는 의사소통 내용을 기술하고 분류하는 체계를 말하며, 내용분석의 단위는 기술, 분류, 계수되는 내용의 특수한 항목이나 부분을 말하는 것이다. 예를 들면, 여론분석에서 면접을 받는 특정한 개인들은 단위가 되고, 응답자에게 물어보는 여러 가지 항목, 즉 정치적 태도, 성별, 종교, 직업 등은 분석의 범주에 해당하는 것이다.

내용분석의 범주는 내용분석이 적절하게 수행될 것인가를 좌우한다. 내용분석의 범주가 명확하게 설정되었는가 그리고 연구문제와 내용에 적합한가의 정도에 따라 내용분석 연구의 효과적 수행 여부를 판단할 수 있다. 범주를 설정하는 데 있어서는 다음과 같은 사항들에 유의하여야 한다.

첫째, 범주가 연구의 목적(문제)을 반영할 수 있기 위해서는 취급되는 변수의 개념적 정의를 분명히 하고 조작과정을 거쳐 지표를 구체화하여야 한다. 이 조작과정에서 유의하여야 할 점은 타당한 대표성과 신뢰할 수 있는 판단이다. 또한 범주가 연구목적에 따라 분명히 구분된다고 하더라도 그 안에서 또 세분될 가능성이 있다는 점도 염두에 두어야 한다. 국내의 복지입법과 간섭주의 정책에 대한 태도분석을 할 때 전자는 교육에 대한 연방주의의 지원, 사회보장 등으로 나뉘고, 후자는 경제원조, 군사원조 등으로 나뉘며 이들 역시 또 세분화가 이루어져야 한다.

둘째, 범주가 망라적이어야 한다. 즉 분석될 항목이 빠짐없이 범주 속에 다 들어가야 한다는 뜻이다. 어느 연구에서는 수백개의 주요 상징을 나열하여 부호화 작업을 사람들로 하여금 셈하게 하였다.

셋째, 범주는 상호배타적이어야 한다. 즉 분석의 자료가 하나 이상의 범주에 해당되어서는 안 된다는 뜻이다. 예를 들어 생활수준을 높이기 위한 정부의 행동에 대한 지지를 국내 복지입법과 간섭주의 정책 양쪽에 다 기입하여 버린다면, 두 정책에 대한 태도 간의 상관관계는 높아지되 허위관계임을 면치 못한다. 양쪽에 중복되는 분류란 따라서 위험한 분석이기 때문에 배타성의 원칙이 준수되어야 한다.

넷째, 범주의 독립성 원칙은 한 자료를 범주로 분류한 것이 다른 자료의 분류에 영향을 미쳐서는 안 된다는 것이다. 이것은 특히 내용단위가 연속성에 따라 척도화될 때 더 지켜지기 어렵다. 예를 들어 외교와 복지정책에 대한 태도의 강도와 방향을 Q분류척도 방법에 의하여 9점 척도로 측정할 때, 앞의 판단(내용단위를 범주에 따라 분류하는)이 뒤의 판단에 영향을 주기 쉽다.

다섯째, 범주는 단일 분류원칙에 따라 도출되어야 한다. 이것은 개념적으로 상이한 수준의 분석이 혼합되어서는 곤란하기 때문에 요청되는 요건이다. 출처나 태도와 같은 것을 동일한 수준으로 묶어서 범주화하면 상호배타성의 원칙에도 어긋날 뿐만 아니라 단일분류의 원칙도 충족하지 못한다.

여러 가지 유형의 내용분석 범주들 가운데 가장 일반적으로 사용되는 범주들을 크게 내용의 실체와 형식에 관한 범주로 나누고 그와 관련된 범주들을 살펴보면 다음과 같다.

① 내용의 실체에 관한 범주

㉠ **주제**: 주제는 가장 일반적인 범주로서 보통 명백하기 때문에 분석이 용이하며 특히 의사소통의 경향 또는 '무엇'에 관한 것인가를 알아보고자 할 때 많이 사용된다. 예컨대 신문내용의 경향을 분석한 어느 연구에서 다음과 같은 주제범주를 사용하였다.

ⓐ 외국 소식과 인물
ⓑ 워싱턴 소식
ⓒ 공공문제
ⓓ 사설
ⓔ 기업, 재정
ⓕ 운동경기
ⓖ 사회
ⓗ 여성과 관심
ⓘ 연예, 오락, 도서
ⓙ 라디오 소식 및 발표
ⓚ 논평
ⓛ 해설

대통령의 연설문에 나타난 가치관을 비교한 어느 연구에서 사용한 범주도 이 유형에 속한다.

ⓐ 정부지원	ⓗ 진보
ⓑ 경제와 능률	ⓘ 계급
ⓒ 밝은 실제(예: 번영)	ⓙ 경제적 조화
ⓓ 평화	ⓚ 사회적 적절성
ⓔ 법의 집행	ⓛ 어두운 실제(예: 외부로부터의 위협)
ⓕ 지역사회의 협동	ⓜ 정당
ⓖ 정부의 규제	ⓝ 국력

ⓛ **방향**: 방향(direction)은 지향성(orientation) 또는 성향(character)이라고도 하며, 내용에 있어서 찬반양론적 태도를 보는 것이다. 이것은 의사소통이 특정한 대상에 대해서 찬성, 반대 또는 중립적인가 하는 것을 알아보는 것으로 이러한 세 가지 분류는 더 세분될 수도 있으며 3점 명목척도나 7점 명목척도를 사용한다. 또한, 의사소통에서 자신의 주장을 뒷받침하기 위한 증거를 제시하는 경우에도 이러한 범주가 사용된다. 어느 연구에서는 라디오 대화를 분석한 연구에서 다음과 같은 범주를 사용하였다.

ⓐ 통계수치 ⓑ 예와 비교 ⓒ 모사 ⓓ 증언

ⓒ **기준**: 기준은 근거라고도 하며, 의사소통 내용을 무엇에 의해 평가했는가 하는 것을 알아보고자 할 때 많이 사용된다. 가장 일반적인 기준은 강함과 약함, 도덕성과 비도덕성의 두 가지 범주로, 이 둘 사이에 다른 세분된 중간적 기준을 포함시킬 수도 있다. 즉 강함과 약함의 범주 안에는 안전, 효율성, 힘, 선을 포함시킬 수 있고 도덕성과 비도덕성의 범주에는 진리, 자비, 충성 등을 포함시킬 수 있다.

ⓔ **가치**: 가치(value)는 기준과 유사한 것으로서 목표(goal) 또는 요구(want)라고도 한다. 이 범주는 항상 그런 것은 아니지만 대개 소설의 소재(fictional materials)에 대한 분석에서 볼 수 있으며, 작품 내의 등장인물에 흔히 적용된다. 이 범주에서 다루는 가장 핵심적인 문제는 사람들이 무엇을 추구하는가 하는 것으로서 이를 분석하기 위하여 금전, 사랑, 지위, 출세, 건강 등의 가치를 분석의 범주로 삼는 경우가 많다. 이 범주는 목적에 따라 다양하게 세분될 수 있다. 가치범주는 하나의 가치 자체로서 제시될 수도 있고, 가치를 여러 측면에서 범주화하고 세분하여 제시될 수도 있다.

Lasswell과 Kaplan의 가치범주:

ⓐ 권력	ⓔ 부
ⓑ 방정	ⓕ 안녕
ⓒ 존경	ⓖ 계몽
ⓓ 애정	ⓗ 기술

White의 가치분석범주:

ⓐ 물리적: 1. 음식 2. 성 3. 휴식 4. 건강 5. 안전 6. 위안
ⓑ 사회적: 1. 이성애 2. 가정의 화목 3. 우정
ⓒ 이기적: 1. 독립 2. 성취 3. 인정 4. 자애 5. 지배 6. 공격
ⓓ 공 포 : 1. 정서적 안정
ⓔ 명 랑 : 1. 새로운 경험 2. 흥분 3. 미 4. 유머 5. 독창적 자기표현
ⓕ 실제적: 1. 실제성 2. 소유 3. 작업
ⓖ 인 식 : 1. 지식
ⓗ 기 타 : 1. 행복 2. 가치 일반

ⓜ **방법**: 가치범주가 행동의 목적을 취급하는 데 비해 방법은 목적을 설명하기 위해서 채용된 수단을 취급한다. 즉 어떻게 목표에 도달하였는가 하는 것이 이 범주의 근본적인 문제가 된다. 이 범주는 정치적 소재분석에 많이 적용되며 집단의 기능 분류에 적합한 범주이며, 법적·경제적 조직, 기회 등이 방법에 해당한다.

ⓑ **특성(traits)**: 특성은 능력 또는 주관적 상태라고도 하며, 이 범주는 개인적 특성이나 심리적 특성 등을 포함한다. 일반적으로 인물의 분석에 적용되지만

제도나 정책의 특성을 밝히는 데 사용되기도 한다. 예를 들어 단편소설, 연속 방송극, 영화, 전기물 등에 나타난 가공인물의 연령, 성별, 직업, 결혼 여부, 사회계급, 종교, 주거, 국적 등으로 기술할 수 있다.

ⓢ **행위자(actor)**: 행위자는 행동의 주체로서 중심적 위치에 있는 사람 또는 집단의 분석에 적용된다. 행위자 범주에서 핵심적인 문제는 어떤 행동의 대표자가 누구인가를 밝히는 데 있다.

ⓞ **권위(authority)**: 권위는 의사소통의 진술자, 집단 또는 대상이 어느 정도의 권위를 갖고 있는가를 분석하는 데 적용되며 출처라고도 한다. 권위범주의 적용 예로는 인용물의 출처를 분석한 것을 들 수 있다.

ⓙ **근원(origin)**: 근원은 의사소통의 근원이 되는 장소를 확인하는 것으로 근원범주를 적용한 연구는 많지 않다. 의사소통이 어디로부터 왔는가를 밝히는 것으로 때로는 의사소통의 내용이 청중들의 관심을 포괄하고 있는 정도를 밝히는 데 적합하다.

ⓒ **표적(target)**: 표적은 의사소통이 누구를 향하고 있는가를 밝히는 것으로 수신인(address)이라고도 한다. 의사소통이 일반 대중보다 특수한 집단에 향하고 있는 정도를 밝히는 데 적용된다.

(2) 내용의 형식에 관한 범주

㉠ **의사소통의 형식(form or type of communication)**: 의사소통의 형식은 일반적으로 의사소통 형식을 일정한 분류유목에 따라 구별하는 것으로써, 예를 들어 출판서적의 경향분석에 있어서 소설과 비소설로 구분하거나 또는 라디오의 내용연구에 있어서 소재의 분류를 고전음악, 유행가, 방송극, 뉴스, 대담 등으로 구분하는 것을 말한다.

㉡ **진술의 형식(form of state)**: 진술의 형식은 의사소통이 이루어지는 문법적, 구문론적 형식 또는 구성요소를 보는 것이다. Lasswell 등은 진술형식을 사실 진술, 선호 진술, 동일시 진술의 세 가지로 구분하고 있다.

㉢ **강도(intensity)**: 강도는 의사소통이 가지고 있는 힘 또는 관심을 끌게 하는 흥미정도에 관한 것으로 정서성 또는 감수성이라고도 한다. 강도는 독자 또는 청취자에게 영향을 주는데, 특히 효과적이기 때문에 많은 분석자들이 상이한 내용의 상대적 강도를 밝히는 데 관심을 가지고 있지만 만족할 만한 지표를 제시하지는 못하고 있다.

㉣ **방안(device)**: 방안은 선전적, 수사학적 기초 위에서 내용을 분류하는 데 적용된다. 일반적으로 분석에 있어서 내용의 전체를 다루기 때문에 객관적으로 분석하기 어려운 점이 있다.

2.2.2 내용분석의 단위화

내용분석은 필연적 내용요소를 양화(量化)하게 된다. 그러므로 내용분석에서는 내용과 관련된 측면을 검토하는 기준이 되는 내용의 구분방법이 필요하다. 내용을 구분하기 위해서는 다음과 같은 단위들을 구분해야 한다.

첫째, 기록단위와 문맥단위를 구분한다. 기록단위는 내용이 문맥에서 나타나는 빈도를 계산하는 내용의 최소단위를 말하며, 문맥단위는 기록단위의 성격을 결정하는 데 검토될 수 있는 최대의 내용체를 말한다. 예를 들어 기록단위는 단어나 술어가 될 수 있는데, 특정한 술어가 우호적으로 취급되었는가 그렇지 않았는가를 알기 위해서는 그 술어를 포함하고 있는 전체 문맥, 즉 문맥단위를 고찰해야 한다. 또는 한 문장이 기록단위가 되고 한 문단이 문맥단위가 될 수도 있다.

둘째, 분류단위와 계수단위를 구분한다. 이는 내용을 분석하거나 분류하는 기초와, 내용을 표시하거나 보고하는 기초 간의 구분이다. 그러므로 분류자가 뉴스 전체를 일정한 범주로 분류하고 결과를 기사란의 길이에 의해서 보고할 경우에 뉴스항목은 분류단위가 되고 기사란의 길이는 계수단위가 되는 것이다.

셋째, 분석의 수준들을 구분한다. 보조단위의 사전분석은 이후의 분석을 위한 더 큰 단위를 특징짓게 된다.

내용분석에서 주로 사용하는 단위를 살펴보면 다음과 같다.

① 단어

단어(word)는 내용분석에서 사용되는 가장 작은 단위이다. 이 단위는 물론 구(句)와 같은 복합어도 포함하며, Lasswell이 말하는 기호(symbol), 단위기호(unit symbol), Leites와 Sola Pool이 말하는 술어(term) 등이 모두 여기에 포함된다. 이 단위는 주로 선택한 단어의 카테고리가 얼마나 나타났는가를 제시하는 상대적 빈도를 표시하는 데도 적용된다. 그리고 Lasswell의 정치적 부호(political symbols)에 대한 분석, Miles의 문체(literary style)에 대한 분석 등에서 널리 채택되었다.

② 명제

명제(theme) 중에서 가장 간단한 것은 주어와 술어로 된 단문이다. 명제는 내용분석에 있어서 가장 유용한 단위이며, 특히 커뮤니케이션이 여론에 미치는 영향을 분석하는 데 유용하다. 그 이유는 명제가 보통 문제점이나 태도를 논의하는 것이기 때문이다. 그러나 신뢰도의 입장에서 본다면 명제는 가장 분석하기 곤란한 단위이다. 즉 명제를 분석한다는 것은 단어, 문단, 항목과 같은 경우보다 경계를 확인하기가 어렵고 시간이 많이 소모된다. 특히 명제가 복잡할 경우 더욱 분석하기 곤란하며, 이 문제를 해결하기 위해서는 명제를 몇 개의 구성요소에 의해서 분석한 뒤 기계적인 과정에 의해서 명제를 재구성해야 한다. 이러한 방법을 원자적 분석(atomic analysis)이라 하고, 명제를 전체로서 분석하는 것을 분자적 분석(molecular analysis)이라고 한다.

③ 인물

가상적 또는 역사적 인물을 한 단위로 사용하는 것은 이야기, 연극, 전기물 등을 분석하는 데 적합하다. 이들 안의 등장인물의 인종적, 사회·경제적, 심리적 특성을 파악함으로써 작가의 성품 등을 유추하려는 연구에 적용된다.

④ 항목

내용분석에서 가장 많이 사용되는 단위가 항목이다. 항목은 매체에 따라서 다르다. 그것은 책일 수도 있고, 잡지기사, 연설, 편지, 사설 등일 수도 있다. 이 단위는 소재를 크게 분류하기 때문에 빈번히 사용된다. 항목에 의한 분석은 그 항목 내의 변화가 적거나 중요하지 않을 때에 적절히 사용할 수 있다. 그러나 자세한 카테고리를 설정해서 항목 내의 변화를 보는 데는 적합하지 않다.

⑤ 지면-횟수 측정(space and time measure)

어떤 연구는 항목에 의해서 광범하게 분석하지 않고, 난의 크기, 쪽수, 줄, 단락, 시간(라디오의 경우), 길이(영화필름의 경우) 등에 의해서 분석하는 것이 있다. 이와 같은 단위들은 항목단위보다도 더 정확한 분석을 할 수도 있다.

2.3 자료와 분석

분석단위가 결정되면 우선 그 단위를 어떻게 계량화할 것인가가 문제이다. 단순히 빈도만을 측정할 수도 있고 공간, 시간, 또는 시간과 공간을 동시에 측정할 수도 있다. 빈도만을 측정하는 경우에 유의해야 할 점은 특정 문제에 대하여 단일 주장의 빈도만을 본 것과 전체 주장의 입장에 따른 빈도를 본 것이 그 결과에서 큰 차이가 날 수 있다는 점이다. 공간과 시간을 측정하는 것은 계산이 용이하며 빠른 시간 안에 자료를 처리할 수 있는 이점이 있다. 그러나 태도, 가치, 형식 등을 측정하기에는 깊이가 없어 부족한 점이 많다. 이런 결함을 보충하는 것으로 맥락단위의 출현 여부를 측정하는 범위가 있다. 의미는 다르지만 이를 “질적 내용분석”이라 하기도 한다.

가장 널리 쓰이는 방법은 빈도를 계산하는 것이다. 빈도계산방법은 빈도가 타당한 지표이고 연구의 초점이며, 강도, 가치, 중요성 등을 대표할 수 있다는 것과 내용의 각 단위(단어, 주제, 인물, 항목)에 균등한 가중치가 부여되어 있다는 것을 전제로 한다. 이런 전제 때문에 빈도에만 의존하는 내용분석은 한계가 있다.

더욱이 빈도는 가치, 태도 및 이와 관련된 요소들의 강도를 측정하기에는 미흡한 점이 있다. 여기서는 강도를 측정하는 몇 가지 방법을 제시하기로 한다(김광웅, 1984).

2.3.1 조합비교법

Thurstone이 개발한 조합비교법은 측정대상을 놓고 한꺼번에 서열을 측정하는 것이 아니라 측정대상을 두 개씩 짝을 지어 우열을 결정하도록 하는 방법이다. 여기서 두 개의 짝을 자극이라고도 하며(이만갑, 1963, pp. 244-245), 자극들은 투사 횟수에 관계없이 그 간격이 동일한 것이라고 가정한다. 이 조합비교법은 정치학의 경우 국가 간의 우열을 비교할 때 흔히 쓰이는데, 증빙할 만한 충분한 자료가 없으면 전문가인 평가자에게 짝지어진 두 국가 간의 우열을 물어서 결정하도록 하는 방법이다. 일일이 조합을 지어 물어야 하기 때문에 질문의 횟수가 극히 많지만, 측정대상 전부를 놓고 서열을 결정할 때보다는 평가자의 입장이 수월해진다는 장점이 있다.

2.3.2 Q분류척도방법

평가자로 하여금 9점 척도에 따라 내용단위를 판단하게 하는 방법이다. 이것은 서열을 매기는 방법인데, 단위 간에 분명한 구분이 가능할 때 유용하지만 두 개의 다른 표본을 비교하기에는 적절하지 못하다. 즉 한 문항의 점수는 동일한 표본 중 다른 문항과의 관계에서만 의미가 있기 때문이다. 따라서 장기간의 추세를 분석하고 여러 가지 다른 표본이 포함되어 있는 연구에서는 이 방법보다 조합비교법이 더 적절하다. 두 방법 모두 내용단위가 단일 연속상에서 충분히 동질적이라는 것을 전제로 한다.

Q분류척도방법을 예로 들면 다음과 같다. 〈표 4.1〉에서 판단자에 의하여 9점 척도에 따라 반드시 분류되어야 할 비율을 제시하고 또한 전체 진술 가운데 분류된 각 표본의 범주에 해당되는 실제값을 제시하였다.

〈표 4.1〉 Q분류의 분포

강도 분석	Q분류배열에 의해 요구되는 진술의 비율	각 표본에서 나타난 진술의 수		
		25	50	140
1	5	1	2	7
2	8	2	4	11
3	12	3	6	17
4	16	4	8	22
5	18	5	9	26
6	16	4	8	22
7	12	3	6	17
8	8	2	4	11
9	5	1	2	7

강도를 분류하는 지수의 공식은 다음과 같다.

$$강도지수 = \frac{강도치의\ 합계}{진술의\ 수}$$

2.3.3 원자접근법과 평가적 주장분석

이 방법들은 메시지를 주제적 구조, 즉 태도객체와 동사연결어 그리고 일반적 의미용어, 또는 태도객체 1과 동사연결어 그리고 태도객체 2로 나누어 분석한다. 예를 들어 '공격적인 소련은 미국을 위협한다'라는 문장은 '소련은 공격적이다'와 '소련은 미국을 위협한다'로 나누어 볼 수 있다.

원자접근법은 요소를 좀 더 세분화한다. 1960년 5월 19일에 흐루쇼프(Khrushchyov)가 기자회견에서 미국의 U-2기가 소련의 영공을 침범했다고 비난한 발표의 내용을 이 방법에 따라 분류하면 다음과 같다(North et al., 1963).

출 저: 프라우다紙, 1960. 5. 19.
인지자: Khrushchyov
인지된 자: Khrushchyov
목 표: 미국

〈Source statement〉

"비행기를 보내거나 보내지 않는 것은 물론 아이젠하워(Eisenhower) 대통령에게 달려 있다. 그것은 우리에 의해 단호히 결정될 것이다. 우리는 이러한 비행기들을 격추시킬 것이다. 나아가 비행기의 기지와 그 기지를 건설한 사람들에게도 맹타를 가할 것이며 그것은 실제로 제거될 것이다."

〈Capsule statement〉

1. 이것(미국 비행기가 소련 영공을 비행할 수 있는지의 여부)은 우리에 의해 결정된다.
2. 우리(소련)가 이 비행기들(미국)을 격추시킬 것이다.
3. ……우리(소련)가 그들(미국 비행기)의 기지를 맹타할 것이다.
4. ……우리(소련)는 그 기지를 건설한 사람들에게 맹타를 가할 것이며, 그것은 실제로 제거될 것이다.

평가적 주장분석(evaluation assertion analysis)의 예는 다음과 같다(Osgood, 1959).

〈Source statement〉

"Soviet rulers are ruthless, atheistic despots. These men have in the past pursed evil goals. Yet there now appears some possibility that they will agree to some measures designed to relax world tensions. Perhaps they will be more willing to forego aggressive designs."

다음의 〈표 4.2〉에서 각 점수는 동사연결어와 일반적 의미용어의 값에 따라 계산되었다. 값의 폭은 방향과 강도에 따라 +3에서 −3까지이다. 태도객체(이 경우는 소련)의 점수를 계산하려면 결과란의 합계 −28을 주제의 수 6으로 나눈다. 즉 −28/6=−4.67이 되며 이것을 어의구별척도(+3~−3)에 따라서 계산하면

3N(N은 주제의 수)으로 나누어야 하므로 −28/3(6) = −1.56이 된다.

〈표 4.2〉 평가적 주장 분석의 예

태도객체	동사연결어	가치	일반적 의미용어	가치	결과
1. Soviet rulers	are	+3	ruthless	−3	−9
2. Soviet rulers	are	+3	atheistic	−3	−9
3. Soviet rulers	are	+3	despots	−3	−9
4. Soviet rulers	have in the past pursed	+2	evil goals	−3	−6
5. Soviet rulers	may now possibly agree to	+1	some measures designed to relax world tensions	+2	+2
6. Soviet rulers	perhaps will be more willing	+1	to forego aggressive designs	+3	+3
				합계	−28

3. 내용분석의 적용 예

내용분석 방법은 연구자의 관심대상에 따라 다양하게 적용될 수 있으며 내용분석의 절차는 크게 내용분석 대상의 선정 및 표집, 자료의 부호화, 바꾸어 말하면 범주화와 단위화 그리고 자료의 분석 및 결론의 도출과정으로 대별할 수 있다. 내용분석 방법의 적용 예를 「누리과정과 초등학교 교육과정의 '가족' 내용분석: 지식, 기능, 인성 요소의 연계」(황철형, 최류미, 변선영, 김대현, 2018)를 토대로 내용분석의 절차에 따라서 살펴보면 다음과 같다.

3.1 연구의 필요성 및 목적

누리과정과 초등학교에서 가족에 대한 내용을 학습할 때 학생들은 지식을 배울 뿐만 아니라 실천을 하며 최종적으로 가족의 중요성을 이해하고 가족 내에서의 역할 수행이라는 인성을 갖게 된다. 이런 점에서 해당 학년에서 배우는 내용 요소들 간에 연계(수평적 연계)가 이루어져야 하며 또한 학교급, 학년 간 연계(수직적 연계)가 필요하다. 이 연구의 주된 목적은 누리과정과 초등학교 교육과정 '가족' 내용의 지식, 기능, 인성 요소들이 얼마나 연계되어 있는지를 파악하는 데 있다.

3.2 분석 대상의 선정 및 표집

이 연구의 분석자료는 유아교육기관과 초등학교의 국가 교육과정 문서에서 '가족'과 관련된 부분이다. 유아교육기관의 국가수준 교육과정은 만 3~5세 누리과정으로, "나와 가족"이 하나의 생활주제로 제시되어 있다. 2015 개정 초등학교 교육과정에서는 가족에 관한 내용이 1~2학년 통합교과에서 가족, 친척이라는 단원으로 제시되고 있다. 가족 주제에 대한 누리과정과 초등학교 교육과정의 전개를 고려하여, 3~5세 누리과정 교육과정의 생활주제 '나와 가족' 중 '가족'과 관련된 세부 활동 58개와 2015년 개정 초등학교 교육과정 중 '가족'과 관련 있는 성취기준 21개를 최종 분석대상으로 선정했다.

3.3 자료의 부호화 및 분석

연구자들은 분석 기준을 2개의 차원으로 구분하여 내용을 체계적으로 분석하였다. 선행연구에 근거하여, 가족에 대한 내용을 다음과 같이 범주, 하위요소로 구분하여 구체적으로 분석할 수 있는 틀을 사용하였다.

〈표 4.3〉 스캔과 클러스터를 통해 도출된 범부와 하위요소

범주	하위요소
가족 이해	가족의 구성 / 가정일
가족 관계	예절 / 가족정서 / 가족갈등
가족생활문화	여가생활문화 / 의식주

다른 한편으로는 Drake(2007)의 KDB모형을 적용하여 가족에 대한 내용 각각이 학생들이 알고(K: to know), 하고(D: to do), 되어야(B: to be) 할 것들 중 어느 것에 해당하는지를 다음과 같이 부호화함으로써 지식, 기능, 인성 요소의 관계를 분석하였다.

〈표 4.4〉 초등학교 교육과정에서의 가족생활문화 범주와 하위요소에 따른 성취기준

범주	하위요소	1-2학년군	KDB	3-4학년군	KDB	5-6학년	KDB
가족생활문화	여가생활문화	[2바03-02] 가족의 형태와 문화가 다양함을 알고 존중한다.	K,B	[4사02-05] 옛날과 오늘날의 혼인풍습과 가족 구성을 비교하고, 시대별 가족의 모습과 가족 구성원의 역할 변화를 탐색한다.	K,D	[6실01-03] 주변 가족의 모습을 통해 나와 가족의 관계 및 역할을 이해하고, 다양한 가족의 가정생활 공통점을 파악하여 가정생활의 중요성을 설명한다.	K
		[2슬03-02] 나와 가족, 친척의 관계를 알고 친척과 함께하는 행사와 활동을 조사한다.	K,D	[4사02-06] 현대의 여러 가지 가족 형태를 조사하여 가족의 다양한 삶의 모습을 존중하는 태도를 기른다.	K,B	[6실03-05] 가정일을 담당하고 있는 가족원들의 역할을 탐색하고, 가정생활에 미치는 영향을 이해한다.	K
		[2즐03-02] 가족이나 친척이 함께 한 일을 다양한 방법으로 표현한다.	K,D	[2음03-01] 음악을 활용하여 가정, 학교, 사회 등의 행사에 참여하고 느낌을 발표한다.	K,D	[6음03-01] 음악을 활용하여 가정, 학교, 사회 등의 행사에 참여하고 느낌을 발표한다.	K,D

3.4 분석 결과

누리과정에서의 지식, 기능, 인성의 연계는 가족이해, 가족관계, 가족생활문화 등의 범주와 하위 요소에 따라 다소 차이가 있는 것으로 나타났다. 대개 3세에 비하여 4세와 5세의 경우에 지식, 기능, 인성의 연계 정도가 높지만, 가정일, 가족

정서, 의식주 요소의 경우 4세와 5세에 지식 요소만 강조한 것은 개선이 필요하다고 생각한다. 또한 초등학교 교육과정의 경우 통합교과와 5~6학년 교과의 지식, 기능, 인성요소의 양상에 차이가 있었다. 5~6학년의 경우 가족의 구성, 가족정서, 여가생활문화를 제외하고는 지식요소만 강조되어 기능과 인성 요소를 경시한 것은 통합교과에 비해 타 교과에서 지식, 기능, 인성 요소를 결합하는 데 제한점이 있었다고 본다.

'가족'의 주제에 따른 누리과정과 초등교육과정을 분석한 결과, 지식, 기능, 인성 요소 간에는 양적으로 균형을 갖추지 못한 것으로 나타났다. 여기에서 불균형이란 가족 관련 K. D, B 요소 중 어느 한 요소의 함축이 있거나 일부 요소만 강조되어서 요소 간 균형을 이루지 못한 상태를 의미한다. 가족 내용과 관련하여 누리과정과 초등교육과정의 K, D, B 요소를 분류한 표를 보면 누리과정과 초등교육과정에서 다루어야 할 K요소는 방대한 반면 D와 B의 요소는 상대적으로 적은 것을 알 수 있다. 이는 교사가 추후 교육과정을 개발할 때 문서상에는 드러나 있지 않지만 함축된 요소들을 고려하여 수업을 계획해야 한다는 데 시사점이 있다.

3.5 결론

가족은 누리과정과 초등학교 교육과정에서 중요하게 다루는 주제이다. 가족이라는 주제가 학생의 전인적 발달과 연결되기 위해서는 지식, 기능, 인성의 요소의 연계가 필요하다. 이를 위해 연계의 양상을 분석하고 개선 내용을 제안했다. 누리과정에서 지식, 기능, 인성의 연계는 가족이해, 가족관계, 가족생활문화의 범주와 하위요소에 따라 차이가 있었다. 초등학교 교육과정의 경우 비교적 지식, 기능, 인성의 요소가 잘 결합되어 있었다. 하지만 5~6학년의 경우에는 가족의 구성, 가족정서, 여가생활문화에서 기능과 인성의 요소가 약하게 드러나 있다. 가족의 주제가 지식, 기능, 인성의 변화를 목표로 한다는 점에서 기능과 인성의 측면에서 연계가 필요하다.

이러한 연구결과는 후속 교육과정 개발진이 가족 관련 내용을 개발할 때 어떠한 점을 개선해야 하는지 참고자료로 활용할 수 있다. 또한 교육과정 문서를 분석한 자료들은 교사가 교육과정을 해석하는 데 도움을 준다. 가족 관련 교육내용을 가르치는 교사들에게 가족과 관련한 내용이 이전 교육과정에서 어떻게 다루어지고 있으며 앞으로 어떠한 내용을 배우는지 제시했기 때문이다.

4. 내용분석에 대한 논의

내용분석은 많은 시간과 노력, 비용을 필요로 하는 작업이다. 따라서 연구결과의 중요성, 성과 등을 사전에 잘 고려하여 연구에 착수하여야 할 것이며, 신중히 작성된 계획 아래서 진행하여야 한다. 내용분석의 수행에 있어서 유의하여야 할 점을 살펴보면 다음과 같다.

4.1 신뢰도의 문제

내용분석에 있어서도 다른 연구방법들과 마찬가지로 객관적이어야 하며 주관성의 개입을 최소한으로 줄여야 한다. 내용분석은 다음과 같은 두 가지 점에서 일관성을 가져야 한다. 첫째는 분석자 간의 일관성이 유지되어야 한다. 즉 부호화하는 사람이 다르더라도 동일한 내용에 대해서 동일한 범주를 적용할 경우 동일한 결과를 얻을 수 있어야 한다. 둘째는 시간의 일관성이 유지되어야 한다. 즉 한 사람 또는 한 집단의 부호화하는 사람이 같은 내용에 대해서 같은 범주를 적용할 경우 그 시간이 다르더라도 동일한 결과를 얻을 수 있어야 한다.

신뢰도와 관련해 내용분석에서 나타나는 문제점들을 살펴보면 다음과 같다.

첫째, 실제 내용분석에 있어서의 신뢰도의 정도와 관계없이 지금까지의 내용분석 연구의 약 15~20%만이 신뢰도를 보고하고 있으며 신뢰도가 보고된 연구는 더욱 줄어드는 경향이 있다.

둘째, 신뢰도가 보고된 연구의 신뢰도는 일반적으로 높으며 30개의 연구를 검토한 결과 .90 정도에 집중되어 있는 것으로 밝혀졌다. 그러나 분석 도중에 신뢰도가 낮음으로 해서 포기하거나 신뢰도를 보고하지 않은 연구 중 신뢰도가 현저히 낮은 연구들도 있을 수 있으므로 이것이 내용분석의 신뢰도를 보증하여 주는 것은 아니다.

셋째, 신뢰도에 관한 보고의 대부분은 내용분석에 있어서 비교적 간단한 면에만 해당된다. 대개 기호에 관한 분석의 신뢰도는 높고, 복잡한 의미를 대상으로 하는 분석의 신뢰도는 낮으며 복잡한 범주를 사용하는 분석은 신뢰도에 있어서 중대한 문제를 야기한다.

넷째, 각종 분석의 신뢰도에 차이가 있다. 신뢰도는 단위와 범주가 단순하고 부호화하는 사람의 경험과 훈련이 풍부하며 부호화하는 규칙이 명확하고 완전할 때 높아질 수 있다.

4.2 표본추출의 문제

내용분석을 하기 위한 표본의 추출에서 나타나는 문제점들을 살펴보면 다음과 같다.

첫째, 표제(title)를 표집하는 데 있어서 나타나는 문제를 들 수 있다. 이것은 특정한 신문이나 방송 프로그램, 잡지 등을 분석대상으로 하는 경우, 분석하려는 대상의 표제를 어떠한 기준으로 표집하느냐에 따라 표집의 기초가 달라지게 된다는 것을 의미한다.

표제의 표집은 지역, 형태, 사설의 입장, 크기 또는 중요성, 발행시간 등을 기준으로 이루어질 수 있으며 각 기준에 따른 문제점을 살펴보면 다음과 같다.

지역에 따른 표집문제의 예로는 각 지방의 신문을 표집하여 각 신문의 사설이 교육에 관하여 취급한 내용을 분석한 Foster의 연구를 들 수 있다. 이와 같이 지역을 기준으로 표집하는 경우 어느 지방의 신문들을 표집대상으로 할 것인가에 따라 내용분석 결과가 다르게 나타날 가능성이 있다.

형태(type)에 의한 표집문제의 예로는 단편소설에 대한 내용분석에서 일반 주간지, 일반 월간지, 여성잡지, 실화잡지 등 네 가지 형태의 잡지에 실린 단편소설을 대상으로 표집한 Berelson과 Salter의 연구를 들 수 있다. 이 경우 표집하고자 하는 단편소설이 실린 잡지의 유형을 어떤 것으로 할 것인가에 따라 내용분석의 결과가 달라질 수 있을 것이다.

사설의 입장에 의한 표집문제의 예로는 통신사에서 보낸 뉴스에 관한 전문을 각 지방신문이 어떻게 취급하였는가를 보기 위하여 신문의 사설을 고립주의(isolationist)와 개입주의(interventionist)의 두 가지로 나누어 표집한 Rogers의 연구를 들 수 있다. 이 경우 분석자가 사설의 입장을 어떻게 보느냐에 따라서 내용분석의 결과가 달라질 수 있을 것이다.

분석대상의 크기 또는 중요성에 따른 표집문제의 예로는 신문을 표집대상으로 할 경우 발행부수에 의해 표집하거나 방송의 경우 출력과 방송망에 따라 표집하는 경우를 들 수 있다. 이 경우 발행부수나 출력에 따른 표집은 내용분석에 포함될 표집대상을 제한하는 결과를 초래할 수 있다.

발행시간에 의한 표집문제의 예로는 신문기사에 관한 연구에서 대상 신문을 조간과 석간으로 표집한 Buchanan의 연구를 들 수 있다. 이 경우 조간과 석간으로 구분 짓는 신문 발행시간의 기준에 따라 표집대상이 달라지게 될 것이다.

둘째, 호(issues)를 표집하는 데 있어서 나타나는 문제를 들 수 있다. 표제를 선택하고 나면 그 표제의 호수(號數)를 얼마만큼 취급할 것인가 하는 문제가 생긴다. 이 문제는 연구하려는 기간을 정하는 것과 구별된다. 연구하려는 기간을 설정했다고 하더라도 그 기간 동안의 전체 호수에서 얼마만큼 또는 어느 부분을 선택할 것인가의 문제가 남게 된다. 적절한 호수를 확보하는 문제는 해당되는 내용이 계절적으로 변화를 하는 것인가, 또는 그 문제가 1년 중 여러 시기의 대표치를 필요로 하는 것인지와 같은 특정한 요인에 의해서 좌우된다.

셋째, 내용을 표집하는 데 있어서 나타나는 문제를 들 수 있다. 표제와 호수가 결정되면 해당 내용의 어느 부분 또는 얼마의 양을 포함해야 하는가가 문제가 된다. 일정한 잡지의 일정한 호를 선택하였다고 할지라도 연구의 목적을 위해서는 소설의 일부분만을 필요로 할 수도 있으며 일정한 호를 선택했다고 할지라도 제1면만을 표집할 수도 있다.

참고문헌

고홍화 외(역)(1988). 사회행동과학연구의 기초. 서울: 성원사.

김광웅(1984). 사회과학연구방법론. 서울: 박영사.

김지운(역)(1987). 매스커뮤니케이션통론. 서울: 나남.

김해동(1986). 조사방법론. 서울: 법문사.

이만갑·한완상·김경동(1988). 사회조사방법론. 서울: 학창사.

황철형·최류미·변선영·김대현(2018). 누리과정과 초등학교 교육과정의 '가족' 내용분석: 지식, 기능, 인성 요소의 연계. 통합교육과정연구, 12(1), 59-82.

Albig, W. (1938). The Content of Radio Programs-1925-1935. Social Forces, 16, 338-349.

Berelson, B. (1952). Content Analysis in Communications Research. New York: Free Press.

Berelson, B. & Lazarsfeld, P. F. (1948). The Analysis of Communication Content, Chicago and New York: University of Chicago and Columbia University.

Berelson, B. & Salter, P. J. (1946). Majority and Minority Americans: an Analysis of Magazine Fiction. Public Opinion Quarterly, 10, 168-90.

Drake, S. M. (2013). 통합 교육과정 개발과 평가의 기초[Creating standards-based intergrated curriculum]. (유제순, 장인한 역). 파주: 교육과학사. (원전은 2007년에 출판).

Holsti, O. R. (1962). The belief System and National Images: John Foster Dulles and the Soviet Union. Ph.D. Dissertation, Stanford University.

Holsti, O. R. (1969). Content Analysis for the Social Sciences and Humanities. Reading. MA: Addison-Wesley.

Holsti, O. R., Brody, R. A., & North, R. C. (1965). Measuring Affect and Action in International Reaction Models: Empirical Materials from the 1962 Cuban Crisis. Peace Research Society Papers, 2, 170-190.

Janis, I. L. & R. H. (1943). A Coefficient of Imbalance for Content Analysis. Psychometrika, 8(2), 105-119.

Lasswell, H. D. (1927). Propaganda Technique in the World War, New York: Knopf.

Lasswell, H. D. (1938). A Provisional Classification of Symbol Data. Pschiatry, 1, 197-204.

Lasswell, H. D. (1963). Politics: Who Gets What, When, How. New York: Meridian.

Lasswell, H. D. (1965a). Why be Quantitative. pp. 40-52 in H.D. Lasswell et al.(eds.), Language of Politics. Cambridge: MIT Press.

Lasswell, H. D. (1965b). Detection: Propaganda Dectation an the Courts. pp. 173-232 in H. D. Lasswell et al.(eds.), Language of Politics. Cambridge: MIT Press.

Lasswell, H. D. & Kaplan, A. (1950). Power and Society: A Framework for Political Inquiry. New Haven, CT: Yale University Press.

Lasswell, H. D., Leites, N. and associates (1949). Language of Politics. New York.

Lasswell, H. D., Lerner, D., & de Sola Pool, I. (1952). The Comparative Study of Symbols. Stanford, CA: Stanford University Press.

Lasswell, H. D. et al. (1965). Language of Politics: Studies in Quantitative Semantics. Cambridge: MIT Press.

Lazarsfeld, P. F., Berelson, B., & Gaudet, H. (1948). The People's Choice: How the Voter Makes Up His Mind in a Presidential Campaign. New York: Columbia University Press.

Leites, N., Bernaut, E., & Garthoff, R. L. (1951). Politburo Images of Stalin. World Politics, 3, 317-339.

Lippmann, W. (1922). Public Opinion. New York: Macmillan.

Martin, H. (1936). Nationalism and Children's Literature. Library Quarterly, 6, 405-418.

Mathews, B. C. (1910). A study of a New York daily. Independent, 68, 82-86.

North, R. C., Holsti, O. R., Zaninovich, M. G., & Zinnes, D. A. (1963). Content analysis: A Handbook with Applications for the Study of International Crisis.

Osgood, C. E. (1959). The Representation Model and Relevant Research Methods. p. 33-88 in L. de Sola Pool(ed.). Trends in Content Analysis, Urbana: University of Illinois Press.

Rosenau, J. N. (1968). Comparative Foreign Policy: Fad, Fantasy, or Field?. International Studies Quarterly, 12(3), 296-329.

Simpson, G. E. (1934). The Negro in the Philadelphia Press. Ph.D. Dissertation, University of Pennsylvania.

Speed, G. J. (1893). Do Newspapers Now Give the News. Forum, 15, 705-711.

White, D. M. (1964). the 'Gatekeeper': a Case Study in Selection of News. pp. 160-172 in L. A. Dexter and D. M. White(eds.), People, Society and Mass Communication. New York: Free Press.

White, P. W. (1924). Quarter Century Survey of Press Content Shows Demand for Facts. Editor and Publisher 57(May 31).

White, R. K. (1947). Black Boy, a Value Analysis. Journal of Abnormal and Social Psychology, 42, 440-461.

Willey, M. M. (1926). The Country Newspaper: a Study of Socialization and Newspaper Content. Chapel Hill: University of North Carolian Press.

Woodward, J. L. (1934). Quantitative Newspaper Analysis as a Technique of Opinion Research. Social Forces, 12, 526-537.

제5장

메타분석법

1. 메타분석법의 개념

경험 과학적 연구를 다루는 사회과학 분야에서는 어떤 특정 연구주제나 연구질문과 관련된 연구물들이 해마다 누적되어 간다. 이들 연구들을 개별적으로 보면 각각 독특한 피험자, 독특한 연구 설계를 가지고 접근하고 있고, 그러한 연구결과의 제시방식도 연구보고서마다 독특하다. 이렇게 서로 다른 다양한 연구들을 하나의 일관된 체계적 틀 속에서 통합하여 분석해 봄으로써 연구결과의 누적을 단순화시킬 수 있는 경제적인 방법이 메타분석이다. 메타분석 방법은 객관적이고 투명한 계량적 분석방법이며, 체계적이고 반복이 가능한 연구방법이다. 즉 개별적 연구들을 계량적으로 통합하기 위하여 응용하는 자료 분석의 한 태도라고 말할 수 있다. 메타분석은 연구결과들을 통합하기 위하여 사용하는 리뷰의 한 가지 형식이기도 하지만, 동시에 메타분석 자체가 어떤 특정연구의 일반화를 시도하기도 한다. 그러므로 이것은 여러 가지 측정방법과 통계적 분석의 기법을 사용해서 현상을 보다 거시적 시각에서 보려는 하나의 조망체계(perspective)라고 볼 수 있다.

경험과학적 자료를 분석하는 수준은 제1차 분석(primary analysis), 제2차 분석(secondary analysis), 메타분석(meta-analysis)의 세 가지 수준으로 개념화할 수 있는데, 메타분석의 개념은 연구자가 직접 수집한 개별 데이터를 분석하는 1차 분석과 기존에 수집된 자료를 다른 방법을 통해 다시 분석하는 2차 분석과 비교하여 설명될 수 있다. 메타분석은 정량적 접근의 문헌분석 방법으로 개별 실증연구의 결과들을 통합함으로써 보다 포괄적이며 거시적인 결론을 이끌어 낼 목적으로 많은 수의 개별적 연구나 결과들을 통계적 기법을 사용하여 재분석한다.

메타분석의 특징은 다음 세 가지로 나누어 볼 수 있다(Glass, McGaw, & Smith,

1981, pp. 21-24). 첫째, 메타분석은 다른 방법으로는 거의 파악하기 불가능할 정도로 많은 연구 자료의 정보를 조직하고, 거기에서 모종의 의미를 추출하기 위하여 계량적, 통계적 방법을 사용하는 것이 특징이다. 둘째, 메타분석은 연구결과의 차이나 질에 의해서 분석대상을 결정하거나 연구결과를 미리 판단하지 않는다. 즉 메타분석에서는 연구자의 경험적, 비경험적 기준이나 주관적 판단에 의하여 분석에 포함시킨 연구의 질을 미리 결정하지 않으며, 포함시켜야 할 연구와 포함시키지 말아야 할 연구를 미리 결정하지 않는다는 점이다. 셋째, 메타분석은 일반적(general) 결론을 도출하고자 한다. 일반적 결론을 찾기 위해서는 연구들 사이에 존재하는 '어떤' 차이는 무시할 때 가능하다. 즉 중요한 차이를 가져오지 않는 차이는 무시할 때, 의미 있는 일반화가 가능해진다. 따라서 메타분석은 일반화와 실제적 간결성(practical simplicity)의 두 가지 조건을 함께 만족시키는 함수를 찾으려고 한다고 볼 수 있다.

메타분석은 각각의 연구들을 가지고 통계적 방법으로 가설을 검정할 수 있으므로 보다 강력한 결론에 도달할 수 있는 장점을 지닌다(오성삼, 2009). 이 분석을 통하여 선행 연구의 개관 혹은 종합이 좀 더 체계적으로 정확하게 이루어질 수 있고, 개별 연구의 표집을 통합하여 좀 더 큰 표집을 가지고 가설을 검증하게 되므로 통계적 검증력을 높일 수 있다. 또한 여러 개별 연구결과들을 종합하여 평균 효과 크기를 산출하기 때문에 단일 연구 결과에 비하여 좀 더 신뢰로운 추정치를 얻을 수 있으며, 기존 연구에서 도출된 결과를 체계적으로 분석함으로써 단일 연구 변인들의 관계를 좀 더 넓게 파악하거나 모순되는 연구결과의 원인을 찾아볼 수 있다.

이러한 연구에 대한 종합적 접근 방법으로써 메타분석의 가치는 다음과 같다(황성동, 2015).

첫째, 모수를 더 정확하게 추정(better parameter estimates)할 수 있다.

둘째, 다양한 영역의 결과를 평가(assessment of outcomes in multiple domains) 할 수 있다.

셋째, 결과에 영향을 줄 만한 요인을 분석(moderator analysis)할 수 있다.

넷째, 오류와 왜곡을 최소화(minimizing error and bias)할 수 있다.

2. 메타분석법의 발전역사

메타분석법은 Glass(1976)가 처음 'meta-analysis'라는 용어를 발표한 이후에 본격적으로 인식되고 사용되기 시작한 방법이기는 하지만, 이미 오래전에 개념적으로 이미 주창되었으나 학계나 실제 연구에서 활용되지 않았을 뿐이라고 볼 수 있다(장덕호 외, 2011). 예컨대 1930년대 후반 Cochran은 처치와 효과의 상관관계의 종합보다 효과의 크기를 종합하는 방법을 제시했고, 이 접근은 메타분석연구에서 매우 의미 있는 접근 방법이었지만, 당시에는 주목을 받지 못했다(O'Rouke, 2007). Underwood(1957)는 기억과 방해의 관계를 알기 위하여 16개의 연구들을 통합하는 작업을 하였는데, 실험에서 재생하여야 할 항목의 수와 정확하게 재생한 백분율을 그림으로 제시함으로써 메타분석적 접근을 시도하였다. 비록 세련되지는 못하였지만, 현재 우리가 이용하고 있는 메타분석의 착상과 거의 유사하다. Rosenthal (1978)은 행동과학연구에서 실험자 기대효과(experimental expectancy effect)에 관한 연구 수백 개를 리뷰하고 그것을 종합하였고, Glass(1976)는 800여 개의 심리치료 효과를 종합하여 메타분석에 관한 기본적인 이론의 틀을 제공하였다. 이후 Glass(1978)는 메타분석에 지침이 될 결정적인 논문들을 발표했는데 이것이 메타분석의 이론적 측면에서나 방법론적 측면에서 획기적인 기초를 제공하였다.

우리나라의 경우에는 한정신(1980)이 "한국청소년의 교육격차 연구"를 위해 '유의도 종합방법'을 시도하였던 것이 한 가지 예시이며, 이종승(1982, 1988)과 황정규(1988)의 연구 이후 메타분석법을 이용한 논문들이 꾸준히 발표되고 있다. 메타분석 자체에 대한 메타분석을 실시한 최초의 연구는 서미옥(2011)에 의해 이루어졌는데, 메타분석 평가 목록을 개발하여 연구방법론적인 평가를 실시하였다. 그는 메타분석을 위한 전문 프로그램을 사용하면 메타분석의 목적에 맞는 연구를 할 수 있어 더욱 신뢰로운 분석이 이루어질 수 있음을 주장하였다.

메타분석에 대한 이론을 다룬 정인숙 외(2011)의 연구에서는 메타분석이 양적 측면에서 객관적으로 합성하는 통계적 방법임을 체계적 문헌고찰(Systematic Review)과 비교하여 설명하였으며, 메타분석에 대한 개념정리와 함께 기존에 이루어지고 있는 방법에 새로운 기준을 제시하였다. 근래에는 국내외 사회과학 분야에서의 경험적 연구들의 증가와 이들 연구에서 산출된 논문 및 보고서의 체계적인 데이터베이스 구축, 그리고 정책결정자와 현장전문가들의 의사결정을 위해 선행연구 결과들을 종합하여 활용하고자 메타분석 연구가 증가하고 있다(김세경, 2016; 석지은 외, 2018; 진윤아, 2015; 홍세희 외, 2016).

메타분석 방법은 현재 사회과학 거의 모든 분야에서 경험적인 선행연구 결과들을 통합하는 방법으로 사용되고 있다. 이는 여러 학술정보 DB의 활발한 구축과 보급으로 연구자들이 각종 연구 결과물을 체계적으로 검색하여 메타분석에 이용할 수 있게 되었기 때문이라고 볼 수 있다. 또한 메타분석 전용 통계 프로그램의 개발 외에도 사회과학 여러 분야에 상용되는 통계 프로그램들을 통해서도 메타분석이 가능하게 되어 메타분석방법을 보다 쉽게 연구에 적용할 수 있게 되었다.

메타분석을 수행하는 소프트웨어로는 메타분석용 전문 프로그램인 Comprehensive Meta-Analysis(CMA)가 가장 널리 사용되고 있다. CMA는 기능도 다양할 뿐 아니라 사용자가 쉽게 사용할 수 있는 그래픽 및 메뉴 기능이 있어 가장 보편적으로 활용되고 있다. 또한 CMA를 사용하면 전체 숲의 그림으로 연구물들을 함께 볼 수 있는 'forest plot'과 출간편향을 알 수 있는 'funnel plot'까지 볼 수 있어, 메타분석의 목적에 맞는 연구를 수행하기 위해 용이하게 활용될 수 있다. 최근에는 오픈 소프트웨어(open software)인 'R을 통한 메타분석'이 연구자들에게 호평을 받고 있는데, R에서 주로 사용하고 있는 메타분석 패키지는 'meta'와 'metafor'가 있다.

3. 메타분석법의 절차

메타분석의 절차는 일반적인 사회과학 연구의 기본적 순서와 크게 다르지 않다. 즉 구체적인 연구문제 및 가설을 설정하고, 변수를 조작적으로 정의하며, 자료를 수집하여 분석한 후 결과를 보고한다. 다만 메타분석은 이미 수행된 선행 연구물을 수집하여 각 연구에서 제시된 분석 결과 값으로 표본 자료를 완성한다는 점에서 구별된다. 일반적인 메타분석의 구체적인 절차를 정리하면 다음과 같다.

〈메타분석의 절차(5단계 / 7단계)〉

1. 연구문제의 선정	
2. 연구자료 검색 및 선정	
3. 데이터 추출 및 코딩	
4. 데이터 분석	4-1. 효과 크기 계산
	4-2. 동질성 검증 및 조절 효과 검증
	4-3. 결과 해석 및 데이터 오류 검증
5. 결과 보고서 작성	

3.1 연구문제의 선정

모든 연구가 다 그러하듯이 메타분석을 활용한 연구도 어느 한 분야의 연구문제를 선정하여 그 문제를 구체적으로 개념화하는 데서 시작한다. 그러나 메타분석은 한 개의 연구 속에서 다루는 변인도 많고 다양한 것이 통례이며, 조작적 정의도 비교적 거시적 차원에서 이루어진다. 메타분석의 결과 분석에 있어서 차이를 가져오는 첫 번째 이슈는 연구문제 형성 단계의 개념 정의에서 발생할 수 있으므로 연구자들은 관심 변인들을 개념적·조작적으로 정의하고, 관련 변인의 관계를 분명히 진술해야 한다.

또한 다양한 방법과 표본, 처치, 결과 측정치를 사용한 개별 연구의 결과를 종합하는데 있어 다양한 개념적인 문제들이 제기될 수 있다. 따라서 "어떤 결과를 종합해야 하며, 어떤 연구들이 포함되어야 하는가?"를 고민해야 하며, 이러한 질문에 답하기 위해 연구문제 정의에 대한 질문이 우선되어야 한다. 예컨대 연구문제를 구체적이고 협소하게 정의하면, 구체적인 처치나 중재의 효과를 분석하는 데 유용하지만, 연구문제를 종합적으로 분석하거나 일반화하기 어렵다. 반대로 일반적이고 넓은 범위의 연구문제를 정의하면, 새로운 지식을 생성하는 데 유용하지만, 데이터를 수집하고 처리하는 과정이 지나치게 복잡할 수 있다(Kim & Shin, 2014).

메타분석에서 다루어질 수 있는 연구문제는 다음과 같다.

첫째, '어떤 교수방법이 어떤 집단에 효과적인가?, 교수방법의 종류나 형태에 따른 차이는 무엇인가?'와 같은 처치나 중재의 효과에 관한 질문이다. 둘째, '특정 모집단에 대한 변수 X와 Y 관계의 크기와 방향은 무엇인가?'와 같은 변수 간의 관계에 관한 질문이다. 마지막으로, '어떤 유형이 특정 모집단의 학업성취도 향상을 더 잘 예측하는가?'와 같은 진단적, 예측적 질문이 가능하다. 연구자는 연구문제 설정 단계에서 PICOS(Population, Interventions, Comparison group, Outcome, Study design)에 따라 어떤 모집단, 어떤 처치, 어떤 비교집단, 어떤 결과들에 대해 어떤 연구 설계를 사용한 연구를 분석대상으로 할지 정해야 한다. PICOS를 설정하는 데서 선행연구와의 차별성, 독자성 및 연구의 의미를 도출할 수 있다(Cooper, Hedges, & Valentine, 2009).

3.2 연구자료 검색 및 선정

메타분석의 경우, 표적집단(target population)은 연구주제를 다룬 '연구' 그 자체이다. 즉 경험과학적 연구를 수행한 모든 연구물이 그 대상이다. 제1차 연구가 모집단을 상정하고 그것을 대표할 수 있는 피험자를 표집하는 것에 반해, 메타분석은 이미 수행된 연구의 모집단 전체를 가능한 한 완전히 수집하려는 입장이다. 그렇기 때문에 메타분석 자료의 기초는 대표성(representativeness)에 있기보다 완전성(completeness)과 망라성(exhaustiveness)에 있다. 이러한 목적을 달성하기 위하여 메타분석을 위한 연구자료가 어디에 있는지를 확인하는 작업이 체계적으로 이루어져야 한다. 이것을 제1차 자료, 제2차 자료, 비공식적인 자료의 세 가지로 분류할 수 있다. 제1차 자료는 기록된 정기간행 문헌들을 의미한다. 이 속에는 정기간행 학술지, 정기간행 각종 보고서, 학회에서의 발표논문 등이 포함된다. 제2차 자료는 1차 자료를 인용했거나, 리뷰 혹은 재조직해 놓은 기록들을 지칭한다. 비공식 자료는 메타분석을 하려는 연구자 자신이 수행한 연구, 개인적인 의사소통을 통해 얻은 자료, 비공식적 발표회의에서 얻은 자료, 미발표 연구원고 등이 이에 해당한다. 문헌 검색에 앞서 연구의 선정 기준을 명확히 하는 것이 중요하며, 선정 기준이 정해지면 관련 문헌, 즉 연구 결과를 검색하게 된다.

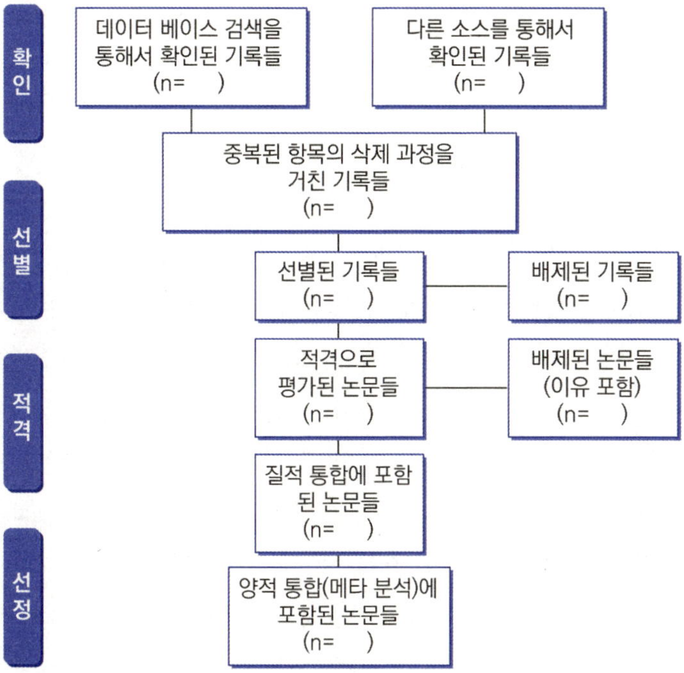

[그림 5.1] PRISMA flowchart

연구 결과를 검색하고 선정하는 과정을 기술하는 PRISMA(Preferred Reporting Items for Systematic reviews and Meta-Analysis) 다이어그램은 메타분석 연구 결과 보고서에서 기본적으로 요구하는 사항이다(Moher, Liberati, Tetzlatt, & Altman, 2009).

연구자는 선정된 주제와 관련되며 포함기준에 부합되는 발표 또는 미발표 연구물들을 가능하면 빠짐없이 수집해야 한다. 그러한 자료들은 메타분석이 의도하는 보다 객관성 있고 신뢰로운 포괄적 결론을 내릴 수 있는 논거를 제공하기 때문에, 얼마나 많은 양의 연구 결과들을 수집했는가에 의해 메타분석의 성패가 좌우된다. 따라서 이 단계에서 연구자가 의도적이건 무의도적이건 연구물들을 수집하는 일을 게을리하거나 연구자의 취향에 맞는 연구물들만을 수집하게 된다면 자료의 편포와 더불어 통합 분석의 의미를 상실할 수 있다. 이때 수집대상은 양적 분석 연구물로 한정되며, 이들 중 분석 통계값이 표준화된 평균차, 상관계수, 승산비 등의 효과크기의 형태로 변환이 가능한 것이어야 한다. 연구결과물의 선별기준을 연구의 질이 어느 정도 검증된 학술지 논문(Peer Reviewed Journal)으로 한정하여 설정할 수도 있다.

3.3 데이터 추출 및 코딩

연구의 특성이란 개별적 연구가 지니고 있는 특징적인 정보를 지칭한다. 예컨대 피험자의 수, 연구의 형태, 피험자의 연령, 결과의 보고 등이 연구의 특징적인 정보가 될 수 있다. 이 정보 속에는 이미 계량적으로 기술된 것도 있지만(예: 피험자의 수), 유목적인 것도 있다(예: 연구의 형태). 계량화되지 않은 특성은 메타분석을 위해 계량화의 방법, 즉 코딩을 하여야 한다. 연구의 특성은 크게 본질적인 특성(substantive characteristics)과 방법론적 특성(methodological characteristics)으로 나눌 수 있다. 본질적 특성은 연구하려는 문제 혹은 질문에 특수하게 관련된 특징들을 지칭한다. 반면 방법론적 특성은 방법적으로 사용한 특징들을 지칭한다. 자료의 정리를 위한 코딩표를 계획할 때 방법론적 특성보다 본질적 특성이 연구의 중요한 변인이 된다. 즉 본질적 특성에 관련된 변인은 그 결과를 일반화시킬 가능성이 많고 연구결과 변인과 직접적인 관계를 갖는다. 이와 아울러 방법론적 특성도 대단히 중요하다. 출판된 형태, 출판연도, 피험자배치방법의 차이, 실험 도중의 탈락률, 연구의 내적 타당도(internal validity)에 따라 결과변인에 상이한 효과를 나타낼 수 있기 때문이다.

〈표 5.1〉 STEAM 교육 효과의 메타분석을 위한 코딩 표

1. 연구의 특성	
1) 일련번호	
2) 논문명	
3) 저자	
4) 학위수여기관	대학교 대학원 전공 학술지명: 제 권 호 pp.
5) 발행연도	
6) 자료원	□국회도서관 □국립중앙도서관 □한국학술정보 □riss □ □

2. 연구내용 관련 정보	
종속변인	□창의적 사고기능 □창의적 사고성향 □정의적 특성 □인지적 특성
조절변인	
1-1) 연구대상	□유치원 □초등학교 □중학교 □고등학교 □대학교
1-2) 연구대상	□일반 □영재 □특수 □동아리
2) 연구 대상자 수	
3) 프로그램 적용 기간 (차시)	
4) 프로그램 운영 형태	□교과 □비교과( )
5) 중심교과	□과학 □수학 □실과(기술, 가정) □기타
3. 연구의 실험과 관련된 정보	
실험설계	□이질통제집단 전후검사설계 □단일집단전후검사설계 □기타( ) □미기재
사전검사	□유 □무 □미기재
사전검사 결과	□동질 □이질 □미기재
창의성 검사도구	□표준화검사도구(도구명:) □비표준화검사도구 □미기재
정의적 특성 검사도구	□표준화검사도구(도구명:) □비표준화검사도구 □미기재
인지적 특성 검사도구	□표준화검사도구(도구명:) □비표준화검사도구 □미기재
기타 특성 검사도구	□표준화검사도구(도구명:) □비표준화검사도구 □미기재

4. 효과 크기 계산과 관련된 정보							
창의성		사전검사			사후검사		
		N	M	SD	N	M	SD
	실험집단						
	비교집단						
정의적 특성		사전검사			사후검사		
		N	M	SD	N	M	SD
	실험집단						
	비교집단						
인지적 특성		사전검사			사후검사		
		N	M	SD	N	M	SD
	실험집단						
	비교집단						
기타		사전검사			사후검사		
		N	M	SD	N	M	SD
	실험집단						
	비교집단						

3.4 데이터 분석

실험연구, 상관연구, 조사연구 등의 양적-경험적인 연구결과를 통합하는 방식에는 다음의 세 가지 유형이 있을 수 있다(황정규, 1988, p. 12). 첫째, 경험적인 연구결과들을 Z점수로 표시하거나 또는 이것에 관련된 확률(p-value)로 제시하는 경우에 이용될 수 있는 방법이다. 둘째, 여러 가지 상관관계의 결과를 통합하는 방법으로 비록 상관으로 표시되지 않은 연구결과도 상관으로 변환하여 통합할 수 있다. 셋째, 실험 효과를 기술하기 위해 표준화 평균차(standardized mean difference) 혹은 효과 크기(effect size)를 이용하는 방법이며, 이 방법은 통계적으로 가장 타당한 방법으로 여겨지고 있다.

3.4.1 효과 크기 계산

동일한 주제의 연구들이라 할지라도 서로 일치하지 않는 척도를 가진 경우에는 그 결과들을 종합하기 위해 동일 척도로 바꾸어주는 표준화 과정이 필요하다. 이러한 표준화된 척도를 메타분석에서는 효과 크기(effect size)라 한다. 효과 크기를 표현하는 방식은 연구 상황에 따라 여러 가지가 존재하며, 따라서 효과 크기를 계산하는 방식 또한 다양하다. 효과 크기를 계산하는 방식은 크게 다음의 세 가지 방법으로 요약되는데, 표준화된 평균차이의 효과 크기(standardized mean difference), 상관계수(correlation coefficient)의 효과 크기, 승산비(odds-ratio)의 효과 크기로 나눌 수 있다.

Glass(1976)는 효과 크기를 실험집단의 평균치에서 통제집단의 평균치를 뺀 값을 통제집단의 표준편차 값으로 나눈 값으로 제시했다. 현재는 통제집단의 표준편차 대신에 두 집단의 표준편차를 통합한 값인 통합표준편차(Pooled Standard Deviation)를 사용하여 효과 크기를 계산한다(Cohen, 1977).

제시된 통계치의 유형	공식
효과 크기: 표준화된 평균차이($Cohen's\ d$)	$d = \frac{\overline{X_1} - \overline{X_2}}{S_p}$
합동추정치(S_p)	$S_p = \sqrt{\frac{(n_1 - 1)S_1^2 + (n_2 - 1)S_2^2}{(n_1 + n_2 - 2)}}$

d=표준화된 평균차이; X_1=실험집단의 평균; X_2=비교집단의 평균; n_1=실험집단의 사례 수; n_2=통제집단의 사례 수; S_1=실험집단의 표준편차; S_2=통제집단의 표준편차; S_p=통합 표준편차

Cohen's d로 계산된 표준화된 평균차에 의한 효과 크기를 산출할 때 주의해야 할 점은 표본수가 적은 경우, 분모가 작아지므로 효과 크기가 실제 값보다 크게 산출되는 경향을 나타내게 된다는 점이다. Hedges와 Okin(1985)은 Cohen's d의 이러한 문제점을 개선하기 위해 효과 크기 값을 다음과 같이 Hedges' g로 제시하였다.

g (Hedges' g) (교정된 ES)	$g = J \times d$ (J: correction factor) $J = \left[1 - \frac{3}{4(n_1+n_2)-9}\right]$ or $\left(1 - \frac{3}{4df-1}\right)$

J=교정지수; d=효과 크기(Cohen's d)

메타분석의 목적 중 하나인 연구들 간의 평균효과를 추정하기 위하여 여러 연구들이 어떻게 결합될 수 있는지를 보는 방법의 하나로 forest plot을 제시한다.

Study name	Hedges's g	Outcome	Standard error	Variance	Lower limit	Upper limit	Z-Value	p-Value
고동국	0.660	Combined	0.305	0.093	0.063	1.257	2.166	0.030
이수정	1.715	Combined	0.467	0.218	0.800	2.631	3.672	0.000
박은성	0.787	Combined	0.331	0.110	0.138	1.436	2.378	0.017
유윤정	0.686	Combined	0.383	0.147	-0.065	1.437	1.791	0.073
신승기	0.949	Combined	0.305	0.093	0.352	1.546	3.115	0.002
이수진	0.586	Combined	0.261	0.068	0.074	1.098	2.243	0.025
임경미	0.761	Combined	0.304	0.092	0.165	1.356	2.503	0.012
김여진	0.399	Combined	0.259	0.067	-0.108	0.906	1.543	0.123
이지훤	0.118	Combined	0.280	0.079	-0.431	0.668	0.422	0.673
유선경	1.021	Combined	0.458	0.210	0.124	1.918	2.231	0.026
이시예	0.557	Combined	0.222	0.049	0.121	0.993	2.504	0.012
이형민	0.578	Combined	0.261	0.068	0.067	1.089	2.215	0.027
류제정	-0.043	Combined	0.267	0.071	-0.567	0.480	-0.163	0.871
김석희	1.038	Combined	0.157	0.025	0.731	1.345	6.624	0.000
이용섭	0.574	Combined	0.261	0.068	0.061	1.086	2.195	0.028
권순범	3.095	창의적인성	0.465	0.216	2.185	4.006	6.653	0.000
양지혜	0.390	창의적문제해결력	0.244	0.059	-0.088	0.868	1.600	0.110
김정민	0.988	Combined	0.378	0.143	0.247	1.730	2.612	0.009
김문경	0.916	창의적문제해결력	0.280	0.078	0.367	1.464	3.273	0.001
조순영	0.611	창의적문제해결력	0.216	0.047	0.189	1.034	2.834	0.005
김덕호	0.485	Combined	0.234	0.055	0.027	0.944	2.074	0.038
조형숙	1.152	창의적인성	0.317	0.101	0.530	1.773	3.632	0.000
박선주	0.138	창의인성	0.293	0.086	-0.436	0.713	0.472	0.637
이주희	0.247	창의적성향	0.396	0.157	-0.528	1.023	0.625	0.532
김영희	1.152	창의적사고활동	0.196	0.038	0.767	1.536	5.874	0.000
이홍규	1.372	창의적문제해결성향	0.397	0.158	0.594	2.150	3.456	0.001
한명재_홍승호	0.588	창의적문제해결력	0.269	0.073	0.060	1.116	2.184	0.029
최지원	1.731	창의성	0.396	0.157	0.955	2.508	4.374	0.000
김남연	1.182	창의성	0.302	0.091	0.589	1.775	3.909	0.000
이정아	0.995	창의성	0.210	0.044	0.584	1.406	4.748	0.000
	0.791		0.086	0.007	0.622	0.960	9.166	0.000

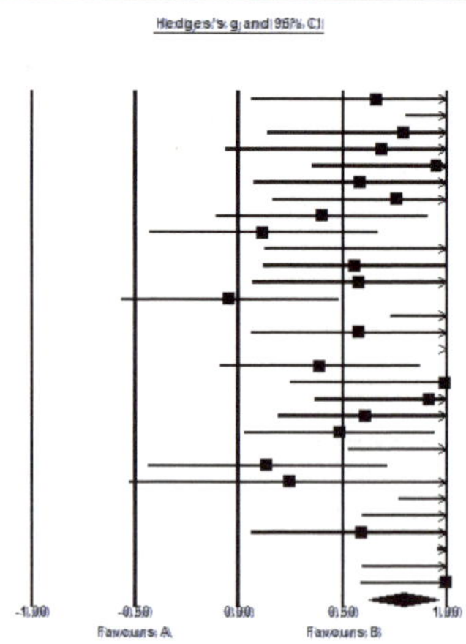

[그림 5.2] Forest plot

[그림 5.2]에는 각 개별 연구의 효과 크기, 통계적 유의성(정밀성), 가중치를 제시하고 있으며, 개별 연구를 종합한 전체(평균) 효과 크기와 통계적 유의성을 제시한다. 개별 연구의 효과 크기 정도를 사각형으로 표시하여 나타내는데, 사각형의 크기는 가중치를, 사각형의 위치는 효과 크기의 방향(±)을, 사각형의 가운데 위치는 효과의 크기를 표현한다. 선의 폭(너비)은 각 연구의 효과 크기에 대한 신뢰구간을 나타낸다. 한편 다이아몬드는 전체 효과 크기, 즉 평균 효과 크기를 나타내며, 다이아몬드의 폭은 신뢰구간을 나타낸다(황성동, 2014). 즉 선이나 다이아몬드의

폭이 넓을수록 신뢰구간이 넓다는 것을 의미한다.

각 연구의 효과 크기는 신뢰구간(confidence interval)으로 경계를 갖는데, 이 신뢰구간은 통계적 유의성을 나타내고, 유의 확률 값과 신뢰구간은 보통 일치한다. 단 신뢰구간이 제로 값을 포함하지 않을 때 통계적으로 유의하다고 판단하며 유의 확률 값이 0.05보다 작게 나타난다. 이 신뢰구간은 효과 크기의 정밀성(precision)을 나타내기도 하는데, 하한선(Lower limit)과 상한선(Upper limit)으로 제시되며 신뢰구간이 짧을수록 효과 크기가 정밀하다.

메타분석에서는 분석에 포함된 연구들을 요약하는 평균 효과 크기를 계산할 때 각 연구의 효과 크기에 가중치를 부여하여 평균값을 구한다. 즉 개별 효과 크기의 단순평균값이 아닌 연구별 우수성의 평가에 따라 가중치가 적용된 가중평균 효과 크기 값으로 구해진다. 그 이유는 분석대상 연구들의 연구의 질이 서로 다르므로 이에 따른 가중치를 적용하여 보다 정밀하다고 평가되는 연구의 결과에 높은 가중치를 부여하여 평균 효과 크기 값에 높은 비중으로 반영하도록 하는 것이다. 가중치는 일반적으로 분산의 역수(inverse of the variance)로 계산되며, 표본이 클수록, 즉 분산이 작을수록 가중치가 높게 부여된다. 각 연구의 효과 크기가 비교적 비슷하여 연구 간 일관성을 보인다면 평균 효과 크기는 전체 연구의 효과 크기를 대표하는 것으로 인정한다.

3.4.2 동질성 검증 및 조절 효과 검증

동질성 검증은 모든 효과 크기들이 동일한 모집단의 효과 크기를 추정하고 있는가의 여부를 검정하는 것을 의미하며(오성삼, 2009), 이를 위해 동질성 검증의 통계량 Q값을 산출하고, 공식은 다음과 같다.

$$Q = \sum W_i(g - \bar{g})^2 = \sum(\frac{g - \bar{g}}{S})^2$$

Q=관찰된 분산, W=가중치, g=효과 크기(Hedges' g)

동질성 검증 통계량 Q값에 대한 해석은 카이제곱 분포에 근거한다. 그 이유는 Q값이 카이 제곱 분포와 동일하기 때문이다. 하지만 Q값은 귀무가설의 유무만을 검증한다. 즉 각 연구의 모집단의 효과 크기들이 모두 같다는 귀무가설만을 검증할 뿐이다(Borenstein et al., 2009). 따라서 효과 크기의 동질성을 넘어선 초과분산을 산출하기 위해 T^2과 I^2값을 산출하며, 공식은 다음과 같다.

$$T^2 = \frac{Q - df}{C}$$

$$C = \sum W - \frac{\sum W^2}{\sum W}$$

T^2=연구 간 분산(실제 효과 크기의 분산), Q=관찰된 분산(전체 분산), C=계수인자(Scaling factor), df=자유도, W=가중치

$$I^2 = \frac{Q - df}{Q} \times 100\%$$

I^2=실제 분산(연구 간 분산)의 비율, Q=관찰된 분산(전체 분산), df=자유도

T^2값이 0이면 랜덤효과 모형은 고정모형이 되므로, 랜덤효과 모형을 채택하더라도 문제가 되지 않으며, p값이 .10보다 작고, I^2값이 50% 이상이면 상당한 정도의 이질성이 있다고 판단한다(Borenstein et al., 2009).

만약 효과 크기들의 분포가 동질적이지 않은 경우, 즉 앞서 살펴본 동질성 검증(Q, T^2, I^2)에서 이질성이 나타난다면 이질성이 왜 생겼는지를 살펴볼 필요가 있다. 연구 효과 크기의 이질성을 설명하기 위해 효과 크기를 설명하는 조절변인을 활용하여 메타 회귀분석과 메타-ANOVA를 실시한다.

〈예시 1〉 STEAM 교육의 평균 효과 크기

관련변인	모형	k	ES (g)	U_3	95% CI		Q	df	p	I^2
					Lower	Upper				
STEAM 교육	Fixed	69	0.684	75.17	0.623	0.746	164.313	68	0.000	58.616
	Random	69	0.719	76.11	0.621	0.817				

k=number of studies; $ES(g)$=Effect Size(Hedges' g); U_3=효과 크기의 누적분포 값; 95% CI=95% 신뢰구간; Q=관찰된 분포의 정도(분산); df=동일 모집단 효과 크기에 기초한 분산; I^2=총 분산 대비 실제 분산의 비율

〈예시 2〉 STEAM 교육의 수업유형에 따른 평균 효과 크기의 메타 ANOVA 결과

집단	k	$ES(g)$	95% CI		Q	df	p
			Lower	Upper			
교과 내	26	0.613	0.462	0.765	9.312	3	0.025
교과연계	16	0.597	0.399	0.796			
창체활용	9	0.935	0.651	1.218			
학교 밖	18	0.918	0.717	1.119			

k=number of studies; $ES(g)$=Effect Size(Hedges' g); 95% CI=95%신뢰구간; Q=관찰된 분포의 정도(분산); df=동일 모집단 효과 크기에 기초한 분산

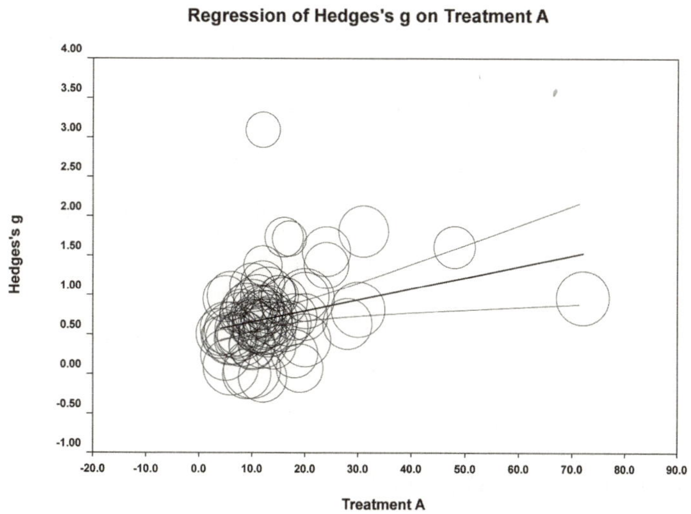

[그림 5.3] 메타회귀분석의 결과로 도출한 Regression plot

메타분석에 있어서 고정효과모형(fixed-effect model)과 무선효과모형(random-effect model)은 평균 효과 크기를 계산하는 방식을 의미한다. 즉 연구자가 평균 효과 크기를 계산할 때 두 가지 방식 중 어떤 방식을 선택해서 계산하느냐에 따라 평균 효과 크기 추정이 다르고 평균 효과 크기의 정밀성도 달라진다. 고정효과모형과 무선효과모형의 의미를 비교 설명하면 다음과 같이 정리할 수 있다.

〈표 5.2〉 고정효과모형과 무선효과모형

	고정효과모형	무선효과모형
가정	모든 연구의 모집단 효과 크기는 동일하다.	모든 연구의 모집단 효과 크기는 서로 다르다. 왜냐하면 대상자, 개입 방법, 기간 등이 서로 다르기 때문이다.
목적	동일한 모집단의 효과, 즉 one true effect(common effect)를 추정한다. 각 연구의 효과 크기 차이는 표집오차(sampling error)에 기인한다.	서로 상이한 모집단의 효과 크기 분포의 평균을 추정한다. 각 연구의 효과 크기 차이는 표집오차와 연구 간 분산(between-study variance)으로 구성된다.
평균효과 크기	각 연구의 동일한 모집단 효과 크기를 추정한 값이다.	각 연구의 서로 상이한 모집단 효과 크기 분포의 추정된 평균값이다.
특징	표본 크기가 커지면 표준오차는 0에 가깝다.	표본 크기가 크고 동시에 연구의 규모도 커지면 표준오차는 0에 가깝다.

분명한 것은 메타분석을 할 때 고정효과모형을 사용할 것인가 무선효과모형을 사용할 것인가를 선택 결정해야 한다는 점이다. 또한 여기에는 각 연구들이 동일한 모집단 효과를 가정하고 있는가와 분석의 목적이 무엇인가도 고려되어야 한다. 많은 연구자가 효과 크기의 통계량에 따라 모형을 선택하는데, 동질성 검증의 통계적 분석 방법은 통계적 검증력이 낮은 경우가 많아 이에 따라 결정하는 것은 잘못이다. 연구자가 데이터를 이해할 때 연구의 특성, 즉 연구 대상, 개입 방법, 연구의 환경 등에 기초하여 모형을 선택해야 한다.

3.4.3 결과 해석 및 데이터 오류 검증

효과 크기의 해석은 일반적으로 3가지 방법이 사용된다. 즉 Cohen이 제안한 효과 크기 해석방법, 효과 크기의 확률적 해석방법, 그리고 효과 크기의 95% 신뢰구간 해석방법이다. 첫째, Cohen(1988)은 표준화 평균차의 효과 크기를 해석하는 기준으로 '.20 이하'는 '작은 효과 크기', '.50'은 '중간 효과 크기', '.80 이상'은 '큰 효과 크기'라고 하였으며, 상관관계계수의 효과 크기는 '.10 이하'는 '작은 효과 크기', '.25'는 '중간 효과 크기', '.40 이상'은 '큰 효과 크기'라고 하였다. 일반적으로 연구자들은 효과 크기의 값이 .33 이상이면 실제적인 유용성이 있다고 판단한다(박도순, 2002). 발생비율의 효과 크기는 '1.50'의 경우 '작은 효과 크기', '2.50'은 '중간 효과 크기', '4.30'은 '큰 효과 크기'로 해석된다.

둘째, 확률적 해석방법인 효과 크기의 개념이 표준화 점수인 Z점수의 개념과 동일하다는 가정하에 효과 크기를 U_3지수(비중복 백분위 지수)로 환산하여 효과를 설명하는 것이다. 비교집단의 평균과 표준편차를 단위정상분포로 변환시켰을 경우, 이러한 분포에서 실험집단과 비교집단 간의 평균점수의 차에 해당하는 값이 바로 효과 크기이다. 즉 평균이 0이고 표준편차가 1인 표준정규분포상의 표준점수(Z점수)를 구하는 것이기 때문에, 이를 U_3지수(비중복 백분위 지수)로 표현하여 효과 크기를 해석할 수 있다. Cohen(1998)의 U_3지수는 표준정규분포표(normal distribution table)에서 효과 크기를 z점수로 보고, z점수까지의 누적 면적에 해당하는 값을 찾아, 이 값을 백분위(%)로 나타낸 것이다.

예컨대 전통적 교수법에 의해 교육한 집단(통제집단)과 창의적 교수법에 의해 교육한 집단(실험집단) 간의 창의성 향상 비교 실험에서, 통제집단의 평균이 65점, 표준편차가 15이고, 실험집단의 평균이 75점, 표준편차가 20이라고 할 경우, 창의적 교수법의 처치효과는 효과 크기 산출 공식에 의하여 약 0.66이 된다. 이는 실험집단이 통제집단에 비하여 약 0.66 처치효과를 나타내고 있는 것이며, 이를 도식화하면 [그림 5.4]와 같다.

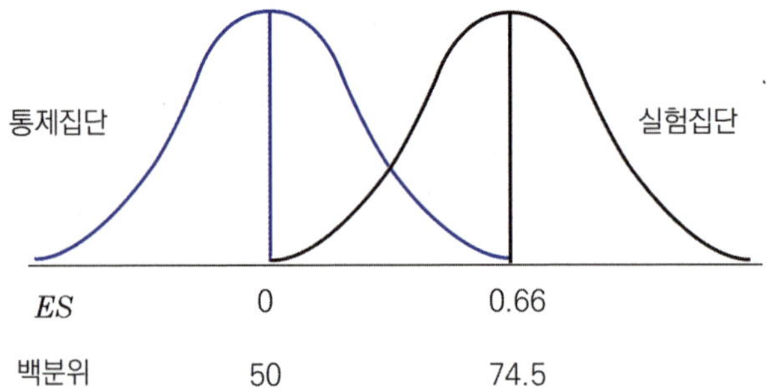

[그림 5.4] 통제집단과 실험집단 도식

즉 효과 크기 0.66의 실험처치효과는, 실험집단의 평균치인 50백분위에 해당하는 수준에 있는 피험자가 통제집단 피험자들의 약 74.5의 백분위 수준과 일치하는 긍정적인 처치효과를 나타낸다고 해석할 수 있다. 반면에 통제집단 피험자들 중에서 실험집단 피험자들의 평균수준 이상의 효과를 나타낼 확률은 25.5% 정도라고 해석할 수 있다.

셋째, 효과 크기의 95% 신뢰구간 해석방법은 효과 크기의 95% 신뢰구간을 구한 후 신뢰구간에 0이 포함되어 있지 않으면 유의미한 것으로 해석하는 방법이다. 이 신뢰구간은 효과 크기의 정밀성(precision)을 나타내기도 하는데, 하한선(Lower limit)과 상한선(Upper limit)으로 제시되는 신뢰구간이 짧을수록 효과 크기가 정밀하다고 할 수 있다. 유의확률 값과 신뢰구간은 보통 일치하는데, 즉 95% 수준의 신뢰구간이 0값을 포함하지 않을 경우에만 유의확률 값이 0.05보다 작게 나타난다(Borenstein et al., 2009). 또한 신뢰구간은 모수가 속할 구간을 제시해 주기 때문에 더 구체적이어서 최근 사회과학에서는 신뢰구간을 활용하는 것이 가설검증(*p*-value)보다 더 보편화되고 있다(Higgins & Green, 2011).

메타분석에 실제 포함된 연구들로 얻은 결과가 분석에 포함되어야 할 연구들이 모두 포함되었을 때의 결과와 다르다면 출간 오류(publication bias)가 존재한다고 본다(Borenstein et al., 2009). 이는 그림(Funnel Plot)을 통해 확인할 수 있으며 수직된 평균 효과 크기를 중심으로 좌우대칭이 이루어지면 출간오류가 없다고 결론을 내릴 수 있다. 출간오류가 존재할 경우에는 메타분석을 통해 산출된 효과 크기를 보정할 필요가 있다(오순문, 2011). 출간오류가 발생할 경우 'Trim and Fill'

방법과 '누적메타분석(cumulative meta-analysis)'을 사용할 수 있다.

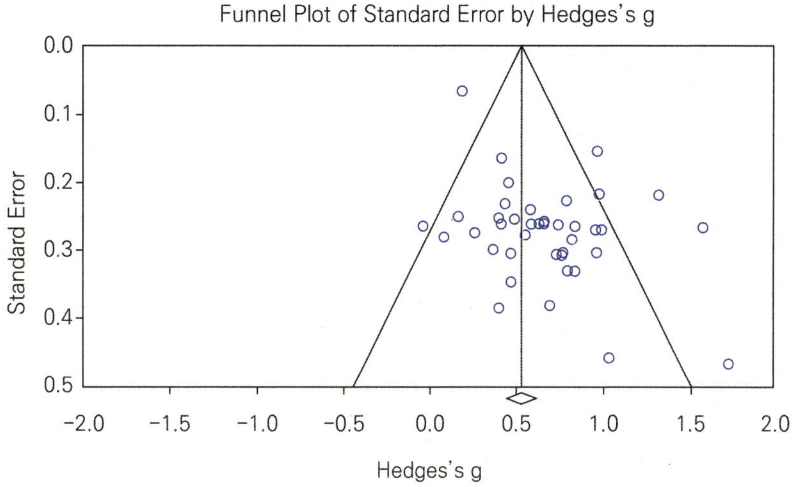

[그림 5.5] Funnel plot

출간 오류 분석과 함께 메타분석에서 데이터 오류에 대한 분석 방법으로 민감성 분석(sensitivity analysis)이 있다. 어떤 특정 연구를 제외 또는 포함시켰을 때 전체 평균 효과 크기가 어떻게 달라져서 연구 결과에 얼마나 변화가 있는지를 검증하는 것이 민감성 분석의 목적이다. 여기에는 누적메타분석(cumulative meta-analysis)도 함께 포함된다(Borenstein et al., 2009).

3.5 결과 보고서 작성

일반적인 메타분석 결과에 대한 보고는 미국심리협의(American Psychological Association: APA)에서 제시한 메타분석 보고의 기준에 의하며, 서미옥(2011)의 연구에서 밝힌 메타분석 평가목록 등을 보완하여 다음과 같이 제시할 수 있다.

〈표 5.3〉 메타분석 보고 기준

항목	설명
제목	• "메타분석" 또는 연구의 통합이라는 의미를 명확하게 서술
요약	• 연구문제 및 논문 선정기준 기술 • 연구대상자의 유형 및 메타분석 방법(고정모형 혹은 랜덤모형) 기술 • 주요 결과(효과 크기, 중재변인) 기술 및 결론(연구의 제한점 포함), 논의 및 정책적 함의에 대한 언급
서론	• 이론적 배경 및 명확한 연구문제의 진술 • 연구문제와 관련된 실재적 이슈 및 코딩의 논리 • 개별연구들의 설계 유형 및 독립/종속변수들의 특징 • 연구문제와 관련된 모집단에 대한 분석 및 기술
방법	• 연구 대상 선정 및 배제 기준 • 연구 설계의 적절성(랜덤 할당, 최소 표본 크기) • 조절 및 매개변수 분석 • 문헌탐색 전략(검색전략, 검색 기간 및 모든 이용 가능한 노력) 기술 • 미출판된 논문의 처리 및 언급 • 코딩 절차 인원 및 방법(코딩자 간 신뢰도)에 대한 기술 • 효과 크기와 관련된 통계방법(효과 크기, 동질성 검증, 하위변인 분석, 데이터 검사, 통계적 검증력 등) 기술 • 결측치(missing data) 처리방법 • 통계적 검증력(Statistical power analysis)에 대한 논의
결과	• 메타분석에 포함된 논문 리스트 • 메타분석을 위해 배제한 준거의 숫자와 예(효과 크기를 계산할 수 없는 논문) • 각 개별 연구별 효과 크기, 표본 크기, 연구 결과를 포함한 표 제공 • 연구의 질 평가 • 표와 그래프 요약하기(자료의 전체적인 특징, 전체 효과 크기, 신뢰구간) • 연구의 조절 및 매개변인 분석 결과(각 매개변인별 연구수와 샘플의 수, 조절 및 매개변인별 상호 관련성 평가)
논의	• 주요 결과 기술 • 결론에 대한 일반화 • 관찰된 결과에 대한 대안적인 설명 고찰 • 일반적인 한계점 • 정책적 함의와 해석 • 후속연구에 대한 방향 제시

4. 메타분석법의 적용 예

4.1 메타분석을 통한 STEAM 교육의 효과검증

김지원(2016)은 메타분석 전문 프로그램(CMA 3.0)을 사용하여 STEAM 교육의 효과에 대한 69개의 연구물들을 효과 크기 방법으로 분석하였다. 이때 STEAM 교육의 효과는 창의성 영역, 인지적 영역, 정의적 영역 등의 유형으로 나누어 측정하였다. 코딩된 자료는 효과 크기의 산출, 동질성 검증, 출간오류 검토를 거쳐 분석하였으며, 분석을 위해 Biostat 회사에서 만든 메타분석 전문 프로그램 CMA 3.0 프로그램을 사용하였다. 분석 결과는 forest plot, funnel plot, regression plot 등 시각적 자료도 함께 제시하였다.

랜덤효과모형을 이용한 전체 평균 효과 크기 측정결과에 따르면 효과 크기는 0.719로 나타났으며, 95% 신뢰구간에서 0을 포함하고 있지 않기 때문에 그 실제적 유용성이 입증되었다. 출간 오류를 검토한 결과 또한 산출된 효과 크기가 안정적이었음을 고려하면, 현재까지 이루어지고 있는 STEAM 교육은 긍정적인 효과가 있다는 시사점을 얻을 수 있었다. STEAM 교육이 종속 변인에 미치는 평균 효과 크기는 창의적 사고기능과 창의적 사고성향, 문제해결력, 탐구능력, 인식, 흥미, 태도, 학습동기, 자아효능감 등 전 영역에서 모두 효과적임을 확인할 수 있었다. 하지만 STEAM 교육은 동질성 검증에 의해 효과 크기의 차이 및 그 이질성이 발생하였고, 구체적으로 창의성 영역의 창의적 사고기능과 창의적 사고 성향, 정의적 영역의 태도, 흥미 등에서 발생한다고 판단할 수 있었다. STEAM 교육의 효과 크기의 차이 및 그 이질성에 대한 원인을 알아보기 위하여 학교급, 실험집단 인원수, 실험처치 횟수, 수업유형, 학급유형, 중심교과 등 조절변인에 따른 STEAM 교육의 평균 효과를 탐색한 결과 실험처치 횟수와 수업유형에 대한 변인이 연구 간 효과 크기의 차이를 설명하는 중요한 조절변인으로 나타났다.

본 연구에서는 STEAM 교육의 효과를 검증하기 위해 Cohen's d의 효과 크기 계산법을 사용하였으며, 이를 Hedges' g로 교정하였다. 그리고 Cohen(1988)이 제안한 또 다른 효과 크기 해석 방법인 비중복 백분위 U_3를 추가로 사용하였다.

동질성 검증의 통계량 Q값을 산출하여, 동질성 검증(Q, T^2, I^2)에서 이질성이 나타난다면 이질성이 왜 생겼는지를 살펴보았다. 효과 크기의 이질성을 설명하기 위해 효과 크기를 설명하는 조절변인을 활용하여 메타 회귀분석과 메타-ANOVA를 실시하였다. 또한 깔때기 그림을 이용하여 출간 오류를 검증하고자 하였고, 출간 오류 분석과 함께 데이터 오류에 대한 분석 방법으로 민감성 분석을 사용하였다. 출간 오류가 발생하여 'Trim and Fill' 방법과 '누적메타분석(cumulative meta-analysis)'을 사용하였다.

4.2 장애학생의 검사조정 효과에 대한 메타분석

이재호 외(2014)는 장애학생의 검사조정이 학업성취에 주는 효과를 메타분석을 통해 국내 선행연구 8편을 선정하여 그 결과를 메타분석을 하였다. 코딩된 자료는 효과 크기의 산출, 동질성 검증, 출간오류 검토를 거쳐 분석하였으며, 분석을 위해 Biostat 회사에서 만든 메타분석 전문 프로그램 CMA 2.0 프로그램을 사용하였다. 먼저 개별 연구 결과들의 효과 크기를 계산한 후, 전체 효과 크기를 계산하였고, 연구의 특징별로 유목별 변수에 대해서는 하위그룹분석을 실시하고, 연구의 특징이 연속변수인 경우로 나타나 메타회귀분석을 실시하였다(장봉석, 신인수, 2011). 우선, 실험집단의 사전-사후 검사결과와 통제집단의 사전-사후 검사 결과를 사용해서 '표준화된 평균차 변화' 효과 크기를 각각 계산하였다. 다음으로 동질성 검증의 통계량 Q값을 산출한 결과, 선행연구들에서 추출된 효과 크기가 서로 이질적인 것으로 나타났다. 효과 크기의 이질성을 설명하기 위해 효과 크기를 설명하는 조절변인을 활용하여 메타 회귀분석을 실시하였다. 즉 랜덤 효과 모형을 이용하여 전체적인 효과 크기를 측정하고, 연구의 특성을 반영한 범주형 변수들을 이용해, 각각의 효과 크기들을 비교하였다.

연구 결과, 검사조정이 장애학생의 학업성취에 미치는 전체 효과 크기는 0.282로 작은 효과를 보이는 것으로 나타났다. 범주형 변수별로 효과 크기를 계산한 결과, 출판 형태에 따라서 출판된 연구물의 효과 크기가 게재되지 않은 연구물보다 작은 것으로 나타났다. 장애 유형에 따른 분석 결과, 검사조정의 효과는 시각장애가 가장 크고, 저성취, 발달장애, 학습장애 순으로 효과가 나타났다. 과목별 검사조정의 효과는 영어, 국어, 수학 순으로 나타났다. 연구설계별 효과 크기의 분석 결과 통제실험연구 설계가 사전사후연구 설계보다 효과가 더 큰 것으로 나타났다. 마지막으로, 검사조정 유형별 효과 크기의 분석 결과 문항대독, 점자정보단말기 사용, 복합적인 조정, 시간연장 순으로 나타났다. 연속형 변인인 학교급에 따른 메타회귀분석 결과 학년이 올라감에 따라 학업성취에는 유의미한 영향을 주지 않는 것으로 나타났다.

본 연구에서는 깔때기 그림을 이용하여 출간 오류를 검증하고자 하였고, 출간 오류가 발생하여 Duval과 Tweedie(2000)가 제시한 'Trim and Fill' 방법을 사용하였다.

4.3 영재교육 프로그램 효과에 관한 메타분석

강충렬 외(2015)는 영재교육 프로그램에 관한 국내 문헌 자료를 수집하여 메타분석을 실시함으로써 영재교육 프로그램 적용에 대한 효과성을 알아보고 이를 통하여 영재교육 연구에 대한 흐름을 정리하고, 각 프로그램의 장점과 단점을 분석하여 새로운 연구를 위한 기초 자료를 제공하고자 하였다. 연구대상인 77편의 논문을 코딩하여 총 425개의 효과 크기를 구하였다. 코딩된 자료는 효과 크기의 산출, 동질성 검증, 출간오류 검토를 거쳐 분석하였으며, 분석을 위해 SPSS 프로그램과 CMA 2.0 프로그램을 동시에 사용하였다.

연구 결과, 영재 교육 프로그램이 창의성에 미치는 전체 평균 효과 크기는 1.052로 나타났으며, 영재교육 프로그램 실시가 창의성에 36.4% 정도 사전-사후 대비 혹은 통제집단과 비교하여 효과적이었다. 창의성의 하위 요인별 효과 크기는 융통성, 독창성, 유창성 순서로 나타났으며, 학습자의 비인지적 요인에 미치는 효과 크기 순서는 진로인식이나 리더십, 대인관계, 자아개념 순으로 나타났다.

본 연구에서는 영재교육 프로그램의 효과를 검증하기 위해 Cohen's d의 효과 크기 계산법을 사용하였으며, Cohen(1988)이 제안한 또 다른 효과 크기 해석 방법인 비중복 백분위 U_3를 추가로 사용하였다. 그리고 배경변인별로 평균 효과 크기의 차이를 구하기 위하여 SPSS 프로그램을 통하여 t검증 또는 F검증을 실시하였다.

동질성 검증의 통계량 I^2값을 산출하여 동질성 검증(Q, T^2, I^2)에서 이질성을 띠고 있는 것으로 해석하여 랜덤모형을 채택했을 때의 값으로 제시하였다(서미옥, 2011). 이질성을 설명하기 위해 효과 크기를 설명하는 조절변인을 활용하여 메타 회귀분석과 메타-ANOVA를 실시하였다. 본 연구에서는 깔때기 그림을 이용하여 출간 오류를 검증하고자 하였고, 출간 오류가 발생하여 'Trim and Fill' 방법을 사용하였다.

5. 메타분석법에 대한 논의

메타분석은 선행연구의 결과들을 통계적으로 종합하는 유용한 방법이라고 하겠으나, 메타분석 역시 다른 연구 방법과 마찬가지로 비판의 여지가 없는 것은 아니다. 일반적으로 제기되고 있는 메타분석에 대한 비판 유형은 몇 가지로 정리될 수 있다(Borenstein et al., 2009; Little et al., 2009).

첫째, 연구문제에 대한 혼란이다. 메타분석은 항상 개별 연구들보다 범위가 넓은 연구 질문에 대한 분석을 시도하기 때문에 명확한 연구 목적과 분명한 개념적 구조를 갖추어야만 의미 있는 결과를 도출할 수 있다.

둘째, 메타분석에 포함된 연구의 질적 문제이다. 과학적 속성이 낮은 연구를 포함시키거나 포함된 연구에 대한 질적 검토가 제대로 이루어지지 않은 경우를 의미한다. 과학적 수준이 낮은 연구들은 결국 신뢰할 수 없는 결과를 산출한다. 따라서 메타분석은 시작 단계부터 어떤 연구 디자인을 포함할 것인지, 그리고 어떤 개입 방법을 적용할 것인지에 대한 분명한 기준을 제시해야 한다. 애초에 질이 낮은 연구를 메타분석하면 좋은 연구 결과를 얻을 수 없다. 따라서 처음부터 연구의 형태와 개입 방법에 대해 합리적인 기준을 만들어야 한다. 명확한 기준으로 메타분석을 시작했다 하더라도 연구를 진행하다 보면 예기치 않은 연구들이 포함되어 있음을 종종 발견하게 된다. 따라서 포함된 연구도 면밀하게 검토할 필요가 있으며, 종종 실험조사 설계도 이런저런 결함을 포함하고 있기 때문에 메타분석에 포함된 무작위대조군연구(Randomized Controlled Trial, RCT)의 질에 대한 과학적인 검증이 필요하다.

셋째, 효과 크기에 대한 과도한 의존이다. 여러 연구를 계량적으로 종합하려면 각 연구 결과를 비교할 수 있는 기준이 있어야 하는데 이것이 바로 효과 크기이며, 이는 변수 간의 관계의 정도, 크기, 방향 등을 제시한다. 여기서 유념할 점은 반드시 같은 유형의 크기만 통합되어야 한다는 점이다. 예를 들어, 두 집단의 차이를 단일집단의 사전-사후 차이와 통합해서는 안 된다.

넷째, 메타분석의 실행과 적용의 한계이다. 메타분석을 수행하는 과정에서 문헌/연구 찾기, 연구 선정, 데이터 추출, 코딩 등에 오류가 있을 수 있다. 하지만 메타분석은 무엇보다 체계적이고 합리적으로 수행되어 투명성을 확보하고 반복 분석이 가능해야 한다. 어떤 실험연구의 결과가 그다음 실험연구의 결과와 일치하지 않을 확률은 약 1/3이다. 따라서 메타분석도 실험연구 결과와 일치하지 않을 수 있으며, 동일한 주제에 대한 실험연구의 결과들도 서로 일치하지 않을 수 있다. 따라서 메타분석은 전체 연구의 평균 효과 크기뿐만 아니라 효과의 분포에 대해 관심을 가지고 그 분포의 다양성에 대한 이유를 검토해야 한다.

마지막으로, 다른 연구와 마찬가지로 메타분석 결과에 대한 일반화도 연구 대상과 유사한 배경, 모집단, 개입방법, 환경에만 적용될 수 있다. 따라서 메타분석 결과의 일반화, 즉 외적 타당도에 제한이 있을 수밖에 없다는 점을 간과해서는 안 된다.

기존의 연구 결과에 대한 체계적 분석 방법으로 메타분석의 가장 큰 장점 중 하나는 모든 과정이 분명하게 설명되고 있어서 과정이 투명하다는 사실이다. 특히 메타분석이 체계적 연구결과분석 과정으로 포함될 때 오류나 왜곡을 최소한으로 줄일 수 있다. 메타분석에 대한 비판의 대부분은 메타분석을 적용함에 있어서의 문제들이며, 메타분석 방법 그 자체에 대한 비판은 아니다. 어떤 연구 방법도 완벽한 방법은 없으며 나름대로 한계가 있다는 점을 우리는 인정해야 한다. 결론적으로 메타분석은 많은 연구 결과를 종합하여 요약할 뿐 아니라 연구 결과가 왜 제각기 서로 다른가 하는 시사점을 제공한다. 또한 기존 연구들의 강점과 약점을 비판적으로 검토하여 연구의 수준을 높이는 데 기여하고 있다. 특히 실천가 및 정책 결정자들에게 기존의 연구 결과에 대한 보다 객관적 사실 검증을 제공하여 무엇보다 합리적인 의사결정을 할 수 있도록 하는 데 가치가 있다고 하겠다.

참고문헌

강충렬 · 신문승 · 윤수미(2015). 영재교육 프로그램 효과에 관한 메타분석. **한국영재교육학회**, 14, 173-198.

김세경(2016). 청소년의 자기조절과 내재화 문제의 관계에 대한 메타분석. **상담학연구**, 17, 251-274.

박도순(2002). **교육연구방법론**. 문음사.

서미옥(2011). 메타분석 연구의 고찰과 연구방법론적인 제안. **교육학연구**, 49, 1-23.

석지은 · 이소연(2018). 아동 · 청소년의 사회불안에 영향을 미치는 위험요인과 보호요인에 관한 메타분석. **정서 · 행동장애연구**, 34, 225-250.

오성삼(2009). **메타분석의 이론과 실제**. 건국대학교 출판부.

오순문(2011). **학교장 지도성과 학교조직 효과성의 관계에 관한 메타분석**. 고려대학교 대학원 박사학위논문.

이종승(1988). 메타분석의 방법. 한국교육개발원 연구방법론 연수자료.

장덕호 · 신인수(2011). 교육학 연구방법으로서 메타분석(Meta-analysis)의 발전과정 고찰. **교육과정평가연구**, 14, 309-332.

장봉석 · 신인수(2011). 자기조절학습 프로그램이 초등학생의 발달과 학업성취에 주는 효과의 메타분석. **교육과정연구**, 29, 187-211.

정인숙 · 전성숙 · 황선경(2011). **체계적 문헌고찰과 메타분석**. 수문사.

진윤아(2015). **Stata를 이용한 메타분석**. 고려대학교출판문화원.

한정신(1980). **한국 청소년의 교육격차 연구**. 숙명여자대학교 박사학위 논문.

홍세희 · 노언경 · 정송(2016). 청소년의 자살생각과 보호요인에 대한 메타분석. **조사연구**, 17, 137-166.

황성동(2014). **알기쉬운 메타분석의 이해**. 학지사.

황성동(2016). **R을 이용한 메타분석**. 학지사.

황정규(1988). 메타분석의 이론과 방법론. **성곡논총 제19집**.

Borenstein, M., Hedges, L. V., Higgins, J. P., & Rothstein, H. R. (2009). *Introduction to Meta-Analysis*. Chichester, UK: Wiley.

Cohen, J. (1977, 1988). *Statistical power analysis for the behavior science*. NY: Academic Press.

Cohen, P. A. (1980). *A Meta Analysis of the Relationship Between Student Ratings of Instruction and Student Achievement*. Ph. D. Dissertation, University of Michigan.

Cooper, H. M. (2015). Research synthesis and meta-analysis: A step by step approach.

SAGE Publications.

Duval, S. & Tweedie, R. (2000). A nonparametric 'trim and fill' method of accounting for publication bias in meta-analysis. *Journal of the American Statistical Associaton, 95*, 89-98.

Glass, G. V. (1976). Primary, secondary and meta-analysis of research. *Educational Researcher, 10*, 3-8.

Glass, G. V. (1978). Integrating Findings: the Meta Analysis of Research. *Review of Research in Education, 5*, 759-779.

Hedges, L. V. & Olkin, I. (1985). *Statistical Methods for Meta Analysis*. New York: Academic Press.

Higgins, J. P. & Green, S. (Eds.)(2011). Cochrane Handbook for Systematic Review of Interventions Version 5.1.0, The Cochrane Collaboration. Retrieved from www.cochrane-handbook.org.

Kim, JS, Kim, BW, & Shin, IS (2014). Efficacy and safety of endoscopic submucosal dissection for superficial squamous esophageal neoplasia: A meta-analysis. *Dig Dis Sci, 59*(8), 1862-1869.

Littell, J., Corcoran, J., & Pillai, V. (2009). *Systematic Reviews and Meta-Analysis*. New York: Oxford University Press.

Moher, D., Liberati, A., Tetzlaff, J., & Altman, D. (2009). Preferred reporting items for systematic reviews and meta-analysis: The PRISMA statement. *Journal of Clinical Epidemiology, 62*, el-e34.

Morris, S. B. & DeShon, R. P. (2002). Combining effect size estimates in meta-analysis with repeated measures and independent-groups designs. *Psychological Methods, 7*, 105-125.

O'Rourke, K. (2007). An historical perspective on meta-analysis: dealing quantitatively with varying study results. *Journal of the royal society of medicine, 100*, 579-582.

Rosenthal, R. (1978). Combining Results of Independent Studies. *Psychological Bulletin, 85*, 185-193.

Underwood, B. J. (1957). Interference and forgetting. *Psychological Review, 64*(1), 49-60.

제6장

문화기술학적 방법

1. 문화기술학적 방법의 개념

문화기술학(ethnography)이라는 용어는 인류학(anthropology)에서 나온 것으로 사전적으로는 '개별적인 문화를 과학적으로 기술하는 인류학의 한 분야'라고 정의하고 있다. 이러한 문화기술학적 연구는 사회학자와 인류학자에 의하여 발달되었으며, 대체적으로 인류학자들의 문화기술학적 연구는 소규모 사회집단을 대상으로 하는 사례 연구이다. 이런 연구들은 두 가지 활동으로 구성되어 있는데, 그것은 인간행동에 대한 관찰과 그에 따른 설명이다(Goetz & LeCompte, 1984). 이러한 문화기술학적 연구의 목적은 특정 문화를 경험하지 못했던 사람들에게 그것을 이해할 수 있도록 충분한 깊이와 넓이를 제공하여, 과학적 문화와는 다른 시각에서 특정 문화의 개성이나 환경, 개인이나 사회를 이해할 수 있도록 도와주는 데 있다. 즉 문화를 공유하고 있다고 여겨지는 특정 집단 구성원의 행동, 삶의 방식, 신념, 가치 등을 현지인의 관점에서 자세히 기술하고 분석한 기록이다(김의영 외, 2019). 이러한 문화기술학적 연구(ethnography)는 질적 연구(qualitative research), 문화기술지, 사례 연구(case research), 현장연구(field research), 인류학적 연구(anthropological research) 등 다양하게 불린다.

문화기술학이 교육의 특수한 문제나 영역에 적용될 때, 그 영역과 초점은 인류학에서 적용되는 것과는 다소 차이가 있다. 그러나 일반적으로 문화기술학적 연구가 갖고 있는 특성은 교육문제에 적용할 때에도 동일하다고 볼 수 있다. 교육연구에서의 문화기술학은 '교육의 특수한 상황에서 교육적 체제, 과정, 현상을 과학적으로 서술하는 과정(process)'이라고 정의할 수 있다. 따라서 교육 분야에서의 문화기술학적 연구방법의 목적은 교육상황에서 참여자의 상황, 행동, 믿음 등에 대해 풍부하고 기술적인 자료를 제공하여 평가, 기술적 연구, 이론적 탐구를 위해 사용하고자 하는 것이다(Wiersma, 1986). 문화기술학적 방법이 교육상황에 널리 활용되는 이유는 교육문제에 대한 질적인 연구에 대한 논의와 함께 이 연구방법이 교육문제를 이해하는 데 새로운 대안으로 인식되었기 때문이다.

문화기술학적 방법을 적용하여 교육문제를 연구하려 할 때, 교육이라는 개념이 가지는 의미는 '문화의 전승'이다(이용숙, 1986). 즉 교육의 중요한 역할은 한 사회의 문화를 그 구성원들에게 학습시킴으로써 사회체제를 유지, 발전시켜 나가는 것이다. 따라서 교육에 문화기술학적 방법을 적용시키기 위해서는 '문화(culture)'라는 개념에 대한 올바른 이해가 필수적이다. 문화란 문화기술학에서 보면 어떤 특정 집단의 구성원들이 특정한 방식으로 행동하고 사고하도록 만드는 '패턴'을 일컫는다. 문화라는 개념은 가장 기본적으로 '생활양식(ways of life)'이라는 것에서 시작하여 언어, 관습, 제도, 신앙, 예술 등 한 사회 구성원이 가지는 고유한 특성 모두를 의미한다. 이런 문화는 세 가지 측면을 지니고 있다. 즉 문화에는 사람들의 문화적 행동, 지식, 인공물(artifact)이라는 속성이 있다. 이들은 대부분 한 문화 속에 서로 섞여 있다(Spradley, 1980).

교육에 문화기술학적 연구를 시도한 최초의 문화인류학자들은 Spindler와 Brameld 등이 있으며, 1960년대와 1970년대 사이 인류학의 발전과 함께 교육에서의 문화기술학이 커다란 발전을 보였다(Goetz & LeCompte, 1984). 즉 1960년대에 들어와서야 교육의 문화인류학이 공식적으로 인식되고, 1968년에 이르러 미국의 문화인류학위원회에 문화인류학과 교육위원회라는 새로운 분야가 만들어졌다. 문화기술학적 방법에서 나타나는 일반적 특성은 다음과 같다(Wiersma, 1986).

첫째, 문화기술학적 연구는 때로 현장연구(field research)라고도 불리지만 모든 현장연구가 문화기술학적 연구는 아니다. 그러나 현장연구처럼 문화기술학적 연구는 교육상황에서 수행되며, 이런 점에서 문화기술학적 연구는 현장연구적 접근이라고 할 수 있고, 자연적 상황에서 수행된다는 특징을 가지고 있다. 이런 특징과 관련하여 나타나는 특성 중 하나는 '상황화(contextualization)'로서 이것은 자료가 수집된 상황에서만 그 자료의 해석이 가능한 '상황적 연구'라는 것이다.

문화기술학자들은 문화와 사회적 상황이라는 개념을 구분하여 사용하고 있는데,

사회적 상황이란 말뜻 그대로 연구하려는 사회의 상황 그 자체에 대한 표현이나 설명이다. 반면 문화에 대한 기술이란 상황 그 자체에 대한 설명이 아니라 사회적 상황에서 일어나는 현상에 대해 그 상황에 속해 있는 사람이 부여한 의미, 행위, 믿음 등을 기술하는 것이다. 이렇게 볼 때 문화기술이란 상황을 정의하는 일이며, 교육상황을 문화기술학적으로 기술한다는 것은 교육적 상황을 그대로 표현하고 제시하는 것이 아니라 그 상황에 내재해 있는 문화의 의미를 파악하여 기술하는 활동이다. 따라서 문화기술학적 연구는 이런 특성으로 인해 다른 연구접근들보다 상황에 아주 민감하다. 이것은 연구결과의 일반화에 대해 암시하는 것으로서, 문화기술학적 연구는 연구된 상황에 대해서는 정확하고 적합하게 서술한다는 점에서 아주 탁월하지만, 반면 그 결과를 일반화하는 것은 제한될 수밖에 없다는 문제점을 지니게 된다.

둘째, 문화기술학적 연구는 관찰하고자 하는 문화나 그 맥락에 따른 인간 행동의 '질적인 본질'을 밝히고자 하는 특성을 지닌다. 문화기술학적 연구의 특징은 연구자 자신의 가치체계를 첨가시키지 않고 연구 상황을 참여자의 언어로 기술하는 것이다. 따라서 문화기술학적 연구는 질적, 현상학적 접근이라 할 수 있다. 여기서 현상학이란 현상을 연구하는 학문으로서, 어떤 행동을 단순히 양적으로 분석하는 것이 아니라 인간의 행동을 주관적(subjective) 관점에서 보려는 학문이다. 이렇게 문화기술학적 연구는 연구 상황하에서의 개인들의 행동이 무엇을 의미하는지를 이해하려고 노력한다는 점에서 현상학적 연구와 그 맥락이 동일하다고 볼 수 있다.

셋째, 문화기술학적 연구에서의 주된 자료 수집 방법은 연구되는 상황에서 일어나는 일을 관찰하는 것이므로 연구자의 역할이 매우 중요하다. 연구자는 관찰자로 공개되기도 하고, 위장된 역할을 수행하기도 한다. 어떤 상황이든 연구자는 가능한 한 집단구성원들의 정상적인 행동을 방해하지 않으려고 노력해야 한다. 또한 객관적인 연구자의 위치에서 한 걸음 더 나아가 연구자 자신이 직접 연구현장에 참여하여 정보제공자로서의 역할도 수행하여야 한다.

관찰의 중요한 부분은 앞서 언급한 상황과 관련되어 있다. 즉 개인의 행동을 이해하기 위해서 관찰자는 개인이 생각하고 반응하는 상황을 우선 이해해야 한다. 따라서 '참여자-관찰자' 시도는 연구 상황을 깊이 있게 이해하고, 그들의 생각, 느낌, 행동을 경험하려는 노력을 통해 자료를 수집, 기술할 수 있다는 장점을 가지고 있다. 따라서 교육현장에서의 문화기술학적 연구는 교육현장에 직접 참여하고 있는 정보제공자의 견해뿐 아니라 자신이 직접 현장에서 일어나는 행동을 가능한 한 객관적으로 관찰하여 이를 통합, 적용하는 방향으로 진행되어야 할 것이다. 그러나 모든 자료 수집이 관찰에 의해서만 수행되는 것은 아니다. 면담과 조사 등 다양한 방법이 사용될 수도 있다. 이러한 자료들은 반드시 내부자의 시각에서 나와야만 한다. 따라서 문화기술학적 연구에서는 정보제공자의 주관적인 내부자적 관점(emic view)과 연구자의 객관적인 외부자적 관점(etic view)을 통합시키는 일이 중요하다(이용숙, 1986).

넷째, 전통적으로 양적인 연구, 즉 실험이나 조사연구 등은 대부분 선형적(linear)인 연구절차를 거친다. 선형적 연구절차에 의하면 연구과제가 선정되고, 사전에 가설이 형성되어 그 가설에 따라 자료를 수집 · 분석하게 된다. 반면 문화기술학적 연구는 자료가 수집되는 과정에서도 계속해서 가설이 형성되고 수정된다. 따라서 관찰자는 연구의 전 과정 동안 전체 상황에 관심을 기울이면서, 전반적인 견해를 유지하려고 노력하여야 한다. 자료를 수집하여 가설이 형성되면 가설들은 일정 시간 동안 유지되고 있다가, 계속 수집되는 자료가 그 가설에 대해 부정적인 결과를 보이면 앞서 형성되었던 잠정적인 가설을 수정하게 된다. 이러한 연구절차의 특성을 선형적인 절차와 대비되는 것으로서 사이클형 연구절차라고 한다.

이러한 특성들에 따르면 문화기술학적 연구는 '전반적이고 일반적인 시각'을 가지고 자연적인 상황을 탐구하는 것이라 할 수 있다. 또한 현상학적 연구에서처럼 행동의 주관적인 본질을 강조한다. 따라서 문화기술학적 연구는 자연적 상황에서 수행되며, 이런 상황은 사람이 해석하고, 사고하고, 행동하는 데 영향을 미친다는 가정을 기초로 한다. 그러므로 연구자는 개인의 시각에서 상황을 해석하려고 시도해야 한다. 그리고 연구자 자신 역시 참여자와 관찰자로서 상황에 포함된다. 이러한 점을 감안하여 Goetz와 LeCompte(1984)는 문화기술학을 '깊이 있는 기술'이라고 주장하기도 하였다.

2. 문화기술학적 방법의 절차

대부분의 사회과학 연구에서 보편화될 수 있는 하나의 방법이 거의 없는 것처럼 문화기술학적 연구 역시 모든 연구자들에게 사용되는 표준화된 절차는 없다. 그러나 이 장에서는 일반적으로 문화기술학적 연구자들이 사용하는 방법의 구성요소에 대해 논의하고자 한다. 문화기술학적 연구과정이 갖는 하나의 특징은 활동이나 절차가 다른 연구들보다 통합적이라는 것이다. 문제의 인식에서 결론 도출까지의 활동들은 연구의 전 과정 속에서 서로 중복되고, 함께 통합되게 된다. 따라서 문화기술학적 연구에서는 특수한 절차들을 계열화하는 것이 중요하지 않다. 과정이 서로 뚜렷하게 구분되지는 않아도 연구의 시작과 끝은 있는데, 문제를 인식하는 것이 시작이라면 결론이 도출되었을 때가 끝이 난 것이다(Wiersma, 1986).

[그림 6.1]은 문화기술학적 연구에서의 연구 사이클을 제시한 것이다.

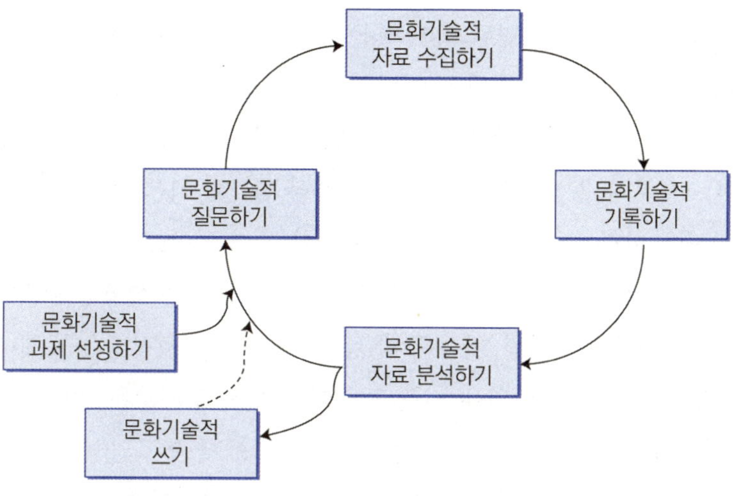

[그림 6.1] 문화기술학적 연구의 사이클

[그림 6.1]의 연구 사이클이 한 바퀴 다 돌고 나면 새롭거나 더 세밀한 질문이 나올 것이고, 이를 다시 기록, 분석하면 새로운 질문을 형성하는 토대가 된다. Spradley(1988)는 이러한 사이클에 기초하여 비교적 명확하게 12단계의 발전식 연구 모델을 제시하였다. 그가 정리한 12단계는 1) 사회적 상황 정하기, 2) 참여관

찰하기, 3) 문화기술적 기록하기, 4) 서술관찰하기, 5) 영역분석하기, 6) 집중관찰하기, 7) 분류분석하기, 8) 선택관찰하기, 9) 성분분석하기, 10) 문화적 주제 발견하기, 11) 문화적 자료목록 정리하기, 12) 문화기술지 쓰기로 구성되어 있다.

그러나 문화기술적 방법은 개별 연구자가 실제 연구를 수행하는 과정에서 터득하는 기예(craft), 혹은 노하우와 같은 성격을 가진 것이다. 따라서 모든 문화기술적 연구에 일률적으로 적용할 수 있는 단일한 연구 절차는 없지만, 효과적인 연구 수행과 돌발적인 현장 상황에 대처하기 위한 몇 가지 전략을 다음과 같이 제안할 수 있다.

2.1 연구과제 선정

연구문제는 연구자들이 가지고 있는 실질적이고 이론적인 흥미에서 나타난다. 문제를 인식하게 되는 첫 번째 탐구전략은 문제에 대해 역사적, 사회적, 문화적 상황을 폭넓게 살펴보고 관련된 이론이나 문헌에서 나타나는 관계를 확인하는 것이다. 연구될 현상에 대한 인식은 예시적(foreshadowed) 문제의 형태로 제시될 수 있다. 예시적 문제는 연구의 방향을 제공해 준다. 이런 예시적 문제 진술은 연구가 어느 부분에 초점을 두고, 무엇을 찾아야 할 것인가를 제시해 주며, 연구의 본질과 정도에 따라 많은 수의 예시적 문제가 있을 수 있다.

연구과제가 선정되면 연구 상황을 결정해야 하는데 연구 상황을 결정하는 일은 문화기술학적 연구에서 가장 어려운 일 중의 하나이다. 조직된 공동체나 장소에 접근하여 정보를 수집하는 일은 시간도 많이 필요하고 때로는 일이 좌절되기도 한다. 또한 일단 조직이 선정되었더라도, 그 조직에서 연구의 전반적인 윤곽이 드러나야 하기 때문에 연구자들은 조직을 선정하기 전에 연구계획을 세워둘 필요가 있다.

연구 상황의 결정은 곧 연구대상을 확인하는 일이다. 문화기술학적 연구는 양적인 연구보다 훨씬 많은 시간이 요구된다. 따라서 연구대상의 범위가 매우 제한적일 수밖에 없다. 지금까지 발표된 교육문제에서 문화기술학적 연구들은 연구자 1명당 1~2개의 학교를 선정하는 것이 보편적이었으나 연구의 성격이나 목적에 따라 연구

대상의 범위가 보다 더 포괄적일 수 있다. 즉 다양한 연구현장을 선택할 필요가 있지만, 다양한 것보다 깊이가 더 요구되는 연구는 1~2개의 연구대상이나 현장에 국한하여 연구를 수행하는 것이 바람직할 것이다. 예를 들어 고등학교 학생들의 사회적 상호작용을 다루는 것이 연구과제로 선정되었다면 학생들이 관심의 대상이 된다. 그러나 학교의 모든 학생들을 관찰하는 것은 불가능하므로 자료를 수집하기 위해서는 몇 가지 조건들을 더 고려하여야 한다. 즉 자료 수집을 위한 시기나 기간, 관찰집단의 선정 등이 이에 해당되며, 비록 연구에서는 학생들이 주된 관심사지만 그 집단에 영향을 미치는 다른 피험자 집단(예: 교사집단)도 관찰되고 면담된다. 본질적으로 하고자 하는 연구는 학생문화에 대한 연구지만, 사회적 상호작용에 초점을 맞춘 것이므로 학교의 다른 문화들도 관련된 정보를 얻는 중요한 자원이 되기 때문이다(Wiersma, 1986).

교육의 문화기술학적 연구에서 보다 어려운 일은 선정된 연구대상에게서 연구 허가를 얻어 내는 일이다. 연구자는 구성원들의 정상적인 활동에 영향을 미치지 않는 범위 내에서 직접 연구현장에 참여하여 관찰, 질문, 대화 나누기 등의 여러 활동에 함께 참여해야 한다. 따라서 연구대상의 적극적인 협조를 얻을 수 있도록 현장의 정보제공자들과 친숙해질 필요가 있다. 이러한 점을 감안하여 1971년 미국의 인류학회 회의에서는 '전문가의 책임에 대한 원칙'을 제정하여 문화기술학적 연구자들을 위한 지침을 마련하였다. 이런 원칙은 교육문제의 연구에서도 충분히 적용 가능하다고 생각된다.

1. 정보제공자를 먼저 고려하라.
2. 정보제공자의 권리, 이해관계, 민감성을 안전하게 보호하라.
3. 연구목적을 알려 주어라.
4. 정보제공자의 사생활을 보호하라.
5. 정보제공자를 착취하지 말라.
6. 정보제공자가 보고서를 볼 수 있게 하라.

2.2 질문 및 가설형성

문화기술학적 연구의 기본단위는 질문과 관찰이다. 이때 질문이나 가설 형성은 문화기술학적 연구를 통해 계속되는 활동이며, 조사연구나 실험과는 달리 문화기술학적 연구에서는 연구가 시작될 때 어떤 가설도 만들지 않는다. 가설은 연구를 하는 과정 속에서 형성되고 수정되며, 가설을 수정하는 절차는 연구현상을 정확하게 기술하려는 과정일 뿐 연구를 위한 전제가 되어서는 안 된다. 따라서 문화기술학적 연구에서 질문을 만들고 가설을 형성하는 일은 탐구를 끝낸 다음 단계의 일이다. 가설은 '동년배 집단은 학교의 형식교육에 영향을 준다'라는 식의 제안적인 진술로 서술된다. 이렇게 가설을 형성하고 질문을 만들어 냄으로써, 문화기술학적 연구에서의 가설은 초기 단계의 연구를 계속 이끌어 주는 역할을 하게 된다.

2.3 자료 수집

연구 과제를 선정 후 자료 수집에 들어가는데, 자료 수집은 현지조사에서 나온 기본적인 질문에서부터 시작된다. 문화기술학적 연구에서의 질문은 항상 답변을 내포하고 있는 것으로, 질문과 답변의 연속이 이 연구의 핵심이다. 또한 문화기술학적 연구에서는 가능한 한 질문과 답변 모두가 연구하는 사회적 상황 속에서 발견되어야 한다. 그러므로 어떤 자료이든 연구되는 대상의 시각을 반영해야 한다. 자료 수집에는 여러 가지 다양한 방법이 있으며, 대표적인 관찰과 면담 외에도 몇 가지 방법이 있다.

2.3.1 관찰

관찰은 문화기술학적 연구에서 종합적으로 사용되는 방법으로, 연구과정에서 지속되는 계속적이고 전체적인 활동이다. 관찰자는 가능한 한 노출되지 않는 방법으로 모든 관련된 정보를 기록하려고 노력하므로 결과적으로 관찰은 아주 비구조적이 된다. 그러나 반드시 구조적인 관찰지가 사용되지 않는다는 의미는 아니다.

관찰에서 중요한 것은 관찰대상자의 시각을 포착하는 것이므로, 민감한 단서를 잡아야 한다.

Spradley(1980)는 기술관찰(descriptive observation), 집중관찰(focused observation), 선택관찰(selective observation)의 3단계 참여관찰 과정을 제시하였다. 문화기술학적 연구에서는 참여관찰과 심층면담이 기본적 자료 수집 방법이지만, 수업시간에 대한 자료를 수집하고자 한다면 교육적인 특수성으로 인해 참여관찰을 하거나 면담하는 것이 거의 불가능하다. 따라서 이런 상황에서는 외부적으로 관찰을 하는 방법이 사용될 수 있는데, 이때의 관찰방법으로는 '기술적 관찰' 방법이 적당하다. 즉 연구자의 주변에서 발생하는 사건들을 있는 그대로 계속 적어나가는 일이다. 이 관찰은 마음속에 특정한 질문을 가지지 않고, 단지 일반적 질문만으로 활동과정에 접근해 나가는 것이다. 기술관찰을 할 때 도움이 되는 주된 요소는 공간, 물건, 행동, 활동, 사건, 시간, 행위자, 목적 등으로서 이런 요소에 따라 기술해 간다면 체계적이고 일목요연하게 기록할 수 있다.

그러나 모든 상황과 연구참여자의 모든 언행을 기록하는 것에는 현실적으로 무리가 따르기 때문에, '집중 관찰'을 통하여 연구의 초점을 한 개의 문화영역이나 몇 개의 상호 관련된 문화영역에 집중시킬 필요가 있다. 그렇게 함으로써 특정의 문화영역에 대해 어느 정도 깊이 있게 이해하게 되며, 어떤 특정한 범주에 대해서는 더욱 철저한 관찰을 할 필요성을 느끼게 된다. 이때 집중 관찰보다 더 초점을 좁힌 '선택 관찰'을 할 수도 있다. 이러한 관찰방법들은 단계적으로 수행되기보다는 병행하여 행해지거나 어느 것 하나나 둘만을 사용할 수도 있다.

Creswell(2016)은 관찰 과정을 여섯 단계로 정리하였다. 1단계에서 연구 장소를 정하고, 2단계에서 관찰 프로토콜을 개발한다. 관찰 프로토콜이란 현장에서 관찰 노트를 기록하기 위한 방법으로, 관찰 시간, 장소 등으로 시작하여 '묘사적'인 것(무엇이 일어났는지에 대한 기록)과 '성찰적'인 것(연구자의 경험 · 직감, 배운 것에 대한 기록 등)을 모두 포함한다. 3단계에는 관찰에 초점을 맞춘다. 관찰을 시작한 처음 몇 분 동안은 아무것도 적지 않고 무엇이 연구자의 관심을 끄는지, 평범한 것과 평범하지 않은 것 등을 관찰하며 자신의 연구 질문을 이해하는 데 도움이 될 것으로 보이는 양상에 집중한다. 4단계에서는 자신의 역할을 결정한다. 관찰자의 역할은 완전한 관찰자로부터 완전한 참여자(현지인과 같이 되는 것)의 양극단 사이에 다양한 스펙트럼이 존재한다. 완전한 참여자에 가까워질수록, 연구자는 연구 참여자와 손쉽게 라포(rapport)를 형성할 수 있으며, 연구 참여자의 주의를 끌지 않는 완전한 관찰자의 경우 집단의 외부인으로 존재하며 객관적 거리를 확보할 수 있다. 5단계에서는 (관찰 프로토콜에 기초하여) 현장노트를 기록한다. 우선 '묘사적' 부분을 중심으로 기록하기 시작해 '성찰적' 부분으로 기록을 확장한다. 마지막 단계에서 연구자는 연구 참여자들이 관찰을 위해 시간과 장소를 허락해준 것에 감사를 표하며 현장에서 서서히 철수한다. 이때 연구 참여자들이 원할 경우 연구 결과의 요약본을 제공하겠다는 의사 또한 표시한다.

2.3.2 면담

면담(interview)은 관찰하는 동안 발생하는 우연적이고 비형식적인 일을 좀 더 명확하게 하거나, 피관찰자의 느낌을 포착하기 위해 사용되기도 한다. 직접 관련된 연구대상이 아니라, 그와 관련된 집단을 대상으로 면담을 시도할 수도 있다. 문화기술학적 연구에서 면담을 하기에 적절한 시기는 연구의 중반 이후가 바람직하다(이용숙, 1986). 왜냐하면 적어도 집중관찰이 끝나야만 면담에 필요한 질문내용이 나올 수 있기 때문이다. 면담에는 구조화된 면담(structured interview), 비구조화된 면담(unstructured interview), 반구조화된 면담(semistructured interview) 등이 있는데, 구조화된 면담은 사전에 정의된 일련의 질문으로 구성되어 있다.

문화기술학적 연구에서 사용되는 면담은 주로 비구조화된 면담이다. 그러나 면담자가 여러 명이거나 연구 결과의 신뢰성을 위해 양적인 자료가 필요할 경우에는 반구조화된 면담을 사용하는 것이 효과적이다. 면담 시 가장 중요한 것은 어떤 질문을 하느냐 하는 점이다. 즉 참여와 관찰을 통해 수집된 자료를 분석하여 질문이 구성되어야 하며, 연구에 적절한 질문이 선택되어야 한다. 면담 질문은 가능한 한 개방형 질문(open question)으로 하되 연구자의 용어가 아닌 연구 참여자의 용어를 사용하여야 한다.

Creswell(2016)은 면담 과정을 8단계로 정리하였다. 1단계에서 연구자는 면담이 자신의 연구에 적합한 방법인지 결정하고, 2단계에서 면담 방법을 선택한다. 선택

가능한 면담 방법에는 일대일 면담, 전화 면담, 인터넷 면담, 포커스 그룹 면담 등이 있다. 3단계에서 적절한 참여자에게 연락하여 면담 약속을 정하는데, 가능하다면 사전에 연구동의서와 질문 주제를 보내어 면담 전에 검토하고 동의서에 서명할 수 있도록 한다. 4단계에서는 질문의 목록과 자신의 생각을 기록하기 위한 면담 프로토콜을 개발한다. 5단계에서 연구자는 면담을 녹음할 장비를 미리 준비한다. 돌발 상황에 대비하여 둘 이상의 녹음기를 준비하고 사용하는 것을 권한다. 6단계에서는 면담 녹음을 용이하게 진행하고, 개인의 사생활을 보호할 수 있는 조용한 장소를 마련한다. 7단계에서 인터뷰를 실시한다. 면담에 앞서 녹음 장치가 정상적으로 작동되는지 확인해야 하며, 약속된 인터뷰 시간을 지켜 연구 참여자의 시간을 존중해 주어야 한다. 마지막 8단계는 면담 후 추가 조치이다. 녹음이 잘 되었는지 확인하고, 연구 참여자에게 감사 메시지 전달 및 그들의 요구(예: 최종 연구의 요약본 요청)에 반응한다. 면담 내용은 전사해서 문서화한다. 필요한 경우 연구 참여자에게 양해를 구하고 추가 면담을 요구하는 경우도 있다.

관찰과 면담 외에도 연구될 문제를 반영하는 시청각자료나 문헌, 동영상 촬영 등 가능한 한 활용할 수 있는 모든 자료가 연구에 이용, 검토되어야 한다.

2.4 자료의 기록

자료를 기록할 때는 매우 신중해야 하는데, 가장 중요시해야 할 점은 정보제공자의 언어로 기술해야 한다는 점이다. 언어는 특정 사회의 문화적 의미를 담고 있는 경우가 많다. 따라서 자료를 기록할 때 요구되는 원칙을 Spradley(1980)는 다음의 세 가지로 제시하고 있다.

1. **언어를 분별하는 원칙** 사용된 언어를 분별하여 기록해야 한다. 즉 괄호나 인용부호 및 꺾쇠 등의 변별부호를 사용하여 누가 말했는가를 분명히 구분하고 용어와 용법이 혼합되지 않도록 기록해야 한다.
2. **말한 그대로 적는 원칙** 사람들이 말한 단어나 용어를 그대로 기록해야 한다. 종종 연구자는 정보제공자의 말을 자유롭게 요약 압축하는 경향이 있다. 그 과정에서 현지인의 의도가 왜곡되어 기록될 수 있기 때문에 '현지인의 용어'가

그대로 기록되어야 한다.

3. **구체적 언어를 쓰는 원칙** 관찰을 기술할 때 구체적인 언어를 사용해야 한다. 대부분의 사람들은 구체적으로 장황하게 기술하기보다는 일반화하여 기록하는 경향이 있다. 그러나 문화기술학적 연구에서는 가능한 한 일어난 일을 자세하게 묘사해야 한다.

관찰 및 참여관찰을 사용하는 연구의 경우 최소한 참여관찰노트, 참여관찰 일지, 참여관찰기록지의 세 가지 종류의 참여관찰 기록이 있어야 함을 이용숙(1986)은 제안하고 있다. 참여관찰노트에는 연구현장에서 보고, 듣고, 느낀 것을 가능한 한 많이 기록하고 현장에서 곧바로 기록하기 어려운 경우에는 가능한 한 빠른 시간 내에 그 내용을 기록해야 한다. 참여관찰 일지는 관찰한 날의 개인적인 느낌이나 연구에 대한 제언 등 연구자의 생생한 느낌을 기록한다. 세 가지 기록 중 가장 어려운 것이 참여관찰기록지의 작성으로서 참여관찰 시 기록한 자료를 정리하고, 예비분석까지 실시한 결과를 작성하는 것이다. 문화기술학적 연구에서 이렇게 현지조사노트를 만들고 사진, 지도, 그림 등 관찰을 기록하고 면담을 기록하는 등 적절하고 정확한 자료의 기록은 수집과 분석을 잇는 교량 역할을 한다.

2.5 자료 분석

문화기술학적 연구에서 자료의 분석은 자료 수집과 병행하여 이루어진다. 일반적으로 분석이란 '패턴'을 찾는 일이므로 문화기술학적 연구에서의 분석 역시 수집된 자료 속에서 그 문화적 패턴을 찾는 일이다. 따라서 문화기술학적 연구에서의 분석은 관찰, 면담, 다른 자료들로부터 나온 정보를 종합하는 것이며, 선형적인 연구과정과는 달리 자료의 분석결과에 따라 자료 수집이나 연구방법을 수정하기 때문에 자료 분석은 연구과정 동안 계속되는 활동이다.

문화기술학적 연구방법은 다른 연구방법에 비해 통계적이지 못하지만 비율이나 백분율 혹은 빈도 등이 관찰된 행동이나 사건의 유형을 분류하기 위하여 사용되기도 한다. 문화기술학적 연구에서의 분석은 주로 기술에 의존하는데, 비록 통계가 사용되었을지라도 추론적인 방법이라기보다는 기술적인 방법으로 사용된다. 이런 특성으로 문화기술학적 연구자들은 다른 형태의 연구자들보다 연구 상태나 조건의 독특성을 훨씬 더 잘 수용할 수 있다. 최근에는 컴퓨터를 이용한 질적인 자료 분석이 가능해지고 있는데, NVIVO나 파랑새 등은 이러한 목적으로 널리 활용되고 있는 프로그램이다. 그러나 질적인 자료 분석에서 컴퓨터를 사용할 때, 많은 자료 분석을 위하여 지나치게 효율성만 추구하다 보면 질적 자료의 특성이 희석될 수 있다는 점을 간과해서는 안 될 것이다.

여기서는 일반적인 자료 분석 방법으로 영역분석(domain analysis), 분류분석(taxonomic analysis), 성분분석(componential analysis), 주제분석, 원인연쇄(causal chain), 계획분석(plan analysis), 결정표 분석(decision table analysis)에 대하여 설명하고자 한다.

2.5.1 영역분석

연구의 초기에 모든 문화의 중요한 기본단위로서의 문화적 영역을 찾는 일은 중요하며 이러한 영역분석은 문화기술학적 분석의 첫 번째 유형이다. 이 영역분석이 끝나면 분석에서 나온 문화적 영역이 조직된 방식을 찾기 위한 분류분석과, 각 영역에서의 용어가 가지는 속성을 찾는 성분분석이 이어진다. 마지막으로 영역 간의 관계가 문화적 장면이라는 전체와 어떻게 연결되어 있는가를 찾아 나가는 주제 분석을 하게 된다.

영역분석의 목적은 문화적 영역을 식별하는 일이다. 따라서 용어의 개수에 신경 쓸 필요가 없다. 즉 이 분석의 목적은 가능한 한 많은 영역의 목록을 찾는 일이다. 영역분석에서 중요한 것은 문화 영역을 추출하는 것으로 Spradley(1980)에 의하면 문화적 영역이란 보다 작은 범주들을 포함하는 하나의 문화 의미의 범주라고 정의하고 있다. 이런 문화적 영역은 총괄용어, 포함용어, 의미론적 관계라는 세 가지 기본요소로 구성된다. 총괄용어는 문화 영역을 일컬으며, 포함용어는 영역 내의 보다 작은 모든 범주를 지칭한다. 의미론적 관계는 총괄용어와 포함용어를 연결시켜 주는 것으로서 포함용어들은 의미론적 관계에 따라 문화 영역 내에 자리를 잡게 된다.

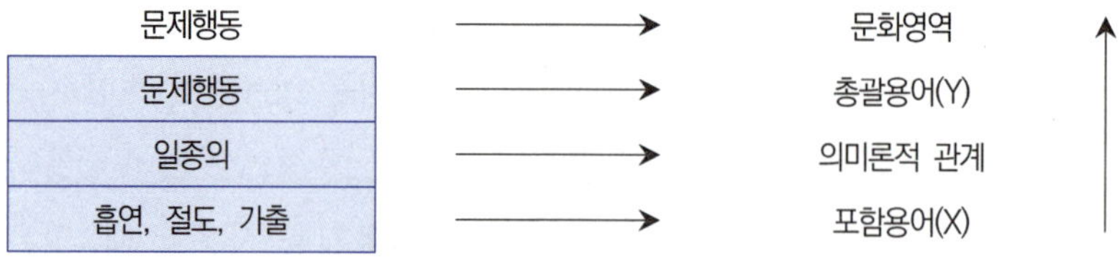

[그림 6.2] 한 문화영역 내에서의 총괄용어, 포함용어, 의미론적 관계

[그림 6.2]는 '가출, 흡연 등은 일종의 문제행동이다'라는 하나의 문화영역 내에서의 총괄용어, 포함용어, 의미론적 관계를 제시한 것이다.

1. 포함	X는 Y는 한 종류
2. 공간	X는 Y의 한 장소, X는 Y의 한 부분
3. 원인-결과	X는 Y의 결과
4. 근본 이유	X는 Y를 행하는 이유
5. 행동의 장소	X는 Y를 행하는 장소
6. 기능	X는 Y를 하는 데 사용
7. 수단-결과	X는 Y를 하는 데 사용
8. 순서	X는 Y의 단계
9. 속성	X는 Y의 속성

영역분석의 단계는 다음과 같다. 첫째, 단일한 의미론적 관계를 선정한다. Spradley(1980)는 의미론적 관계를 다음과 같이 아홉 가지로 제안하고 있는데, 이들은 가장 보편적인 관계로서 연구할 때 염두에 두면 유용하게 활용할 수 있다.

둘째, 총괄용어, 포함용어, 의미론적 관계를 제시하는 영역분석 작업표를 만든다.

1. 의미론적 관계: 포함
2. 형식: ____________는 ____________의 종류다.
3. 예: 가출, 흡연은 일종의 문제행동이다.

포함용어	의미론적 관계		표제어(총괄용어)
예: 가출, 흡연			
____________	예: 포함	⟶	예: 문제행동
____________			

구조적인 질문:

셋째, 면담이나 참여 관찰 시에 수집된 자료 중에서 영역분석을 하기 위한 두세 개의 문단을 설정한다.

넷째, "어떤 용어가 무엇의 일종인가?" 등의 질문을 던지면서 관찰노트를 읽고, 선정한 의미론적 관계에 적합한 총괄용어와 포함용어를 찾는다.

다음은 '박물관에서의 부모와 자녀'에 대한 연구에서 나타날 수 있는 하나의 문화영역을 식별해 낸 것이다.

포함용어		총괄용어		의미론적 관계
학생 가족 관광	→	방문 집단	→	한 종류

이것은 박물관에서 발생하는 일을 관찰 기록하여 나온 자료를 읽고 '한 종류'라는 의미론적 관계에 따라 '방문 집단'이라는 하나의 문화영역을 읽는 자료 중에서 식별해 낸 것이다. 이렇게 연구자는 자신이 선정한 의미론적 관계에 따라 하나의 문화영역(총괄용어)을 다시 작은 문화적 범주(포함용어)로 나누어 분석해 볼 수 있다.

다섯째, 다른 의미론적 관계를 사용하여 영역 찾기를 반복한다. 어떤 의미론적 관계하에서는 많은 영역을 찾아낼 수 있으나, 어떤 의미론적 관계에서는 조금밖에 찾을 수 없는 경우도 있다. 따라서 가능한 한 의미론적 관계를 다양하게 변화시켜 나가면서 많은 영역을 찾아 나간다.

여섯째, 분별한 영역 전부의 목록을 만든다. 다음은 박물관에서의 부모와 어린이에 관한 연구의 예에서 찾은 영역의 목록 중 일부이다.

1. X는 Y의 '한 종류'
   집단의 종류, 가족의 종류, 자세의 종류, 질문의 종류 등
2. X는 Y를 '하기 위한 한 방식'
   질문하는 방식, 사물을 비교하는 방식, 부모가 아이들을 가르치려고 하는 방식 등
3. X는 Y의 '이유'
   열광하는 이유, 다음 전시장으로 가는 이유, 지루해하는 이유, 박물관에 가는 이유

영역분석의 목적은 우선 문화적 범주를 분별하고, 연구하여 문화적 상황을 조망하는 일이다. 이러한 영역분석은 연구하는 전 과정을 통해 반복된다.

2.5.2 분류분석

분류분석은 참여관찰, 면담 — 특히 심층면담 — 에 의해 수집된 자료를 분석하기 위한 방법으로서(이용숙, 1986), 영역분석의 연장이다. 즉 영역분석에서 찾은 영역을 가지고 영역의 작은 단위인 포함용어들 간의 관계를 식별하는 일이다. 분류분석의 단계는 다음과 같다.

첫째, 분류분석을 위해 관심 있는 문화적 영역을 선택한다.

둘째, 같은 의미론적 관계를 근거로 유사성을 찾는다. 유사한 영역분석의 결과를 보다 큰 하나의 단계로 묶어 범주화할 수 있는 적절한 대체 틀을 파악한다.

셋째, 대체 틀에 따라 가능한 한 많은 포함용어를 더 찾는다.

넷째, 분석하는 영역을 부분집합으로 포함할 정도로 더 크고 더 포괄적인 영역이 있는지 찾아본다.

다섯째, 잠정적인 분류체계를 만든다. 분류체계는 상자도형, 선과 마디, 개요와 같은 형태로 표현할 수 있다.

여섯째, 분류체계 분석을 점검하기 위해 집중관찰을 한다.

일곱째, 상자도형, 선과 마디, 개요표 등을 활용하여 완성된 분류체계를 만든다.

2.5.3 성분분석

한 문화영역에 대해 분류체계 분석만으로는 그 영역의 의미관계를 다 파악하기 어렵다. 따라서 한 개념이 갖고 있는 속성을 이해할 필요가 있다. 성분분석은 주로 대비질문방법으로 수집된 자료를 분석할 때 사용된다. 성분분석이란 대조점을 찾고 이를 분류하여 몇 개의 대조차원으로 묶어서 이 모든 정보를 패러다임으로 작성하는 일이다. 성분분석의 절차는 다음과 같다(이용숙, 1986).

첫째, 분석할 영역을 선정한다.

둘째, 분석을 하려는 영역 내에서 모든 대조들의 목록을 만든다. 이 목록은 지금까지 수집된 자료에서 각 대조점들을 적어 나가면 된다.

셋째, 분석도표 연습장(a paradigm work sheet)을 만든다.

영역	대조차원		
	1	2	3
A B C			

넷째, 양분되는 것(예, 아니오 등)으로 나눌 수 있는 대조의 차원을 뽑아낸다. 예를 들어 '교수법의 종류'라는 영역을 분석한다면 대조의 한 차원은 '시청각자료의 사용 유무에 따라 특성이 나타나는 것'으로 표현될 수 있다. 교수법에 관계된 이 대조차원은 ① 시청각자료를 사용한다와 ② 시청각자료를 사용하지 않는다는 두 개의 가치로 나타낼 수 있다.

다섯째, 대조의 차원 중 관련되는 것을 모아서 다중적 가치를 가진 것으로 만든다. 양분되는 가치를 지닌 대조의 차원을 결합시켜 '예', '아니오'보다는 적절한 속성을 적어 넣을 수 있도록 표를 만든다. 예를 들면 앞서 언급되었던 시청각자료의 사용 유무에 대한 대조차원은 시청각자료의 사용 유무로 가치를 나누기보다는, 이를 통합하여 문화영역에 따라 사진, 오디오자료, 컴퓨터 소프트웨어 등 각 영역에 적절한 속성을 기입할 수 있도록 다원적 가치의 대조차원으로 만든다.

여섯째, 빠진 속성과 새로운 대조의 차원을 찾기 위한 대조질문을 준비한다.

일곱째, 필요한 자료 수집을 위해 보충면담을 반복 실시한다.

여덟째, 완성된 상자도형을 준비한다. 다섯 번째 단계에서 나온 자료를 다른 대조차원들에도 적용함으로써 분석하려는 영역 내에서 가능한 한 찾을 수 있는 모든 대조차원을 발견하여 완성된 패러다임을 만든다.

성분분석의 간단한 예로 우편물이라는 영역을 선정해 보자. 우편물이라는 영역은 다시 잡동사니 우편물, 개인편지, 청구서라는 하위영역으로 구분될 수 있다. 이런 각 하위영역에 대해 연구자는 대조차원으로 서명, 행동, 감정의 차원을 찾아

내었다. 그 결과를 표로 제시해 보면 〈표 6.1〉과 같다.

〈표 6.1〉 '우편물'이라는 영역의 성분분석

영역	대조의 차원		
	서명	행동	감정
잡동사니 우편물	없음	버림	혐오
개인편지	있음	읽고 버림	기쁨
청구서	없음	읽고 지불	반갑지 않음

2.5.4 주제분석

주제분석은 영역들 간의 관계를 발견하고, 또 각 부분들과 전체 문화 간의 관계를 발견해 나가는 방법이다. 이렇게 주제를 분석하는 기법은 다른 분석기법에 비해 덜 개발되어 있는 편이지만 문화적 영역, 즉 총괄용어를 성분분석하여 이들 사이의 관계를 찾아 나가거나, 성분분석에서 찾아낸 대조차원들 사이에서의 유사성을 찾아 문화적 주체를 발견해 나가는 등 다양한 방법이 있다.

Spradley(1980)는 문화기술학자들이 보편적으로 찾아낸 주제를 다음과 같이 보고 있다. 첫째, 사람들 사이에 나타날 수 있는 사회적 갈등, 둘째, 문화적 장면에서 생기는 문화적 모순, 셋째, 사회적 문제를 통제하는 데 사용되는 비공식적 기법, 넷째, 불특정 인간들 간에 나타나는 사회적 관계, 다섯째, 발생한 문제의 해결, 여섯째, 한 문화를 구성하는 신분체제의 반영 등이다.

2.5.5 원인연쇄

이 분석방법은 Colby(1981)에 의해 최초로 사용된 것으로 분류체계 분석을 변형시킨 것과 유사하다. 이것은 특정 문제에 대한 한두 가지의 근본적인 원인이 여러 중간 단계의 원인들을 유발하고, 이 원인은 다시 세밀한 원인으로 분석되어 한 문제에 대한 원인을 연쇄적으로 찾아 나가는 방법이다. 즉 각 단계마다 '왜냐하면'이라는 말로 원인과 결과를 연결해 전체적 맥락을 파악하는 것이다. 이는 심층면담을 체계적으로 깊이 있게 이룰 수 있는 방법이기도 하다. 다음 [그림 6.3]은 '교사가 수업준비를 제대로 못하는 이유'에 대해 심층 면담한 결과를 원인연쇄 방법으로 분석한 것이다(이용숙, 1986).

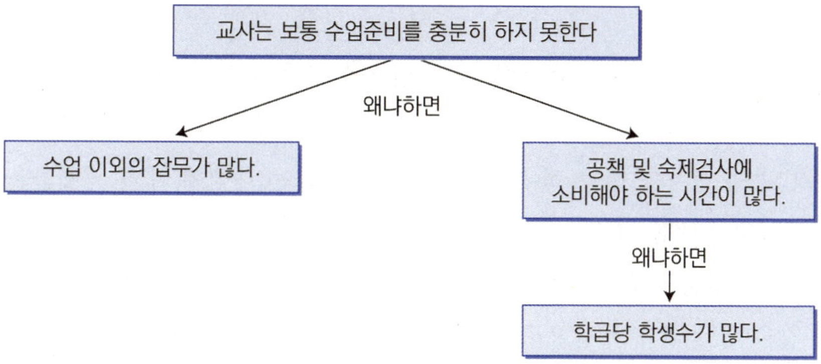

[그림 6.3] '교사가 수업준비를 제대로 못하는 이유'의 원인연쇄

2.5.6 계획분석과 과정분석

계획분석은 관찰보다는 면담결과를 분석하기 위한 것이다. 분류체계 분석을 변형시킨 것으로서 사건이나 행동의 구성요소뿐만 아니라 그 순서의 흐름, 연루된 행위자들도 분석할 수 있는 것이다. 이 계획분석은 사건의 진행과 그 행위자를 한눈에 볼 수 있도록 해주지만 시간은 분석되지 않는다는 문제점을 가지고 있다.

과정분석에서는 이런 문제점을 극복하기 위해 각 행동의 진행 사이에 시간의 개념을 도입하여 각 사건이 계속된 시간을 비교할 수 있다.

2.5.7 결정표 분석과 흐름표

한 번 관찰되거나 일어난 사건 혹은 행위를 분석하기 위한 것이 아니라 여러 번 반복해서 일어나거나 연구자가 과거에 일어났던 일을 기억할 때 다양한 행동대안 중에서 선택하여 기록할 때가 있다. 이런 대안적인 계획들을 분석할 때 결정표 분석을 이용하면 용이하다. 결정표는 다음의 네 가지 요소로 이루어진다.

특정 행위의 선택을 결정하게 하는 모든 조건(condition stub)	모든 가능한 조건의 조합(condition entry)
행동(action stub)	해당되는 행동(action entry)

이 분석은 나타날 수 있는 행동의 조건들을 모두 고려해 볼 수 있다는 장점을 갖는다. 예를 들어 어느 초등학교에서의 수학수업 관찰 결과, 수업을 끝내기 직전에 개별과제 검사를 하는 경우도 있고, 검사를 하는 대신에 개별 과제물을 걷는 경우도 있다는 것을 발견했다. 연구자는 학생들 간의 대화를 통해 이 두 가지 행동 대안을 결정하는 조건 중 하나가 '시간이 충분히 남았는가?'라는 정보를 입수했다. 이와 같은 한 가지 조건만으로 이루어진 결정표는 다음 [그림 6.4]와 같이 작성할 수 있다.

수업시간이 충분히 남았는가	○ (그렇다)	× (아니다)
과제검사를 한다	✔	
과제물을 걷는다		✔

[그림 6.4] 과제검사 실시 여부에 대한 결정표

[그림 6.4]의 과제검사 실시 여부에 대한 결정표는 교사들 간의 면담을 통해 확인해 가는 과정에서 수정하여 [그림 6.5]와 같은 형태로 결정표를 수정하게 된다.

수업시간이 충분히 남았는가?	○	○	×	×
과제의 내용이 매우 중요하다.	○	×	○	×
과제물을 걷어서 일일이 고쳐 준다.	✔		✔	
즉석에서 과제검사를 한다.		✔		
과제물을 걷어서 끝냈는지 검사만 한다.				✔

[그림 6.5] 과제검사에 대한 결정표 수정안

수정된 결정표는 [그림 6.6]과 같이 계획분석표로 표시하여 사용할 수 있으며,

[그림 6.7]의 흐름표로 변경시켜서 사용할 수도 있다.

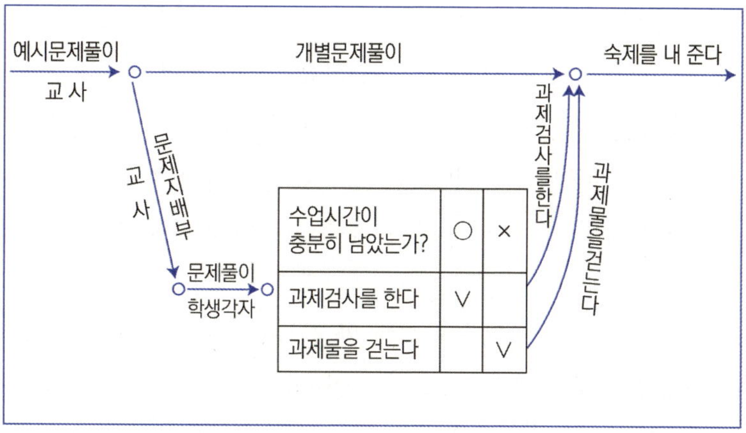

[그림 6.6] 결정표를 계획분석표로 표시

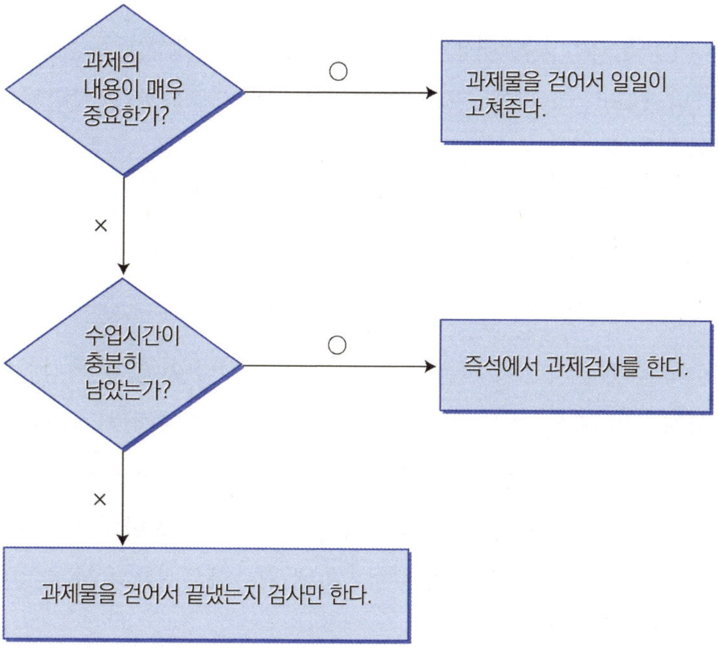

[그림 6.7] 과제검사에 대한 선택과정의 흐름표

2.6 자료목록 정리

문화기술학적 연구에서 기록량은 놀랄 만큼 많고 빨리 늘어난다. 따라서 자료목록을 정리하는 일은 아주 중요하며, 이런 자료목록의 정리는 최종보고서를 쓰는 데도 필수적인 조건이 된다. 자료목록을 정리하기 위해서는 여러 활동이 필요한데, 우선 영역분석에서 수행된 문화적 영역들의 목록을 만들어 둘 필요가 있다. 이러한 목록을 작성하고 나면, 그 나머지 작은 범주들은 이 목록에 따라 찾아나가면 될 것이다.

다음으로 영역을 분석한 결과에 대해 완전하게 작성된 것과 일부분만 작성된 것, 불완전하게 작성된 것에 대한 목록을 정리한다. 또한 연구하는 사회적 상황에 대한 간략한 약도를 그려 두는 것도 자료목록을 정리하는 중요한 일이 될 것이다. 이와 함께 연구자가 발견한 구체적인 사건이나 체험을 서술한 실례에 대한 목록을 정리해 두어야 한다. 색인과 목차를 만들어 두면, 보고서 작성 시 매우 유익하다. 앞으로 연구할 필요가 있는 내용에 대해서도 목록으로 작성해 두는 것이 바람직하며, 연구자의 필요나 편리에 따라 다양한 형태의 자료목록을 정리해 둘 필요가 있다(이용숙, 1989).

2.7 보고서 작성

문화기술학적 연구의 보고서는 통역의 기능을 지니고 있음을 감안해야 한다. 문화기술학적 연구에서 통역이란 '한 문화의 의미를 발견하여 다른 문화전통에 속한 사람들이 이해할 수 있도록 의사소통을 시키는 일'이다(Spradley, 1980). 따라서 문화기술학적 연구에서 글 쓰는 작업이란 연구자가 발견한 특수한 사회적 상황에서의 문화적 의미가 다른 문화의 구성원들에게도 의사소통이 될 수 있도록 통역 작업을 하는 일이다.

문화기술학적 보고서 작성에서는 가장 일반적인 사항뿐만 아니라 특별하고 구체적인 내용도 다루어야 한다. 우선 사람들이 갖는 보편적인 형태나 문화, 환경상황에 대해 진술하고, 많은 사회적 상황에 대한 언급을 해주어야 한다. 즉 문화

간 비교서술을 함으로써 서로 다른 형태를 보이지만 그것이 인간문화의 중요한 점이라는 것을 서술해 줄 필요가 있다. 다음으로 한 사회나 문화적 집단에 대해 일반적인 사실을 진술한 후, 특수한 문화적 장면에서 나올 수 있는 일반적 진술을 한다. 그 다음 서로 다른 문화적 영역에서 나올 수 있는 특수한 용어나 행동에 대해 언급한 후 특수한 사건에 대해 진술한다.

김영천(2013)은 질적 연구의 결과를 더욱 효과적이고 감동적으로 전달하기 위한 최근의 방법적 탐구를 '문학적 글쓰기, 예술적 글쓰기, 포스트 모던적 글쓰기'의 세 가지로 소개하였다. 문학적 글쓰기란 기존의 건조하고 객관적인 글쓰기 방식을 지양하고, 문학적 표현 방식을 통하여 연구 참여자의 생활세계를 재현하는 방식으로서, 초창기의 시, 연극, 소설, 에세이 등의 기법에서 최근에는 전기, 자서전, 생애사와 같은 장르를 통하여 이론화를 확대하고 있다. 예술적 글쓰기란 인간의 다양한 감정과 반응을 유발하며, 단일한 관점이 아닌 복수의 관점을 제공하는 것을 가능케 하는 글쓰기로서 회화, 콜라주, 사진, 음악, 무용 등의 양식을 차용하여 객관화된 논리와 언어로 설명될 수 없는 다양한 관점을 표현한다. 포스트 모던적 글쓰기는 해체적 글쓰기로도 알려져 있는데, 연구자의 자기반성을 포함하고, 다양한 참여자들이 글쓰기에 참여하는 다성적 성격의 글쓰기이다. 현장작업을 끝낸 연구자나 논문 및 저서를 출판한 연구자가 현장에 다시 방문하여 현장에 대한 해석과 표현의 문제점을 찾아내고 알리는 데 이 방법이 활용되고 있다.

3. 문화기술학적 방법의 적용 예

3.1 다문화가정 자녀의 사회통합에 관한 문화기술적 연구

송진영 외(2018)는 다문화가정 자녀의 다양한 양상을 이해하여 그들의 성공적인 사회통합이 이루어질 수 있는 방안을 모색하고자 문화기술적 연구를 수행하였다. 연구대상은 경기도에 소재하고 있는 4개 초등학교의 다문화가정 자녀와 부모 각 5명과 교사 5명을 대상으로 하였다. 참여자 선정 시 다문화가정 여성 중 한국어로 기본적 의사소통이 가능한 사람으로 제한하였으며, 아동의 언어능력 및 문화적 배경의 차이를 최소한으로 하여 아동에게 미치는 다문화여성 어머니의 자녀교육의 차이를 보다 명백하게 파악하기 위해 한국에서 태어난 초등학교 고학년(4~6학년)을 대상으로 선정하였다. 교사의 경우 다문화가정 아동을 담당한 경력이 있거나, 현재 담당하고 있는 교사 및 학교사회복지사를 선정하였다.

다문화 가정을 방문하여 참여관찰과 심층면담을 통해 연구가 진행되었으며, 학교 현장에서는 학생들의 학습권 침해의 우려로 인해 비참여관찰로 교실 밖에서 아동들을 관찰하거나 생활 기록지를 통해 자료를 수집하였다. 연구의 타당도 확보를 위해 연구 참여자 확인, 전문가 검증, 복수자료 수집 등 다각도의 검증을 실시하였다. 수집된 자료의 분석은 Spradley(1980)의 문화기술지 분석(영역분석, 분류분석, 성분분석, 주제분석)의 순환적 과정을 적용하여 주제어를 삭제 및 추가하는 과정의 반복을 통해 범주를 도출하였다.

분석 결과, 다문화가정 자녀의 사회통합 양상은 '정체감에 대한 개방적 인식 부족', '경제적 어려움', '다문화가정에 대한 사회적 편견', '자조그룹의 부재' 4가지의 주제로 분류되었다. 첫째, 정체감에 대한 개방적 인식 부족에서는 다문화가정의 자녀와 어머니의 정체성은 고정된 것이 아니라 사회문화적 환경과 자부심의 정도에 따라 유동적으로 변화하는 것임을 알 수 있었다. 둘째, 다문화가정 여성들은 자녀가 어려서부터 맞벌이를 해야만 경제적인 어려움을 극복할 수 있는 경우가 대부분이었다. 이 과정에서 언어소통의 문제는 직업을 구하는 데 있어 가장 기초적이었을 뿐만 아니라 자녀와의 건강한 애착관계를 형성하는 데도 큰 비중을 차지하여 자녀의 학교생활을 비롯한 사회 부적응에도 영향을 미치는 것으로 나타났다. 셋째, 다문화가정에 대한 사회적 편견에서 다문화가정 어머니나 자녀들은 한국사회가 다문화 가정에 대한 부정적인 인식을 가지고 있다고 여기고 있었다. 넷째, 다문화 가정 어머니들은 한국사회에 대한 부적응, 가정생활, 취업 등 짧은 시간 안에 많은 감정적 어려움을 경험하게 되었다. 자조모임을 잘 활용한 참여자의 경우에는 더욱 안정적인 적응이 이루어졌지만, 도움을 받을 수 있는 곳이 별로 없어 속앓이를 하는 경우가 대부분이었다.

3.2 일반계고등학교 부장교사 문화에 대한 문화기술적 사례 연구

양승관과 김병찬(2014)의 연구는 학교조직의 핵심인 부장교사가 관리자, 동료교사, 학교 구성원들과 상호작용하면서 만들어내는 일반계고등학교 부장교사문화에 대한 현상을 해석하고자 하는 것을 목적으로 하였다.

연구 대상 학교는 경기도 중소도시에 위치한 비평준화 지역으로 성적이 비교적 우수한 학생들이 공부하는 남녀공학의 공립 일반계고등학교이다. 연구 참여자는 행복고등학교(가칭) 부장교사 13명을 대상으로 하고, 관리자인 교장과 교감 2명을 보조제보자로 설정하였으며, 부분적으로 같은 교무실에 근무하는 교사들에 대해서도 관찰하였다.

연구는 참여 관찰과 심층면담, 문헌자료 수집 등의 방법으로 이루어졌다. 우선 참여관찰의 방법으로 일반계고등학교 부장교사들에게 나타나는 다양한 삶의 모습과 특징들을 발견하고 해석하기 위해 연구자가 근무하고 있는 학교의 기획위원회, 전체교직원회의, 각종 부서별 모임, 학교행사 등에 참석하여 부장교사들의 일상적인 학교생활을 집중적으로 관찰하였다. 다음으로 주 제보자들의 관점과 생활세계, 그들의 의식, 주관성, 감정 등을 이해하기 위해 심층면담을 수행하였다. 심층면담은 학기 중 쉬는 시간과 퇴근 이후의 방과 후 시간을 이용하여 자연스러운 분위기 속에서 진행되었다.

자료의 분석은 수집한 자료의 전사, 주제별 약호화, 주제 생성의 세 단계로 이루어졌다. 첫째, 수집한 자료의 전사 작업과 동시에 자주 나타나는 단어들의 빈도분석을 시도하였다. 둘째, 수집된 자료들은 주제별로 선택하고 부호화하는 '주제별 약호화'를 실시하였다. 셋째, 주제 생성은 위의 약호화 과정에서 반복되거나 서로 연관되는 내용이나 현상을 소주제로 생성하고, 생성된 소주제를 바탕으로 영역별로 묶는 영역분석을 시도하여 서로 관련 있는 것끼리 묶어서 중주제를 생성하였다.

분석 결과 행복고등학교 부장교사들에 대한 문화기술적 연구를 통해 드러난 주요 문화는 "주체성이 약한" 문화, "팔방미인 요구받기" 문화, "속앓이" 문화, "외톨이" 문화, "내 식구" 문화로 나타났다. 첫째, "주체성이 약한" 문화는 '일방적 지시에 따르기', '겉과 속이 다르게 살아가기'의 모습으로 나타났으며, 둘째, "팔방미인 요구받기" 문화는 '학교 평판 높이는 데 앞장서기', '입시지도와 생활지도도 잘하기'

등으로 나타났다. 셋째, "속앓이" 문화의 특징으로는 '서운함', '소외감', '얄미움' 등의 모습으로 나타났으며, 넷째, "외톨이" 문화는 '혼자서 해버리기', '참고 또 참기' 등으로 나타났다. 다섯째, "내 식구" 문화는 '함께 풀어가기', '부서 식구들 의지하기'의 특징을 보여주었다.

행복고등학교 부장교사는 소신껏 주도적으로 업무를 수행하지 못하고 관리자 및 동료 교사들의 눈치를 보면서 업무를 수행하며, 같이 근무하는 부장교사들과 기본적인 관계를 맺고 있기는 하지만 관계의 결합력이 약하고, 학교를 둘러싸고 있는 인적, 물적, 제도적 제 조건들로부터 영향을 많이 받는 것으로 나타났다.

3.3 인문사회 영재교육에 대한 문화기술적 사례 연구

안보형(2017)은 인문사회 영재교육에서의 가르침과 배움의 상호작용을 총체적·심층적으로 이해하고 분석하여, 인문사회 영재교육의 가능성과 한계를 모색하고자 하였다. 이를 위해 오랜 경험을 바탕으로 전문성과 체계성을 갖추었을 것이라는 점에서 인재고등학교 인문사회 영재교육원을 연구현장으로 선정하였으며, 영재교육 대상자로 선발된 학생 3명과 수업을 담당한 한 명의 교사를 대상으로 심층면담과 참여관찰을 실시하였다. 총 13개월 동안 수업 주제와 영역에 따라 12차례의 참여관찰이 실시되었으며, 그 외에도 시청각실, 교실, 회의실, 강당, 도서관, 운동장 등에서 학생들의 관찰이 이루어졌다. 연구 참여자를 대상으로 한 심층면담은 24개월 동안 지속적으로 진행되었으며, 수집된 자료는 연구가 진행되는 중에도 끊임없이 분석이 이루어졌다. 해당 연구는 인문사회 영재교육원을 사례로 한 것이지만, 사례의 특수성보다는 인문사회 영재교육의 문화를 총체적으로 이해하는 데 초점을 두고자 하였다.

분석 결과 인문사회 영재교육의 가능성은 '창의적 사고, 자아성장, 융합과 통합, 흥미와 열정을 함께 나누는 또 다른 나, 사교육 풍토에서 자유로울 수 있는 인문사회 영재교육의 힘'으로 나타났으며, 한계와 과제는 '넘치는 학생중심 수업과 부족한 교사중심 수업, 과정보다 결과를 중시하는 교육풍토, 인문사회 영재교육 담당교사의 부족'으로 드러났다.

4. 문화기술학적 방법에 대한 논의

4.1 연구의 타당도

문화기술학적 연구에서 연구의 타당도란 연구자들이 실제로 그들이 생각한 것을 관찰하고 측정하고 있는가의 문제이다. 또한 연구자들이 측정한 구인을 어느 정도로 다양한 집단에 적용할 수 있는가의 문제도 포함된다. 전자가 내적 타당도라면 후자는 외적 타당도이다.

4.1.1 내적 타당도

- **역사와 성숙** 문화기술학자들은 시간이 경과하는 자연 상황에서 연구를 수행하기 때문에 일단 역사는 수집되는 자료에 영향을 미치고 그 현상은 주로 고정되어 남아 있지 않다고 가정한다. 따라서 변화의 원인과 결과가 구체화되어야 한다.
- **관찰자 효과** 문화기술학의 주된 자료 수집 방법이 참여관찰이므로 개인적 관계나 연구자의 역할 등으로 인해 관찰자 효과가 나타날 수도 있고, 반면에 면담 시 나오는 정보제공자의 자료가 믿을 만한가 하는 문제도 제기될 수 있다. 관찰자는 때로 연구되는 상황에서 능동적인 참여자가 될 수 있다. 이것은 역할의 갈등이나 정서적 참여와 같은 문제를 불러일으켜 수집된 자료의 타당성을 감소시킬 위험이 있다.
- **선택과 회귀** 관찰할 집단이나 사람을 선택하고 면담할 정보제공자를 선택하는 문제는 때로 자료를 왜곡시키는 결과를 만들 수 있다. 그러므로 연구하는 상황의 하위집단, 사건들, 사회적 장면 등에 대한 정확한 명세표를 만들어 이에 따라 피관찰자와 정보제공자를 선택함으로써 타당도를 높일 수 있다.
- **사망률** 문화기술학적 연구에서 또 하나 문제가 되는 것은 시간이 흐름에 따라 정보제공자나 피관찰자가 죽는 경우이다. 이런 경우 연구자는 항상 기본적 토대가 되는 자료에 주의를 집중하고, 시간이 흐름에 따라 사건이나 행동이 어떻게 변화하는지를 연구하는 일이 중요하다.

- **그럴듯한 거짓 결론** 문화기술학에서 잘못된 결론에 이를 가능성은 실험연구보다 비교적 적다. 문화기술학은 연구를 진행하는 동안 수집된 자료를 검토하고 정보제공자와 논의를 거쳐 가능한 한 모든 원인을 진술하려고 노력하기 때문이다. 결국 문화기술학은 연구과정이 귀납적이기 때문에 사후분석을 기다리기보다는 연구가 진행되어 나가는 과정 중에 잘못된 편견이나 결론이 발견되기가 용이하다.

4.1.2 외적 타당도

문화기술학적 연구 결과의 외적 타당성을 위협한다는 것은 연구의 비교 가능성이나 전환 가능성을 저해한다는 것이다. 전환 가능성은 비교 가능성과 관련이 있으나 뚜렷하게 다르다. 이것은 동일하거나 혹은 관련된 연구원칙하에서 다른 연구자들이 연구에 사용한 틀이나 정의, 연구기법을 이해할 수 있는가 하는 정도이다. 이 두 가지를 확립하기 위해 연구자들은 다른 현상과 관련된 차원들을 비교, 대조할 수 있도록 현상의 특징에 대해 확인하고 기술해 주어야 한다.

- **선택효과** 연구자는 연구하려는 범주와 연구 상황의 집단 혹은 문화의 실제를 일치시킬 수 있어야 한다. 따라서 무엇보다도 그 구인을 얻을 수 있는 참여자를 확인하는 일이 중요하다.
- **상황효과** 하나의 집단이나 상황을 연구하는 것은 어떤 면으로든 연구에 영향을 미친다. 즉 하나의 상황에서 나온 구인은 그 상황에 특수한 것이기 때문에 다른 것과 비교하기가 어렵다. 이런 문제를 극복하기 위해서는 관찰자와 상황 간에 나타나는 상호작용의 역동성에 대하여 분명하게 인식하고 있어야 한다.
- **역사효과** 한 집단이나 문화는 독특한 역사적 경험을 갖고 있기 때문에 한 구인을 집단 간에 비교하기는 어렵다. 따라서 연구자는 다른 역사적인 조건하에서 나타나는 차이점들을 주의 깊게 확인해 보는 일이 중요하다.
- **구인효과** 일반 실험연구에서의 구인타당도는 문화기술학적 연구에서도 문제가 될 수 있다. 문화기술학적 연구는 구인을 생성하고 보다 상세화시키는 것이므로 이 구인을 집단 간에 적용시켜 봄으로써 구인타당도를 고려해 보아야 한다.

4.2 연구의 신뢰도

문화기술학적 연구에서의 신뢰도는 타 연구에서와 마찬가지로 외적 신뢰도와 내적 신뢰도 두 가지이다. 외적 신뢰도는 동일한 상황에서 연구한 서로 다른 연구자들이 일치된 결과를 얻는 정도이고, 내적 신뢰도는 동일한 자료와 구인을 가지고 연구한 서로 다른 연구자들 간에 일치된 결과가 나타나는가 하는 것이다. 신뢰도를 높이기 위하여 실험이나 다른 연구에서 수행하는 것처럼 엄격한 절차나 상황을 통제하게 된다면, 문화기술학적 연구가 가지는 가장 중요한 자연적 상황에 대한 서술이 왜곡되기 마련이다. 따라서 문화기술학적 연구에서 외적, 내적인 신뢰도를 높일 수 있는 방법은 대단히 중요한 의미를 갖는다. 이러한 신뢰도를 높이는 방법은 다음과 같다(Spindler, 1997).

4.2.1 내적 신뢰도

내적 신뢰도는 다양한 관찰자들이 서로 동의하는 정도가 중요한 요인이 된다. 이것은 관찰자 간의 신뢰도라고도 할 수 있는데, 사건이 발생한 빈도에 대한 동의라기보다는 사건을 구성하는 요소나 기술에 대하여 합의하는 정도가 중요하다. 내적 신뢰도를 강하게 하기 위하여 문화기술학자들은 다음의 다섯 가지 전략을 사용할 수 있다.

- **가능한 추론을 하지 않는 방향으로 기술한다.** 지나치게 일반화하거나 요약하는 일은 연구문제를 잘못 인식하도록 만들 수 있기 때문에 원자료에 충실하고, 그 의미를 충실히 따라야 한다.
- **많은 연구자들 간의 충분한 합의를 이끌어 내어야 한다.** 문화기술학적 연구는 주로 팀으로 구성된다. 팀 구성원들을 충분히 훈련하고, 연구문제에 대한 합의에 이를 때까지 이들 간에 충분한 논의가 있어야 한다.
- **현지의 연구 보조자들의 도움을 받아야 한다.** 많은 관찰자와 참여자 간의 의견이 동일하고, 서로 일관되게 제시되고 있는지를 파악하기 위해서는 참여자의 의미를 해석하고, 연구의 전반적인 구조나 과정에 대하여 상세히 설명해 주어

야 한다. 따라서 현지의 연구 보조자들에게 충분한 도움을 받아야 한다.

- **동등한 연구자들끼리 서로 연구 결과를 검토한다.** 비슷한 상황에서의 연구 결과를 통합하기 위해서는 우선 다른 현장 연구자들의 기술이나 결론을 통합하고, 차이가 있으면 설명을 요구한다. 또한 다양한 상황에서 수행된 결과들은 교차 타당화 과정을 거쳐 통합하고, 마지막으로 동등한 사람들끼리 서로의 보고서를 돌려보고 평정해 보도록 한다.
- **자료를 기록하는 데 기계적인 도구를 이용한다.** 녹음기나 사진, 비디오테이프 등을 이용하여 자료를 수집하면 연구의 신뢰도가 커진다. 그러나 이러한 도구를 사용한다고 하더라도 연구하는 시각이나 분석과정이 다르다면 연구의 신뢰도는 떨어진다. 따라서 연구를 형성하는 이론적 틀을 동일하게 하고, 충분한 합의를 거쳐 동일한 시각을 유지한다면 이러한 도구의 사용은 신뢰도를 높이는 데 일익을 담당할 것이다.

4.2.2 외적 신뢰도

- **연구자의 위치** 문화기술학에서 도출된 결론은 연구자가 연구 상황에서 차지하고 있는 사회적 역할이나 위치에 주로 제한을 받는다. 즉 특정 위치에서 수집한 자료나 시각이 연구의 내용을 제한하게 되는 것이다. 비록 동일한 연구상황이라 할지라도 한 위치에서 수행한 결과를 다른 위치에서 수행할 때는 그 결과들을 일반화시키기 어렵게 된다. 이러한 문제를 극복하기 위해서는 연구되는 집단 내에서의 연구자의 역할이나 위치를 보고서에 명확하게 제시해 주어야 한다.
- **정보제공자** 선택자료를 제공하는 정보제공자를 확인하는 문제는 상당히 중요한 문제이다. 개별적인 정보제공자들은 모두 특수하고, 독특한 정보를 제공받을 수도 있다. 따라서 정보제공자의 유형이나 결정과정에 세심한 주의를 기울이고 이에 대해 보고서에 상세하게 기술해야 한다.
- **사회적 상황과 조건** 문화기술학적 자료의 내용이 추출되는 사회적 상황이나 조건은 연구의 신뢰도에 영향을 미친다. 따라서 연구되는 상황에 대하여 자세하고 상세한 기술이 필요하다.
- **분석구인과 과제** 비록 상세하게 사회적 상황이 기술되고, 정보제공자에 대한

서술이 분명하다 할지라도 연구하는 구인이나 전제가 다른 연구자들이 보기에 명확하지 않거나 다르다면 신뢰도는 떨어지게 된다. 즉 문화라는 개념에 대해서도 서로 다른 정의를 갖고 있다면 연구의 결과 역시 달라지게 될 것이다.

참고문헌

권은선(2019). **디지털 환경에서 청소년의 비판적 문식성 실천에 대한 문화기술지적 사례 연구**. 서울대학교 대학원 박사학위 논문.

김영천(2013). **질적연구방법론(II)**. 서울: 아카데미프레스.

김의영 · 이현정(2019). **시민정치의 문화기술지**. 서울: 푸른길.

송진영 · 백별아(2018). 다문화가정 자녀의 사회통합에 관한 문화기술적 연구. **교육문화연구, 24**(6), 687-706.

안보형(2017). 인문사회 영재교육에 대한 문화기술적 사례 연구. **열린교육연구, 25**(1), 47-75.

양승관 · 김병찬(2014). 일반계고등학교 부장교사 문화에 대한 문화기술적 사례 연구. **교육문제연구, 27**(3), 159-193.

이동성 · 김영천(2014). 질적 자료 분석을 위한 포괄적 분석절차 탐구. **교육종합연구, 12**(1), 159-184.

이용숙 외(1986). 교수-학습자료 활용실태 및 교수-학습자료에 관한 인류학적 국제비교연구. 한국교육개발원 연구보고 RR 86-39, 한국교육개발원.

이용숙(1986). 교육연구에 있어서 인류학적 연구방법의 적용. 연구방법론 연수자료, 한국교육개발원.

이용숙(1989). 문화기술적 수업연구방법. **한국교육 제16권 제1호**. 한국교육개발원.

조용환(1999). **질적연구: 방법과 사례**. 서울: 교육과학사.

조혜영 · 서덕희 · 권순희(2008). 다문화가정 자녀의 학업수행에 관한 문화기술적 연구. **교육사회학연구, 18**(2), 105-134.

Colby, B. N. et al. (1981). Toward a Convergence of Cognitive and Symbolic anthropology. American Ethnologist 8.

Creswell, J. W. (2016). *30 essential skills for the qualitative researcher*. Thousand Oaks, California: SAGE.

Goetz, B. P. & LeCompte, M. D. (1984). *Ethnography and Qualitative Design. Educational Research*. Academic Press.

Lincoln, Y. S. & Guba, E. G. (2000). *Work-Lifestyle Choices in the 21st Century: Preference theory*. New York: Oxford University Press.

Spindler, G. D. (1997). *Education and cultural process: anthropological approaches*(3rd). Waveland Press Ins.

Spradley, J. P. (1980). *Participant Observation*. M.Y.: Holt, Rinehart and Winston.

Spradley, J. P. (1989). **문화기술적 면접법**[The Ethnographic Interview]. (방종훈 역). 시그

마프레스.

Strauss, A. (1987). *Qualitative Research: Analysis for Social Scientists*. New Work: Cambridge University Press.

Wiersma, W. (1986). *Research Methods in Education: An Introduction*(4th). Allen and Bacon Inc.

제7장

사례 연구

1. 사례 연구의 개념

1.1 사례 연구의 정의

심리학, 법학, 의학, 경영학, 교육학 등 많은 학문 분야에서 "사례(case)"에 대한 연구는 오래전부터 다양한 목적과 방법으로 이루어져왔다. 예를 들어, 경영학이나 법학에서는 교수 목적으로 사례에 대한 연구를 주로 활용하며, 의학이나 심리학에서는 엄밀한 측정을 통한 변인들의 관계를 분석하는 양적 방법으로 사례 연구를 수행해왔다. 이처럼 사례에 대한 연구는 그동안 다양한 분야에서 활용되어 왔지만 연구방법적(methodological) 관점에서 사례 연구가 주목을 받은 것은 질적 연구 방법이 발전하고 그 영향력이 확대된 1980년대 이후이며 이즈음 Stake, Yin, Merriam 등이 연구방법으로서 사례 연구에 관한 저술을 출간하였다(Merriam, 2009).

사례 연구가 다양한 분야에서 오래전부터 활용되었고 연구자들이나 대중에게 익숙한 반면에 고유한 연구방법으로서 주목을 받기 시작한 것은 질적 연구방법 중에서도 최근의 일이기 때문에 사례 연구의 개념이나 본질에 대해 아직도 연구자들 사이에 혼란이 있는 것이 사실이다. 이와 관련하여 Merriam(2009)은 사례 연구라는 용어는 실험, 서베이, 역사 연구로 분명히 구분되지 않는 모든 연구들을 포괄하는 범주(catch-all category)로 간주되거나, 다른 질적 연구 방법 용어들과 상호교환적으로 사용되고 있다고 지적한 바 있다.

Stake, Yin, Merriam, Creswell 등 사례 연구를 주창하고 이를 체계화하고 있는 주요 학자들의 노력으로 특정한 연구방법으로서 사례 연구의 정체성은 현재 어느 정도 인정되고 있지만, 아직도 사례 연구의 가장 핵심적인 특성이 연구를 수행하는 과정(process)에 있는지, 연구 대상(unit of study)에 있는지는 견해의 차이가 존재한다.

사례 연구의 핵심적 특성이 연구 대상에 있다고 보는 Stake(2008, p. 119)는 사례 연구를 "방법론적 선택(methodological choice)"이 아니라 "연구 대상의 선택(choice of what is to be studied)"이라고 주장한다. 이러한 주장은 사례 연구에서 연구방법론적 측면이 중요하지 않다는 의미가 아니라 사례 연구를 정의하는 가장 핵심적인 특성은 연구의 대상이 개별적 "사례"라는 점을 강조한 주장이다. 즉 연구로서 사례 연구는 개별적 사례에 대한 관심(interest in an individual case)에 의해 규정되는 것이지 사용되는 탐구 방법(the methods of inquiry used)에 의해 규정되는 것은 아니라는 것이다(Stake, 2008). 마찬가지로 Merriam(2009)도 사례 연구를 규정하는 가장 핵심적인 특징은 연구 대상을 한정하는 것에 있다고 보았다.

이처럼 사례 연구의 핵심을 연구 대상의 선택으로 보는 입장에서는 사례 연구를 정의하는 데 있어서도 사례를 강조한다. Stake(1995, p. xi)는 그의 책 "The art of case study research"의 첫 페이지에서 "사례 연구는 주요한 맥락 안에서 사례의 활동을 이해하기 위해 한 사례의 특수성과 복잡성을 연구하는 것이다."라고 정의하고 있다. 또한 Merriam(2009, p. 40)은 사례 연구를 "경계 지어진 체계(bounded system)에 대한 심층적인 묘사와 분석"이라고 정의하며, 여기서 '경계 지어진 체계'란 사례를 지칭하고 있다.

이에 반해 Yin(2009, p. 18)은 사례 연구의 핵심을 연구 과정(research process)으로 보고 이의 관점에서 사례 연구를 "특히 현상과 맥락의 경계가 명확하지 않을 때 실제적인 맥락 안에서 현재의 현상(an contemporary phenomenon within its real-life context)을 탐구하는 경험적 조사(empirical inquiry)"라고 정의하고 있다. 즉 Yin(2009)은 사례 연구를 맥락을 통제하고자 하는 실험법, 맥락 안에서 과거의 현상을 다루는 역사 연구, 맥락 안에서 현상을 다루는 데 실제적인 한계를 가지고 있는 서베이와 구별되는 하나의 경험적 조사 방법으로서 현재의 현상을 맥락 안에서 깊이 있게 탐구하고자 할 때 매우 유용한 조사 방법으로 보았다. Yin의 정의에는 연구할 대상으로서 "사례" 또는 "경계 지어진 체제"에 대한 언급은 없으며, 맥락과 뚜렷이 구분되기 어려운 현재의 현상이라는 광범위한 연구 대상을 제시하고 있다.

이러한 견해의 대립에 대해 질적 연구 방법의 다섯 가지 접근을 제시한 Creswell (2012)은 절충적 입장을 취하여 사례 연구에서 연구 대상과 과정의 측면을 모두 강조하고 있다. 즉 Creswell(2012, p. 97)은 "사례 연구는 연구자가 관찰, 인터뷰, 시청각 자료, 서류 등 다양한 정보원을 포함하는 심층적인 자료 수집을 통해 실제적(real-life)이고 현재의(contemporary) 경계 지어진 체계(사례) 또는 체계들을 오랜 시간에 걸쳐 탐구하고, 이를 통해 사례에 대한 묘사와 사례의 주제들을 보고하는 질적 접근법이다"라고 구체적으로 정의한다.

지금까지 논의한 바와 같이 사례 연구를 정의하는 데 있어서 연구 대상에 더 초점을 맞출 것인지 연구 과정에 더 초점을 맞출 것인지에 따라 사례 연구를 주창하는 주요 학자들의 견해에 차이가 있다. 하지만 이는 어느 것을 보다 더 핵심적인 특성으로 볼 것인지의 문제이며, 두 측면 모두 사례 연구의 특징을 나타내고 사례 연구를 이해하는 데 기여한다고 할 것이다(Merriam, 2008).

그런데 사례 연구의 본질을 이해하는 데 있어서 어느 측면이 더 핵심적이고 중요한가를 선택하여야 한다면 저자는 Stake나 Merriam의 견해에 동의한다. 어떤 연구가 사례 연구인지 아닌지를 결정하는 것은 그 연구가 "특정한 사례"를 연구하는지 아닌지에 달려있다고 할 것이다.

1.2 사례 연구의 유형

몇몇 학자들은 사례 연구를 사례의 규모나 수, 연구의 목적에 따라 몇 가지 유형으로 분류하기도 한다. Yin(2009)은 일반적인 연구와 마찬가지로 사례 연구를 연구 목적에 따라 설명적, 기술적, 탐색적 사례 연구로 유형을 나누었으며, 또한 사례 연구 설계를 사례의 수(단일, 다중)와 분석 단위(단일, 복합)에 따라 네 가지 유형으로 제시하였다. Stake(1995, 2008)는 사례 연구의 목적에 따라 본질적 사례 연구, 도구적 사례 연구를 제시하였고 도구적 사례 연구는 다시 사례의 수에 따라 단일 사례 연구, 집합적 사례 연구로 유형을 나누었다. 본 절에서는 질적 접근의 사례 연구의 유형으로 Merriam과 Creswell도 그들의 저서에서 소개하고 있는 Stake의 분류에 대해 간략히 살펴본다.

첫째, 본질적 사례 연구(intrinsic case study)는 특정한 사례 자체에 대한 본질적인 관심으로 인해 이루어지는 사례 연구이다. 즉 연구자가 특정한 아이, 교사, 프로그램 등을 온전히 잘 이해하기 위한 목적으로 연구를 수행하는 것이다. 이 경우 사례는 선정되는 것이 아니라 주어지게 된다. 예를 들어, 교사가 왕따를 당하는 반 학생을 연구하기로 하거나, 연구자가 특정한 시민 단체에 강한 호기심을 느껴 연구하는 경우, 또는 평가자가 하나의 프로그램을 평가하여야 할 책임이 있는 경우가 이에 해당한다.

둘째, 도구적 사례 연구(instrumental case study)는 사례 자체에 대한 관심에 의해 사례 연구를 수행하는 것이 아니라 어떤 문제나 쟁점에 대한 통찰을 얻거나 일반화를 수정하기 위한 목적으로 사례 연구를 수행하는 것이다. 즉 다른 어떤 것의 이해를 높이기 위해 사례를 활용하는 것이다. 이 경우에도 사례와 그 맥락들은 깊이 있게 연구되지만 이는 외적인 관심을 추구하는 데 도움을 주기 때문이다. 하지만 본질적 사례 연구와 도구적 사례 연구를 명확히 구분하는 기준은 없으며, 서로 결합되는 영역을 가질 수 있다.

세 번째 유형은 집합적 사례 연구(collective case study)로 이는 여러 개의 사례로 확장된 도구적 사례 연구라고 할 수 있다. 어떤 현상이나 일반적인 조건(condition)을 탐구하기 위해 여러 개의 사례들을 결합하여 연구를 수행하는 것으로 예를 들어, 자유학기제의 성공 요인을 알아보기 위해 몇 개의 학교들을 사례로 선정하는 경우이다.

1.3 사례 연구의 핵심적 요소

질적 사례 연구는 일반적인 질적 조사방법의 특성, 예를 들어, 의미의 추구, 경험적 이해, 자료 수집과 분석의 주요 도구로서 연구자, 귀납적 접근, 삼각측정, 풍부한 묘사 등을 공유하고 있다(Merriam, 2009; Stake, 1995). 그렇다면 사례 연구를 다른 질적 조사방법들과 차별화시키는 가장 핵심적이고 중요한 요소는 무엇일까? 질적 사례 연구에 대한 이론적 토대와 실제적 지침을 체계화한 Stake(1995)는 사례와 쟁점(issues)을 사례 연구의 핵심적 요소로 제시하고 있으며, 특히 사례는 본질적 사례 연구에서, 쟁점은 도구적 사례 연구에서 지배적인 영향력을 끼치게 된다고 보았다. 또한 Stake는 그의 저서에서 사례와 쟁점을 강조하기 위해 사례를 8번째 그리스 문자인 θ, 쟁점을 9번째 그리스 문자인 ι로 표시하고 있다. 이하에서는 Stake(1995, 2006, 2008)의 견해를 중심으로 사례와 쟁점의 의미를 살펴본다.

1.3.1 사례(case)

사례 연구에서 핵심적 요소인 "사례(case)"는 무엇인가? Stake(1995, p. 2)는 사례에 대해 다음과 같이 말하고 있다.

> 일반적으로 모든 것이 다 사례는 아니다. 한 아이는 사례가 될 수 있다. 한 교사는 사례가 될 것이다. 하지만 교사의 교수(teaching)는 사례라고 불리기에는 구체성(specificity)과 경계성(boundedness)이 결여되어 있다. 혁신적인 프로그램은 하나의 사례가 된다. 스웨덴의 모든 학교들은 사례가 될 수 있다. 하지만 학교들 간의 관계, 혁신적인 교수(teaching), 또는 학교 개혁 정책들은 보통 사례로 간주되지 않는다. 이러한 주제들은 구체성을 가지기보다는 일반성을 띤다. 사례는 구체적인, 복잡한, 기능적인 것(a specific, a complex, functioning thing)이다.

연구자가 관심을 갖는 모든 사회 현상이 사례 연구의 연구 대상인 "사례"가 되지는 않는다. Stake, Merriam 등 사례 연구를 정의하는 데 있어서 연구 대상에 더 초점을 맞추는 학자들은 사례가 다음과 같은 특성을 갖는다고 보았다.

첫 번째 특성은 사례의 경계성(boundedness)이다. 사례는 주위 환경과 구별될 수 있는 경계를 가진다. 즉 사례는 하나의 독립체(an entity)로서 경계(boundary)로 둘러싸여 있어 한정될 수 있는 것이다. 만약 연구자가 연구할 관심이 있는 현상이 본질적으로 경계 지어질 수 없는 것이라면 그 현상은 사례는 아니다. 간호사, 의사는 사례가 될 수 있지만 간호 활동(nursing), 의료 활동(doctoring)은 사례는 아니다. 의료 활동은 의사의 주요 활동(activity)이며 기능(function)이지만 그 자체로서 독립된 실체라고 보기는 어렵다. 이런 점에서 Stake는 사례는 명사(noun)이지 동사(verb)가 아니라고 말한 바 있다.

두 번째 특성은 사례의 구체성(specificity)이다. 각각의 사례는 구체적이다. 유기 아동, 다문화 가정은 사례가 될 수 있지만 아동 유기 이유, 다문화 가정 지원 정책은 사례라고 보기 어렵다. 이유, 정책 등은 구체성보다는 주로 일반성을 띠기 때문이다. 따라서 기본적으로 사례 연구는 각 사례의 독특성, 구체성을 추구하는 것이지 일반화의 추구를 목적으로 하지는 않는다. 이러한 구체성은 사례의 경계성에 기인한다고 할 것이다.

사례의 세 번째 특성은 복잡성(complexity)이다. 사례는 여러 맥락과 얽혀있는 상황 안에 위치하고 있는 복잡한 실체이다. Stake가 사례 연구는 한 사례의 특수성과 복잡성을 연구하는 것이라고 정의한 것처럼 사례 연구는 사례가 가지고 있는 이러한 복잡성을 심층적으로 분석함으로써 사례를 보다 잘 이해하고자 한다.

네 번째 특성으로 제시할 수 있는 것은 사례의 체계성(systemicity)이다. 사례는 목적과 기능을 가진 통합된 하나의 체계(system)이다. 각 부분들은 반드시 잘 작동하여야 할 필요는 없으며, 목적은 비합리적일 수도 있지만 사례는 하나의 체계인 것이다. 이 점에서 Merriam도 사례를 경계 지어진 체계(bounded system)라고 정의하고 있다.

1.3.2 쟁점(issues)

사례 연구는 사례의 복잡성, 맥락과의 상호작용 및 관련성 등을 면밀히 파악, 분석하여 사례에 대한 보다 깊이 있는 이해를 추구한다. 이처럼 사례의 복잡성과 맥락과의 관련성에 주의를 집중하고 사례의 문제점, 우려 등에 연구의 초점을 맞추기 위해 Stake는 쟁점을 파악하는 것을 사례 연구의 핵심적 요소로 보았다. 쟁점은 사례가 가진 갈등, 문제점, 예상치 못한 비용, 부작용 등을 의미하며, 이는 사례의 정치적, 사회적, 역사적, 개인적 상황과 복잡하게 얽혀 있어 명확하게 드러나지 않는다. 이러한 쟁점은 사례 연구를 수행하는 데 있어서 강력한 개념적 구조를 제공하며, 이는 사례 연구에서 연구문제의 역할을 하게 된다.

쟁점은 정보를 구하는 질문과 혼동되기 쉽다. 예를 들어, '서울시 자유학기제 프로그램에서 학생들이 전형적으로 선택하는 프로그램은 어떤 것인가?' '이 교사 연수 프로그램은 효과적인가?' 등의 질문은 어떠한 정보를 얻고자 하는 것으로 연구 수행과 보고에 중요할 수는 있지만 쟁점은 아니다. 쟁점은 좀 더 문제적인(problematic) 질문이며, 사례의 맥락에 깊게 관련되어 있다. 아울러 Stake는 '독서를 어떻게 더 효과적으로 가르칠 수 있는가?'라는 질문과 같이 지나치게 포괄적이고 그 분야에서 지속적으로 제기되어 온 연구문제도 쟁점은 아니라고 보았다.

또한 이러한 쟁점은 사례 연구가 진행되면서 점차 발전되고 "진화(revolution)"된다. 처음에 연구자에 의해 얻어진 쟁점은 연구가 진행되면서 행위자들, 사례에 속한 사람들로부터 나오는 쟁점으로 발전된다. Stake는 전자를 에틱 쟁점(etic issues), 후자를 에믹 쟁점(emic issues)으로 구분한다.

Stake는 시카고 학교 개혁에 참여하는 하퍼 스쿨(Harper School, 가명)에 대한 사례 연구에서 최종적으로 다음 5가지의 쟁점을 도출하였다. ① 하퍼 스쿨에서 개혁에 대한 양립할 수 없는 정의들이 있는가? ② 퍼싱 로드(Pershing Road) 행정당국이 축소된 후에 누가 하퍼 스쿨을 운영하는가? ③ 학교들은 학교 개혁에 필요한 구조 조정을 시작하고 있는가? ④ 시카고 학교 개혁은 하퍼 스쿨의 운영 방식과는 양립할 수 없는 설명과 기록 관리 관점에 기반하는가? ⑤ 하퍼 스쿨의 학교 개선 목표들은 현실적인가? 첫 번째 제시한 쟁점은 연구가 시작될 때에는 "주와 지역구에서는 교육 개혁을 학업 수행에서의 향상으로 정의한다. 하퍼 스쿨의 교사와 교장은 동일한 (교육 개혁에 대한) 정의를 사용하는가?"였으나 사례 연구가 진행되면서 변화되었다.

2. 사례 연구의 절차

앞서 언급하였듯이 양적 접근법을 포함하는 Yin의 사례 연구를 제외한 질적 사례 연구는 일반적인 질적 조사방법의 특성을 공유하고 있다. 따라서 자료 수집은 관찰과 면담을 위주로 진행되며, 자료의 분석도 범주, 패턴, 주제를 도출하는 귀납적 방법을 활용하게 된다. 다른 질적 조사방법과 차별되는 점은 사례를 선정하는 것과 사례의 복잡성, 맥락과의 상호작용 및 관련성 등을 면밀히 파악, 분석하여 보다 심층적이고 복합적인 쟁점(연구문제)을 도출한다는 점이다. 이하에서는

Stake(1995, 2008)의 견해를 중심으로 사례 연구를 수행하는 절차를 간략히 살펴본다. 여기서 주의할 점은 이러한 절차는 순차적으로 이루어지거나 단계가 명확히 구분되는 것은 아니라는 점이다. 쟁점의 진술은 연구의 마지막까지 계속되며, 보고서의 작성(write-up)은 예비적인 관찰 단계에서부터 시작된다(Stake, 2008).

2.1 사례의 선정

사례 연구는 사례를 선정하는 것에서 출발한다. 어떤 사례를 선정하여 연구를 할 것인가? Creswell(2012)이 사례를 선정하고 이를 경계 짓는 것은 사례 연구를 수행하고자 하는 연구자에게 큰 도전이라고 언급한 바와 같이 어떤 사례를 선정할지는 연구자에게 중요하고도 어려운 과제이다. 하지만 이러한 사례의 선정은 사실 도구적 또는 집합적 사례 연구에서의 문제이다. 특정한 사례 자체에 대한 관심으로 인해 이루어지는 본질적 사례 연구에서 사례는 주어지기 때문이다.

그렇다면 어떤 문제나 쟁점에 대한 통찰을 얻거나 일반화를 수정하기 위한 목적으로 수행되는 도구적 또는 집합적 사례 연구에서 사례는 어떻게 선정되는가? Stake(1995)는 사례 선정의 가장 핵심적이고 우선적인 기준은 우리가 배울 수 있는 것을 최대화하는 것(to maximize what we can learn)이라고 보았다. 즉 연구자가 이해하고자 하는 문제나 쟁점에 대해 가장 많은 정보나 통찰을 얻을 수 있는 사례를 선정하여야 한다는 것이다. 아울러 사례에 대한 접근성, 정보원 파악의 용이성, 연구 참여자의 호의성 등을 포괄적으로 고려하여 결정된다.

2.2 쟁점(연구문제)의 진술

쟁점은 앞서 언급하였듯이 사례가 가진 갈등, 어려움, 문제점 등을 의미하며, 사례 연구를 수행하는 데 있어서 연구문제로서의 역할을 한다. 이는 어떤 정보를 구하는 질문이나 일반적이고 포괄적인 연구문제와는 구별되는 것으로 여러 맥락과 얽혀있는 복잡한 사례를 이해하는 데 핵심적 요소이다.

그렇다면 이러한 쟁점은 어떻게 진술되는가? 연구자는 사례 연구 초기에 사례의 쟁점을 찾아내게 된다. 연구자는 연구에 대해 협상을 진행할 때, 연구자가 사례를 처음 방문할 때, 또는 사례에 대한 문헌이나 경험으로부터 10개에서 20개 정도의 예비 쟁점 목록을 작성한 후 이를 점차 몇 개의 쟁점으로 간추리게 된다. 이러한 쟁점은 연구자로부터 나온 것으로 Stake는 이를 에틱(etic) 쟁점이라고 칭한다. 에틱 쟁점은 연구가 진행되면서 점차 사례에 속한 사람들의 쟁점인 에믹(emic) 쟁점으로 진화하게 된다.

2.3 자료의 수집

사례 연구는 일반적인 질적 연구에서 활용하는 자료, 예를 들어, 관찰, 면접, 문서, 시청각 자료 등을 광범위하게 활용한다. 사례 연구의 목적은 여러 맥락과 복잡하게 얽혀 있는 사례를 쟁점을 중심으로 이해하는 것이며, 따라서 연구자는 이러한 목적에 부합하는 가능한 한 다양한 자료를 수집하고자 한다. 특히 사례 연구자는 사례의 일반적인 특성보다는 특수성에 더 초점을 맞추어야 하기 때문에 사례의 활동(activity)과 기능(functioning), 사례의 역사적 배경과 물리적 환경, 경제적, 정치적, 법적, 미학적 맥락, 사례에 대해 알려주는 정보 제공자(informants)에 관한 자료를 수집한다(Stake, 2008). 자료 수집에 대한 보다 상세한 내용은 1부 5장 질적 자료 수집을 참고하길 바란다.

2.4 자료의 분석

사례 연구의 자료 분석 방법은 자료 수집과 마찬가지로 질적 연구의 일반적인 방법 및 절차를 따른다. 즉 전체적으로 자료를 검토한 후 자료 중 일정 부분을 선정하여 이를 잘 표현하는 코드를 부여하는 코딩 과정을 거쳐, 범주, 주제, 패턴 등을 추출하는 방식을 따른다. (보다 구체적인 질적 자료 분석 방법은 1부 6장 질적 자료 분석을 참조하길 바란다.)

다른 질적 연구 방법과 구별될 수 있는 사례 연구가 갖는 자료 분석의 특징을 말한다면, 사례 연구는 특정 사례에 대한 집중적이고 종합적인 묘사와 분석을 요구하기 때문에 자료의 양이 다른 방식보다 더 방대할 수 있으며, 따라서 사례 연구에서는 자료의 관리가 더욱 중요하다(Merriam, 2009).

3. 사례 연구의 적용 예

사례 연구의 적용 예는 우선 해외 예로서 Stake(1995)가 그의 책 "The Art of Case Study Research"에서 사례 연구의 예로 제시한 『하퍼 스쿨(Harper School)』과 Asmussen과 Creswell(1995)의 『학생 총기사건에 대한 캠퍼스 반응(Campus Response to a Student Gunman)』을 간략히 소개하고, 다음으로 국내 예로 김은선, 김병찬(2018)의 『학교 간 연계 교육과정 운영에 대한 질적 사례 연구』를 제시한다.[1)]

3.1 하퍼 스쿨

3.1.1 개요

『하퍼 스쿨(Harper School)』은 Stake가 시카고 학교 개혁 프로그램을 평가하는 평가보고서의 일부로 수행한 사례 연구이다. 그는 시카고의 한 공립 초등학교인 하퍼스쿨을 사례로 시카고 학교 개혁 프로그램이 이 학교에 어떤 의미를 가지며, 어떻게 시행되고 있는지를 깊이 있게 살펴봄으로써 시카고 학교 개혁 프로그램이 실제 현장에서 어떻게 받아들여지고 있고 그 효과는 어떠한지를 평가하였다. 이런 의미에서 이 사례 연구는 도구적 사례 연구라고 할 것이다.

1) 국내에서는 일반적으로 질적 연구방법을 활용한 연구 중 많은 연구가 제목을 『…… (질적) 사례 연구』로 하는 경향이 있음을 주의하여야 한다.

3.1.2 사례

Stake가 선정한 사례인 하퍼 스쿨은 1960년대 중반 저소득층을 위한 공영 주택 단지의 학생들을 위해 세워진 초등학교로 대부분의 학생들이 흑인 저소득층 가정의 자녀들이며, 교사들도 대부분 흑인이다. 학교는 사례의 특성인 경계성, 구체성, 복잡성, 체계성을 가지고 있기 때문에 사례로서 적절하다. 또한 앞서 언급하였듯이 Stake(1995)는 사례 선정의 가장 핵심적이고 우선적인 기준은 우리가 배울 수 있는 것을 최대화하는 것(to maximize what we can learn)이라고 하였으며, 하퍼 스쿨을 사례로 선정할 때도 이를 충분히 고려하였다고 판단된다. 또한 Stake는 사례인 하퍼 스쿨 외에 6학년 학생 중 문제 학생으로 판단되는 Adam을 사례의 사례(하위 사례)로 선택하여 하퍼 스쿨에 대한 이해를 높이고자 하였다.

3.1.3 쟁점(연구문제)

Stake는 하퍼 스쿨에 대한 사례 연구에서 최종적으로 다음과 같이 5가지의 주요 쟁점을 도출하였다. 이러한 쟁점은 사례 연구를 수행하는 데 있어서 연구문제로서의 역할을 하였다.

① 하퍼 스쿨에서 개혁에 대한 양립할 수 없는 정의들이 있는가?
② 퍼싱 로드 행정 당국이 축소된 후에 누가 하퍼 스쿨을 운영하는가?
③ 학교들은 학교 개혁에 필요한 구조 조정을 시작하고 있는가?
④ 시카고 학교 개혁은 하퍼 스쿨의 운영 방식과는 양립할 수 없는 설명과 기록 관리 관점에 기반하는가?
⑤ 하퍼 스쿨의 학교 개선 목표들은 현실적인가?

3.1.4 자료 수집과 분석

Stake는 도출된 쟁점을 중심으로 하퍼 스쿨을 이해하기 위해 다양한 자료를 수집하였다. 학교 건물과 학교 주변 환경, 수업, 학교 운영위원회, 교실과 식당 복도 등에서 만나는 학생, 교사, 직원들을 관찰하였으며, 많은 학교 구성원들과 인터뷰를 진행하였다. 또한 학교개혁과 관련된 각종 문서를 분석하였다. 주요 정보원은 하퍼 스쿨의 교장, 하위 사례로 선정한 6학년 학생인 Adam과 그의 담임교사라고 할 수 있다.

자료의 분석은 일반적인 질적 자료 분석 방법인 코딩과 범주 분류를 활용하였다. 특히 Stake는 독자들이 사례를 잘 이해하고 쟁점에 대한 판단을 할 수 있도록 많은 인용과 세밀한 묘사를 제시하고 있다.

3.2 학생 총기사건에 대한 캠퍼스 반응(Campus Response to a Student Gunman)

3.2.1 개요

이 사례 연구는 미국 중서부 도시의 대규모 공립대학에서 일어난 학생 총기 사건에 대한 캠퍼스 공동체의 반응을 심층적으로 연구한 것으로 이를 통해 학생 총기 사건에 대한 캠퍼스 공동체의 조직적, 사회 심리적 반응을 이해하고자 하였다. Stake(2008)는 이 사례 연구를 도구적 사례 연구 유형으로 분류하고 있다.

3.2.2 사례

Asmussen과 Creswell(1995)은 본 사례 연구의 사례로 학생 총기 사건을 경험한 미국 중서부의 한 공립대학교 캠퍼스 공동체를 선정하였다.

3.2.3 쟁점(연구문제)

Asmussen과 Creswell(1995)은 다음과 같은 탐색적 연구문제를 제시하였다. 이는 본 사례 연구의 쟁점이라고 할 수 있다.

① 무슨 일이 일어났는가?
② 누가 그 사건에 대한 반응에 관여하였는가?
③ 이 사건이 일어난 후 8개월 동안 나타난 반응의 주제는 무엇인가?
④ 우리가 캠퍼스의 반응을 이해하는 데 도움을 준 이론적 구인(constructs)은

무엇이며, 어떠한 구인이 이 사례에 독특한가?

3.2.4 자료 수집과 분석

연구자들은 총기 사건에 관여된 학생, 일반 학생, 대학 행정가, 캠퍼스 경찰, 대학 교수, 직원, 학생 신문 기자 등을 인터뷰하는 것을 주요 자료 수집 방법으로 하였으며, 이외에도 관찰과 문헌 분석 등을 통해 자료를 수집하였다.

자료의 분석은 일반적인 질적 자료 분석 방법을 활용하였으며, 이를 통해 부인(denial), 공포, 안전, 재격발(retriggering), 캠퍼스 계획(campus planning) 등 다섯 가지의 주제를 도출하였다.

3.3 학교 간 연계 교육과정 운영에 대한 질적 사례 연구

3.3.1 개요

본 연구는 2012년부터 도입된 경기도 교육청의 '교육과정 클러스터'가 현장에서 실제 어떻게 운영되고 있는지, 학생과 교사의 입장에서 어떠한 문제점이 있는지 등을 심층적으로 연구하기 위해 김은선과 김병찬(2018)이 수행한 질적 사례 연구이다. 이는 Stake의 분류에 따르면 도구적 사례 연구로 볼 수 있다.

3.3.2 사례

김은선과 김병찬(2018)은 교육과정 클러스터를 운영하고 있는 경기도 소재 청해 고등학교(가명)를 사례로 선정하였다. 청해 고등학교는 2015년부터 학교 간 연계 공동 교육과정으로 인근 고등학교와 함께 생명과학실험, 국제경제 과목을 개설, 운영하고 있다.

3.3.3 쟁점(연구문제)

연구자들은 쟁점 또는 연구문제를 명시적으로 제시하고 있지는 않지만, 서론에서 이를 유추해보면 다음과 같다.

① 교육과정 클러스터는 학교에서 실제 어떠한 과정의 흐름을 보이면서 진행되는가?

② 이 과정의 흐름 속에서 긍정적 측면과 부정적 측면은 무엇인가?

3.3.4 자료 수집과 분석

자료 수집은 청해 고등학교에서 이루어지는 교육과정 클러스터 수업인 생명과학실험 수업과 국제경제 수업을 참여관찰하고, 클러스터 담당 교사 2명과 외부강사 1명, 본 수업을 들었던 3학년 학생 2명과 현재 클러스터 수업을 듣고 있는 2학년 학생 2명에 대한 반구조화된 심층면접을 주 1회 지속적으로 실시하였다. 또한 문서 자료로서 학생들이 작성한 활동보고서, 기말 시험지, 과제 보고서, 수업활동지, 교육과정 클러스터 계획서, 학기 초 동의서, 가정 통신문 및 안내문을 수집하였다.

자료 분석은 참여관찰일지, 심층면담일지, 문서 자료 등을 반복적으로 읽으면서 코딩을 하고 범주, 패턴, 주제 등을 생성하는 방식인 주제분석법을 사용하였다.

4. 사례 연구의 논의

4.1 장점

다른 연구방법과 비교할 때 사례 연구가 갖는 장점은 크게 다음의 세 가지를 들 수 있다.

첫째, 사례 연구는 특정한 사례에 대한 깊이 있는 이해를 하는 데 가장 강력한 연구방법이다. 사례 연구에서 연구자는 선정된 사례의 특수성과 복잡성을 현재 맥락 안에서 심층적으로 이해하고자 사례 자체에 집중한다. 이러한 연구 초점의 구체성을 통해 사례 연구는 사례의 실제적인 문제 해결에도 매우 유용한 연구방법이 된다(Merriam, 2009).

둘째, 사례 연구는 현장의 지식 기반(knowledge base)을 확장하는 데 중요한 역할을 하게 된다(Merriam, 2009). 사례 연구는 실제 삶의 상황에서 현상에 대한 풍부하고 종합적인 설명을 제공하게 되며, 이는 현상에 대한 통찰을 제공하고 현상의 의미를 명확히 함으로써 현상에 대한 독자들의 경험을 확장시키게 된다. 이러한 통찰은 후속 연구들이 구조화되는 데 기여하는 잠정적 가정들(tentative hypotheses)로 해석됨으로써 지식 기반을 확장하게 되는 것이다. 이러한 장점으로 인해 사례 연구는 특히 교육 개혁, 프로그램의 평가, 정책 제언 등에 매우 유용한 것으로 입증되었다(Merriam, 2009).

셋째, 사례 연구는 자연주의적 일반화(naturalistic generalization)에 효과적이다. 사례 연구는 사례에 대한 풍부하고 세밀한 묘사를 통해 질적 이해의 핵심인 경험적 지식(experiential knowledge)을 생산하고 전달함으로써 독자들이 간접 경험을 하게 되고, 이는 어느 정도 실제적 경험과 마찬가지로 앎과 이해의 가장 기본적인 과정을 촉진하게 된다(Stake, 2008).

4.2 한계점

사례 연구의 한계점으로서 첫 번째로 들 수 있는 것은 시간과 재원의 문제이다. 연구자는 사례의 모든 것을 이해할 수는 없다. 연구자는 사례 연구를 수행하는 데 있어서 주어진 시간과 재원의 한계로 인해 사례의 어떤 부분에 초점을 맞추어야 할지 전략적 결정을 하며, 이를 위해 쟁점의 진술은 매우 중요한 역할을 하게 된다.

또 다른 한계로 사례 선정의 어려움을 들 수 있다. 즉 연구자가 자신의 사례를 규정하여야 하는 것이 사례 연구를 수행하는 데 있어서 하나의 도전이다(Cresswell, 2012). 연구자가 어떤 것을 사례로 선정할지, 사례의 수는 몇 개로 할지, 사례와 맥락을 어떻게 경계 지을지 등을 결정하는 것은 매우 중요하고도 어려운 작업이다.

참고문헌

김은선 · 김병찬(2018). 학교 간 연계 교육과정 운영에 대한 질적 사례 연구 - G교육청 교육과정 클러스터를 중심으로. **중등교육연구**, 66(4), 1015-1054.

Asmussen, K. J., & Creswell, J. W. (1995). Campus response to a student gunman, *Journal of Higher Education*, *66*, 575-591.

Creswell, J. W. (2012). *Qualitative inquiry & research design* (3rd ed.). Thousand Oaks, CA: Sage.

Merriam, S. B. (2009). *Qualitative research: A guide to design and implementation.* San Francisco, CA: Jossey-Bass.

Stake, R. E. (1995). *The art of case study research*. Thousand Oaks, CA: Sage.

Stake, R. E. (2006). *Multiple case study analysis.* New York: The Guilford Press.

Stake, R. E. (2008). Qualitative case studies. In N. K. Denzin & Y. S. Lincoln (Eds.), *Strategies of qualitative inquiry* (3rd ed.). (pp. 119-149). Thousand Oaks, CA: Sage.

Yin, R. K. (2009). *Case study research: Design and methods* (4th ed.). Thousand Oaks, CA: Sage.

찾아보기

『 인명 』

『 내용 』

『 기타 』

저자 소개

박도순

고려대학교 교육학과 및 동대학원 졸업(전공: 교육평가)
Univ. of Pittsburgh 연구방법론학과 졸업(철학박사) (전공: 프로그램 평가)
중앙교육연구소 연구 조교수
한국 교육개발원 수석연구원(교육자료부장, 교육방송본부장)
고려대학교 교수(사회교육원장, 사범대학장, 교육대학원장등)
미시간 주립대학교 초빙교수
프로리다 주립대학 교육공학연구소 연구원
국립 교육평가원장(정무 차관)
한국교육과정평가원 원장(초대)
대통령자문 교육개혁위원회 및 정책자문 위원회 위원(김영삼 정부)
대통령자문 새교육공동체 위원회 위원(김대중 정부)
대통령자문 교육혁신위원회 선임위원 (부위원장) (노무현 정부)
한국교육학회 회장
교육평가 학회 회장
안암교육학회 회장
유네스코 한국위원회 위원
교육인적자원부 교육정책자문위원회(교육과정분과 위원장)
교육부 대학 입시제도개선 자문위원회 위원장
사단법인 한국교육연구네트워크 이사장
한국 교육과정평가원, 한국교육개발원, 한국학술정보원, 한국직업능력 개발원 기관운영자문위원회 위원
정석 인하 학원 이사
현 지식 펜(주) 고문
　한국 행동과학 연구소 이사
　교육진흥 연구소 이사장

[저서]
　문항작성기법, 교육학개론, 교육평가, 교육과정과 교육평가, 교육통계, 교육연구방법론, 질문지작성법 외 10 여종

[논문]
　대학수학능력시험에 관한 연구, 대학입시제도에 관한 연구, 대학원중심대학 육성방안에 관한 연구, 대학평가인정제도에 관한 연구, 교육규제 완화 방안 연구 등 100여 편

권재기

고려대학교 교육학 박사(교육방법 전공)
고려대학교 고등교육정책연구소
한국교육과정평가원
서울교육연구정보원 연구원
현 한경대학교 외래교수

[저서]
예비교사를 위한 교육평가(2019). 공저. 공동체
효과적인 수업을 위한 교육방법 및 교육공학(2020). 공저. 공동체

김정민

고려대학교 대학원 교육학과 교육평가전공 박사
고려대학교 고등교육연구소 연구교수
한국교육개발원 연구위원
현 수원대학교 교양대학 조교수
초·중등학교, 대학, 정부 부처 평가 등 평가위원

[저서]
교육평가-이해와 적용(2007). 공저. 교육과학사.

남현우

고려대학교 대학원 교육학(교육측정평가) 박사
한국교육평가학회 17대(2016년-2017년) 학회장 역임
현 순천향대학교 교수

[저서]
검사동등화 방법(2001년). 교육과학사
현대교육평가의 이해(2012년). 공저. 교육과학사

양길석

고려대학교 대학원 교육학 박사
한국교육과정평가원 선임연구위원
현 가톨릭대학교 교직과 교수(학과장)
한국교육평가학회 이사

[저서]
교육평가-이해와 적용-(2007). 공저. 교육과학사.
교육과정과 교육평가(2017). 공저. 교육과학사.

원효헌

고려대학교 대학원 교육학 박사
고려대학교 교육문제연구소 연구교수
한국교육과정평가원 부연구위원
현 부경대학교 수해양산업교육과 교수
부경대학교 수산과학연구원 수해양교육연구소 소장
교육부 특성화고 교육과정심의회 위원
대교협 대학기관인증평가 인증운영위원, 평가위원

[저서]
수업평가의 이해와 적용(2002). 교육과학사.
교육평가(2011). 공저. 문음사.
학교폭력 예방과 학생의 이해(2019). 공저. 동문사.

이원석

고려대학교 사범대학 영어교육과 학사
고려대학교 대학원 교육학과 석사 (교육평가 전공)
미국 University of Illinois at Urbana-Champaign 교육심리학과 박사 (프로그램 평가 전공)
현 상명대학교 교육학과 교수
한국교육평가학회, 한국질적탐구학회, 한국심리측정평가학회 이사

[저서]
교육평가-이해와 적용(2007) 공저. 교육과학사
교육평가(2011) 공저. 문음사

조지민

고려대학교 학사 미시간주립대학원 교육통계 및 연구방법 박사
한국교육평가학회 이사
유네스코한국위원회 31대 교육분과위원
한국교육과정평가원 선임연구위원

[저서]
교육평가-이해와 적용-(2007) 공저.

〈3판〉 교육연구방법론

2020년 2월 25일 3판 1쇄 발행
2022년 8월 25일 3판 2쇄 발행

대표저자 : 박 도 순
저 자 : 권재기 김정민
남현우 양길석
원효헌 이원석
조지민
발 행 자 : 한 정 주
발 행 처 : 교육과학사

저자와의 협의하에 인지생략

경기도 파주시 광인사길 71
전화 (031)955-6956~8/팩스 (031)955-6037
Home-page : www.kyoyookbook.co.kr
E-mail : kyoyook@chol.com
등록 : 1970년 5월 18일 제2-73호

낙장 · 파본은 교환해 드립니다.
Printed in Korea.

정가 20,000원
ISBN 978-89-254-1467-6